Inga II L

Zeitgeschichte

ÜBER DAS BUCH:

Welche Rolle spielten die Frauen im Dritten Reich? Wie groß war ihr Anteil an den Wahlerfolgen der NSDAP? Treffen die Klischees vom »sportlichen Gretchen« und von der »deutschen Mutter im Kreise ihrer arischen Kinderschar« die Wirklichkeit?
Rita Thalmann korrigiert das (überwiegend von Männern) in der Geschichtswissenschaft aufgestellte Bild. Sie zeigt das Hitler-Regime als besondere Form männlicher Diktatur, die den Frauen jede verantwortliche Tätigkeit in Politik, Wirtschaft, Kultur und Wissenschaft verbot. Frausein im Dritten Reich bedeutete: Rückfall in eine entrechtete und degradierte Existenz. Rita Thalmann stellt Entstehung, Verlauf und Scheitern der deutschen Frauenbewegung dar und analysiert, wie der »Männerbund« der NSDAP die Frauenorganisationen gleichschaltete und für seine Zwecke mißbrauchte. Doch die Geschichte der Unterdrückung ist immer auch eine Geschichte des Widerstands. Das Schlußkapitel ist den unzähligen Frauen gewidmet, die sich gegen das NS-System auflehnten und das Bild des »treu ergebenen Heimchens« widerlegen.

DIE AUTORIN:

Rita Thalmann, 1926 geboren, wuchs in der Schweiz und in Frankreich auf. Heute lebt sie in Paris, wo sie Professorin für Sozial- und Kulturgeschichte der deutschsprachigen Länder an der Universität Paris VII ist. 1973 habilitierte sie sich – nach einem Studium bei Edmond Vermeil und Robert Minder – mit einer Arbeit über Protestantismus und Nationalismus in Deutschland von 1900–1945. Die international anerkannte Germanistin und Historikerin veröffentlichte mehrere Arbeiten zur ideologischen Vorgeschichte des Nationalsozialismus. Zu ihren wichtigsten Büchern zählt *La Nuit de Cristal* (1972; dt. erw. Ausg. *Die Kristallnacht*, 1987) und die auf deutsch erschienene Biographie über Jochen Klepper (1977).
Rita Thalmann war 1971–1977 Generalsekretärin der französischen Frauenbewegung »Choisir«. Sie ist delegierte Präsidentin der »Wissenschaftlichen Internationalen Frauenstiftung« (WIF) und leitet eine Forschungsgruppe zur Frauengeschichte der industrialisierten Länder.

Rita Thalmann

Frausein im Dritten Reich

Mit 39 Abbildungen

Zeitgeschichte

Zeitgeschichte
Ullstein Buch Nr. 33081
im Verlag Ullstein GmbH,
Frankfurt/M – Berlin
Titel der französischen
Originalausgabe:
S. A., Paris
Redaktion der deutschen Fassung:
Nicola Volland

Ungekürzte Ausgabe

Umschlaggestaltung:
Hansbernd Lindemann
Foto: Ullstein Bilderdienst

Printed in Germany 1987
Druck und Verarbeitung:
Clausen & Bosse, Leck
ISBN 3 548 33081 9

Juli 1987

CIP-Kurztitelaufnahme
der Deutschen Bibliothek

Thalmann, Rita:
Frausein im Dritten Reich /
Rita Thalmann. – Ungekürzte Ausg. –
Frankfurt/M; Berlin: Ullstein, 1987
(Ullstein-Buch; Nr. 33081:
Zeitgeschichte)
Einheitssacht.: Etre femme sous le
IIIe Reich ⟨dt.⟩
ISBN 3-548-33081-9

NE: GT

Inhalt

Einleitung *11*

I. Kapitel: Die Emanzipation der Frauen in Deutschland vor 1933 *17*

Entstehung und Spaltung der Frauenbewegung 17 – Die »Radikalen« innerhalb der deutschen Frauenbewegung 24 – Der Kampf der »Abolitionistinnen« 33 – Die neue und die traditionelle Moral 38 – Das Gewicht des Konformismus 42 – Das Wahlrecht oder die Illusion von der Integration 47 – Nationalismus und Pazifismus 51 – Opferbereitschaft und nationale Pflichterfüllung 56 – Eine theoretische Emanzipation 61 – Die Ernüchterung 65

II. Kapitel: Der Männerbund 73

Kultur und Natur oder der Mythos von der gegenseitigen Ergänzung der Geschlechter 74 – Unterwerfung – Widerstand – Illusion der Frauen 83 – Die Gleichschaltung 89 – Die Verdrängung der Frauen aus leitenden Positionen 94 – Der Numerus clausus an den Hochschulen 104

III. Kapitel: Der Mutterdienst 113

Die Züchtung der Rasse: negative und positive Demographie 113 – Der Fortpflanzungswahn 136 – Die geplante Sexualität 147

IV. Kapitel: Zuchtstute oder Arbeitspferd? 157

Gezielte Ausschaltung aus dem Arbeitsprozeß 157 – Der Dienst an der Volksgemeinschaft 162 – Das »Sinken der Arbeitsfreudigkeit« 173 – Vorrang der Ideologie 182

V. Kapitel: Das Frauenideal 189

Die Frauenwelt 189 – Abhärtung 194 – Glaube und Pflichtgefühl 203 – Hingabe und Opfergeist 212

VI. Kapitel: Die Verfemten 227

Wie viele waren es? Welches Schicksal hatten sie? 230 – Emigration und internationale Solidarität 239 – Das perfekte Räderwerk 259

Anstelle eines Schlußwortes 283

Benutzte Abkürzungen und Siglen 293
Bibliographischer Anhang 294
Fotonachweis 299
Personenregister 300

Für Arlette und die
Wissenschaftliche Internationale
Frauenstiftung (WIF)

»Während der Mann durch Selbstbehauptung ein Mensch wird, wird es die Frau durch Selbstverleugnung.«

Guida Diehl, Die deutsche Frau und der Nationalsozialismus, Eisenach 1932

Einleitung

Dieses Buch will keine Geschichten über Frauen im Dritten Reich erzählen. Publikationen dieser Art gibt cs schon allzu viele. Sie haben ihren Markt, ihr Publikum und ihre simplen Wahrheiten: das Dritte Reich, ein Paradies für die Favoritinnen des Regimes, eine Hölle für seine Verfemten; die deutsche Frau mal sportliche Maid, mal »graue Maus« und immer wieder deutsche Mutter im Kreise ihrer arischen Kinderschar. Klischee über Klischee. Eine Art von Literatur, die gemeinsame Sache mit Voyeurismus und Prostitution macht.

Als Historikerin hätte ich die Möglichkeit gehabt, jene »soziale Gruppe« darzustellen, die im Dritten Reich bestenfalls zu Statistinnen abgestempelt, in vielen Fällen ausgeschaltet, wenn nicht gar umgebracht wurde. Diese Wahl wäre um so mehr gerechtfertigt gewesen, als mir bereits vor einigen Jahren die Lücke bewußt wurde, die hier zu schließen war. Es genügt, sich eine der seriösen Monographien zum Nationalsozialismus vorzunehmen, um festzustellen, daß den Frauen höchstens ein kleines Kapitel gewidmet ist – etwa in dem Buch von David Schoenbaum[1] –, im allgemeinen aber nur einige Zeilen. Allein die Personenregister der einschlägigen Bücher sind aufschlußreich: Im Durchschnitt sind ein Prozent der aufgeführten Personen Frauen, die meistens nur in ihrer Eigenschaft als Töchter, Mütter oder Ehefrauen erwähnt werden.

Als ich Historikerkollegen zu diesem sonderbaren Sachverhalt befragte, erhielt ich schlicht die Antwort: »Was wollen Sie denn, die Frauen haben eben keine besondere Rolle gespielt.« Diese Reaktion brachte mir die sexistische Auffassung der traditionellen Geschichtsschreibung, wie ich sie lange selbst unterrichtete, zu Bewußtsein. In Wirklichkeit spielen die Frauen in der Geschichte immer nur die Rolle, die ihnen die Vorherrschaft eines »Männerbundes« einräumt. Die Männer ihrerseits gelangen zu einem abschätzigen Urteil über die Frauen anhand dieser Darstellung. Diese Art der Geschichtsschreibung ist nicht mehr zumutbar, weil sie den Zustand der Unmündigkeit und Selbstentfremdung der Frauen fortsetzt. So beschloß ich, einen andern Weg einzuschlagen.

1 David Schoenbaum, Hitler's Social Revolution, New York 1966, Kapitel 6

Vor siebenundfünfzig Jahren kam ich als Frau zur Welt. Als Bürgerin der französischen Republik, die den Frauen 1945 das aktive und passive Wahlrecht zugestand und zu den wohlhabendsten Ländern und stabilsten Demokratien der Welt gehört, gelang es mir, durch Entschlossenheit und Ausdauer, aber auch durch die Unterstützung einiger wohlgesinnter Lehrer einen offenbar beneidenswerten sozialen Status zu erreichen. Es ist bekannt, daß bis vor kurzem Frauen bei mindestens gleicher Qualifikation und Begabung Männern gegenüber benachteiligt waren und die seltenen Ausnahmen von der Regel teuer bezahlt werden mußten. Eine Familientradition, die frühzeitig meinen Sinn für soziale Probleme weckte und die persönliche Erfahrung mit dem Faschismus der dreißiger Jahre führten zu meinem Engagement gegen Unrecht und Diskriminierung jeglicher Art.

Für die meisten in diesem Sinn engagierten Frauen meiner Generation war die Proklamation der »Rechte der Frau« 1789 durch Olympe de Gouges (1793 dafür durch die Guillotine hingerichtet) und die »Verteidigung der Rechte der Frau« (1792 durch Mary Wollestonecraft, der Vorkämpferin der ersten amerikanischen Frauenbewegung, die sich 1848 in Seneca Falls konstituierte) Teil des allgemeinen Emanzipationsprozesses des Menschen. Der Schock, den der Nationalsozialismus inmitten der zivilisierten Welt durch seine extreme Mißachtung der Menschenrechte auslöste, und die Erfahrung, wie leicht diese Rechte ihre Geltung verlieren können, haben zu einem neuen Denkprozeß über die soziale Rolle und den sozialen Status der »existentiellen Minderheiten« – wie sie der Philosoph Ernst Bloch genannt hat – geführt. Existentielle Minderheiten, die in Wahrheit den größten Teil der Menschheit ausmachen.

Dieser Denkprozeß ist insofern neu, als er ein bislang ignoriertes Recht, das Recht auf »Anders-Sein« ins öffentliche Bewußtsein gerückt hat. Neu ist aber auch, daß dieser Denkprozeß nicht mehr auf eine aufgeklärte Intelligenz der herrschenden Schicht beschränkt bleibt, sondern von denen ausgeht, die sich gegen ihre Unterdrückung auflehnen und ihr Leben selbst bestimmen wollen. Ein Recht, das ihnen bisher von ihren Lehrmeistern und Schutzherren vorenthalten wurde. Dieser Vorgang, den man als »Dekolonisierung« bezeichnet hat, ist ein komplexer Prozeß, weil er innerhalb eines Systems physischer, ökonomischer, gesellschaftlicher und kultureller Abhängigkeit abläuft. Alle Menschen, deren Arbeitskraft ausgebeutet wird, unterliegen diesem System. Doch tritt neben den Kampf gegen die Ausbeutung für bestimmte Gruppen der Kampf gegen die »Kolonisierung«, der nicht in dem ersten aufgeht. So wie die Frauenbewegung des 19. Jahrhunderts der Erfahrung militanter Gegnerinnen der Sklaverei in den Vereinigten Staaten entsprang, versteht sich die feministische Bewegung unserer Zeit als Folge der »Dekolonisierung«.

Die feministische Bewegung unserer Zeit hat seit ihren Anfängen in den sechziger Jahren – ähnlich den Bewegungen »existentieller Minderheiten« wie den Schwarzen in den USA – nicht zu übersehende Erfolge erzielt. Innerhalb von zehn Jahren ist es ihr gelungen, eine Wand des Schweigens, des Hohns und der Skepsis zu durchbrechen, die Öffentlichkeit auf ihre Probleme aufmerksam zu machen und einer wachsenden Zahl von Frauen das Gefühl zu geben, durch eigenes Handeln das erreichen zu können, was ihnen aufgrund ihres Geschlechts von der Gesetzgebung aller politischen Systeme seit Jahrhunderten verweigert wurde. Auch wenn sie noch nicht vollkommen sind, so haben die Verfassungsänderungen, die Gesetze zur Empfängnisverhütung, Abtreibung sowie andere Reformen, die rechtliche Stellung, die ökonomischen Bedingungen, aber auch den Bildungsstand der Frauen in den Industriegesellschaften doch soweit verbessert, daß sie ihre spezifische Rückständigkeit verringern konnten. Diese Erfolge wirken sich jetzt auf andere soziale Schichten sowie auf andere Länder aus, in denen die Emanzipation der Frau noch keine Fortschritte gemacht hat. Dennoch stellt Maria Antonietta Macciocchi im Vorwort ihres Buches »Die Frauen und ihre Meister« (Berlin 1980) fest: »Schon steuern wir mit schlaffen Segeln dem Postfeminismus entgegen.« Die Emanzipationsbewegung der Frauen hat den größten Teil der Welt erreicht, doch stößt sie immer wieder auf ein Hindernis, das sie bisher unterschätzt hat oder nicht sehen wollte: das Realitätsprinzip. Obwohl der Feminismus seinem Wesen nach selbständig ist, gerät er immer wieder mit der männlichen Ordnung der Gesellschaft in Konflikt. Diese Situation ist jedoch weder schicksalsbedingt noch naturgegeben: sie ist vielmehr historisch. Sie kann also überwunden werden, wenn sie erkannt, analysiert und verändert wird. Die Vertreter der Männerwelt können kein Interesse daran haben, eine Bewegung zu unterstützen, die sie zwingt, sich selbst in Frage zu stellen. Daher kann diese Arbeit nur von denen geleistet werden, die der Herrschaft des »Männerbundes« unterworfen sind und deren Bewußtsein sich mit wachsendem Wissen entwickelt.

Dieses Buch ist der »Wissenschaftlichen Internationalen Frauenstiftung« (WIF) und ihrer Initiatorin gewidmet, weil es sich als Beitrag zu der von ihr geförderten internationalen feministischen Forschung versteht. Seit einigen Jahren bilden sich in zahlreichen Ländern Gruppen, die teils in institutionalisiertem, teils in informellem Rahmen auf diesem Gebiet arbeiten. Mir selbst ist es gelungen, wenn auch unter Schwierigkeiten, die unsere Unmündigkeit beleuchten, an der Universität von Tours eine Forschungsgruppe über Stellung und Rolle der Frauen in industrialisierten Ländern einzurichten.

Beim gegenwärtigen Stand der Forschung bleibt jedoch meine Untersuchung notgedrungen lückenhaft, da zunächst einmal eine Methode entworfen und die weitverstreuten Quellen gesammelt werden mußten. Das vorliegende Buch will nun den Stand der Frauenemanzipation in Deutschland während des Nationalsozialismus analysieren. Daher zur Einführung ein Überblick über die deutsche Frauenbewegung vor 1933 und abschließend ein Ausblick auf das »Sein-Werden« der Frauen, wie es Simone de Beauvoir nennt.[1]

Der Nationalsozialismus war in sozialer, ökonomischer und kultureller Hinsicht ein Rückschritt in der Geschichte der Menschheit. Für die »existentiellen Minderheiten« bedeutete er aber einen doppelten und für manche Frauen sogar einen dreifachen, ob sie sich dessen bewußt waren oder nicht. Die Geschichte dieser dreifachen »Ausschließung« (Michel Foucault) versuche ich in ihrer dialektischen Entwicklung in zwei Hauptperioden aufzuzeigen: einer ersten, von der Machtübernahme 1933 bis zur intensiven Kriegsvorbereitung 1938, und einer zweiten von 1938 bis 1945. Wohlgemerkt gibt es innerhalb dieser Perioden mehrere Phasen, die der Eroberungs- und Annexionspolitik des Dritten Reichs entsprechen.

Unter den bereits beschriebenen Bedingungen war es nicht leicht, diese Untersuchung durchzuführen. Es sei jedoch hervorgehoben, daß mir von vielen Seiten, von einzelnen Personen ebenso wie von Institutionen geholfen wurde. Ihnen möchte ich an dieser Stelle danken, ohne sie alle aufführen zu können. Unter den Institutionen gebührt mein besonderer Dank dem Bundesarchiv in Koblenz und seinen Mitarbeitern, die mir so verständnisvoll entgegenkamen. Dem Institut für Zeitgeschichte in München und der Germania Judaica in Köln gilt ebenfalls mein Dank. In Frankreich bin ich der Bibliothèque de documentation internationale contemporaine zu besonderer Anerkennung verpflichtet. Ohne den Beistand von Kollegen, Freunden und Freundinnen wäre dieses Buch nicht zustande gekommen. Von

1 Siehe Simone de Beauvoir et la lutte des femmes, in: L'Arc Nr. 61, Paris 1978

ihnen seien besonders Hellmuth Auerbach in München und Klaus Oldenhage in Koblenz erwähnt, die mir beide spontan bei den Recherchen nach schwer auffindbaren Dokumenten geholfen haben. Ebenso Jochen Köhler, der mir, durch die Vermittlung von Professor Gerhard Bauer, die von ihm zusammengetragenen Zeugenaussagen zur Verfügung stellte.

Trotz aller Schwierigkeiten war diese Arbeit eine bereichernde Erfahrung. Sie brachte mich zu neuen Einsichten und ermöglichte es mir, das Leben der Frauen in unserer Zeit besser zu verstehen. Ich empfand spontane Sympathie für manche Frauen der deutschen Frauenbewegung und war bemüht, den anderen zuzuhören, sie zu begreifen, mich in ihre Lage einzufühlen. Das Leben dieser Frauen verdeutlicht unsere eigene Situation als Frau in der gegenwärtigen Weltordnung. Wenn mein Buch Christa Wolfs Werdegang eine besondere Bedeutung beimißt, dann deshalb, weil er mir für die Zukunft der vielversprechendste zu sein scheint. Ich hatte ihre Bücher gelesen und kannte ein wenig ihre Biographie. Nun kreuzten sich unsere Wege, und über die Grenzen hinweg traf ich auf eine Gleichgesinnte. Unser gemeinsames Ziel, einer neuen humaneren Gesellschaft den Weg zu bahnen, die weder männliche noch weibliche Vorherrschaft kennt, braucht viel Zeit. Die Verwirklichung dieser oft beschworenen Utopie bleibt den künftigen Generationen überlassen, falls die Atombombe sie nicht vernichtet.

I. Kapitel

Die Emanzipation der Frauen in Deutschland vor 1933

»Die Frauen, die arbeitenden Klassen und die Juden sind die Unterdrückten unseres Jahrhunderts.«

Minna Cauer,
Die Frau im 19. Jahrhundert,
Berlin 1898

Entstehung und Spaltung der Frauenbewegung

Als im Laufe des 19. Jahrhunderts weibliche Arbeitskräfte in großer Zahl in den industriellen Produktionsprozeß eintraten, haben sich in Deutschland, wie in den meisten westlichen Ländern, Frauen mit dem Ziel zusammengeschlossen, ihre Emanzipation durchzusetzen. Während die Frauenbewegung in den angelsächsischen Ländern, in Skandinavien und in Frankreich ihren Anspruch auf gleiche bürgerliche, soziale und politische Rechte geltend macht[1], beschränken sich die deutschen Frauenrechtlerinnen des Jahres 1848 auf die Forderung, beim Aufbau eines »in Gerechtigkeit und Freiheit geeinten Deutschland« gleichberechtigt mitzuwirken. In einem Land, das seine nationale Einheit noch nicht gefunden hat und vom grundbesitzenden Adel patriarchalisch verwaltet wird, bleibt ihnen keine andere Wahl, als bei der liberalen Bewegung Anlehnung zu suchen.

»Dem Reich der Freiheit werb' ich Bürgerinnen!« lautet das Motto der ersten Frauenzeitschrift, die 1849/50 von Luise Otto-Peters, der Vorkämpferin der deutschen Frauenbewegung, gegründet wurde.

Das Scheitern der Revolution von 1848 führt jedoch in den deutschen Staaten zum Niedergang des Liberalismus. An seine Stelle tritt

1 So haben die im Juli 1848 in Seneca Falls versammelten amerikanischen Frauenrechtlerinnen eine Grundsatzerklärung ausgearbeitet, in der Gleichberechtigung in der Ehe, im Beruf und im öffentlichen Leben gefordert wird.

im Mittelstand ein Reformsozialismus, der dem vorherrschenden Einfluß des Militärs und der Kirche Rechnung trägt. In dieser wenig günstigen politischen Konstellation wird 1865 in Leipzig der »Allgemeine Deutsche Frauenverein« (ADF)[1] gegründet. Sein Name ist dem des »Allgemeinen Deutschen Arbeitervereins« nachgebildet, der sich zwei Jahre zuvor ebenfalls in Leipzig konstituiert hatte. Die Stadt galt damals als die »rote Bastion« im schon weitgehend industrialisierten Sachsen. Diese Gemeinsamkeiten sind nicht zufällig: Luise Otto-Peters, die erste Vorsitzende des ADF, hatte sich nämlich nach dem Fehlschlag der liberalen Revolution 1848, an der sie aktiv teilgenommen hatte, der Arbeiterbewegung zugewandt. Das erste Programm des Vereins fordert dementsprechend den Kampf für die soziale und politische Gleichberechtigung der Frau, das Recht auf Bildung und den Rechtsschutz für weibliche Arbeiter.

Doch dieses Programm bleibt größtenteils Theorie, da der ADF von vornherein auf jede politische Aktion verzichtet. Man schreckt vor dem Vereinsgesetz zurück, das seit 1851 im Deutschen Bund in Kraft ist und Frauen das Abhalten öffentlicher Versammlungen und die Gründung politischer Vereinigungen untersagt. Im politisch repressiven Klima der deutschen Staaten nach 1848 wohl eine verständliche Vorsicht! Dennoch mag man sich heute über die kleinmütige Haltung dieser Frauen wundern, wenn man sie mit den Frauenrechtlerinnen in den Vereinigten Staaten, in Großbritannien oder Frankreich vergleicht. Sie denken gar nicht daran, für die Abschaffung eines Gesetzes zu kämpfen, das ihnen das elementarste Freiheitsrecht vorenthält. Gleichwohl hat der ADF unter Luise Otto-Peters das Verdienst, sich zwanzig Jahre früher als die deutsche Arbeiterbewegung für die Belange der Heimarbeiterinnen eingesetzt zu haben. Sie wurden nämlich damals mit einem Hungerlohn abgefunden und nicht selten mit einem »Fabrikverbot« belegt. Besonders in der Textilindustrie begrüßten ihre männlichen Kollegen dieses Verbot, weil sie in Krisenzeiten die weibliche Konkurrenz fürchteten. Unterstützt von August Bebel, der als einer der wenigen sozialdemokratischen Führer die Gleichberechtigung der Frau als vordringlich und unerläßlich ansah, und mit Hilfe des »Lette-Vereins« – er wurde 1866 ins Leben gerufen, um die Erwerbstätigkeit der Frauen und ihre sozialen Aufstiegschancen zu fördern – gelingt Luise Otto-Peters 1869 auch

1 Siehe Margrit Twellmann, Die deutsche Frauenbewegung, Meisenheim 1972, und Richard J. Evans, The Feminist Movement in Germany 1894–1933, London, Beverly Hills 1976

noch die Bildung des ersten deutschen Arbeiterinnenvereins. Sein Programm läßt sich in zwei Hauptpunkte zusammenfassen: verbesserte Lebensbedingungen für weibliche Arbeitnehmer und verstärkte Einstellung in Betrieben. Um diesen Forderungen Nachdruck zu verleihen, wendet sich der ADF in Aufrufen an die Öffentlichkeit und verlangt die Öffnung der Schulen für Mädchen und ihre Zulassung zur Berufsausbildung.

Nach der Gründung des Deutschen Reiches 1871 – ein Triumph des preußischen Militarismus – und mit dem allmählichen Abtreten einer Frauengeneration, die noch von den revolutionären Auseinandersetzungen von 1848/49 geprägt war, gerät der »Allgemeine Deutsche Frauenverein« jedoch in eine Periode der Stagnation. Die Mitgliederzahl, die innerhalb weniger Jahre von 34 auf 12000 angewachsen war, steigt kaum noch, auch das Engagement seiner Mitglieder läßt nach. Während der großen Debatte um die Abfassung des Bürgerlichen Gesetzbuches zwischen 1873 und 1896, als es darum geht, die Gütertrennung zwischen Ehegatten, die Gleichberechtigung der Frau in der Ehe und ihre Beteiligung an der elterlichen Gewalt durchzusetzen, fehlt die Stimme des ADF.

Angesichts dieser Passivität des ADF beginnen die Arbeiterinnen, sich von ihm abzuwenden und ihre Interessen selbst in die Hand zu nehmen. Schon 1870 erhält Christiane Peuschel, eine Textilarbeiterin, die sich an den Streiks der Weber beteiligt hatte, auf ihre Forderungen hin ein Delegiertenmandat für die erste Generalversammlung der »Gewerksgenossenschaften der Manufaktur-, Fabrik- und Handarbeiter« im sächsischen Crimmitschau. Sie vertritt zwar fast 1200 Frauen innerhalb dieser 7000 Mitglieder zählenden Organisation, sieht sich aber in den folgenden vier Jahren – häufig auf sich alleingestellt – den Anfeindungen der Mehrheit der Delegierten ausgesetzt. Man beschuldigt die Arbeiterinnen, die Einlagen der Krankenkassen durch unnötig langes Wochenbett aufzubrauchen. Am aggressivsten verhalten sich wieder einmal die Textilarbeiter. Sie fordern die Rückkehr der Frauen an den Herd – vor allem für ihren Bereich, wo die Einführung von Maschinen die Arbeitslosigkeit verschärft. Ein Versuch, 1873 einen Verein zur Verteidigung der Rechte arbeitender Frauen und Mädchen zu gründen, scheitert an den Repressalien, aber auch am Hohn der männlichen Arbeitskollegen. Erst zwölf Jahre später werden sich in Berlin wieder Arbeiterinnen finden, die entschlossen sind, trotz des Widerstandes ihrer männlichen Genossen einen Verein für ihre eigene Interessenvertretung zu bilden.

Um die Abneigung gegen die Frauenemanzipation innerhalb der damaligen Arbeiterbewegung verstehen zu können, muß man sich ins Gedächtnis rufen, was die meisten marxistischen Historiker tunlichst übersehen: Selbst Marx und Engels gaben, trotz ihres Eintretens für die Emanzipation der Frau im »Kommunistischen Manifest« von 1848, dieses politische Ziel bei der Gründung der Ersten Internationale im Jahre 1864 preis, um den Beitritt der britischen »trade unions«, der französischen, belgischen und italienischen Proudhonisten sowie der deutschen Lassalleaner nicht zu gefährden. Die deutsche Sozialdemokratie stimmte zwar – fünf Jahre nach den Gewerkschaften – auf ihrem Parteitag in Gotha 1875 für die Zulassung weiblicher Delegierter, wies aber den Antrag August Bebels zurück, sich für das Frauenstimmrecht auszusprechen. Um die weitverbreitete Antipathie abzubauen – auch unter den eigenen Genossen – verfaßt Bebel daraufhin ein eindringliches Plädoyer für die Frauenemanzipation, mit dem Titel »Die Frau in der Vergangenheit, Gegenwart und Zukunft«, später »Die Frau und der Sozialismus«. Wegen des Publikationsverbotes, das für Sozialdemokraten seit dem »Sozialistengesetz« von 1878 im Deutschen Reich gilt, wird es 1879 zuerst in Zürich verlegt und erreicht fünfzig Auflagen in dreißig Jahren. Bis auf den heutigen Tag bleibt es insofern aktuell, als es der Arbeiterbewegung nahezubringen versucht, daß die politische, wirtschaftliche und kulturelle Gleichberechtigung der Frau nicht bis zur Errichtung einer sozialistischen Gesellschaft aufgeschoben werden kann und darf.

Zu den begeisterten Lesern der damaligen Zeit gehört eine zweiundzwanzigjährige Lehrerin: Clara Eißner-Zetkin (1857–1933).[1] Geboren in dem sächsischen Dorf Wiederau als Tochter eines Volksschullehrers – ihre Mutter ist eine Kampfgefährtin von Luise Otto-Peters –, erhält sie ihre Ausbildung in einem Lehrerinnenseminar in Leipzig, das von Auguste Schmidt, der zweiten Vorsitzenden des ADF, geleitet wird. Für den pedantischen Geist und die autoritäre Atmosphäre an dieser Lehranstalt hat sie wenig übrig. Sie verkehrt daher im studentischen Milieu, wo sie mit Sozialisten zusammentrifft und Ossip Zetkin, einem exilierten russischen Revolutionär, begegnet. Nach dem Erlaß des »Sozialistengesetzes« folgt sie ihm nach Paris. Dort beschließen sie, zusammen zu leben. Trotz der schweren Krankheit ihres Lebensgefährten und des mühsamen Brot-

1 Luise Dornemann, Clara Zetkin – Leben und Wirken, Berlin/DDR 1974

erwerbs durch Privatstunden und Übersetzungen findet sie die Zeit, sich mit Laura Lafargue, der Tochter von Karl Marx, und deren Mann Paul Lafargue sowie mit Louise Michel zu befreunden. Kurz vor dem Gründungskongreß der Zweiten Internationale 1889 in Paris stirbt Ossip Zetkin. Trotz dieses schweren Verlustes und obwohl sie nun zwei Söhne von vier und sechs Jahren allein versorgen muß, bringt sie die Kraft auf, für den Kongreß einen Vortrag über das Thema vorzubereiten, das ihr am meisten am Herzen liegt: »Das Problem der Arbeiterinnen und der Frauen in unserer Zeit«. Ihre Stimme klingt noch unsicher, als sie das erste Mal vor einer solchen Versammlung das Wort ergreift und über das Recht der Frau auf Arbeit und wirtschaftliche Unabhängigkeit spricht: »Wie der Arbeiter vom Kapitalisten unterjocht wird, so die Frau vom Mann; und sie wird unterjocht bleiben, solange sie nicht wirtschaftlich unabhängig dasteht. Die unerläßliche Bedingung für diese ihre wirtschaftliche Unabhängigkeit ist die Arbeit.«[1]

Sie fügt jedoch sogleich hinzu, daß die Emanzipation der Frau nur durch die Emanzipation des Menschen unter Führung der Arbeiterklasse verwirklicht werden kann. Eine solche, wie sie hofft, gleichberechtigte Integration der Frauen in die Arbeiterbewegung macht in ihren Augen jede autonome Frauenbewegung überflüssig. Hier manifestiert sich eine politische Linie, die in den vom Marxismus inspirierten Bewegungen vorherrschend bleibt, nämlich die mehr oder weniger offen eingestandene Gleichgültigkeit, ja sogar Abneigung der meisten Führer und aktiven Mitglieder, sich mit den spezifischen Problemen der Frauen und ihrer Gleichheit in Theorie und Praxis zu befassen.

Der Gründungskongreß der Zweiten Internationale applaudiert zwar, beschließt aber nichts im Sinne Clara Eißner-Zetkins. Erst 1891 nimmt die Sozialdemokratische Partei Deutschlands die Forderung nach politischer, wirtschaftlicher und rechtlicher Gleichstellung der Frau in ihr Parteiprogramm auf. Zwei Jahre später folgt ihr der Kongreß der Zweiten Internationale in Zürich mit einer ähnlichen Resolution. Hier wird auch zum erstenmal ein Antrag angenommen, der sich speziell auf den Rechtsschutz der weiblichen Arbeiter bezieht. Von einem Ausschuß unter Vorsitz von Luise Kautsky ausgearbeitet, fordert er den Acht-Stunden-Tag anstatt der üblichen zwölf bis fünfzehn Arbeitsstunden und verlangt gleichen Lohn für

1 A.a.O., S. 79

gleiche Arbeit, ein Verbot gesundheitsschädigender Arbeit und sechs Wochen Mutterschaftsurlaub. Die Sozialistische Internationale bezieht mit ihrer Resolution eine Position, die sich ebenso gegen die Verfechter der »natürlichen Bestimmung« der Frau als Ehefrau und Mutter, wie gegen die Feministinnen richtet. Mit Feministinnen sind jene Frauen gemeint, die besondere Frauenrechte als ein Hindernis für jede wirkliche Emanzipation ansehen und die man »radikal« zu nennen beginnt.[1] Die aktiven Frauen innerhalb der Sozialistischen Internationale jedenfalls glauben mit der Annahme des Antrags zur Frauenfrage einen Durchbruch erzielt zu haben. Sie müssen jedoch bis 1900 warten, ehe sie eine erste Frauenkonferenz innerhalb eines Kongresses der Sozialistischen Internationale abhalten dürfen, und bis 1907, ehe sie eine Internationale Sozialistischer Frauen innerhalb der Zweiten Internationale gründen dürfen.

Daß es dazu überhaupt kommt, ist sicherlich ein Verdienst Clara Eißner-Zetkins und ihrer 1892 mit dem herausfordernden Titel »Die Gleichheit« erscheinenden Zeitschrift. Ihr hartnäckiges Engagement findet schließlich Anerkennung: Clara Zetkin wird zur Sekretärin der Internationale Sozialistischer Frauen gewählt und ihre mühsam in einem Hinterhof in Stuttgart hergestellte Zeitschrift als offizielles Organ bestätigt. In den zehn Jahren ihres Mandats erinnert Clara Zetkin unablässig an die ökonomischen und politischen Forderungen der Frauen, setzt sich für eine Jugenderziehung ein, die frei ist von Chauvinismus und Autoritätsgläubigkeit und entwirft Pläne für Erleichterungen der Hausarbeit sowie für eine Rollenverteilung in der Ehe. Die Verwirklichung ihrer Vorschläge überläßt sie allerdings einer zukünftigen sozialistischen Gesellschaft.

Der Bruch mit der Frauenbewegung, den Clara Zetkin im Namen des Klassenkampfes 1889 herbeigeführt hatte, bleibt in diesen Jahren jedoch fortbestehen, trotz vorübergehender Bündnisse mit einigen Frauengruppen, als es um den Abtreibungsparagraphen, das Frauenwahlrecht oder 1910 um den Vorschlag Clara Zetkins geht, gemeinsam an einem Internationalen Frauentag teilzunehmen. Die Chancen für eine unabhängige, wirklich feministische Frauenbewegung werden in dieser Zeit vertan. Das hatte, wie wir heute wissen, lang andauernde negative Wirkungen für die Frauen in aller Welt.

In Deutschland vollzieht sich dieser Bruch durch den Austritt der

1 Werner Thönessen, Die Frauenemanzipation, 1863–1933, Frankfurt am Main 1969; Marielouise Janssen-Jurreit, Sexismus, München 1976

Arbeiterinnen aus dem »Allgemeinen Deutschen Frauenverein« seit 1870. Der ADF beschränkt seine Arbeit zunehmend auf soziale Einrichtungen und Initiativen für eine »angemessene« weibliche Schulerziehung und Berufsausbildung. Auguste Schmidt (1833–1902) und später Helene Lange (1848–1930) prägen den ADF im Geiste jener Lehrerinnengeneration, die einem bescheidenen protestantisch-konservativen Milieu entstammt und ihr Interesse allein auf einen sozialen Aufstieg der Frauen richtet, der dem ihren gleichkommt. Sie verschaffen der Frauenbewegung gesellschaftliche Anerkennung. Es gibt keine Kontakte mehr zu Sozialisten, zu den »vaterlandslosen Gesellen«. Internationale Fraueninitiativen für das Stimmrecht und gegen öffentliche Kontrolle der Prostitution werden nicht mehr unterstützt. Die Reichsregierung, die diese »Besonnenheit« nicht ungern sieht, stimmt einigen Verbesserungen bei der Schulerziehung und der Berufsausbildung zu.

Sicherlich konnten die »bürgerlichen« Frauen des ADF nicht allzuviel von den deutschen Sozialdemokraten erwarten, die eine eigenständige Frauenbewegung im Namen des Klassenkampfes ablehnten. Aber sie hätten bei den gerade im Aufbau befindlichen internationalen Frauenorganisationen Unterstützung suchen können. Ihre Teilnahme am Gründungskongreß des »Internationalen Frauenrates« (International Council of Women) in Washington, der im März 1888 stattfindet, sagen sie jedoch ab. Sie fürchten gegen das Verbot politischer Betätigung, wie es das Vereinsgesetz von 1851 vorsieht, zu verstoßen.[1] »In Deutschland müssen wir mit viel Taktgefühl und nach konservativen Methoden vorgehen«, erklären sie in ihrer Botschaft an den Kongreß[2], die ihre Abwesenheit und ihren Verzicht auf Mitgliedschaft rechtfertigen soll. Dabei hat der Rat nur das Ziel, »zwischen Frauen aller verschiedenen Rassen freundschaftliche Beziehungen zu schaffen und ihnen die Gelegenheit zu bieten, gemeinsam über Fragen, die das Allgemeinwohl, das Wohl der Familie und des einzelnen betreffen, zu diskutieren«.

1 Irmgard Remme, Die Internationalen Beziehungen der deutschen Frauenbewegung vom Ausgang des 19. Jahrhunderts bis 1933, Diss., Berlin 1955

2 A.a.O., S. 16/17

Die »Radikalen« innerhalb der deutschen Frauenbewegung

Die politische und soziale Entwicklung im deutschen Kaiserreich reißt die deutsche Frauenbewegung aus ihrem Zustand der Immobilität. Im Jahre 1890 entläßt Kaiser Wilhelm II. den alternden Reichskanzler Bismarck aus seinem Amt und verfolgt von nun an eine »moderne« Politik, die der Expansion des Deutschen Reiches nach allen Richtungen hin dienen soll. Sein Ziel, ein »starkes und soziales« Reich, erfordert die Steigerung der Wirtschaftsproduktion sowie eine verstärkte Aufrüstung. Jede verfügbare Arbeitskraft wird gebraucht, selbst Arbeiterinnen und Angestellte sowie weibliche Ausbilder in den jeweiligen Berufszweigen. Es entstehen zahlreiche Frauenvereine, die sich der Ausbildung und Interessenvertretung in den einzelnen Berufszweigen widmen, in ihrer Arbeit jedoch von veralteten Gesetzen behindert werden. In dieser Zeit wächst die dritte Generation aktiver Mitglieder des ADF nach. Sie wenden sich gegen karitative Sozialarbeit und verwerfen eine Politik der kleinen Schritte im Bereich der Frauenerziehung. Ihr Ziel ist es, mit Unterstützung der internationalen Frauenverbände für gleiche Rechte zu kämpfen.

Aufgrund ihrer Herkunft aus dem städtischen Bildungsbürgertum gleicht diese dritte Generation eher den liberalen Frauen von 1848, als denen, die jetzt an der Spitze des ADF stehen. Wie früher Luise Otto-Peters, so setzen sich diese jungen Frauen mit Enthusiasmus für große Ideale ein. Sie verbinden Mut und Kreativität mit einer soliden Bildung und besitzen darüber hinaus eine Selbstsicherheit, die aus ihrer Vertrautheit mit gesellschaftlichen Spielregeln und ihrer Weltoffenheit erwächst. Die meisten von ihnen finden sich anfangs an der Seite von Hedwig Kettler und Minna Cauer, die beide versuchen, Bewegung in den erstarrten ADF zu bringen, die eine mit dem »Reformverein«, die andere mit dem »Verein Frauenwohl«.

Hedwig Kettler gelingt es, unter den Schulpädagogen Anhänger für ihre Ziele zu gewinnen und als ersten Erfolg die Eröffnung eines Mädchengymnasiums 1893 in Karlsruhe zu erreichen, das das Abitur – bis dahin Jungen vorbehalten – als Abschluß vorsieht. Ihr »Reformverein« wird während der Eröffnungsfeierlichkeiten von Anita Augspurg vertreten. Ihr Lebensweg ist charakteristisch für die neue Generation der Frauenrechtlerinnen im Industriezeitalter.[1]

1 Lida Gustava Heymann und Anita Augspurg, Erlebtes – Erschautes, hg. von Margrit Twellmann, Meisenheim 1972

Am 22. September 1857 wird sie in Verden im damaligen Königreich Hannover als fünftes Kind einer Familie geboren, aus der Ärzte und Juristen hervorgegangen sind. Ihr Vater, von Beruf Jurist, ist Freidenker und nimmt an der Revolution von 1848 teil; ihr Onkel ist Abgeordneter der Nationalliberalen Partei. Ihre Mutter, eine intelligente Frau, aber ohne Berufsausbildung, ist mit der Erziehung ihrer Kinder und den Haushaltspflichten voll ausgelastet. Anitas Erziehung ist die junger Mädchen ihrer Gesellschaftsschicht: anfangs Privatunterricht, danach ein vornehmes Mädchenpensionat. Der plötzliche Tod ihrer Eltern unterbricht jedoch ihre weitere Ausbildung. Da ihre älteren Geschwister das Elternhaus bereits verlassen haben, um zu heiraten oder um sich eine Berufskarriere aufzubauen, sieht sich Anita von einem Tag auf den anderen den Schwierigkeiten einer jungen alleinstehenden Frau ausgesetzt, die nun selbst für ihren Lebensunterhalt aufkommen muß. Sie zieht nach Berlin, um ein Lehrerinnenseminar zu besuchen, und entschließt sich damit für einen der wenigen Berufe, die Mädchen aus gutem Hause offenstehen. Als spätere Unterrichtsfächer wählt sie Kunst und Gymnastik, aber es hält sie nur kurz bei dieser eher ungewöhnlichen Fächerverbindung. Sie ist vom Theater fasziniert und es gelingt ihr, in die Schauspieltruppe der Herzogin von Meiningen einzutreten. Die große Dame des Theaters mit ihrem autoritären Stil beeinträchtigt jedoch den Freiheitsdrang ihrer neuen Elevin. Anita Augspurg bricht ihren Vertrag und versucht ihr Glück am Theater in Riga, später am Hoftheater in Hamburg. Von ihren Erfahrungen mit dem Theater enttäuscht, flieht sie schließlich nach Dresden zu ihrer Schwester, einer Malerin. Dort lernt sie Sophie Goudsticker kennen und beschließt mit ihr, in München ein Atelier für Kunstphotographie einzurichten. Beide haben damit schnell Erfolg. Ihr Atelier wird ein beliebter Treffpunkt vieler Künstler der bayerischen Landeshauptstadt.

Mit dreißig Jahren kann Anita Augspurg dank ihrer finanziellen Unabhängigkeit ein Leben nach ihren Vorstellungen führen. Sportlich gekleidet und mit kurzen Haaren sieht man sie in ihrer Freizeit auf ausgedehnten Reit- und Fahrradausflügen; sie liest viel und arbeitet im »Reformverein« mit. Dort trifft sie auf Marie Stritt (1855 bis 1928), die spätere Vorsitzende des »Bundes Deutscher Frauenvereine«. Beide Frauen sind sich sofort darin einig, daß Hedwig Kettler, deren Verdienste unbestritten sind, im Vorsitz des »Reformvereins« abgelöst werden muß, weil sie mit ihrer zunehmenden Willkür die jüngeren Mitglieder vertreibt.

Kurz nachdem sie diese heikle Angelegenheit ohne allzu großen Schaden hinter sich gebracht haben, reisen sie zur Generalversammlung des Vereins »Frauenwohl« nach Berlin. Dort kommt es wiederum zu Auseinandersetzungen mit der älteren Garde des Vereins. Streitpunkt ist eine wirkungsvollere Ausnutzung der von der Reichsregierung vorgenommenen Reformen. Der Verein, der 1889 aus der weiblichen Sektion der »Deutschen Akademischen Vereinigung« hervorgegangen war, fristet unter dem Vorsitz Helene Langes ein kümmerliches Dasein im Schatten des ADF. Aber im Gegensatz zu dem, was sich im »Reformverein« ereignet hatte, ging es hier nicht um einen Generationskonflikt: die fortschrittliche Richtung – in der natürlich die meisten jungen Mitglieder zu finden sind, wie Anita Augspurg, Marie Stritt, die spätere Sozialistin Lily Braun und Käthe Schirmacher, die in der Weimarer Republik als Abgeordnete der DNVP ins entgegengesetzte Lager überwechseln wird – wird von Minna Cauer angeführt, der zweiundfünfzigjährigen Witwe eines liberalen Pädagogen. Minna Cauer erringt den Vorsitz mit einer knappen Mehrheit von sechzig Stimmen und reißt damit die Führung des ADF aus ihrer bequemen Selbstsicherheit.

Im Jahr 1893 entsendet der ADF zum erstenmal vier Delegierte, darunter Helene Lange selbst, nach Chicago zum Kongreß des »Internationalen Frauenrates« (ICW). Nach der Rückkehr ist man entschlossen, die einzelnen Frauenvereine in Deutschland zu einem repräsentativen Verband zusammenzuschließen, um Mitglied im ICW zu werden. Der Beitritt erfolgt aber erst im Jahre 1897. Der »Bund Deutscher Frauenvereine« (BDF), der im März 1894 gegründet wird, bringt der Führung des ADF einen Prestigegewinn und sichert ihr die Unterstützung von 34 Vereinen, die dem fortschrittlichen Flügel ebenfalls ablehnend gegenüberstehen.

Die »radikalen« Feministinnen sind vorerst zu sehr damit beschäftigt, ihren Sieg im »Reformverein« auszubauen, als daß sie sich über diese »heilige Allianz« allzuviele Gedanken machen könnten. An Ideen fehlt es ihnen nicht: Sie wollen eine neue Zeitschrift herausbringen, deren Titel »Frauenbewegung« bereits anzeigt, daß sie mit Schwung gegen die erstarrte Konzeption von Helene Langes Zeitschrift »Die Frau« vorgehen wollen. Sie dezentralisieren ihre Arbeit durch die Förderung regionaler Initiativen, wie die von Marie Stritt und Camilla Jellinek, die in Dresden und in Heidelberg Frauenrechtsschutzstellen gegründet haben. Außerdem planen sie trotz des Vereinsgesetzes von 1851 öffentliche Versammlungen, um auf die frauenfeindlichen Paragraphen im neuen Bürgerlichen Gesetzbuch aufmerksam zu machen.

Mehr als hundert Jahre nach der Gründung der Vereinigten Staaten und den Vorkämpferinnen der Französischen Revolution, lange nach der Anti-Sklaverei-Bewegung, zu der auch die ersten angelsächsischen Frauenrechtlerinnen gehören, entdeckt man nun auch in der deutschen Frauenbewegung, daß die Inanspruchnahme der Gesetze und die Forderung nach Gesetzesänderungen zu den wirksamsten Mitteln im Kampf gegen die Unterdrückung zählen. Sie fragen sich, was die Chancengleichheit im Erziehungssystem nutzt, wenn die Gesetze jede Selbstbestimmung im privaten und öffentlichen Bereich beschneiden. Doch sie erkennen auch, daß es mit der Reform ungerechter Gesetze allein nicht getan ist, daß sie die Bedeutung von Gesetzestexten selbst verstehen und konstruktive Gegenvorschläge machen müssen: daß sie über die gleiche Kompetenz verfügen müssen wie die Gesetzgeber. Camilla Jellinek zieht daraus die Konsequenz und läßt sich von ihrem Mann, einem Juristen, in die Rechtswissenschaft einweisen. Anita Augspurg wird aber Volljuristin wie ihr Vater und andere männliche Verwandte. Da die deutschen Universitäten nach wie vor Studentinnen nicht zulassen, schreibt sie sich wie so viele ihrer Generation, u. a. Rosa Luxemburg, an der Universität in Zürich ein. Während ihres fünfjährigen Studiums bleibt sie mit ihren Freundinnen aus dem Verein »Frauenwohl« in engem Kontakt. Sie schreibt weiterhin Artikel für die »Frauenbewegung«, und ihre ganze Freizeit widmet sie den internen und öffentlichen Versammlungen der Bewegung. An dem ersten internationalen Frauenkongreß auf deutschem Boden mit 1700 Delegierten aus vierzehn Ländern, der anläßlich der Weltausstellung 1896 in Berlin stattfindet, nimmt sie mit dem gleichen Stolz wie ihre Kolleginnen teil. Der Erfolg ist nicht mehr zu leugnen: Die große Presse kann die Aktivitäten der Feministinnen nicht mehr totschweigen. Darüber hinaus beweist die Anwesenheit von Clara Zetkin und Lily Braun, daß der seit mehr als zehn Jahren unterbrochene offizielle Dialog mit den Sozialdemokraten wiederaufgenommen werden kann.

Man freut sich über den Austausch von Informationen und Erfahrungen mit ausländischen Frauenrechtlerinnen wie über die Begegnung mit den wenigen deutschen Frauen, die man noch nicht kennt und die es wagen, diesen Kongreß zu besuchen. Unter ihnen fällt Lida Gustava Heymann auf. Als Erbin eines reichen Hamburger Kaufmannshauses hat sie es mit 28 Jahren fertiggebracht, innerhalb von fünf Jahren und größtenteils aus eigenen Mitteln ein Netz sozialer Einrichtungen für Frauen in ihrer Heimatstadt aufzubauen: Kinderhorte, Aufenthaltsräume, preiswerte Gaststätten. Sie bildet Gruppen zur Interessenvertretung berufstätiger Frauen, auch für die vielen Schauspielerinnen in der Hansestadt. Als Anita Augspurg sie über ihr Leben und über ihre Ziele erzählen hört, wundert sie sich über die vielen Gemeinsamkeiten mit Lida Gustava Heymann: eine ähnlich glückliche und anregende Kindheit in einem wohlhabenden Elternhaus, gleichfalls ein liberal gesonnener, kultivierter Vater, dessen Einfluß auf die eigene Entwicklung bestimmend ist, dann die gleiche, einschneidende Erfahrung, nach dem jähen Tod der Eltern allein in der Welt zu stehen, der gleiche Wille, Probleme von sich aus zu lösen, frei und unabhängig zu leben. Ihr Vermögen hat es ihr allerdings erspart, sich einen Beruf zu suchen, um ihren Lebensunterhalt zu bestreiten. Doch war sie mit 23 Jahren gezwungen, das Geschäft ihres Vaters zu übernehmen, weil sie weder auf einen Berater noch auf einen Ehemann angewiesen sein wollte. Nach dem Kongreß in Berlin weiß Lida Gustava Heymann, daß sie in Zukunft den Verein »Frauenwohl« in Hamburg leiten wird, ahnt aber noch nicht, daß sie einmal die Mitkämpferin und enge Freundin von Anita Augspurg bis ins Exil und in den Tod werden wird.

Es vergehen zwei Jahre, Jahre intensiver Aktivitäten, aber auch zahlreicher Enttäuschungen und Schwierigkeiten für die »Radikalen« in der Frauenbewegung. Der Kampf um ein gerechteres Bürgerliches Gesetzbuch scheint nach der Verabschiedung durch den Reichstag 1896 für lange Zeit verloren. Ihre Forderungen werden von der Mehrheit der Abgeordneten ignoriert und auch in den Generalversammlungen des BDF, wo der gemäßigte Flügel vorherrscht, nicht mehr diskutiert: Man bringt für den »aufgeregten Haufen« wenig Verständnis auf, sofern man ihn nicht gleich offen verurteilt oder der Anlehnung an die »Roten« verdächtigt.

Zu einer besonders heftigen Auseinandersetzung kommt es 1898 auf der Generalversammlung des BDF in Hamburg über das Thema der Prostitution. Dieses Problem steht in den meisten Industrieländern auf der Tagesordnung, wo die schnelle Entwicklung der Großstädte zur Entwurzelung und Desorientierung der Schwächsten führt, besonders der jungen Mädchen vom Land, die in der Stadt Arbeit und eine freiere Atmosphäre suchen.

In der unübersichtlichen Vielzahl von Meinungen und Lösungsvorschlägen lassen sich zwei Hauptrichtungen unterscheiden: Die konservativen »Reglementaristen« oder »Protektionisten«, der traditionellen Moral verhaftet, glauben, daß nur eine strenge Gesetzgebung und entsprechende soziale Einrichtungen die Jugend vor diesem »Laster« schützen könne. Die »Abolitionistinnen«, wegen ihrer Beziehung zu den Gegnern der Sklaverei so genannt, vertreten dagegen die liberale Auffassung, daß jede staatliche Einmischung in einem Bereich verhindert werden müsse, der Teil der persönlichen Freiheit und der Verantwortung des einzelnen sei. Der Streit wird im wilhelminischen Deutschland dadurch aktuell, daß der Reichstagsabgeordnete Heinze, unterstützt von den Kirchen, dem Zentrum, den Konservativen und zahlreichen »Sittlichkeitsvereinen«, eine Gesetzesvorlage einbringt, die auf eine Verschärfung des Artikels 361, Absatz 6 des Strafgesetzbuches über die polizeiliche Kontrolle der Prostitution abzielt und ein Verbot »unmoralischer« Schriften und Kunstwerke vorschlägt. Innerhalb des BDF gibt es zwar eine Vereinigung der Abolitionistinnen, die kurz vor 1898, angeregt durch die Bewegung von Josephine Butler in England, gegründet worden ist, aber nur geringen Einfluß besitzt, angesichts der etwa hundert Frauenvereine, die sich entschlossen hinter das Banner des Protektionismus stellen. Hinzu kommt, daß selbst die »Expertin« in dieser Frage, Hanna Bieber-Böhm, eine überzeugte Protektionistin ist.

Aus tiefster Überzeugung gründete sie einen »Verein Jugendschutz«. Als die alte Garde des »Frauenwohl« Hanna Bieber-Böhm daran hindern wollte, in einer so »geschmacklosen« Frage aktiv zu werden, verteidigten die »radikalen« Feministinnen – die aber beileibe nicht alle und nicht zu jeder Zeit radikal waren – zunächst ihr Anliegen. Aus Eifer und aus Unwissenheit schlossen sie sich ihren Thesen an. Sie unterschrieben sogar eine Petition an den Berliner Polizeipräsidenten, in der die Schließung der Bordelle, die Ausweisung ausländischer Prostituierter und eine ein- bis zweijährige Sonderhaft zum Zwecke der Umerziehung gefordert wurde. Bei einem Aufenthalt in Paris erkennt Käthe Schirmacher als erste den Irrtum, und Anita Augspurg, wegen ihrer Dissertation in »Über den Ursprung der Volksvertretung in England« nach Zürich zurückgekehrt, trifft dort auf Abolitionistinnen, die sie umstimmen. Von ihren beiden Freundinnen alarmiert, stellen Minna Cauer und die ihr nahestehende Gruppe im »Frauenwohl« daraufhin Kontakte zu den englischen Feministinnen her. Diese klären sie darüber auf, daß die Reglementierung der Prostitution zu einer Verstärkung der Doppelmoral führt, die den Mann freispricht, die Frau aber verdammt.

Die Lektion ist schnell gelernt: Als Hanna Bieber-Böhm mit einer ähnlichen Petition, die dieses Mal für den Reichstag bestimmt ist, vor den Vorstand des »Frauenwohl« tritt, wird sie von ihren früheren Verbündeten wie eine Handlangerin des patriarchalischen Staates behandelt, der die Frauen verfolgt, nachdem sie von den straffrei bleibenden Männern gedemütigt wurden. Die Männer, so deren Meinung, sollten lieber das Gebot der Keuschheit und Treue befolgen, das sie von ihren Bräuten und Ehefrauen erwarten. Dieser Meinungsumschwung der »Radikalen« entgeht natürlich den Vorstandsdamen des BDF nicht. Sie sind zwar im Vorstand des »Frauenwohl« in der Mehrheit, an der Basis jedoch in der Minderheit. Diejenigen, die es früher ablehnten, sich überhaupt mit der Frage der Prostitution zu beschäftigen, entwickeln eine starke Neigung für die »Reglementierung«, seitdem ihre Gegnerinnen als »Abolitionistinnen« auftreten. In dieser Situation erhält Hanna Bieber-Böhm den Auftrag, der Generalversammlung des BDF 1898 in Hamburg einen ausführlichen Bericht über das Thema Prostitution vorzulegen.

Die Führung des BDF verfolgt nun eine ähnliche Taktik wie der ADF vor vier Jahren. Dieser hatte damals trotz einiger Vorbehalte beschlossen, dem »Internationalen Frauenrat« beizutreten, um seinen von den radikalen Feministinnen bedrohten Einfluß zu festigen: Durch die Gründung des BDF – eine Bedingung für den Beitritt zum ICW – konnte der progressive Flügel von der konservativen Mehrheit überstimmt werden. Dieses Kräfteverhältnis wird nun durch die radikalen Frauen 1898 in Hamburg erneut gefährdet. Durch ihre Erfahrung im »Frauenwohl« haben die radikalen Feministinnen gelernt, daß der erstarrte Kurs des BDF im wesentlichen auf einem System der Übertragung von Vollmachten beruht, das es dem Vorstand ermöglicht, seine Entscheidungen durch die jährlich stattfindenden Generalversammlungen absegnen zu lassen. Dort hat jede Delegierte bis zu fünf Stimmen, je nach Mitgliederzahl ihres eigenen Vereins oder je nach Anzahl der Vollmachten, die ihr die Gruppen erteilen, die die Entsendung einer eigenen Delegierten nicht bezahlen können. Dieses System begünstigt natürlich die bekannten und einflußreichen Vorstandsmitglieder. Da die radikalen Feministinnen mit ihren wenigen Delegierten – einige haben sich sogar von Vereinen nominieren lassen, die sie kaum kennen – auf dem offiziellen Wege also wenig erreichen können, entwickeln sie eine Strategie von Störaktionen, die sie in ihrer Zeitschrift »Frauenbewegung« ankündigen, ohne jedoch Einzelheiten preiszugeben.

Dadurch vorgewarnt geht der Vorstand des BDF zum Gegenangriff über. Er legt der Generalversammlung eine Erklärung über den Bund und seine Ziele vor, deren Inhalt so geschickt formuliert ist, daß sie von allen Gemäßigten einstimmig angenommen wird: Die Konservativen finden darin die Bestätigung des Wohlfahrtsgedankens, die gemeinsame Anstrengung zur Hebung der Familien- und Gesellschaftsmoral. Die Liberalen können den Gedanken, gegen Unbildung und Ungerechtigkeit zu kämpfen, und die Absicht, den Erfahrungs- und Meinungsaustausch zu fördern, nur gutheißen.

Natürlich setzen die Feministinnen den ebenso vagen wie demagogischen Phrasen sofort einen Antrag entgegen, der diese Vorschläge zugunsten einer anderen, in einem Satz zusammengefaßten Erklärung zurückweist:

»Der Bund Deutscher Frauenvereine macht es sich zur Aufgabe, alle Vereine zu vereinigen, die sich für die Verbesserung der geistigen, ökonomischen, gesetzlichen und gesellschaftlichen Situation der Frau einsetzen.«

Vergeblich versucht Minna Cauer die gemäßigten Liberalen zu überzeugen, daß Wohlfahrt und soziales Wirken den Erfordernissen der modernen Zeit nicht mehr entsprechen. Die Liberalen verzeihen den radikalen Feministinnen nämlich nicht, daß sie der Führung des BDF Altersschwäche und Perspektivelosigkeit vorgeworfen hatten, was die sensationslüsterne Presse bereitwillig verbreitet hatte. Auch Anita Augspurg hat keinen Erfolg, als sie die Verlegung des BDF-Sitzes von Leipzig nach Berlin fordert. Sie wollte unter dem Druck der besonders aktiven Basis in der Reichshauptstadt Veränderungen erreichen, die über eine Satzungsänderung nicht durchsetzbar waren. In dieser ausweglosen Situation tappt die »Frauenwohl«-Gruppe blindlings in eine von der alten Garde aufgestellte Falle.

Als sie nämlich der Versammlung vorschlägt, sich wenigstens zu einer landesweiten Kampagne zusammenzufinden, um die Abschaffung der frauenfeindlichen Bestimmungen im Strafgesetzbuch zu erreichen – etwas, das sie mangels koordinierten Kampfes für das Bürgerliche Gesetzbuch nicht hatte durchsetzen können – und als erstes die Abschaffung der öffentlichen Kontrolle der Prostitution fordert, löst sie bei der protektionistischen Mehrheit einen Sturm der Entrüstung aus. Hanna Bieber-Böhm fühlt, daß ihre Stunde gekommen ist. Sie beschwört den Tag, an dem eine BDF-Delegation dem Kaiser eine ihrer Petitionen vorlegen wird, auf daß er persönlich über die moralische Erziehung seiner Soldaten und damit über die ganze Nation wache. Dieser Tag kommt zwei Jahre später.

In der Zwischenzeit verlassen Minna Cauer und ihre Gruppe die Generalversammlung des BDF mit der festen Absicht, nie wieder dorthin zurückzukehren. Sie halten es für besser, sofort einen neuen Verband zu gründen, der nicht in Rivalität zum BDF treten, sondern einen anderen Kurs verfolgen soll. Der »Verband fortschrittlicher Frauenvereine« konstituiert sich. Aber die zwanzig, meist sehr kleinen Vereine, die ihre Mitgliedschaft zusagen, wollen nicht mit den hundert übrigen Vereinen des BDF brechen und vor allem nicht den Vorteil des Signums eines in der öffentlichen Meinung bekannten und anerkannten Verbandes verlieren.

So bleibt der neue Verband zur Enttäuschung der »Frauenwohl«-Gruppe in Wirklichkeit auf eine bloße Interessengemeinschaft beschränkt. Doch gelingt es ihm in acht Jahren, seine Ideen und Vorstellungen allmählich in den BDF hineinzutragen, bis er schließlich größtenteils in ihm aufgeht.

Seine Wirkung verdankt der »Verband fortschrittlicher Frauenvereine« in erster Linie der Eindeutigkeit und Klarheit des Programms, das von den Mitgliederorganisationen gemeinsam ausgearbeitet wurde. Es ist ein Vier-Punkte-Programm, das die Forderung nach kultureller, gesellschaftlicher und zivilrechtlicher Gleichheit wiederaufnimmt. Das politische Bewußtsein soll geschärft und die als künstlich angesehenen Barrieren zwischen Arbeiterinnen und Bürgerinnen, die alle gemeinsam – wenn auch in unterschiedlichem Maße – Opfer des Patriarchats sind, abgebaut werden. Außerdem ruft es zum Kampf gegen die Doppelmoral und ihre Folgen, besonders im Sexualleben. In der Tat verfügt die fortschrittliche Richtung innerhalb des BDF zum erstenmal über ein gemeinsames Programm, und zwar nicht nur auf dem Papier: Der neue Verband hat eine eigene Führung und einen eigenen Sitz. Dadurch ist es ihm möglich, zweimal im Jahr eigene Versammlungen einzuberufen und eine Strategie auszuarbeiten, die sich über das schon Erreichte hinaus auf die als vorrangig angesehenen Ziele der Gleichberechtigung konzentriert.

Die Wahl Hamburgs als Ort des Verbandssitzes – gleichermaßen vom BDF, der in Leipzig geblieben war, und vom »Frauenwohl« getrennt, der seinen Sitz in Berlin beibehält – bietet übrigens gleich zwei Vorteile: Die Verwechslung mit dem großen Verband des BDF wird verhindert und die Frauenbewegung erhält nach Berlin und Leipzig eine dritte Hochburg – und das in einer Stadt, die sich auf ihre

Rede- und Versammlungsfreiheit etwas zugute hält. Mit einer Million Einwohner, mit seiner liberalen und durch den Hansehafen weltoffenen Tradition und mit seinem wirtschaftlichen Expansionskurs ist Hamburg zur zweiten Metropole des Reichs geworden. Die einst unabhängige Republik gehört außerdem, wie das Königreich Württemberg und das Großherzogtum Baden, zu den Ländern, die den Maulkorberlaß von 1851 nicht anwenden. Dazu kommt das nicht zu übersehende Prestige von Lida Gustava Heymann, der neuen Generalsekretärin, die von ihren Mitbürgern wegen ihres sozialen Wirkens geschätzt wird, und das zwar umstrittenere, aber gleichwohl vorhandene Ansehen von Anita Augspurg, der talentierten Journalistin und Rednerin, die den Vorsitz im neuen Verband innehat.

Der Kampf der »Abolitionistinnen«

Der Verband beschließt, seine Arbeit mit einer großen Kampagne gegen die polizeiliche Kontrolle der Prostitution zu beginnen, denn einerseits fehlen ihm wahrscheinlich die Mittel, sofort das Gesamtprogramm in Angriff zu nehmen, und andererseits wollen die Feministinnen ihre peinliche Niederlage in diesem Punkt im BDF vergessen machen; außerdem ist das Problem vor allem in der großen Hafenstadt, wo sich ihr neuer Verbandssitz befindet, aber auch im Reich sehr aktuell.

Dieser erste Kampf, vom »Verband fortschrittlicher Frauenvereine« von 1900 bis 1905 geführt, taucht weder in geschichtlichen Handbüchern noch in der Chronik der Frauenbewegung auf, die es immerhin verstanden hat, die französischen Revolutionärinnen und die britischen Suffragetten dem Vergessen zu entreißen. Vielleicht ist uns noch heute das feministische und gleichzeitig tabuisierte Thema peinlich, weil es die Scheinheiligkeit unserer Gesellschaft offenlegt. Es ist noch peinlicher, wenn man feststellen muß, daß die Frauen eines Landes, dem man häufig eine starke Neigung zu Ordnung und Disziplin bescheinigt, in dieser Zeit es wagen, gegen das Gesetz zu opponieren und auf die Straße zu gehen, um den Machtmißbrauch der Behörden bloßzustellen.

Als erstes veranstaltet man öffentliche Versammlungen und verteilt Flugblätter. Darin wird die Hamburger Bevölkerung zur Unterstützung der Frauen aufgerufen, denen ihre Menschenrechte bewußt geworden sind – Rechte, die von der Polizei der Stadt in skandalöser

Weise mißachtet werden. Sie gibt sich nämlich nicht mit der Anwendung der im Reich üblichen Vorschriften über Prostitution zufrieden, sondern faßt Prostituierte in besonderen Häusern und Vierteln zusammen.

Nachdem die Polizei öffentlich angegriffen wurde, verbietet sie ab Februar 1900 jede Diskussionsveranstaltung der Abolitionistinnen im Stadtgebiet – ein Verbot, das sieben Jahre lang gelten wird. Der Gegenschlag läßt nicht lange auf sich warten: Die »Frauenwohl«-Gruppe organisiert eine große Protestversammlung in Berlin, bei der der liberale Abgeordnete Hellmuth von Gerlach und die Sozialdemokratin Helma Steinbach die Herrschaft des Patriarchats attackieren. Die sozialdemokratische Vertreterin nutzt die Stunde, um bei gleicher Gelegenheit die antifeministischen Vorurteile ihrer Parteigenossen anzuprangern.

Diesmal schreitet nicht mehr die Polizei, sondern der Senat des Stadtstaates Hamburg ein und verbietet jede öffentliche Betätigung der Abolitionistinnen. Als Antwort verklagen Lida Gustava Heymann und ihre Freundinnen den Hamburger Senat vor Gericht – wegen Duldung von Bordellen, die sie ordnungsgemäß von einem Notar erfassen lassen – und die Polizei wegen Einschränkung der Versammlungsfreiheit. Die Klagen bleiben erfolglos, aber das Interesse der Presse und des Reichstages ist geweckt. Während die Liberalen die illegalen Maßnahmen der Polizei und des Hamburger Senats öffentlich kritisieren, beschuldigen die Konservativen die Feministinnen, den Skandal um jeden Preis zu suchen. Um das letzte Wort zu behalten, drohen die Hamburger Behörden den Abolitionistinnen mit Strafmaßnahmen. Die Berliner Stadtverwaltung wiederum hängt Minna Cauer einen Prozeß an. Sie wird angeklagt, mit ihrer Berliner Protestversammlung die öffentliche Ordnung verletzt zu haben. Der Konflikt kommt vor den Reichstag, als der liberale Abgeordnete Ernst Müller-Meiningen zweimal in dieser Sache interveniert und 1904 eine große, öffentliche Versammlung in der Hansestadt organisiert.

Der Saal ist mit Menschen überfüllt. Es kommt zum Disput zwischen dem liberalen Abgeordneten und dem Syndikus des Stadtstaats Schäfer, einem Konservativen, den der Hamburger Senat überstürzt entsandt hat. Dieser Mann, offensichtlich in der Defensive, ruft allgemeine Heiterkeit hervor, als er die Klagen eines jungen Theologen vorträgt, der an einer abolitionistischen Versammlung teilgenommen hat.

»Die übelsten Fragen zur Sexualität wurden dort zur Debatte

gestellt. Die Herren konnten beobachten, wie eine wachsende sexuelle Erregung auf den Gesichtern junger, zwölf- bis fünfzehnjähriger Mädchen sichtbar wurde.«

Das Gelächter stört den Syndikus nicht, der die »Dame« Heymann anschließend direkt angreift:

»Trotz ihrer guten Absichten ist diese Dame weitaus gefährlicher als alle Banditen, die sie in diesen Kampf hineingezogen hat. Sie mag die Prostitution nicht? Ich auch nicht, und die Polizei ebenfalls nicht. [Gelächter]

Wenn die Herren [die Dame scheint vergessen zu sein], die ihre Abschaffung fordern, uns ein Mittel nennen könnten, sie durchzuführen, wären wir ihnen sehr dankbar. Aber die Prostitution existiert seit dem Bestehen der Welt.«

Das Gelächter und Gejohle wird so stark, daß der Vorsitzende energisch mit seiner Glocke läuten muß, um die Ruhe wiederherzustellen. Der von der Wichtigkeit seiner Mission überzeugte Syndikus läßt sich nicht aus der Ruhe bringen. Die anwesenden Senatoren sind über soviel Unbeholfenheit konsterniert, besonders als Schäfer, von seinem Eifer mitgerissen, seinen Gegnern erklärt, daß Wörter wie »Bordell« und »Bordellierung« ihn überhaupt nicht störten, wenn die Polizei nur über ein wirksames Kontrollsystem verfüge.

Müller-Meiningen greift dieses Eingeständnis sofort auf: Damit gebe also der Senat offiziell zu, die »Bordellierung« in Hamburg zu kontrollieren. Angesichts der peinlich berührten Senatoren begreift Schäfer seinen Fauxpas und weicht mit der Behauptung aus: Die Minderjährigen müßten geschützt werden, und im übrigen falle diese Frage nicht in die Kompetenz des Reichstags. Dieses Argument liefert Müller-Meiningen den Vorwand, ein Plädoyer für die Versammlungsfreiheit zu halten. Seiner Meinung nach ist sie das einzige Mittel, um den nötigen Druck auf die örtlichen Behörden auszuüben, da die Kompetenz des Reichstags umstritten ist.

Bei dieser Auseinandersetzung lag der Vorteil zweifellos auf seiten der Liberalen. Trotzdem dürften die Feministinnen wohl kaum die zweideutige, mit Zoten durchsetzte Heiterkeit geschätzt haben, die ihre Anhänger mit dem Ziel auslösten, ihre Gegner lächerlich zu machen. Die »Frauenwohl«-Gruppe verteilt ein Protokoll der Versammlung, das die Polizei beschlagnahmen läßt, und beschließt obendrein, auch eigene Versammlungen durchzuführen: und zwar in Städten wie Altona und Blankenese, die vor Hamburgs Toren liegen, aber der Rechtsprechung des Nachbarstaates Schleswig-Holstein unterstehen. Aus Hamburg kommen bis zu 900 Personen, um Anita Augspurg, Lida Gustava Heymann und Adele Schreiber zu hören. Diese richten nunmehr ihre Angriffe nicht nur gegen die staatlich kontrollierte Prostitution, sondern auch auf das Fehlen einer Sexualerziehung und das Stillschweigen der »Tugendwächter«, als nach einer gemeinschaftlich verübten Vergewaltigung eines jungen Mädchens in Blankenese die Täter freigesprochen werden.

Angesichts der geringen Mittel und der wenigen Anhänger haben die Abolitionistinnen in ihrem Kampf keine Chance, die Sittlichkeitsapostel in die Minderheit zu drängen, zumal diese von der Reichsregierung und der Polizei unterstützt werden. Dennoch zeigt ihr Engagement, daß auch eine kleine Gruppe imstande ist, Presse, Parteien und öffentliche Meinung für Probleme, die einem sexuellen Tabu unterliegen, zu sensibilisieren. Allerdings mußten sie auch erfahren, daß Probleme dieser Art von einem trotz seiner fortschrittlichen Fassade stockkonservativen System wie dem Wilhelms II. nicht gelöst werden konnten. Außerdem wurden ihnen die formalen und inhaltlichen Streitpunkte bewußt, die sie von den Führerinnen der Frauenvereine, der konservativen wie der gemäßigten und sogar denen der »Frauenwohl«-Gruppe, trennten.

Trotzdem scheinen die Anstrengungen der Abolitionistinnen offensichtlich Früchte zu tragen. 1899 wird Marie Stritt als Nachfolgerin von Auguste Schmidt zur Vorsitzenden des BDF gewählt: eine Gemäßigte aus der »Frauenwohl«-Gruppe, von allen geschätzt, weil sie den Frauenrechtsschutzstellen eine feste Grundlage zu geben wußte. In den folgenden Jahren ziehen sich vier andere Führerinnen der alten Garde zurück. Diese Veränderungen ermöglichen es den Abolitionistinnen, 1902 ihre bislang von den Anhängerinnen Hanna Bieber-Böhms so entschieden abgelehnte Forderung nach Abschaffung des Artikels 361, Absatz 6 des Strafgesetzbuches durchzusetzen. Die Generalversammlung nimmt außerdem gegen den Widerstand Helene Langes zum erstenmal den Antrag an, daß alle Frauenvereine den Gedanken des Frauenstimmrechts verbreiten sollen.

Diese Forderung und die Abschaffung polizeilich kontrollierter Prostitution stehen in den meisten Industrieländern im Zentrum feministischer Kampagnen. Als Anita Augspurg auf dem ICW-Kongreß in Washington von der geplanten Gründung eines »Weltbundes für Frauenstimmrecht« hört, gründet sie 1902 in ihrer Doppeleigenschaft als Juristin und Vorsitzende des »Verbandes fortschrittlicher Frauenvereine« den »Deutschen Verein für Frauenstimmrecht«.

Dank ihrer Vorreiterrolle kann sie dem BDF nahelegen, den nächsten ICW-Kongreß 1904 nach Berlin einzuladen. Trotz seiner Vorurteile gegen die deutschen Frauen, deren Hemmungen und Ängstlichkeit nicht vergessen sind, nimmt der ICW-Vorstand die Einladung an – wahrscheinlich aufgrund der freundschaftlichen Beziehungen zwischen Marie Stritt, der englischen Abolitionistin Josephine Butler und der Amerikanerin May W. Sewall.

Diese Entscheidung erweist sich für beide Seiten als fruchtbar. Dank des Kongresses festigt der BDF sein Ansehen im Reich: Die Kaiserin und der Kanzler von Bülow gehen sogar soweit, zu Ehren der Delegierten einen großen Empfang zu geben. Außerdem kann der ICW von nun an mit der aktiven Mitarbeit der deutschen Frauen rechnen, deren Ernsthaftigkeit und Organisationstalent man zu schätzen gelernt hat.

Paradoxerweise, angesichts der Mehrheitsverhältnisse aber verständlich, nützt dieser Schritt zunächst den Gemäßigten: Helene Lange, ihre Stellvertreterin Gertrud Bäumer und Alice Salomon, Gründerin der ersten Schule für soziale Fürsorge im Reich, werden in den Vorstand des ICW gewählt und gewinnen das Vertrauen der Vorsitzenden Lady Ishbel Aberdeen, der Frau des Vizekönigs von Irland, und der damals sechsundsiebzigjährigen Amerikanerin Susan B. Anthony.

Dazu schreibt Helene Lange: »Auch die deutsche Frauenbewegung hat diese Entwicklung vom Nationalismus zum Internationalismus mitgemacht. (...) Mehr als die Männer haben sie [die Frauen] sich die Abneigung vor der Parteischablone und die Ursprünglichkeit ihrer Natur bewahrt. (...) Und so beruhen fast überall die internationalen Verbindungen der Frauen nicht auf Parteiinteressen, sondern auf sittlichen Endzwecken.«[1]

Dieses Bekenntnis verdeutlicht die Spaltung, die auch innerhalb des ICW besteht zwischen Gemäßigten, die für eine allmähliche Evolution der Kultur eintreten, und den Fortschrittlichen, die überzeugt sind, daß die Emanzipation der Frau eine Demokratisierung der Gesellschaft voraussetzt. Trotz des Eingreifens der Vertreterinnen der sozialistischen Richtung, Lily Braun und Marie Wegner, zeigt der Kongreß von 1904 deutlich, welcher Seite die Mehrheit zuneigt, sei es der Inhalt der Debatten, die besonders auf die gesellschaftliche und berufliche Arbeit der bürgerlichen Frauen ausgerichtet sind, sei es das

1 Helene Lange, Kampfzeiten, Bd. 1, Berlin 1928, S. 269

Zeremoniell und der Aufwand, die den Ablauf des Kongresses bestimmen. Diese Kluft wird sich in dem Jahrzehnt vor dem Ersten Weltkrieg noch vertiefen.

Die neue und die traditionelle Moral

Innerhalb des BDF zeigen sich die Unterschiede zuerst in bezug auf die sexuelle Freiheit. Bisher war hauptsächlich über Prostitution diskutiert worden. Was die Britinnen die heuchlerische Doppelmoral im sexuellen Bereich nennen, war bisher von diesem einen Diskussionspunkt verdeckt worden. Nun stellt das Auftreten des »Bundes für Mutterschutz und Sexualreform« (1905) diese Sichtweise radikal in Frage.

Der »Mutterschutz« wurde 1904 von Ruth Bré, einer wenig bekannten Schriftstellerin und Anhängerin des Sozialdarwinismus und der schwedischen Sexualwissenschaftlerin Ellen Key, gegründet und anfangs von liberalen Politikern und Wissenschaftlern wie dem Soziologen Max Weber, dem Wirtschaftswissenschaftler Werner Sombart, dem Pastor Friedrich Naumann, dem Ingenieur und Geschäftsführer des »Handelsvertragsvereins« Walter Borgius unterstützt. Der Bund führt allerdings ein Schattendasein, aus dem ihn erst Helene Stöcker herausführt.

Die neue Vorsitzende ist keine Unbekannte. Als aktive Mitstreiterin des »Vereins Frauenwohl«, Doktor der Philosophie, Assistentin von Wilhelm Dilthey an der Universität Berlin, hat sie durch ihre Artikel auf sich aufmerksam gemacht, die von Nietzsches antibürgerlichen Thesen für eine neue Moral inspiriert sind. Die Leidenschaft, mit der sie für die freie Liebe, das Recht auf Empfängnisverhütung und Abtreibung eintritt, wird von ihren Gegnern auf ihr unausgeglichenes Wesen und jüdisch-bolschewistischen Einfluß zurückgeführt, hat aber wohl eher mit ihrer streng calvinistischen Erziehung zu tun: Sie wuchs in einer Familie mit acht Kindern in jener Wuppertaler Gegend auf, die ihr berühmter Mitbürger Friedrich Engels so humorvoll in seinen »Briefen aus dem Wuppertal« beschrieben hat. Die Lösung vom Elternhaus und der Umgang mit der intellektuellen und künstlerischen Avantgarde führen sie zu den Ideen von Malthus, die damals in den meisten westlichen Ländern von renommierten Wissenschaftlern wie dem Schweizer Auguste Forel, Sigmund Freud sowie von libertären und pazifistischen Bewegungen vertreten wurden. Im Vergleich mit diesen Kreisen besteht die Eigenart des »Mutterschutz« darin, daß er männliche und weibliche Mitglieder hat, aber ausschließlich von Frauen mit Phantasie und Kompetenz geleitet wird. In der von liberalen Stadtverwaltungen häufig unterstützten konkreten Arbeit wie Sexualerziehung der Arbeiterklasse, Eröffnung von Eheberatungsstellen oder Heimen für ledige Mütter treffen sich die Anhängerinnen der freien Liebe und der Homosexualität mit den aktiven Mitgliedern des »Frauenwohl« und sogar mit manchen Gemäßigten des BDF.

Die Zusammenarbeit währt jedoch nicht lange, weil Helene Stökker eine Streitschrift über bürgerliche Moralvorstellungen ausarbeiten will, um zu verhindern, daß der »Mutterschutz« nur als eine weitere soziale Einrichtung angesehen wird. Zwar sind sich die »Frauenwohl«-Gruppen und der »Bund fortschrittlicher Frauenvereine« insgesamt einig, daß die Prostitution und die Verzweiflung lediger Mütter nur Auswirkungen einer patriarchalischen Gesinnung sind, die Frauen als »Gebärmaschinen« betrachtet. Doch weigern sich ganze Sektionen des »Mutterschutz« – angeführt von den Gemäßigten –, ihr Engagement so weit zu treiben. Dadurch kommt es zu einer unvermeidlichen Auseinandersetzung zwischen beiden Richtungen, die zwei Jahre andauern wird.

Anfangs unternehmen die Gemäßigten auf der BDF-Generalversammlung des Jahres 1906 den Versuch, die Präsidentin Marie Stritt zu verdrängen, weil deren Haltung in ihren Augen der fortschrittlichen Strömung gegenüber zu nachgiebig ist. Der Vorwurf der Einseitigkeit, den Marianne Weber, die gemäßigte Vertreterin aus dem Großherzogtum Baden und Frau des nationalliberalen Soziologen, unter dem Vorwand vorbringt, Marie Stritt habe sich geweigert, die Besprechung eines konservativen Buches über die Ehe zu veröffentlichen, bleibt ohne Echo. Es scheint sogar, als ob das engherzige Manöver die Sympathie für die Führung neu belebt. Dieser gelingt es, im nächsten Jahr eine Demokratisierung der föderativen Gliederungen innerhalb des BDF und einen Arbeitsplan, der den meisten feministischen Thesen Rechnung trägt, durchzubringen. Dennoch hat diese Abstimmung nur symbolische Bedeutung: die meisten Forderungen, außer dem Recht auf Versammlungsfreiheit, das die Regierung 1908 zugesteht, bestehen bis 1918 nur auf dem Papier. Grund dafür sind die Abspaltungen innerhalb der Frauenbewegung und die Gleichgültigkeit, wenn nicht Feindseligkeit der politischen Parteien. Die Anlehnung der Liberalen an die Konservativen, die von der Reichsregierung und Armee gegen eine Linke betrieben wird, die sich im Land fast in der Mehrheit befindet, aber unfähig ist, im Parlament die gewünschten Reformen durchzubringen, belastet die Entwicklung des BDF erheblich.

Die ab 1908 einsetzende Diskussion über Empfängnisverhütung und Abtreibung verdeutlicht den Rechtstrend der meisten gemäßigten Liberalen innerhalb des BDF. Um den Bericht des Rechtsausschusses zurückzuweisen, suchen sie sogar den Anschluß an die Konservativen – ein in der Geschichte des Bundes beispielloser Vorgang. Und dies, obwohl die Initiative zu diesem Bericht von der Vorsitzenden Marie Stritt und der Gemäßigten Camilla Jellinek ausgeht, die beide durch ihre Erfahrungen in den Rechtsschutzstellen für die Tragödie einer ungewollten Mutterschaft sensibilisiert sind. Gefordert wird eine Liberalisierung des Paragraphen 218 des Strafgesetzbuches, der jede Werbung für Empfängnisverhütung untersagt und jeden Abtreibungsversuch mit sechs Monaten bis zu fünf Jahren Gefängnis bestraft.

Um die Unterstützung der gemäßigten Liberalen zu gewinnen, unterstreicht Camilla Jellinek, daß der Bericht klar unterscheidet zwischen der einfachen Abtreibung zu Beginn einer Schwangerschaft und der komplizierten Unterbrechung einer fortgeschrittenen Schwangerschaft. Dem Argument, daß die Freigabe von Verhütungsmitteln und die Straffreiheit für Abtreibung zu Verantwortungslosigkeit in den Sexualbeziehungen führe, hält sie entgegen, daß die Rechtsprechung die materiellen und strafrechtlichen Konsequenzen allein den Frauen aufbürde. Dem Einwand der Unmoral begegnet sie mit der Erklärung, daß es nicht Aufgabe eines modernen Staates sei, sich zum Richter über das Privatleben seiner Bürger aufzuschwingen und daß es ihm nur zustehe, die Rechte und Güter seiner Bürger zu schützen.

Dieser Kompromißvorschlag befriedigt weder die Fortschrittlichen noch die Konservativen. In der folgenden, stürmischen Diskussion bekämpfen sich drei Verbandsführerinnen des »Mutterschutz«: Helene Stöcker, die Theoretikerin einer neuen Moral, fordert als einzige die Abschaffung jeder repressiven Rechtsprechung. Die Frauen sollten aufhören, »Gebärmaschinen« zu sein und das Recht erhalten, selbst über eine Schwangerschaft zu entscheiden. Die spätere sozialistische Abgeordnete Adele Schreiber greift den Klassencharakter einer Rechtsprechung an, die jährlich vierhundert Arbeiterinnen wegen Abtreibung ins Gefängnis bringt, während

Frauen aus dem Bürgertum Mittel und Wege finden, gefahrlos und straffrei abzutreiben. Maria Lischnewska greift Thesen des Sozialdarwinismus auf, die unter den Konservativen und den Nationalliberalen seit Beginn des Jahrhunderts in den meisten Ländern Europas verbreitet sind und als Rechtfertigung der eigenen Machtposition dienen.

Arthur de Gobineaus »Essai sur l'inégalité des races« (Versuch über die Ungleichheit der Menschenrassen) wurde 1894 von Ludwig Schemann ins Deutsche übersetzt; die »Grundlagen des 19. Jahrhunderts« des Deutsch-Engländers Houston Stewart Chamberlain erschienen 1900, und im selben Jahr schrieb die Krupp-Stiftung einen Wettbewerb aus zum Thema: »Was lernen wir aus den Prinzipien der Deszendenztheorie für die innerpolitische Entwicklung und Gesetzgebung der Staaten?« Die Doktrin von der natürlichen Auswahl hatte es also allen angetan bis hin zu den Sozialdemokraten und selbst Friedrich Engels, der sie dialektisch interpretieren wollte.[1]

Innerhalb des »Mutterschutz« ist es nur dem Eingreifen Lily Brauns zu verdanken, daß der Ausschluß »ungesunder Elemente« aus der Satzung gestrichen wurde. In der Praxis hingegen wurde Müttern und Kindern mit angeborenen oder ansteckenden Krankheiten die Aufnahme verweigert. Die meisten in der Verbandsführung waren sich über die Notwendigkeit der Eugenik einig. Die einen, wie Helene Stöcker, befürworteten eine qualitative Bevölkerungspolitik, die die Lebensverhältnisse des einzelnen berücksichtigen sollte, während andere, wie Walter Borgius und Maria Lischnewska, der »Lebenskraft« des deutschen Volkes, also einem nationalen Ziel den Vorrang gaben. Wenn der Nationalliberale Walter Borgius erklärt, daß jeder Rückgang der deutschen Bevölkerung eine Bedrohung der deutschen Kultur durch die sich ausbreitenden Slawen bedeute, schließt er sich damit der Ideologie des »Alldeutschen Verbandes« an. Maria Lischnewska stimmt ihm voll zu, als sie die Delegierten des BDF mahnt, jeden Versuch einer Legalisierung von Empfängnisverhütung und Abtreibung abzulehnen.

»Um den Kampf für die deutsche Vormachtstellung in der Welt zu gewinnen, brauchen wir Menschen, die fähig sind, unsere Errungenschaften gegen die feindlichen Horden zu verteidigen, (...) Wir brau-

1 Siehe George L. Mosse, The Crisis of German Ideology, London 1966; Leon Poliakov, Der arische Mythos, Wien/München/Zürich 1977

chen Menschen, um unsere Kolonien, auch die, die wir noch erobern müssen, zu bevölkern.«[1]

Um ihre Darstellung zu untermauern, versteigt sich die Rednerin zu der Behauptung, daß Abtreibung, die »in Frankreich als eine normale Praxis betrachtet (sic!)« werde, zum Niedergang Frankreichs geführt habe und daß in den Vereinigten Staaten die allgemeine Tendenz zur Abtreibung bei den Weißen die sich vermehrenden Neger an die Macht bringen werde. Ihr Schluß ist zwingend: Die Zukunft der Nation beruhe auf dem Willen der Frauen zur Mutterschaft. Um dies zu unterstützen, müsse Paragraph 218 in Kraft bleiben. Medizinische Indikation will sie nur unter der Bedingung akzeptieren, daß sie von einer medizinischen Kommission beschlossen wird, falls der Embryo Anzeichen einer angeborenen Krankheit aufweist. Zwar beschwört Marie Stritt die Delegierten, für die Aufhebung eines Gesetzes einzutreten, das den Frauen die Selbstbestimmung »in der weiblichsten aller Aufgaben, nämlich Leben zu schenken«, abspricht und sie zu »unfreiwilligen Produzentinnen für Kanonenfutter« macht. Aber trotz dieses letzten Appells wird der Bericht des Rechtsausschusses zurückgewiesen. Es werden mehr als sechzig Jahre vergehen, bis eine deutsche Frauenbewegung dem Parlament einen ähnlichen Entwurf vorlegt.

Das Gewicht des Konformismus

Die Ablehnung des Berichts war sicherlich kein Zufall. Es kündigte sich das Ende der Ära Stritt an, das Ende von neun Jahren aktiven Kampfes innerhalb und außerhalb des BDF, und die Rückkehr einer Mehrheit, die lieber mit der Gesellschaft konform gehen, als für die Emanzipation der Frau streiten wollte.

Die Allianz zwischen Liberalen und Konservativen ist sicherlich nicht neu: 1894, anläßlich der Gründung des BDF, und bei der Diskussion über die Prostitution im Jahre 1898 hatte sie eine Mehrheit gegen die fortschrittliche Richtung ermöglicht. Aber in beiden Fällen handelte es sich um einen rein taktischen Zusammenschluß, während die Diskussion von 1908 eine ideologische Übereinstimmung über die nationale Pflicht der deutschen Frauen aufdeckt. Diese Übereinstimmung folgt der Annäherung an die Parteien, die die

1 Siehe Richard J. Evans, a.a.O., S. 159

Großmachtpolitik Wilhelms II. unterstützen und die Einfluß auf die Frauenbewegung gewinnen, als sie nach der Abschaffung des Maulkorberlasses von 1851 deren politisches Gewicht entdecken.

Während ein Verein wie der »Katholische Frauenbund« seine Arbeit auf den Bereich der katholischen Kirche und deren politischen Arm, das Zentrum, beschränkt, tritt der »Deutsch-Koloniale Frauenbund« oder der »Deutsch-Evangelische Frauenbund« dem BDF bei, um dort die Ideologie des Wilhelminismus zu verteidigen.

Für die Frauen des »Deutsch-Kolonialen Frauenbundes« ist diese Haltung selbstverständlich. Der »Deutsch-Evangelische Frauenbund« wurde 1899 auf Anregung von Pastor Ludwig Weber gegründet, einem ehemaligen Offizier und Freund des antisemitisch-nationalistischen Hofpredigers Adolf Stoecker, der verschiedene »Sittlichkeitsvereine« leitet, die das deutsche Volk vor der »jüdischen Entartung« schützen sollen. All diese Kreise wünschen sich sehnlichst eine »Volksgemeinschaft«, die sich über Klassen- und Geschlechtskonflikte hinweg auf eine christliche und deutsche Tradition beruft.

Zu den aktivsten Mitgliedern des Bundes gehört Paula Müller-Otfried (1865–1942). Als Vorsitzende bemüht sie sich um den Zusammenschluß der nationalistischen Frauenvereine. In der Weimarer Republik wird sie später die DNVP als Parlamentsabgeordnete vertreten. Daneben tritt Guida Diehl in Erscheinung, deren Lebensweg für den deutschen Antifeminismus ebenso exemplarisch ist wie der einer Lida Gustava Heymann für den Feminismus jener Zeit.[1]

Guida Diehl wird 1868 geboren. Mit vierzig Jahren übernimmt sie die Leitung des »Deutsch-Evangelischen Frauenbundes« in Frankfurt am Main. Dort hatte sich ihre Familie niedergelassen, nachdem das von ihrem Vater geleitete Lehrerseminar in Odessa unter russische Verwaltung gestellt worden war. Ihre Geschwister – zwei Jungen, später Mitglieder eines aristokratischen Studentencorps, und zwei Mädchen, die später Lehrerinnen wurden – und sie selbst wurden von ihrem Vater und ihrer Mutter, einer ehemaligen Diakonissin, zur Verehrung der dem protestantischen Glauben und dem Dienst am Vaterland treu ergebenen Vorfahren erzogen. Nach der Übersiedlung in das liberale und kosmopolitische Milieu Frankfurts macht sich ein Gefühl der Enttäuschung breit, um so mehr, als das Familienober-

1 Alle Einzelheiten aus dem Leben Guida Diehls sind ihrer Autobiographie entnommen, die sie mit neunzig Jahren unter dem vielsagenden Titel veröffentlichte: Christ sein heißt immer Kämpfer sein, Gießen 1958.

haupt von seinen Vorgesetzten auf einen untergeordneten Posten relegiert wird, weil es an der Spitze des Ortsvereins der »Christlich-sozialen Partei« von Adolf Stoecker steht.

Bei der jungen Guida tritt sehr früh die Gewißheit auf, zu einer unverdient mißachteten Elite zu gehören. Mit achtzehn Jahren, anläßlich einer Reise zu ihren westfälischen Verwandten mütterlicherseits, empfindet sie den katholischen Gottesdienst, an dem sie im Kölner Dom zum erstenmal in ihrem Leben teilnimmt, als etwas »Fremdes, Undeutsches und Unchristliches«.[1] Ein dreijähriger Aufenthalt als Hauslehrerin bei jüdischen Bürgern in Brüssel verstärkt ihren Dünkel: »Mein deutsches Blut wehrte sich ganz instinktiv gegen das Fremde, stieß es ab, spürte das Anderssein und entdeckte damit eigentlich erst sich selbst.«[2]

In diesem Milieu, dem »Gegenpol deutschen Wesens«, entdeckt sie die moderne Kunst und Literatur, ohne jedoch Verständnis dafür aufzubringen. Der französische Naturalismus schockiert sie zutiefst.

»Als ich auf ein Buch von Zola stieß, da tat sich mir der Abgrund traurigster Entartung so entsetzlich auf, daß ich jetzt erst begriff, welche schwarzen Nachtzeiten hinter dem Leben stehen. Wie schrecklich konnte da, was doch uns Menschen anerschaffen war, verdorben und entstellt werden. Welch eine schamlose Teufelsfratze grinste da heraus. Nun verstand ich das schlüpfrige öffentliche Leben Brüssels. Ich merkte, wie überall dieser verdorbene französische Geist umging. Ich zog mich immer mehr in mich selbst zurück, was mir bei meiner lebhaften Natur sehr schwer war.«[3]

Mit diesen nationalistischen Klischees, die der Angst vor dem Unbekannten, gesteigert durch sexuelle Furcht, entspringen, vermischt sich bei Guida die Sehnsucht nach einem gesunden, naturnahen Leben. Als Antwort auf die aggressive Welt der Industriegesellschaft und die sozialen Umwälzungen träumt sie wie viele junge Deutsche von der »Volksgemeinschaft«, im Glauben und Wirken an einen Führer zusammengeschmiedet, den man lieben kann, weil er rein und selbstlos ist.

Diesen idealen Führer trifft Guida 1890, kurz nach ihrer Rückkehr nach Frankfurt, in der Person eines dreißigjährigen Pastors: Friedrich Naumann. Dieser, Schüler Adolf Stoeckers und Max Webers, lebt erst

1 A.a.O., S. 45
2 A.a.O., S. 47
3 A.a.O., S. 52/53

seit kurzem in der Stadt, wo er in der »Inneren Mission« arbeitet. Im Gegensatz zu seinen Lehrern kennt er das Leben und die Hoffnungen der Arbeiter, unter denen er seine Kindheit in Sachsen und dann seine ersten Jahre als Pastor in Hamburg verbrachte. Anders als sein Vorgesetzter Heinrich Wichern, der seine Aufgabe in karitativer Arbeit sieht, glaubt er an die Dynamik sozialer und kultureller Organisationen: Gewerkschaften, Bildungsvereine, Arbeiterselbsthilfe und evangelische Vereine verschiedenster Art tragen – dem Beispiel der Katholiken folgend – dazu bei, einen national und sozial ausgerichteten Protestantismus im Volk zu verankern. Überzeugt, daß es notwendig und möglich sei, den Fortschritt des internationalen und atheistischen Sozialismus aufzuhalten[1], scheut Naumann sich nicht, seine Überzeugungen auf den Kundgebungen seiner Gegner vorzutragen: Sein Vater hatte einst während eines Wahlkampfes August Bebel widersprochen, er selbst wird bei einer großen antimilitaristischen Frauendemonstration in Berlin 1899 Clara Zetkin widersprechen. Die junge Guida hat häufig Gelegenheit, Friedrich Naumann zu begegnen, dessen Frau mit einer ihrer Schwestern befreundet ist. Sie übernimmt seine Ideen und beginnt, Jungmädchenkreise und Zirkel evangelischer Frauen ins Leben zu rufen. Ihre soziale und berufliche Arbeit bringt sie mit dem ADF und dem Lehrerinnenverein Helene Langes in Kontakt, deren Bildungsarbeit sie gutheißt, deren Stil sie jedoch mißbilligt, weil er ihr zu intellektuell und zu offen gegenüber den der »weiblichen Natur« abträglichen sozialen Forderungen ist. Sie schreibt später: »Dabei war die Frauenbewegung von ebenso großer Wichtigkeit für das Volksleben wie die Arbeiterbewegung, unter der Bedingung, daß sich in beiden die jeweils eigene Seele ausdrücke.«[2]

1902 gründet sie die Frankfurter Sektion des »Deutsch-Evangelischen Frauenbundes« und schafft es binnen weniger Jahre, fünfundsechzig Frauenvereine im örtlichen BDF zusammenzuschließen. Und hier führt ihr nun der Zufall nicht mehr ein Buch Zolas, sondern die Unmoral in Menschengestalt über den Weg, die – Gipfel der Provokation – den verehrten Namen des Hofpredigers Stoecker trägt, Gott sei Dank aber nicht mit ihm verwandt ist.

1 Siehe z. B. einige bezeichnende Titel seiner damaligen Schriften: Was tun wir gegen die glaubenslose Sozialdemokratie?, Leipzig 1889, National-sozialer Katechismus, Berlin 1896, Demokratie und Kaisertum, Berlin 1900, Nationaler und internationaler Sozialismus, Berlin 1901, Neudeutsche Wirtschaftspolitik, Berlin 1902

2 Guida Diehl, a.a.O., S. 86

Natürlich kommt es nicht in Frage, Dr. Helene Stöckers »Mutterschutz«, diese »fürsorgerische Fassade« für die »naturalistische Propaganda der freien Liebe«, zum Beitritt in den Frankfurter BDF aufzufordern. Doch damit ist die Sache noch nicht erledigt. Denn diese schamlose Kreatur wagt es, sie in ihrer Hochburg herauszufordern, indem sie während einer Versammlung in einem der größten Konzertsäle der Stadt verkündet: »Eine Frau, die nicht im geschlechtlichen Liebesgenuß lebt, sündigt wider den Heiligen Geist.«[1]

Das ist zuviel. Guida Diehl ruft zu einer Gegenveranstaltung auf, an der die Mitglieder des BDF, darunter Helene Lange, ebenso teilnehmen wie die des »Mutterschutz«, darunter die »Jüdin« Adele Schreiber. Aus der Diskussion wird schnell ein heftiger Streit. Im allgemeinen Durcheinander steigen die Zwischenruferinnen auf die Stühle, um sich Gehör zu verschaffen. Das letzte Wort hat jedoch die konservative Mehrheit. Guida, mit dem Verlauf hochzufrieden, zieht daraus das Fazit, man müsse »den Kampfesgeist des edleren Frauentums gegen diese Volksverderber stärken«.[2]

Guida Diehls Werdegang und die Ereignisse von Frankfurt ermöglichen es, die fortschrittsfeindliche Reaktion und die Diskussion auf der Generalversammlung des BDF 1908 besser zu verstehen. So ist es nicht weiter verwunderlich, daß die gemäßigten Liberalen und Konservativen sich den offensichtlichen Mißerfolg der Anhänger der »neuen Moral« zunutze machen, und von Helene Stöcker fordern, daß der »Mutterschutz« seine Ambitionen von nun an auf den Schutz von Mutter und Kind einschränkt. Angesichts der Ablehnung und der inneren Konflikte ziehen sich die liberalen Freunde und Gönner schließlich zurück, während Adele Schreiber und die Gemäßigten die »Deutsche Gesellschaft für Mutter- und Kindesrecht« gründen. Helene Stöcker gelingt es mit einer Handvoll Getreuer, darunter der sozialistische Abgeordnete Edward David und seine Frau Gertrud, den »Mutterschutz« weiterzuführen. Aber dieser zu Beginn so revolutionäre Versuch gerät nach und nach in Mißkredit und schließlich in Vergessenheit.

In dieser Auseinandersetzung verbraucht Marie Stritt ihre letzten Kräfte, um den unvermeidlichen Bruch zu verhindern. Erschöpft und sich ihres Scheiterns bewußt – die konservative Richtung, die sie zehn Jahre lang einzudämmen versucht hatte, geht dank der Unter-

1 A.a.O., S. 105
2 A.a.O., S. 106

stützung eines großen Teiles der Nationalliberalen gestärkt aus dem Kampf hervor –, erklärt sie im März 1909 ihren Rücktritt. Nach hektischen Verhandlungen innerhalb der Mehrheit fällt die Wahl auf eine Kompromißkandidatin, die vom »Evangelischen Frauenbund Westfalens« und von Frauen wie Adele Schreiber und Martha Zietz – sie waren in das Lager der Gemäßigten übergewechselt – vorgeschlagen wurde.

So beginnt die Ära Gertrud Bäumers (1873–1954), einer sechsunddreißigjährigen Lehrerin, die Schülerin und Sekretärin Helene Langes war. Bei der Analyse dieser Wahl kommt Clara Zetkin in ihrer Zeitschrift zu dem Schluß: »Es ist leicht zu sehen, daß diese Veränderungen symptomatisch für die allgemeine Entwicklung der Bourgeoisie in ihrer Gesamtheit sind.«[1]

Das Wahlrecht oder die Illusion von der Integration

Die konservative Haltung, die schon in der Frage der sexuellen Freiheit zutage trat, zeigt sich auch bei der Wahlrechtsdiskussion. 1902 wurde der »Deutsche Verein für Frauenstimmrecht« gegründet. Anfangs steht diese Initiative unter einem günstigeren Stern als der »Mutterschutz«. Auch sie geht auf die »Frauenwohl«-Gruppe und die fortschrittlichen Frauenvereine zurück. Trotzdem zieht sie Vorteile aus der öffentlichen Unterstützung durch den BDF in seiner Eigenschaft als deutscher Zweig des »International Council of Women« und des »Weltbundes für Frauenstimmrecht«. So kommen zu einer von Anita Augspurg und Lida Gustava Heymann einberufenen Versammlung fast tausend Personen in Berlin zusammen, um öffentlich die drei Ziele der neuen Bewegung zu verkünden:

- Die zweitausend deutschen Frauen, die das Wahlrecht schon besitzen, da sie über das erforderliche Eigentum verfügen, dazu zu bringen, es auch tatsächlich auszuüben.
- Die Politiker, die für das allgemeine Wahlrecht eintreten, zu unterstützen.
- Die politische Bildung für Frauen einzuführen, damit sie am Kampf teilnehmen und später die neuerworbenen Rechte zu gebrauchen wissen.

1 Clara Zetkin, in: Die Gleichheit, 24. 10. 1910

Ein Besuch bei Reichskanzler von Bülow, der Versuch, die Teilnahme der aktiven Mitglieder des BDF an den Reichstagswahlen 1903 zu ermöglichen, und die Bemühungen, die Hilfe der Liberalen zu erlangen, führen zu keinen nennenswerten Ergebnissen. Die Presse ihrerseits verbreitet zu dieser Frage die widersprüchlichsten Ansichten. Es überrascht nicht, daß konservative Zeitungen wie das »Deutsche Blatt« und die »Kreuzzeitung« im Frauenwahlrecht die Zerstörung der Weiblichkeit und der Familie sehen, doch ist es erstaunlich, daß ein liberales Blatt wie die »Frankfurter Zeitung« Zurückhaltung übt, während das ebenfalls liberale »Berliner Tageblatt« wie der sozialdemokratische »Vorwärts« ihre Sympathie für die Suffragetten zum Ausdruck bringen. Die liberalen Parteien, auf die sich die Frauenbewegung zum großen Teil beruft, warten vorsichtig die Aufhebung des Maulkorberlasses ab und nehmen das Frauenwahlrecht erst 1912 in ihr Programm auf. Ihr mangelnder Eifer in dieser Frage führt dazu, daß die »Frauenwohl«-Gruppe sich von ihnen distanziert. Dies gilt allerdings nicht für Helene Lange, Gertrud Bäumer, Marie-Elisabeth Lüders und andere Führerinnen des BDF. Sie schließen sich den Liberalen ab 1908 offiziell an und ziehen für deren Kandidaten ohne die geringste Gegenleistung in den Wahlkampf.

Zu diesem Thema schreibt der »Vorwärts«: »Wie lange werden sich die Suffragetten über die wahre Natur der liberalen Parteien täuschen?«[1]

Einige Zeitungen wie der »Hamburgische Correspondent« gehen weiter und bezichtigen die Liberalen, ihre Frauen in »Parteisklaven« zu verwandeln. Natürlich ist die Formulierung polemisch gemeint, sie sollte sich aber für die in allen politischen Parteien engagierten Frauen im wesentlichen als prophetisch erweisen.

Innerhalb des »Vereins für Frauenstimmrecht« gehen die Meinungen über die Autonomie der Bewegung auseinander. Es kommt zu einem Kompromiß: Der Verein als solcher bleibt autonom, die einzelnen Mitglieder können jedoch einer Partei ihrer Wahl angehören. Diese Haltung schränkt die Handlungsfreiheit ein, aber Anita Augspurg und Lida Gustava Heymann, die zu isoliert sind, um die von ihnen gewünschte, völlige Autonomie zu erreichen, gelingt es wenigstens, 1907 die Forderung nach dem allgemeinen Wahlrecht durchzusetzen. Diese Forderung bietet einen doppelten Vorteil: zum einen entgeht man der schwierigen deutschen Wahlgesetzgebung, zum

1 Siehe Richard J. Evans, a.a.O., S. 86

anderen wird der Vorwurf der Sozialdemokraten unterlaufen, man gäbe sich mit einem »Damen«-Wahlrecht im Rahmen der Gesetzgebung des Kaiserreiches zufrieden.

Dagegen trennt sich die deutsche Bewegung vom »Weltbund für Frauenstimmrecht«, der während seines Londoner Kongresses 1909 die sozialistischen Frauen ausschließt, weil diese das Wahlrecht auch für noch nicht wahlberechtigte Männer fordern. Einmal mehr verläuft der Graben zwischen den Gemäßigten des BDF, die sich tatsächlich mit einem begrenzten Wahlrecht zufriedengeben, und den »radikalen« Feministinnen, die wie die Sozialdemokraten das allgemeine Wahlrecht befürworten.

Die Gemäßigten beschuldigen die Radikalen, die Gunst der Sozialdemokraten zu suchen (die ihrerseits die Frauen der Bourgeoisie verachten) und die britischen Suffragetten zu unterstützen, mit denen sich zwischen 1908 und 1914 ein ständiger Informations- und Delegationsaustausch entwickelt. Trotzdem bringen die deutschen radikalen Frauenrechtlerinnen es weder fertig, sich den Straßendemonstrationen der SPD anzuschließen, noch die provokativen Aktionen der Britinnen zu übernehmen. Ihre Isolierung wird noch deutlicher, als die Generalversammlung des Verbandes 1911 beschließt, den Kampf auf das allgemeine Frauenstimmrecht zu begrenzen und Marie Stritt und Maria Lischnewska, die beide eine gemäßigte Position vertreten, sowie Käthe Schirmacher, deren Nationalismus immer offensichtlicher wird, in den Verband zu wählen.

Unter diesen Bedingungen ziehen es Minna Cauer und ihre preußische Sektion, die allein rund die Hälfte der 9000 Mitglieder des Bundes stellen, vor, wieder unabhängig zu werden. Zwei Jahre später tun Anita Augspurg und ihre bayerische Sektion sowie Lida Gustava Heymann und ihre Hamburger Sektion es ihr nach. So ist kurz vor dem Ersten Weltkrieg die deutsche Bewegung für das Frauenwahlrecht in drei rivalisierende Vereinigungen gespalten, die jeweils 9000, 3000 und 2000 Mitglieder haben, d. h. insgesamt weniger als die Frauen des »Deutsch-Kolonialen Frauenbundes«. Und die »Deutsche Männerliga für Frauenstimmrecht«, die von Linksliberalen wie Hellmuth von Gerlach nach dem Vorbild englischer Vereinigungen gleicher Art gegründet worden war, erreicht nur eine winzige Mitgliederzahl. Nach dem Scheitern sowohl des »Mutterschutz« als auch des »Deutschen Verbandes für Frauenstimmrecht« kann die BDF-Spitze auf die Unwirksamkeit direkter feministischer Aktionen verweisen und seine Mitglieder überzeugen, daß ihr eigener Weg der einzig mögliche ist: durch Vermittlung der Mehrheitsparteien und der Reichsregierung soll um Reformen nachgesucht werden.

Eine zumindest schwerverständliche Einstellung, da sie die Verantwortlichen eines Verbandes, der sich auf eine halbe Million Mitglieder beruft, dazu führt, sich weitgehend ins Kielwasser der liberalen Parteien zu begeben, die nicht einmal gewillt sind, ihnen einen ihrer Mitgliederzahl angemessenen Platz einzuräumen. Selbst wenn die Zahl von einer halben Million für den Verband sichtlich zu hoch gegriffen ist[1], mit insgesamt ca. 280000 Mitgliedern hat er weit mehr als doppelt soviel Mitglieder wie die einzelnen liberalen Parteien der Zeit. Zweifellos können die liberalen Parteien ihrerseits einwenden, daß einige Mitgliederorganisationen des BDF – wie der »Deutsch-Evangelische Frauenbund« oder der ausgesprochen konservative »Deutsche Frauenbund« – Fragen der Frauenemanzipation keineswegs positiv gegenüberstehen. Trotzdem bleibt zu fragen, ob die Liberalen im BDF unter diesen Bedingungen ihre männlichen Kollegen imitieren und – wie diese – mit den Konservativen ein fortschrittsfeindliches Bündnis eingehen mußten.

Für die Vorsitzende Gertrud Bäumer steht dies Bündnis allerdings außer Frage. Wie ihr Lehrmeister und Freund Friedrich Naumann kommt sie aus dem liberalen Protestantismus und plädiert seit 1905 für eine Überwindung der Protestphase der Frauenbewegung zugunsten einer Emanzipation, die der weiblichen Natur entspricht. Dieses Konzept hat es ihr an der Spitze des BDF ermöglicht, die Konservativen, die es traditionell auslegen, und die Liberalen, die darin ein angemesseneres Rezept gegen die Härten der Industriegesellschaft als den Egalitarismus des 18. Jahrhunderts sehen, zu einer offensichtlich soliden Mehrheit zu vereinigen.

1912 wird diese Entscheidung öffentlich bestätigt, als der BDF in Berlin eine Ausstellung organisiert zu dem Thema »Die Frau in Haus und Beruf«. Dem neugegründeten »Reichsverband der deutschen Hausfrauenvereine« wird ein Ehrenplatz eingeräumt, während Publikationen der radikalen Feministinnen nicht einmal ausgelegt werden dürfen.

1 Eine Person kann Mitglied mehrerer Vereine, z.B. des Antialkoholikervereins, dem nur zehn Prozent Frauen angehören, sein.

Selbstverständlich übernimmt diese Richtung auch die nationalistischen Ansichten zu Empfängnisverhütung und Abtreibung, die von nun an als ein Versuch zur Schwächung der »Volksgemeinschaft« hingestellt und ebenso wie der Pazifismus der internationalen Frauenorganisationen abgelehnt werden. Nicht eine Vertreterin des BDF findet sich bereit, am internationalen Frauentag teilzunehmen, den Minna Cauer zusammen mit 45000 Personen in Berlin gleichzeitig mit etwa einer Million Britinnen, Skandinavierinnen, Russinnen, Österreicherinnen und Schweizerinnen feiert. Nicht die geringste Geste des BDF erfolgt zugunsten der Sozialistin Rosa Luxemburg oder der parteilosen Pazifistinnen Lilli Jannasch und Elisabeth Rotten, die kurz vor dem Ersten Weltkrieg inhaftiert werden, weil sie zur Verweigerung des Kriegsdienstes aufgerufen haben.

Von dem im Sommer 1914 in Rom stattfindenden Kongreß des ICW hält Gertrud Bäumer nur fest, daß die deutsche Delegation von den Delegierten der zwanzig anderen Länder kühl empfangen wurde. Das hindert die BDF-Führung nicht, gegen einen Antrag zu stimmen, der die Einsetzung internationaler Gremien zur Regelung zwischenstaatlicher Streitigkeiten billigt.

Minna Cauer und Anita Augspurg hingegen hatten sich bereits seit 1890 der »Ethischen Gesellschaft« von Moritz von Egidy angeschlossen, die Frieden durch Abrüstung, Gleichberechtigung der Frauen und einen gewaltlosen Sozialismus propagierte. Sie hatten seit der ersten Zusammenkunft im Haag den von Margarete Leonore Selenka in München lancierten Aufruf zu einer internationalen Frauenkampagne für Abrüstung unterstützt und den 18. Mai als Weltfrauentag gegen den Krieg übernommen. Währenddessen schlägt sich die Gruppe um Gertrud Bäumer, ohne zu zögern, auf die Seite des Kaisers und seiner Regierung, das heißt in das Lager der Kriegsbefürworter. Seit dem 1. August 1914 organisiert die Vorsitzende des BDF unter der Schirmherrschaft des Innenministeriums den »Nationalen Frauendienst« und ermuntert bis Oktober 1918 deutsche Frauen, gleich welcher Herkunft und welchen Standes, »dem Vaterland zu dienen« – auch in der Rüstungsindustrie.

Die radikalen Frauenrechtlerinnen weigern sich, diese Kriegsbegeisterung mitzumachen: Sie fordern ihre Freundinnen aus neutralen Ländern auf, einen Frauenkongreß gegen den Krieg zu organisieren. Ein positives Echo kommt schließlich von Aletta Jakobs, einer holländischen Ärztin, die später von den Nazis ermordet wird. Im Februar 1915 treffen sich etwa zwanzig gleichgesinnte Belgierinnen, Engländerinnen, Deutsche und Holländerinnen freiwillig, um den beabsichtigten Kongreß in zehn Wochen vorzubereiten. Unter der Leitung von Jane Addams, der künftigen Nobelpreisträgerin, die mit vierzig Feministinnen aus den Vereinigten Staaten angereist ist, findet er in Anwesenheit von 1500 Delegierten aus zwölf Ländern vom 28. April bis zum 1. Mai 1915 statt. Unter den zahlreichen Grußadressen befinden sich die der Schriftstellerin Selma Lagerlöf und der Sexualwissenschaftlerin Ellen Key, außerdem die von 20000 Italienerinnen und 50000 Skandinavierinnen. Die bemerkenswerteste und am meisten beachtete Botschaft kommt von der Internationalen Konferenz sozialistischer Frauen, die einen Monat vorher in Bern gegen den Willen ihrer Parteien im gleichen Sinn zusammengetreten war.

Minna Cauer und Adele Schreiber unterstützen ihrerseits die pazifistischen Bestrebungen des »Weltbundes für Frauenstimmrecht«, der in sechsundzwanzig Ländern zwölf Millionen Mitglieder hat und, dank der neutralistischen Ausrichtung seiner Zeitschrift »Jus Suffragium«, den Kontakt mit seinen Mitgliedern in den kriegführenden Nationen aufrechterhalten kann. Der Weltbund und die Kongreßteilnehmerinnen im Haag senden Abordnungen zu Präsident Wilson. Jane Addams Freundinnen intervenieren auch beim deutschen Reichskanzler Bethmann Hollweg und gründen Ausschüsse für dauernden Frieden, aus denen 1919 die noch heute bestehende »Internationale Frauenliga für Frieden und Freiheit« (Women's International League for Peace and Freedom, WILPF) hervorgeht.[1]

Als Anita Augspurg und Lida Gustava Heymann in Frankfurt am Main die deutsche Sektion dieser Ausschüsse gründen, werden sie sofort vom BDF-Vorstand angegriffen: Sie schwächten die Volksgemeinschaft im Krieg. Schon vorher hatte Friedrich Naumann Gertrud Bäumer veranlaßt, aus nationaler Solidarität jede Teilnahme des BDF am Haager Kongreß abzulehnen. Wiederum sind die radikalen Feministinnen isoliert. Sie finden nicht einmal die Unterstützung erfahrener Sozialistinnen wie Rosa Luxemburg, die schon zum zweiten Mal wegen Defätismus im Gefängnis sitzt, oder Clara Zetkin, die seit Juli 1915 wegen »versuchten Verrats« inhaftiert ist. Sie hatte Sozialdemo-

1 Gertrude Bussey u. Margaret Tims, Women's International League for Peace and Freedom, London 1965

kratinnen veranlaßt, im Reich 200000 Flugblätter gegen den Krieg zu verteilen. Dank einer internationalen Kampagne wird sie drei Monate später freigelassen. Sie ist jedoch von ihrem ständigen Kampf aufgerieben und verzweifelt über die Aussicht einer Trennung von der SPD, der sie sich trotz der Meinungsverschiedenheiten tief verbunden fühlt. Im August 1916 nimmt sie mit ihrer »Gleichheit«-Gruppe an den Hungermärschen der Frauen teil. Aber die Zeitschrift, die sie gegründet und seit fünfundzwanzig Jahren geleitet hat[1], muß sie jetzt auf Beschluß der Partei abgeben: Ihr wird vorgeworfen, den politischen Kurs der Partei nicht zu respektieren.

Der Bruch mit der SPD ist vollzogen, als Clara Zetkin öffentlich ihre Solidarität mit der russischen Revolution bekundet. Dabei weiß sie nicht, daß zur selben Zeit Anita Augspurg und einige Feministinnen aus ihrem Freundeskreis, deren bürgerlichen Idealismus sie oft verspottet hat, trotz der Repressionen – sie hatten die Beendigung des Krieges und die Abschaffung der Monarchie gefordert – eine Freundschafts- und Friedensbotschaft an die russischen Frauen senden. Als im Reich nach der Flucht Wilhelms II. die Revolution ausbricht, gelingt es der in Bayern gebliebenen Anita Augspurg, Lida Gustava Heymann zu telegrafieren:

»Bayern Republik! Kurt Eisner hat das Wahlrecht für Frauen in Bayern proklamiert. Deutschland muß folgen.«[2]

Am 10. November 1918 organisiert Lida Gustava Heymann in Hamburg ein Treffen von Frauen, die entschlossen sind, die Revolution zu unterstützen. Eine ähnliche Demonstration findet acht Tage später in Berlin statt, wo die Forderung nach einem Frauenrat auf den Widerstand der männlichen Revolutionsführer stößt. Wie wenig man die Interessen der Frauen beachtet, geht klar aus Rosa Luxemburgs Briefen[3] hervor, die sie, kaum aus der Festung Posen befreit und in die Redaktion der »Roten Fahne« eingeführt, an Clara Zetkin schreibt, die inzwischen Redakteurin der Frauenchronik in der »Leipziger Volkszeitung« geworden ist. »Schreibe etwas über die Frauen; das ist so wichtig jetzt, und niemand von uns versteht etwas davon«, heißt es in einem ersten Brief vom 18. November 1918. Sechs Tage später:

1 Nach Dieter Fricke, Die deutsche Arbeiterbewegung 1869–1914, Berlin/DDR 1976, S. 326 und 433, ist die Anzahl der Abonnenten von 28700 im Jahr 1905 auf 125000 im Jahr 1914 gestiegen.

2 Lida Gustava Heymann, a.a.O., S. 160

3 Rosa Luxemburg, in: Luise Dornemann, Clara Zetkin – Leben und Wirken, Berlin/DDR 1973, S. 338–341

»Nun die Frauenagitation! Ihre Wichtigkeit und Dringlichkeit leuchtet uns genauso ein wie Dir. Wir haben ja in der ersten Sitzung unserer Korona auf meinen Antrag beschlossen, auch ein Frauenblatt herauszugeben. Clara Zetkin, die einzige Expertin, soll diese Aufgabe übernehmen.« In einem dritten Brief vom 29. November wird die designierte Chefredakteurin von Rosa Luxemburg über erwünschte Rubriken und Mitarbeiterinnen informiert. Nachdem diese wieder in das Räderwerk der Organisation zurückgekehrt ist, gibt sie, die in ihren Gefängnisbriefen das Sektierertum ihrer Freundin kritisierte, dieser nun den Rat, diejenigen Frauen zurückzudrängen, die sie zwar besonders schätzt, weil sie ihr in der Einsamkeit der Gefangenschaft mehr geholfen haben, als ihre Genossinnen, die sie aber nicht für »offiziell auf unserer Linie« hält.

In Bayern können währenddessen Anita Augspurg und Lida Gustava Heymann dank der Fürsprache Kurt Eisners den »Bund Sozialistischer Frauen« gründen. Dieser Bund arbeitet mit den katholischen Frauen zusammen, deren Vorsitzende Ellen Ammann die Feministinnen später, während der Zerschlagung der Räterepublik, vor der Verfolgung schützen und ihnen dann bis zu ihrem Tode 1931 freundschaftlich verbunden bleiben wird – eine um so bemerkenswertere Haltung, wenn man bedenkt, daß die katholische Kirche in dem überwiegend agrarischen Freistaat eine dominierende Stellung innehat und die monarchistisch-konservative Tradition verkörpert. Die Feministinnen wollen selbständig arbeiten, werden aber in ihren Aktivitäten von erbitterten politischen Rivalitäten behindert, die in München genauso heftig ausgetragen werden wie in Berlin.

Trotzdem kann Lida Gustava Heymann auf Vorschlag Kurt Eisners, ohne Mitglied zu sein, auf dem zweiten Listenplatz der USPD für die Wahlen zur ersten Nationalversammlung kandidieren. Nach der Ermordung Eisners ergreift sie auf dessen Beerdigung das Wort im Namen der Frauen, die wissen, daß sie mit diesem Mann einen aufrichtigen Mitstreiter für ihre Emanzipation verloren haben. Als sein Stellvertreter Gustav Landauer ihr anschließend einen Sitz im bayerischen Rätekongreß anbietet, sagt sie ihm zu, weil sie etwas gegen das wachsende Elend in der Bevölkerung und gegen die zunehmende Gewalttätigkeit zwischen den politischen Lagern unternehmen will.

Zwischen Februar und April 1919 wird ein eigenes Referat für Frauenrecht im Wittelsbacher Palais eingerichtet. Diese Nebenstelle des Ministeriums für soziale Angelegenheiten kümmert sich unter der Leitung von Gertrud Baer besonders um die Belange von Frauen, die zugunsten von Kriegsheimkehrern entlassen worden sind. Andere Feministinnen, Mitglieder des Revolutionstribunals, versuchen, die Verhängung von Todesurteilen zu verhindern.

Um die Mäßigung der politischen Leidenschaft geht es auch in einem Flugblatt der Feministinnen anläßich der Zusammenstöße zwischen Revolutionären und Konterrevolutionären 1919 in Hamburg. »Die Revolution gab den deutschen Männern und Frauen Freiheit; wir müssen lernen, diese Freiheit zu gebrauchen, indem wir uns selbst am Zügel halten, denn Freiheit bedeutet Verantwortung.«[1] Dieser Aufruf zur Vernunft wird durch einen Aufruf an die Frauen ergänzt, bei Zusammenstößen einzuschreiten, um Blutvergießen zu vermeiden.

Die Haßausbrüche und die Mordlust, mit der die Freikorps schließlich die letzten Vertreter der Räterepublik verfolgen und umbringen, erfüllt die Feministinnen mit immer größerer Abscheu vor Gewalt und Militarismus. Daher ihre Forderung nach der Schaffung eines Friedensministeriums, das zur nationalen und internationalen Verständigung beitragen soll.

Dem Vorstand des BDF ist diese Haltung der Feministinnen völlig fremd. Er betrachtet den Krieg vielmehr als eine Gelegenheit für die Frauen, ihre Tauglichkeit für die Staatsbürgerschaft, die ihnen bisher immer verweigert worden war, unter Beweis zu stellen. Neben dem bei Kriegsbeginn gegründeten »Nationalen Frauendienst« schafft der BDF im November 1916 einen Frauenarbeitsdienst, der dem Kriegsministerium unterstellt wird, und für den Marie-Elisabeth Lüders verantwortlich ist.

Marie-Elisabeth Lüders wurde 1878 in Berlin geboren und wuchs in einer Familie mit sechs Kindern auf.[2] Beim Studium hatte sie die gleichen Schwierigkeiten wie die anderen deutschen Frauen ihrer Generation. 1912 promovierte sie in Jura über »Die Fortbildung und Ausbildung der im Gewerbe tätigen Frauen und Mädchen und deren rechtliche Grundlage«. Aber die Geborgenheit eines großbürgerlichen Elternhauses – ihr Vater war Geheimrat und hoher Beamter im preußischen Kultusministerium – sowie das gesellschaftliche Milieu des Grunewaldviertels führen dazu, daß sie ausschließlich im Kreise

1 Lida Gustava Heymann, a.a.O., S. 183
2 Marie-Elisabeth Lüders, Fürchte Dich nicht, Köln/Opladen 1963

junger Frauen aus dem liberalen Bürgertum wie beispielsweise Marianne Weber, Agnes von Zahn-Harnack oder Dorothee von Velsen verkehrt, alles Frauen, die sich problemlos in den Führungszirkel des BDF einfügen.

Bei Kriegsausbruch stellen sich Marie-Elisabeth Lüders und ihre Freundin Dorothee von Velsen spontan in den Dienst der deutschen Kriegführung. Beide beteiligen sich an der Organisation der zivilen und sozialen Verwaltung des besetzten Belgien. Als Marie-Elisabeth Lüders aufgefordert wird, den Frauenarbeitsdienst der Reichswehr zu leiten, darf sie auch an Sitzungen des »Ausschuß für Bevölkerungspolitik« im Reichstag teilnehmen und ist damit die erste Deutsche, die sich sozusagen illegal parlamentarisch betätigt. Wie ihre ältere Kollegin Gertrud Bäumer tritt sie in die von Friedrich Naumann gegründete DDP ein und wird im Januar 1919 als Reichstagsabgeordnete gewählt.

Durch die Vernunft-Ehe mit der Republik glauben die Liberalen zur Wiederherstellung von Sicherheit und Ordnung beizutragen, ohne deshalb ihre nationale und soziale Politik, die sie schon im Kaiserreich propagierten, preiszugeben.

Opferbereitschaft und nationale Pflichterfüllung

Innerhalb des BDF tritt nun die politische Richtung, die während des Ersten Weltkrieges einen großen Aufschwung erlebt hat, eindeutig hervor und verdrängt endgültig die feministische Ausrichtung von 1907. Das neue Programm, 1919 von der Generalversammlung angenommen, stellt Opferbereitschaft und nationale Pflichterfüllung in den Vordergrund. Damit hebt es die Rolle der deutschen Frauen hervor, die jenseits der sozialen, politischen und kulturellen Gegensätze die nationale Identität bejahen, betont ihre Verantwortung, sich für die Rückkehr zu einem »gesunden und geordneten« Familienleben einzusetzen – eine Grundvoraussetzung zur Erneuerung der »Volksgemeinschaft«. So wird nun in aller Öffentlichkeit der Bruch zwischen der Mehrheit des BDF und den radikalen Feministinnen besiegelt, die mit ihren pazifistischen und internationalistischen Vorstellungen während des Krieges immer mehr an den Rand gedrängt worden waren.

Dem Beispiel der DDP folgend, der die meisten Mitglieder der BDF-

Spitze angehören – Helene Lange, eine ihrer Gründerinnen, wird sogar zur Ehrenvorsitzenden ernannt –, wird das »Diktat von Versailles« im Namen der »nationalen Würde« verurteilt.

Der BDF verweigert auch jede Zusammenarbeit mit dem Völkerbund, solange dieser die deutschen Rechtsansprüche nicht anerkennt, und lehnen sogar die Rückkehr in die internationalen Frauenvereinigungen wie den ICW oder den »Weltbund für Frauenstimmrecht« ab, obwohl diese gleich nach Kriegsende gefordert hatten, Deutschland seinen Platz in der internationalen Gemeinschaft zurückzugeben.

Dazu erklärt Paula Müller-Otfried: »Es wird mir persönlich furchtbar schwer, jetzt mit den Frauen der uns so feindlichen und so gegnerischen Länder (...) in irgendeine Verbindung zu treten, und ich würde mich nur sehr schwer dazu entschließen können, einer Kommission beizutreten, deren Leitung eine Französin hat.«

Die Parteihörigkeit der bürgerlichen Frauen findet sich ebenso bei den sozialdemokratischen Frauen, die seit der Oktoberrevolution 1917 zu allem Überfluß auch noch in Anhängerinnen und Gegnerinnen der Kommunistischen Internationale gespalten sind.

Clara Zetkin, die zuerst mit dem linken Flügel der SPD zur neugebildeten USPD übergewechselt ist, schließt sich später der KPD an, die sie mit Paul Levi im Reichstag von 1920 vertritt. Dem Reichstag gehört sie bis 1933 an. 1932 appelliert sie, obwohl sie verbraucht und fast blind ist, als Alterspräsidentin zum letzten Mal an die republikanischen Kräfte im von Braunhemden schon beherrschten Parlament.

Im März 1919 glaubt sie jedoch noch an den Triumph der proletarischen Revolution. Ihre Zeitung »Die Kämpferin«, umbenannt in »Die Kommunistin«, begrüßt den Gründungskongreß der Dritten Internationale in Moskau, der erklärt:

»Die Diktatur des Proletariats kann nur mit dem regen und aktiven Anteil der Frauen der Arbeiterklasse verwirklicht und behauptet werden.«[1]

Im Sommer 1920 nimmt sie an der ersten internationalen Konferenz kommunistischer Frauen teil, die die Schaffung eines Büros in der Exekutive der Dritten Internationale beschließt, dessen tatkräftiges und geachtetes Mitglied sie wird. Von der Konferenz wird sie beauftragt, im folgenden Jahr heimlich zum Kongreß der französischen Sozialisten nach Tours zu fahren, wo sie sich auf französisch an

1 Protokolle der Dritten Internationale in Moskau, 2. – 19. 3. 1919, hg. in Hamburg, 1921, S. 194

ihre alten sozialistischen Freunde wendet, um eine Aussöhnung zwischen den Anhängern und Gegnern der Dritten Internationale zu erreichen. In dem für sie typischen Aktivismus ist sich Clara Zetkin noch nicht bewußt, daß die Kommunistische Internationale ihren weiblichen Mitgliedern eine gleichberechtigte Integration ebenso vorenthält wie die Sozialistische Internationale. Tatsächlich verfügt das Referat der Internationale der kommunistischen Frauen während der leninistischen Phase, in der sie es leitet, noch über eine relative Selbständigkeit in seinen öffentlichen Verlautbarungen. Noch können eine Alexandra Kollontai und selbst eine Sylvia Pankhurst in der von Clara Zetkin geleiteten Zeitschrift ohne Zensur schreiben, wohingegen die Frauen der SPD im Sumpf der Bürokratie zu versinken scheinen. Daraus erklärt sich auch ihr schwindendes Interesse an der Parteiarbeit: ihre Mitgliederzahl sinkt von 28,3 Prozent 1918 auf 15,8 Prozent im Jahre 1921.[1]

Die kleine Schar »radikaler« Feministinnen, die nach dem Engagement vieler ihrer Freundinnen in politischen Parteien übrigbleibt, versucht ihre Autonomie zu bewahren, indem sie sich fast ausschließlich der Arbeit in internationalen Frauenvereinigungen widmet. Im Mai 1919 nehmen siebenundzwanzig von ihnen am I. Kongreß der WILPF in Zürich teil. Dort wird die Alleinschuld Deutschlands am Kriegsausbruch widerlegt, die Bedingungen des Versailler Vertrages werden kritisiert und die Vereinigungen der fünfzehn Mitgliedsstaaten aufgefordert, zu sozialer Gerechtigkeit und internationaler Zusammenarbeit beizutragen. Die Betroffenheit der Teilnehmerinnen erreicht ihren Höhepunkt, als Lida Gustava Heymann auf die Delegierte der Ardennen zugeht, die gerade über das Elend in ihrer vom Krieg verwüsteten Heimat berichtet hat, ihr einen Rosenstrauß überreicht und sie bittet, mit vereinten Kräften eine Brücke zwischen Franzosen und Deutschen zu schlagen. Bewegt kann ihr Jeanne Mélin nur die Hände drücken. Die aufgesprungenen Delegierten reagieren mit spontanem Beifall und schwören sich, gemeinsam den Ausbruch eines neuen Krieges zu verhindern.

Dieser Elan bleibt nicht ohne Folgen: 1920 kommt Gabrielle Duchêne nach Stuttgart, um öffentlich eine Rede auf französisch zu

1 1921 stellen die 192485 weiblichen SPD-Mitglieder 15,8% der Partei, während die 35000 deutschen Kommunistinnen 11–12% ihrer Partei stellen. Verglichen mit den 1800 weiblichen Mitgliedern (= 2%) der Kommunistischen Partei Frankreichs (PCF) oder den 400 (= 1,5%) der Kommunistischen Partei Italiens (PCI) ist dieses Engagement hoch.

halten. Kurz darauf folgt Marcelle Capy, deren Vorträge die Deutschen besonders schätzen. Gertrud Baer, die Sekretärin der deutschen Sektion der WILPF, und Frida Perlen, die Leiterin der Stuttgarter Gruppe, fahren ihrerseits nach Frankreich zu einer Vortragsreise. Die neue Zeitschrift der pazifistischen Feministinnen »Die Frau im Staat« veranstaltet eine Sammlung für den Wiederaufbau der französischen Departements Nord und Pas-de-Calais, deren Erlös der Stadtverwaltung von Arras ausgehändigt wird.

Im gleichen Geist der Solidarität unterstützen die französische und die englische Sektion des WILPF das Hilfskomitee für die Kinder Europas, das der Bevölkerung des von der französischen Armee besetzten Ruhrgebietes hilft. Solche Gesten mögen unbedeutend erscheinen – aber sind sie es wirklich in einem Klima des gegenseitigen Unverständnisses zwischen Staaten und Völkern, die sich kurz zuvor noch als Feinde gegenübergestanden hatten? Zwar wird diese Arbeit für den Frieden von den deutschen Frauenvereinen nicht gewürdigt, doch findet sie zumindest Anerkennung beim »Deutschen Friedenskartell«, das Helene Stöcker zur stellvertretenden Vorsitzenden wählt, und beim II. Kongreß der WILPF, der in Wien unter der Schirmherrschaft der Pazifistin Bertha von Suttner zusammentritt.

Der BDF nimmt aufgrund seiner Abhängigkeit von der Regierungspolitik erst von 1922 an internationale Beziehungen wieder auf. Gertrud Bäumer und Marie-Elisabeth Lüders sitzen von neuem im Vorstand des ICW, wo sie Alice Salomon wiedertreffen, die es vorgezogen hatte, aus dem BDF auszutreten, um ihre Arbeit in der internationalen Organisation fortsetzen zu können. Diese Treue macht sich, wie wir später sehen werden, bezahlt, als die Naziführung ihre Entfernung aus dem ICW fordert. Drei weitere Jahre der Diskussion über die Kriegsschuldfrage sind allerdings nötig, bis die deutschen Delegierten bereit sind, wieder an Generalversammlungen und Kongressen des ICW teilzunehmen.

Die internationale Verständigung setzt nach Ansicht der deutschen Delegierten – oder vielmehr nach der Doktrin der politischen Parteien, denen sie sich verpflichtet fühlen – die Anerkennung der Interessen der »Volksgemeinschaft« voraus. Oberstes Kriterium für jede Friedenspolitik ist in ihren Augen nicht die politische Nation oder gar die Menschheit, sondern allein die »Volksgemeinschaft«. Diese Sichtweise erscheint jedoch nur unter bestimmten Voraussetzungen realistischer als die übernationale der Pazifisten, nämlich, daß den Interessen eines *jeden* Volkes der gleiche Wert beigemessen und daß zu diesem Zweck eine internationale Instanz zur Diskussion und Schlichtung anerkannt wird. Bei der Generalversammlung des ICW, 1925 in Washington, nehmen die BDF-Delegierten keine einheitliche Haltung ein: Gertrud Bäumer und ihre Freundinnen von der DDP enthalten sich der Stimme, wie die Delegierten der Deutschen Volkspartei Stresemanns, als es um schrittweise und kontrollierte Abrüstung geht. Sie begründen ihre Stimmenthaltung mit der ihrem Vaterland aufgezwungenen einseitigen Abrüstung. Die Konservativen, Mitglieder oder Anhänger der Deutschnationalen Volkspartei (DNVP) bezweifeln weiterhin den Nutzen internationaler Treffen und halten es insbesondere für sinnlos, dort mit einer französischen Delegation zu verkehren, deren extreme Höflichkeit ihre Feindschaft nur verdeckt.

So scheinen das Recht auf Rede- und Versammlungsfreiheit, das den Frauen 1908 zugestanden wurde, und mehr noch das Wahlrecht, das ihnen in der Weimarer Verfassung zuerkannt wird, das Leben am Rande der Macht in ein Leben in Abhängigkeit von ihr verwandelt zu haben.

Ein scheinbar geringfügiger Zwischenfall beim X. Kongreß des »Weltbundes für Frauenstimmrecht«, der 1926 in Paris zusammengetreten war, liefert ein tragikomisches Beispiel für diese Abhängigkeit: Beim Betreten des großen Hörsaals der Sorbonne, wo die offizielle Zeremonie stattfinden soll, stellen Gertrud Bäumer und Marie-Elisabeth Lüders fest, daß dort die schwarzweißrote Fahne des Kaiserreiches hängt. Sie beeilen sich, sie ersetzen zu lassen durch die schwarzrotgoldene Fahne, das Symbol der Revolution von 1848, die trotz des Widerstandes der Parteien von der Rechten bis zur rechten Mitte von der Weimarer Republik angenommen worden war. Darauf entbrennt eine heftige Diskussion zwischen den deutschen Delegierten, in deren Verlauf Gertraud Wolf, Mitglied der DNVP, ihre liberalen Kolleginnen beschuldigt, die deutsche Vergangenheit zu verleugnen. Diese, peinlich berührt, begnügen sich mit der Antwort, daß sie einem Beschluß der deutschen Regierung und des Parlamentes nachkommen.

Kurz darauf finden die Konservativen eine neue Gelegenheit, in Erscheinung zu treten: Gertrud Bäumer und Marie-Elisabeth Lüders sagen zu, Mitglieder der – neuaufgenommenen – deutschen Delegation des Völkerbundes zu werden. Nur die blinde Unterordnung unter die Parteilinie der Deutschnationalen Volkspartei hindert sie, den

Initiativen Außenminister Gustav Stresemanns stärker entgegenzutreten. Selbst wenn sie seine grundsätzliche Abneigung gegen das Frauenstimmrecht teilen, so hätten sie doch wenigstens gegen die Art und Weise protestieren können, wie er die beiden als Mitglieder der deutschen Delegation behandelt. Ohne sie zu konsultieren, weist er sie nämlich dem Ausschuß für soziale und humanitäre Angelegenheiten zu. Diese Zuweisung mochte für Gertrud Bäumer noch angehen, da sie sich seit 1919 im Innenministerium um diese Fragen kümmert. Für Marie-Elisabeth Lüders jedoch war sie offensichtlich diskriminierend: Sie möchte ihre Arbeit als Wirtschaftsexpertin fortführen, die sie bereits seit fünf Jahren in internationalen Gremien, besonders im Internationalen Arbeitsbüro (BIT) verrichtet. Ihr Wunsch wird gegen den Willen des Ministers erfüllt, dank des Generalsekretariats des Völkerbundes, der so ein Mittel findet, die Proteste feministischer Vereinigungen gegen das Fehlen hoher weiblicher Beamter aufzufangen.

Eine theoretische Emanzipation

Die sozialdemokratische Reichstagsabgeordnete Marie Juchacz ist die erste Frau, die an das Rednerpult eines deutschen Parlamentes tritt. Dabei trägt sie die Überzeugung vor, daß ihre Mitbürgerinnen ihre Rechte nicht länger außerhalb des normalen Rahmens der politischen Parteien vertreten müßten. Das erweist sich aber als ebenso illusorisch wie gefährlich. Seit Bestehen der Weimarer Republik hatten die deutschen Frauen zwar das aktive und passive Wahlrecht erhalten (anders als in Frankreich oder in der Schweiz, wo es den Frauen erst 1945 bzw. 1971 zugestanden wird), und der weibliche Anteil an Reichstagsmandaten schwankt zwischen 9,6 Prozent im Jahre 1919 und 3,6 Prozent im Jahre 1932 (in Großbritannien durchschnittlich nur 2,1 Prozent, in den USA sogar nur 1,1 Prozent). Aber inwieweit verändert diese politische Integration den Status der Frauen in der deutschen Gesellschaft tatsächlich?

Im Bereich der Außenpolitik sind die Frauen – wie bereits festgestellt – von ihren Parteien abhängig, in der Innenpolitik gelingt es ihnen genausowenig, sich zu behaupten. Die von den weiblichen Abgeordneten zwischen 1920 und 1928 ausgearbeiteten und durchgebrachten Gesetze erstrecken sich nur auf soziale Hilfe für die Jugend und für Heimarbeiterinnen, auf den Mutterschutz und auf eine Ausweitung der Zulassung zum öffentlichen Dienst sowie zu juristischen Berufen, die Frauen bis dahin noch verschlossen waren. Zwar sitzen sie im Reichstag, halten 155 Sitze in Landtagen und stellen 10 Prozent der Gemeindevertreter, doch gelingt es den gewählten Frauen nicht, in der Gesetzgebung die Gleichberechtigung von Mann und Frau zu verwirklichen – obwohl diese Gleichberechtigung durch die Artikel 109, 119 und 128 der Weimarer Verfassung in allen Bereichen des öffentlichen und privaten Lebens eigentlich garantiert ist.

In der Praxis leiden Frauen immer noch unter den frauenfeindlichen Verordnungen des BGB und des Strafgesetzbuches sowie unter Diskriminierungen im Bereich des Arbeitsmarktes und der Berufsausbildung. Diese Benachteiligungen werden um so fühlbarer, als die Zahl der außer Haus arbeitenden Frauen von 1907 bis 1925 um drei Millionen gestiegen ist bei einem Gesamtwachstum der Bevölkerung von acht Millionen.

Von den 11,5 Millionen im öffentlichen oder privaten Bereich arbeitenden Frauen gelten 150000 als hoch qualifiziert, während fast die Hälfte der 4,255 Millionen Landarbeiterinnen keinen Lohn bekommen und keinen Sozialschutz genießen. 38 Prozent dieser berufstätigen Frauen sind verheiratet, 57,5 Prozent von ihnen haben wenigstens ein Kind, etwa zwei Millionen bestreiten ihren Unterhalt allein.

Die Kommunisten in der Opposition kämpfen für die Verbesserung der Lebensbedingungen der »arbeitenden Massen«, ohne auf die spezifischen Probleme der Frauen nachdrücklich hinzuweisen. Die SPD muß im Parlament auf die Regierungskoalition Rücksicht nehmen. Wenn es um die Frauen geht, spricht das Zentrum, genau wie Stresemanns Volkspartei oder die DNVP, von der »natürlichen Berufung« der Frau zu Haushalt und Mutterschaft und betrachtet eine berufliche Anstellung nur als vorübergehende Notlösung. Die DDP jedoch, der die meisten BDF-Größen angehören, verliert an Einfluß: ihr Stimmenanteil sinkt von 18,6 Prozent im Jahr 1919 auf 3,8 Prozent im Jahr 1928.

Unter diesen Voraussetzungen wäre der einzig mögliche Weg der eines Interessenverbandes, der seinen Einfluß auf Umwegen, über starke Verbände, über Wahlen oder durch eine Kombination von beidem ausübt. Zwar vertritt der BDF inzwischen 137 Vereine, doch hat sich seine soziologische Struktur seit den Jahren um 1910 grundsätzlich gewandelt. Der ultrakonservative »Deutsch-Evangelische Frauenbund« war 1918 aus dem BDF ausgetreten, weil er das Frauenstimmrecht ablehnte. Trotzdem traten seine Mitglieder in die »Deutschnationale Volkspartei« ein oder ließen sich gar zu Abgeordneten wählen. Außerdem sind fast alle liberalen Theoretikerinnen der Linken wie Camilla Jellinek und Alice Salomon wegen des Nationalismus des BDF ausgetreten – ebenso wie die »Radikalen«, die lieber in internationalen Frauenvereinigungen arbeiten. Die wenigen aktiven Mitglieder, die im Bund geblieben sind, sind zu sehr auf politische Parteien verstreut, um breitangelegte Kampagnen wie die zu Beginn des Jahrhunderts zu initiieren.

In den Augen der Öffentlichkeit ist der BDF ein Honoratioren-Verein mit einer sehr heterogenen einflußlosen Basis von etwa 600000 Mitgliedern, deren Durchschnittsalter bei etwa vierzig Jahren liegt. Rund die Hälfte dieser Mitglieder kommt aus städtischen oder ländlichen Hausfrauenverbänden, ein Drittel setzt sich aus Angestellten und unteren Beamtinnen zusammen, und ein Drittel gehört so verschiedenen Organisationen an wie dem »Verband für deutsche Frauenkultur«, dem »Jüdischen Frauenbund«, dem »Deutschen Staatsbürgerinnenverband« oder dem »Deutsch-Kolonialen Frauenbund«. Die meisten sehen im BDF eine Vermittlungsinstanz zur Weiterleitung ihrer eigenen Interessen an die Behörden.

Da die Mitglieder nicht über bedeutende Bildungs- und Informationsmöglichkeiten verfügen, die zum Nachdenken anregen oder die Handlungsfähigkeit der Frauen fördern könnten, entwickelt sich ein diffuses Gefühl der Frustration: ein idealer Nährboden für die nationalistische Demagogie.

»Deutsche Frauen, schließt Euch mit uns zusammen! Deutsche Männer helft uns! Unser ist der Sieg! Nach vier Jahren erkennt man, daß die linke Seite Diener des jüdischen Kapitals ist. Dieser ganze Augiasstall muß gründlich gereinigt werden, (...) daß diese Lumpen verschwinden, die solche Verderbung immer weiter fördern.«

Dieser Text ist 1923 entstanden. Er stammt von Guida Diehl, der ehemaligen BDF-Leiterin in Frankfurt am Main. Nach Kriegsende hat sie sich in Thüringen niedergelassen, wo ihr »Neulandbund« sich der körperlichen und geistigen Erneuerung des deutschen Volkes widmen will. 1923 kümmert sich letzteres jedoch eher um Alltagsprobleme angesichts der galoppierenden Inflation, der Besetzung des Ruhrgebietes, der Unruhen durch die Kampfbünde – Hitler hatte in München gerade einen Putschversuch unternommen. Zwei Jahre später ist Guida Diehl vorerst nur eine Zuschauerin unter vielen Anhängern, die nach Eisenach gekommen sind, um Hitler nach seiner

Entlassung aus dem Gefängnis zu hören. 1928 hat sie auf einer Parteiveranstaltung der NSDAP die Gelegenheit, den »guten Christen« Hans Schemm, Leiter der nationalsozialistischen Lehrerschaft, und den Nazi-Abgeordneten im thüringischen Landtag, Wilhelm Frick, zu treffen, die ihr Hilfe für ihren »Deutschen Frauenkampfbund gegen die Entartung« zusagen.

Unterstützung erhält sie außerdem von protestantischen Vereinen, die es sich zur Aufgabe gemacht haben, für Ordnung und Sitte zu sorgen, von traditionalistischen Kreisen in der DNVP, von völkischen Gruppen, die unter Vorsitz des Grafen zu Reventlow im »Deutschen Bund für Bekämpfung der Frauenemanzipation« vereinigt sind, und vom »Deutschen Frauenorden«, der um 1923 von Elsbeth Zander gegründet wurde. Die katholischen Vereine ebenso wie die BDF-Spitze lehnen den stark polemischen und antisemitischen Stil der Bewegung Guida Diehls ab. Für die Restauration moralischer Werte, besonders im Bereich der Sexualität, zeigen sie sich jedoch empfänglich.

In ihrer 1928 veröffentlichten »Geschichte der Frauenbewegung« erinnert Agnes von Zahn-Harnack, die letzte BDF-Vorsitzende vor 1933, mit Sehnsucht an die Kaiserzeit, die siegreichen Kämpfe gegen die »neue Moral« Helene Stöckers und beklagt die Laxheit der Nachkriegszeit, die sie dem Zusammenbruch der traditionellen Werte zuschreibt. Ihre ältere Freundin Gertrud Bäumer, der, wie sie selbst sagt, das Wort »Sexualität« verhaßt ist, teilt diese Meinung. Sie glaubt allerdings, daß energische Sozialarbeit das Übel eindämmen könne.

In diesem Punkt scheint Clara Zetkin mehr Einsicht besessen zu haben. Obwohl sie der traditionellen Vorstellung von der Frau als Ehefrau und Mutter noch verhaftet war, erlaubt ihr die eigene Erfahrung, die Umwälzungen klarer zu erkennen, die der massive Eintritt von Frauen in den Produktionsprozeß einerseits, der Krieg und seine Folgen andererseits im Leben der Ehepaare und Familien hervorgerufen haben. Seit 1919 erscheint ihr die sexuelle Krise als Ausdruck eines sozio-kulturellen Unbehagens, das vor allem bei Frauen zum Ausbruch kommt, die sich die Frage nach dem Mißverhältnis zwischen ihren Rechten und ihrer Verantwortung stellen, und bei Jugendlichen, die sich recht häufig durch Unverständnis und eine autoritäre Haltung der Erwachsenen zurückgestoßen fühlen. Deshalb fördert sie Leseabende und freie Diskussionen über sexuelle Probleme innerhalb der deutschen kommunistischen Bewegung.

Diese Initiative verärgert die kommunistischen Führer, angefangen bei Lenin, der sie 1920 im Verlauf zweier denkwürdiger Unterhaltungen mit Clara Zetkin zu diesem Thema, über die sie fünf Jahre später berichtet, als »Fehler«, ja sogar als »Sünde« bezeichnet.[1] Die Zurechtweisung, die von der disziplinierten Genossin nicht widerspruchslos hingenommen wird, kündigt bereits den sich in der Stalinära verschärfenden Konflikt an zwischen »revolutionärem Anspruch« und »individueller«, als »bürgerlich« abgetaner Freiheit. Hier zeigt sich ebenfalls, daß uralte Ängste und Vorurteile im sexuellen Bereich auch bei den Vätern des Sozialismus fortbestehen. So kommt es nach Lenins Tod zu einem immer heftigeren Kampf gegen die »sexuelle Anarchie«. Libertäre Errungenschaften – zu Beginn der russischen Revolution eingeführt – werden also wieder rückgängig gemacht, Aktivistinnen wie Alexandra Kollontai verdrängt. Die Frauensektion der KPdSU wird aufgelöst; die Psychoanalyse wird auf den Index gesetzt, und Theoretiker wie Wilhelm Reich werden aus der deutschen Kommunistischen Partei ausgeschlossen.

Die Ernüchterung

Im Deutschland der zwanziger Jahre entfremdet der Mangel an Verständnis für das, was Lenin den »persönlichen Roman« nennt, viele Jugendliche und Frauen der revolutionären Bewegung: deren »Moral« scheint ihnen für ihre spezifischen Bedürfnisse ebenso unpassend zu sein wie die »bürgerliche«. Wahrscheinlich lassen sich damit auch die vielfältigen Formen individuellen Protestes erklären, die sich auch in der Zunahme von privaten Bildungszirkeln und Jugendbünden manifestieren, und nicht zuletzt in der Hoffnung auf Reformen, die viele Frauen an das neuerworbene Wahlrecht knüpfen.

Aus den für Männer und Frauen getrennt aufgeführten Wahlstatistiken, die sich zwar nur auf 20 Prozent der deutschen Wählerschaft beziehen, weil die Organisation getrennter Wahlgänge in das Belieben der örtlichen Behörden gestellt blieb, kann man trotz allem die Begeisterung der Wählerinnen 1919 ablesen.[2] Eine vorübergehende Begeisterung, denn ihre Wahlbeteiligung liegt von 1920 an 5 bis 10

1 Siehe Clara Zetkin, Erinnerungen an Lenin, Berlin/DDR 1957, S. 59–98

2 Nach Hans Beyer, Die Frau in der politischen Entscheidung, Stuttgart 1933, liegt ihre Wahlbeteiligung bei 81% gegenüber 83,7% bei den Männern.

Prozent unter der der männlichen Wähler. In einigen Landgemeinden erreicht der Unterschied bis zu 20 Prozent, dabei stellen Frauen zwischen 1925 und 1933 fast 53 Prozent der Wähler.[1] Das sinkende Interesse ist um so signifikanter, als es teilweise auf das Konto der Jungwählerinnen geht, die das Wahlalter zwischen 1920 und 1928 erreicht haben.

Infolge des verlorenen Krieges sowie der Unfähigkeit der führenden Politiker, sich auf ein Programm demokratischer Reform zu einigen, trifft die Weltwirtschaftskrise 1929 Deutschland härter als andere Länder. In dieser Situation engagieren sich die politischen Parteien noch weniger für die Belange der Frauen. Im Gegensatz zu heute trifft sie die Arbeitslosigkeit als dramatischste Folge der Krise weniger direkt als die Männer. 10 Prozent der Arbeitnehmerinnen, aber 33 Prozent der Arbeitnehmer sind arbeitslos. Die Unternehmer beschäftigen nämlich lieber Frauen, weil sie ihnen bei gleicher Arbeit bis zu 30 Prozent weniger Lohn zahlen können. Dennoch geraten sie in finanzielle und moralische Schwierigkeiten. Häufig genug müssen sie den Lebensunterhalt der Familie bestreiten, da der Ehemann oder Gefährte arbeitslos ist, und außerdem sind sie – wie während der industriellen Krisen des 19. Jahrhunderts – Anfeindungen der männlichen Arbeiterschaft ausgesetzt.

In diesem Punkt aber haben die mehr als sieben Millionen Arbeitnehmerinnen vom mehrheitlich konservativen Reichstag und der Reichsregierung nichts zu erhoffen. Reichskanzler Brüning und sein Arbeitsminister Adam Stegerwald, beide Mitglieder des Zentrums, fühlen sich durch die 1931 veröffentlichte Enzyklika »Quadragesimo Anno« ermutigt, ihr Projekt zur Entlassung verheirateter Frauen, deren Ehemann über ein zum Unterhalt der Familie ausreichendes Einkommen verfügt, wiederaufzunehmen. Das Gesetz gelangt im Mai 1932 zur Abstimmung. Unterstützt wird es von der Mitte, der Rechten und den Nazis. Dem geht in ganz Deutschland eine umfangreiche Kampagne gegen Doppelverdiener voraus, die selbst innerhalb der NSDAP-Führung kritisiert wird. In ihr sieht man einen der Gründe dafür, daß die Partei in der Novemberwahl 1932 Stimmen verloren hat.[2] Offiziell haben sich die Linksparteien und Gewerk-

1 Siehe Hans Beyer, a.a.O., und Heinrich Zurkuhlen, Wie wählen die Frauen?, in: Die Tat, 24, 1932/33, S. 544–547

2 »Mitteilungen des Reichsorganisationsleiters Gregor Strasser«, in: Staatsarchiv Hannover, Dossier Hann, 310f A 122 II

schaften dagegen gewandt und erklärt, daß nur gleicher Lohn für gleiche Arbeit einen Rückfall ins 19. Jahrhundert verhindern könne. Doch das genügt kaum, um die alte Animosität der Arbeiter gegen die »Stellendiebinnen« in Krisenzeiten abzubauen.

Die Haltung des BDF ist noch unverständlicher: Die Führung hat weder die Frauen mobilisiert noch gegen diese diskriminierenden Pläne protestiert, obwohl zwei von ihnen, Klara Mende und Käte Göbel, wichtige Positionen im Wirtschaftsministerium und beim Reichsamt für Arbeitsvermittlung bekleiden. Gertrud Bäumer rechtfertigt lediglich die Stimmenthaltung ihrer Partei, der Deutschen Staatspartei, bei der Abstimmung im Reichstag. Der konservative Teil der BDF-Führung, zu der jetzt Mitglieder der nationalen Rechten wie Anna von Gierke, die Vorsitzende des mächtigen Deutschen Hausfrauenverbandes, und sogar eine Sympathisantin des Nationalsozialismus wie Leonore Kuhn gehören, geht daraus gestärkt hervor. Die offizielle Position des BDF seit 1927, also schon vor der Krise, ist folgende: Jede Art von Wettbewerb mit Männern in gleichen Berufen soll verhindert werden. Besteht aber Wettbewerb, soll er durch eine sozial ausgewogene Aufteilung der Arbeit nach Geschlechtern überwunden werden. Dieser Standpunkt wird, wie wir noch sehen werden, von einigen Führern der Nazipartei geteilt.

Der Rechtsruck des BDF ist anläßlich der Reichstagswahlen 1928 schon spürbar: Während der Bund keiner kommunistischen oder sozialistischen Kandidatin hilft, unterstützt er neunundzwanzig Kandidatinnen der Partei Gertrud Bäumers, eine des Zentrums, aber auch dreiundfünfzig Kandidatinnen der DVP und der DNVP, die ihre Feindschaft gegen Frauenrechte immer bekundet hatten. In ihrem Abschlußbericht von 1932 sieht Agnes von Zahn-Harnack nur eine mögliche Lösung der Krise: Das deutsche parlamentarische System soll durch einen Ständestaat im Stil des faschistischen Italien ersetzt werden, in dem auch der »Stand« der Frauen vertreten ist. Ihr unüberlegtes Einschwenken auf den Kurs der äußersten Rechten ist um so überraschender, als dieselbe Agnes von Zahn-Harnack zwischen 1930 und 1932 gemeinsam mit dem »Jüdischen Frauenbund« an einer Aufklärungskampagne teilgenommen hat, um mit Führungen durch Synagogen, mit Vorträgen und Versammlungen dem wachsenden Antisemitismus nichtjüdischer Kreise entgegenzuwirken.[1] Ihre Vor-

1 Siehe M. Kaplan, The Jewish Feminist Movement in Germany 1904–1938, Westport 1979

gängerin im BDF, Emma Enders, warnt dagegen vor Illusionen: Der Nationalsozialismus sei aufgrund seines Kampfes gegen Juden und Frauen mächtig geworden; man müsse ihn bekämpfen, solange noch Zeit dazu sei.

In einer letzten Auflehnung sind die Liberalen des BDF wenigstens bereit, sich mit Katholikinnen und Pazifistinnen zu einer internationalen Frauenkampagne für Abrüstung zusammenzuschließen, für die kurz vor der Genfer Konferenz acht Millionen Unterschriften gesammelt werden. Diese Initiative und ihre Unterstützung einer Gesetzesvorlage, nach der alle Frauen mit dem Titel »Frau« angesprochen werden sollten, erregen die Mißbilligung der beiden Hausfrauenverbände, also der Hälfte der BDF-Mitglieder: sie schützen finanzielle Schwierigkeiten vor, um den BDF zu verlassen. Unfähig, junge Mitglieder heranzuziehen und alte zu halten, ist der BDF nur noch, wie Lida Gustava Heymann es im Herbst 1932 in einem Artikel unterstreicht[1], ein anachronistisches Relikt. In seiner Blindheit gegenüber den Realitäten der Industriegesellschaft hat er sich – gegen den Rat der »radikalen« Feministinnen – für besondere Maßnahmen zum Schutz der Arbeiterinnen (Sonderregelungen, Halbtagsarbeit) ausgesprochen, was letztendlich die Lohnunterschiede zwischen Mann und Frau rechtfertigt und zur Verschlimmerung der Krise beiträgt. Außerdem hat der BDF, indem er ständig die Forderungen der Frauen aus dem Mittelstand bevorzugt behandelte, die Uneinigkeit verstärkt, die seit dem Ende des 19. Jahrhunderts zwischen Arbeiterinnen und Bürgerlichen bestand.

Kann man also sagen, daß die Masse der enttäuschten Frauen sich in die Arme des Nationalsozialismus wirft, der ihnen angeblich seine Wahlerfolge und endlich auch seinen Sieg verdanken soll? Dieser Mythos wurde zunächst von Hitler selbst verbreitet[2] und wird bis heute durch die Aufnahmen von einer besonders den Frauen zugeschriebenen Massenhysterie sowie durch die Aussagen einer Reihe von Männern gefördert. Zu nennen wären hier der konservative Hermann Rauschning und die meisten Historiker des Nationalsozia-

1 Lida Gustava Heymann, Befreiung der Frauen, in: Die Frau im Staat, September/Oktober 1932

2 Nach Albert Zoller, Hitler privat, Düsseldorf 1949, S. 106, soll der Führer selbst bestätigt haben: »Daß ich keine Frau genommen habe, hat meinen Einfluß auf den weiblichen Bevölkerungsteil ständig vermehrt. Ich hätte mir einen Popularitätsverlust bei der deutschen Frau nicht leisten können, denn sie ist doch bei den Wahlen von ausschlaggebender Bedeutung.«

lismus als auch der marxistische Philosoph Ernst Bloch.[1] Aber eine solche Behauptung berücksichtigt keineswegs die Wahlstatistiken (siehe Tab. S. 70).

Nach diesen offiziellen Statistiken ist bei weiblichen Wählern eine größere Treue zu konservativen Parteien und 1930 sogar eine deutliche Unterstützung der Sozialdemokraten feststellbar, während ihr Hang zu extremistischen Strömungen schwächer ist. Nur ganz allmählich läßt sich ein Meinungsumschwung erkennen.

Für die NSDAP ist festzuhalten, daß auf die 6,5 Millionen Stimmen, die sie erhält, 3,5 Millionen, d. h. 16,3 Prozent sämtlicher, bei der Reichstagswahl abgegebener Stimmen auf männliche und nur 3 Millionen oder 12,8 Prozent im gesamten Reich auf weibliche Wähler entfallen.

Hingegen verdankt Reichsmarschall Hindenburg, der Kandidat der traditionellen Rechten, seine beiden Wahlsiege (1925 und 1932) Frauenstimmen. Eine Studie von Herbert Tingsten[2] unterstreicht die Rolle der Wählerinnen beim Widerstand des Zentrums gegen die Radikalisierung der deutschen Wähler und seinen Gewinn von 25 Sitzen bei den Reichstagswahlen von 1930. Tingsten zeigt auch anhand von Zahlen, daß das Votum der Frauen die extremistischen Strömungen eine Zeitlang gebremst hat und die schwierige Lage des republikanischen Regimes nach den Erfolgen der Kommunisten und der Nazis von 1930 verdeckt hat.

Es ist außerdem festzuhalten, daß die Wirtschaftskrise die Frauen veranlaßt, zu den Urnen zurückzukehren: Ihre Wahlbeteiligung steigt von 71,8 Prozent auf 77,9 Prozent, also um 6,1 Prozent, wäh-

1 Siehe Hermann Rauschning, Gespräche mit Hitler, Zürich 1940, und Ernst Bloch, Die Frau im Dritten Reich, in: Vom Hasard zur Katastrophe. Politische Aufsätze aus den Jahren 1934–1939, Ffm. 1972. In diesem Text ist die Ähnlichkeit bestimmter sexistischer Formulierungen mit denen Lenins bemerkenswert, wie z. B. »das Gekreische der betrogenen Kleinbürgerinnen gegen ihren Mann«. Daneben finden sich richtige Analysen über das für Frauen wertlose Wahlrecht und die wirtschaftliche Abhängigkeit der Frau vom Mann. Eine geringschätzige Haltung offenbart auch der Reichstagsabgeordnete der SPD Wilhelm Hoegner: »Wir Sozialdemokraten wenden uns bei der Kritik des Nationalsozialismus auch nicht an jene Frauen, die schwach werden, wenn sie einen maulstarken Helden des Dritten Reiches zu Gesicht bekommen. Die verdienen die Peitsche, die das Dritte Reich für sie bereithält.« in: Wilhelm Hoegner, Die Frau im Dritten Reich, Berlin 1931.

2 Herbert Tingsten, Political Behaviour, New York 1975. Siehe auch Jürgen W. Falter, Wer verhalf der NSDAP zum Sieg?, in: Aus Politik und Zeitgeschichte, Bonn, 14. 7. 1979

*Vergleich männlicher und weiblicher Stimmenanteile in den wichtigsten Parteien bei den Reichstagswahlen 1928 und 1930**

1928	Frauen	Männer	September 1930	Frauen	Männer
NSDAP	42,2%	57,8%	KPD	45,2%	54,8%
KPD	44 %	56%	NSDAP	49,1%	50,9%
SPD	49,6%	50,4%	SPD	52,2%	47,8%
Demokraten (DDP); später: Staatspartei)	50,5%	49,5%	Demokraten	52,2%	47,8%
DVP (rechte Mitte)	53,2%	46,8%	DVP	57,7%	42,3%
DNVP (nationalistische Rechte)	57,4%	42,6%	DNVP	60,4%	39,6%
Zentrum (Katholiken)	61,1%	38,9%	Zentrum	63,4%	36,6%

Statistische Basis: 1928: 6397262 Wähler (= 20,5%) von 31167245 Wählern im Reich
1930: 5938845 Wähler (= 16,9%) von 35226657 Wählern im Reich

* Nach »Statistik des deutschen Reichs«, Bd. 372 und 382

rend die der Männer, die bei 80,8 Prozent lag, nur um 3,4 Prozentpunkte, also auf 84,2 Prozent steigt.[1]

Dieser Anstieg der Wahlbeteiligung, vielleicht ein letztes Sichaufbäumen der Frauen, bleibt ohne Wirkung, weil er hauptsächlich den frauenfeindlichen Parteien nützt. Hier zeigt sich nun das Scheitern der Frauen in der KPD, SPD und den liberalen Parteien, die ihre

1 Die gesamten Zahlenangaben, die ich für diese Berechnungen heranziehen konnte, beziehen sich nur auf 10% der deutschen Wählerschaft von 1928 und 11% von 1930. Sie sind trotzdem repräsentativ, denn die prozentuale Zusammensetzung entspricht sehr genau der des nationalen Durchschnitts.

Mitbürgerinnen politisch integrieren wollten, was sich jedoch als Illusion erwies, weil sie weder politische Erfahrung noch selbständige Interessenvertretungen besaßen. Das wurde den weiblichen Reichstagsabgeordneten erst sehr spät bewußt. 1930–1932 bildeten sie dann eine interparlamentarische Frauengruppe, außer der Wirtschaftspartei und der NSDAP, die beide keine Frauen aufnahmen. Das Unternehmen scheitert aber, weil sie Gefangene ihrer Parteien sind und wegen der Spannungen, die diese in der letzten Phase Weimars zu Gegnern macht.

Die seit 1924 im BDF geführte Diskussion über die geeignetste Form, die Interessen der Frauen zu vertreten, blieb folgenlos, weil die »radikalen« Feministinnen, die seit 1914 aus der Bewegung herausgedrängt wurden, nur noch an einen Kampf im internationalen Rahmen glaubten, während die anderen von den bestehenden politischen Strukturen zu stark abhingen, um eine Frauenpartei zu gründen oder wenigstens einen Wahlmodus zu fordern, der ihnen ein angemessenes politisches Gewicht verliehen hätte. Dem selbstmörderischen Optimismus der sozialdemokratischen Reichstagsabgeordneten Marie Juchacz, die 1919 überzeugt war, ihre Mitbürgerinnen könnten ihre Forderungen von nun an »im normalen Rahmen der Parteien« durchsetzen, antworten inmitten des Zusammenbruchs von 1932 die kritischen Gedanken ihrer sozialdemokratischen Kollegin Alice Rühle-Gerstel:

»Könnte sich eine starke Gruppe von Frauen auf ein weibliches Sachprogramm einigen, dann wäre eine eigene Frauenpartei durchaus kein utopischer Gedanke. Sie müßte etwa die Wahlen sabotieren und eigene Wahlen zu einem Frauenparlament ausschreiben ... Die Frau wird sich zu ihrer Klasse und ihrem Geschlecht bekennen müssen. Und indem sie sich zu ihrem Geschlecht bekennen wird und zu dem Programm seiner Befreiung, wird sie sich unter Umständen gegen ihre Klasse (...) bekennen müssen.«[1]

Ohne den Klassenkampf oder eine – ihr wenig realistisch erscheinende – feministische Partei zu propagieren, ist auch Katharina von Kardorff, Reichstagsabgeordnete der DVP, davon überzeugt, daß die Aufsplitterung in Parteien, in denen die politische Solidarität der feministischen stets übergeordnet wird, den Interessen der Frauen schwer geschadet hat: Eine »pressure group« hätte sicher mehr erreicht.

1 Alice Rühle-Gerstel, Das Frauenproblem der Gegenwart, Leipzig 1932, S. 397

Diese Betrachtungen scheinen im politischen Kontext des Deutschen Reiches der dreißiger Jahre überholt. Aber kann man den machtlosen Frauen vorwerfen, die nationalsozialistische Gefahr verkannt zu haben, wenn selbst die mächtigen Parteien und Gewerkschaften der Weimarer Republik sie nicht abwenden konnten oder wollten? Man kann ihnen höchstens vorwerfen, das politische Mitläufertum der Wählerinnen gefördert zu haben, die schließlich in gleichem Maße wie die männlichen Wähler Hitler gefolgt sind.

In seiner Dissertation über die Entwicklung der Wahlen in der Weimarer Republik kommt ein junger deutscher Historiker[1] anhand der im Augenblick bekannten Daten zu folgendem Schluß: die NSDAP wurde in Wahlkreisen mit protestantischer Mehrheit im November 1932 und im März 1933 von zwei bis drei Prozent mehr Frauen als Männern gewählt, in Wahlbezirken mit katholischer Mehrheit jedoch von fünf Prozent weniger Frauen als Männern.

Frauen haben nicht – wie allzuoft angenommen – den Ausschlag gegeben beim Wahlsieg der Partei Adolf Hitlers. Ihre Unterstützung ist trotzdem bedenklicher als die männlicher Wähler, da sie damit eine reaktionäre Auffassung von der Rolle der Frau in der Gesellschaft bestätigen. Die im Laufe von acht Jahrzehnten im Kampf erworbenen Rechte haben sicherlich das Bildungsniveau der Frauen angehoben, aber die sozio-kulturelle Gleichberechtigung der Frauen wurde dadurch nicht erreicht. Sie haben im Endeffekt nur dem persönlichen Aufstieg einer Minderheit genützt, die der Nationalsozialismus alsbald zum Schweigen brachte.

1 Eberhard Schanbacher, Parlamentarische Wahlen in der Weimarer Republik, Dissertation, Tübingen 1979

II. Kapitel

Der Männerbund

»Wie in allen Gemeinden der Heiligen lasset die Frauen schweigen in der Gemeinde; denn es soll ihnen nicht zugelassen werden, daß sie reden, sondern sie sollen sich unterordnen, wie auch das Gesetz sagt.«

Paulus, Korintherbriefe I, 14,34

»Die griechische Cultur der klassischen Zeit ist eine Cultur der Männer. (...) ... um so tiefer sank der Verkehr mit der Frau: der Gesichtspunkt der Kindererzeugung und der Wollust – nichts weiter kam hier in Betracht; es gab keinen geistigen Verkehr, nicht einmal eine eigentliche Liebschaft. (...) Die Weiber hatten weiter keine Aufgabe, als schöne, machtvolle Leiber hervorzubringen, in denen der Charakter des Vaters möglichst ungebrochen weiterlebte, und damit der überhand nehmenden Nervenüberreizung einer so hochentwickelten Cultur entgegenzuwirken.«

Friedrich Nietzsche, Menschliches, Allzumenschliches, I, § 259

»Der deutsche Schwertritterorden, die Templer, der Freimaurerbund, der Jesuitenorden, der Rabbinerverband, der englische Klub, die deutschen Studentenkorporationen, die deutschen Freikorps nach 1918, die SA, die NSDAP, usw., das alles sind sprechende Beispiele für die eine unumstößliche Tatsache, daß ein staatlicher, völkischer, sozialer oder kirchlicher Typus ... fast ausschließlich auf einen Männerbund und seine Zucht zurückgeht.«

Alfred Rosenberg, Der Mythus des 20. Jahrhunderts, München 1932[3], S. 488

Kultur und Natur oder der Mythos von der gegenseitigen Ergänzung der Geschlechter

Durch männliche Kriegskameradschaft, Freikorps und das gemeinsame Aufsuchen von Bierwirtschaften geeint, bilden die Nationalsozialisten von Anfang an einen reinen Männerbund, dem Familienleben und – häufig genug – feste Beziehungen zu Frauen fernliegen. Das führt zu einer grundsätzlichen Frauenfeindschaft, die Teil einer langen ideologischen Tradition ist. Die Nationalsozialisten greifen auf sie zurück, wo es um das Ziel rassischer Herrschaft geht. In »Mein Kampf« findet man im Inhaltsverzeichnis nirgendwo das Wort Frau. Im Gegensatz zum soziologisch konnotierten Begriff »Frau« wird diese immer mit dem antiquierten oder biologischen Ausdruck »Weib« bezeichnet, der im täglichen Gebrauch mehr oder weniger pejorativ ist. In Hitlers Schriften kommt sie nur als junges Mädchen vor, das es im Geist der nationalsozialistischen Rassenlehre zu formen und möglichst früh zu verheiraten gilt, um es seiner Bestimmung als Mutter zuzuführen. Auch wenn der Autor von »Mein Kampf« der »arischen Fortpflanzung« und dem Kampf gegen die sie bedrohenden Plagen wie »Rassenschande« durch den Juden, Prostitution und Geschlechtskrankheiten große Bedeutung beimißt, erkennt er die Rechte der »Hüterinnen der Rasse« innerhalb des bürgerlichen Lebens nicht automatisch an.

Er übernimmt vielmehr die konservative Behauptung, daß nur der waffenerprobte Mann Staatsbürger sein kann. Die Frau, durch Geburt deutsche Staatsangehörige, erwirbt die vollen Zivilrechte erst durch Heirat oder einen Verwaltungsakt. Aus Hitlers Buch geht eindeutig hervor, daß der von ihm entworfene Staat ein reiner Männerstaat ist, in dem sich die Rolle der Frau darauf beschränkt, Gefährtin und Mutter des Kriegers zu sein. Kennzeichnend ist, daß im Parteiprogramm der NSDAP Frauen erst unter Punkt 21 erwähnt werden, und das ganz im konservativen Geist nur in ihrer Eigenschaft als Mutter:

»Der Staat hat für die Hebung der Volksgesundheit zu sorgen durch den Schutz der Mutter und des Kindes.«

Schon in ihrer ersten Generalversammlung 1921 beschließt die NSDAP den Ausschluß von Frauen aus den führenden Parteigremien[1]; eine Entscheidung, die die wenigen anwesenden weiblichen Parteimitglieder, deren Arbeit bezeichnenderweise »Opferdienst«

1 Georg Franz Willing, Die Hitlerbewegung, München/Hamburg/Berlin 1962, S. 80

genannt wird, gutheißen. Für Hitler ist dieser Ausschluß selbstverständlich. Ihn zu rechtfertigen, überläßt er den Parteitheoretikern.

Alfred Rosenberg entwickelt in »Der Mythus des 20. Jahrhunderts«[1] eine Beweisführung: Er vermischt Thesen, die seit der Antike auf der Bipolarität männlich–weiblich, Licht–Finsternis, Geist–Materie, Ratio–Ekstase aufbauen, mit dem Kulturpessimismus einer Reihe frauenfeindlicher Denker von Schopenhauer über Wagner, Nietzsche, Houston Chamberlain bis zu Otto Weininger. So stellt er die Behauptung auf, daß die Geschichte der Menschheit sich auf einen dauernden Kampf zwischen Aufstieg und Verfall reduzieren läßt. Ein Kampf der schöpferisch-aufbauenden Kräfte in der Welt der Väter, verkörpert von Apollon und der griechischen Kultur, gegen die Kräfte des orgiastisch-zerstörerischen Chaos der östlichen Welt der Mütter, verkörpert von Dionysos, dem Gott der Elemente und des Todes. Allerdings relativiert Rosenberg: Dank der Institution der Ehe hat Jason das Chaos der Amazonen, Hetären und Erinnyen, Inkarnationen der tellurischen Kräfte Altasiens, gebändigt, und »die Frau, die Mutter erhält eine neue und ehrenvolle Stellung« innerhalb des nordisch-apollinischen Prinzips.

Diese Unterscheidung erfolgt nicht von ungefähr: Die nationalsozialistische Ideologie hat Schwierigkeiten, den Kulturpessimismus eines Schopenhauer oder gar eines Weininger, für die eine Rückkehr zur ursprünglichen Harmonie die Rückkehr zur Keuschheit voraussetzt, mit der Forderung nach einer Geburtenratensteigerung zum Zweck germanischer Herrschaft in Einklang zu bringen. Die Deutschordensritter, deren Geschichte Rosenberg aus seiner baltischen Heimat geläufig ist und die er gern als Beispiel für das neue Rittertum Hitlers zitiert, verursachten durch ihr Keuschheitsgelöbnis ihren eigenen Untergang: Da sie keine Nachkommen hatten, waren sie unfähig, ihr Kolonisationswerk im Osten zu sichern und wurden von den Slawen überflutet, die weitaus fruchtbarer waren.

Deshalb ist die Frau als Mutter und Hüterin der Rasse notwendiger Bestandteil des Tausendjährigen Reiches, des Reiches der sich gegenseitig ergänzenden Geschlechter: Der Mann wird Architekt des Makrokosmos sein, die Frau Schützerin des Mikrokosmos.

Diese Sprache ist für den Durchschnittsdeutschen kaum zugänglich. Obwohl der »Mythus« 1935 schon mehr als 400000mal verkauft worden ist, scheint er nicht viel gelesen worden zu sein. Hitler

1 Alfred Rosenberg, Der Mythus des 20. Jahrhunderts, München 1932 (1935[3])

selbst fand ihn unlesbar und glaubte in seiner autodidaktischen Art, die brauchbaren Gedanken, besonders den der Komplementarität, für die breite Masse umschreiben zu müssen. So stellt er diese den versammelten Parteiaktivistinnen am 8. September 1934 am Rande des Nürnberger Parteitages vor:

»Wenn man sagt, die Welt des Mannes ist der Staat, die Welt des Mannes ist sein Ringen, die Einsatzbereitschaft für die Gemeinschaft, so könnte man vielleicht sagen, daß die Welt der Frau eine kleine sei. Denn ihre Welt ist ihr Mann, ihre Familie, ihre Kinder und ihr Haus. Wo aber wäre die größere Welt, wenn niemand die kleine Welt betreuen wollte?«[1]

Das weibliche Echo in Gestalt der Stimme Guida Diehls sagt nichts anderes:

»Der Mann trägt die Nation, die Frau trägt die Familie. Die Gleichberechtigung der Frau besteht darin, daß sie innerhalb eines durch ihre Natur begrenzten Wirkungsbereiches die größte Achtung genießt, die ihr auch zukommt. Mann und Frau repräsentieren zwei sehr verschiedene Wesensarten. Beim Mann herrscht der Verstand vor. Er sucht, entdeckt und häufig eröffnet er neue, unermeßliche Reiche.

(...) Das Gefühl hingegen ist viel beständiger als der Verstand, und die Frau, die Gefühl ist, ist folglich das Element der Stabilität.«[2]

Die Behauptung, daß Frauenemanzipation, die Hitler übrigens als eine »jüdische Erfindung« bezeichnet, mit Mutterschaft nicht vereinbar sei, war im Lauf des 19. Jahrhunderts ausführlich diskutiert worden. In Deutschland empören sich neben christlichen und nationalistischen Kreisen, die sich um Graf Ernst zu Reventlow im »Bund zur Bekämpfung der Frauenemanzipation« gesammelt hatten, Ärzte wie der Gynäkologe August Mayer von der Universität Tübingen oder der Arzt Max von Gruber gegen diese »Vergewaltigung der Natur«.

In der »Hygiene des Geschlechtslebens«, die 1927 schon in 325000 Exemplaren verkauft war, verurteilt Gruber jede Sexualität, außer zum Ziel der Fortpflanzung, und empfiehlt, »die Keuschheit der Frau als höchstes soziales Gut« zu pflegen, »denn in der Keuschheit der Frau ist die einzige sichere Bürgschaft dafür gegeben, daß wir wirklich die Väter unserer Kinder sein werden«.[3] Die gesellschaftliche Eman-

1 Völkischer Beobachter, 10. 9. 1934

2 Guida Diehl, Die deutsche Frau und der Nationalsozialismus, Eisenach 1932

3 Max von Gruber, Hygiene des Geschlechtslebens, Stuttgart 1907[3], S. 90

zipation der verheirateten Frau muß gänzlich ausgeschlossen werden, weil »die daraus entstehenden Pflichten der Mutterschaft, die darunter leidet, entgegenstehen. Sind trotzdem Kinder da, seien diese meist von schwächlicher Konstitution.«[1]

Der wenig bekannte Gründer der späteren NSDAP, Gottfried Feder, belastet sich gar nicht erst mit einer medizinischen Scheinbegründung. »Durch die Kräfte der sexuellen Demokratie hat der Jude uns die Frau gestohlen. Unsere Jugend muß sich erheben, um den Drachen zu töten, damit wir von neuem die heiligste Sache der Welt erlangen können, die Frau als Jungfrau und Dienerin.«[2]

Die »sexuelle«, aber auch die geistige Demokratie soll bekämpft werden mit der These von der Komplementarität, die als Rechtfertigung der Ungleichheit gedacht ist.

In »Der Mythus des 20. Jahrhunderts« behauptet Rosenberg glatt, daß alle »tieferen« Denker die männliche Überlegenheit in Forschung, Erfindung und Kunst anerkennen. »Die Reden der Medea des Euripides sind von gleicher Art wie die Tiraden des Fräulein Stöcker oder der Miß Pankhurst, ohne daß sich (...) etwas anderes gezeigt hätte, als was Aristoteles mit wenigen Worten ausdrückt: ›Das Weibchen ist Weib kraft einer gewissen Fähigkeitslosigkeit‹.« Seiner Meinung nach ist dies Folge des »Pflanzenhaften« und des »auf das Subjektive gerichteten Wesens der Frau«. »Es fehlt der Frau aller Rassen und Zeiten die Gewalt einer sowohl intuitiven als geistigen Zusammenschau.«[3]

Dieses Fehlen schöpferischer Fähigkeiten erstreckt sich demnach sogar auf die Familie, der er im Gegensatz zu den meisten Naziführern ihren Wert als Keimzelle des Staates abspricht. Nach Rosenbergs Logik akzeptiere ein solcher Standpunkt, der Ergebnis marxistisch-demokratischer Zersetzung sei, daß der Staat zumindest in seinem Ursprung aus dem gemeinsamen Wirken von Mann und Frau hervorgehe. Hitler erklärt in seinem Programm zu den Präsidentschaftswahlen 1932:

»So groß die Tätigkeitsbereiche der Frau gezogen werden können, so muß doch das letzte Ziel einer wahrhaft organischen und logischen Entwicklung immer wieder in der Bildung der Familie liegen. Sie ist die kleinste, aber wertvollste Einheit im Aufbau des ganzen Staatsgefüges.«

1 Max von Gruber, a.a.O.
2 Reichskorrespondenz der bayrischen Volkspartei, 4. 4. 1932
3 Alfred Rosenberg, a.a.O., S. 479 (483)

Rosenberg ist anderer Ansicht. Für ihn ist die Keimzelle jeden Staates der Zusammenschluß der Krieger eines Stammes, die Horde als Element der Wehrhaftigkeit, der kriegerische Männerbund. Frau und Familie bilden nur Anhängsel, deren Opferbereitschaft im Dienst bestimmter Ideen gebraucht wird. So war es zum Beispiel im alten Rom, wo der Familienvater nach seinem Gutdünken und zum Wohl des Staates über sie verfügte. Zwar nur ein Anhängsel, aber doch ein notwendiges! Denn Rosenberg greift die »erotische Revolution« an, besonders Anita Augspurg, weil sie der Meinung ist, daß »eine Frau, die Selbstachtung besitzt, eine gesetzliche Ehe nicht eingehen« kann. »Verbrämt durch Pochen auf ›Persönlichkeitswert‹ und ›Selbstbestimmung‹ geben wahnwitzig gewordene Weiber den letzten Schutz ihres Geschlechts preis, zerstören die einzige Form, die ihnen und ihren Kindern eine Lebenssicherheit bietet.«[1]

Welch ein Zynismus, wenn der Theoretiker eines Regimes, das zeugungsfreudigen Männern die Scheidung oder das Verstoßen der Ehefrau erlauben wird und das mit seinem »Lebensborn« wahre Fortpflanzungsanstalten für die arische Rasse errichten wird, den Feministinnen vorwirft, den Staat in eine »Versorgungsanstalt« für Kinder zu verwandeln, die einer »hemmungslosen Geschlechtlichkeit« entsprungen seien! Zielscheibe seiner Angriffe ist »die Dame Stöcker« vom »Mutterschutz« (Helene Stöcker), deren Ausführungen über freie Liebe und Abtreibung, ganz zu schweigen vom Recht auf sexuelle Beziehungen – sei es auch mit Negern, Juden oder Chinesen –, in Rosenbergs Augen praktisch das Ende allen »Volkstums« bedeuten würden.

Einen Vorgeschmack dieses paradiesischen, weiblich-feministischen Staates bekämen die Deutschen durch diese geschminkten Wesen mit lila Kleidern und Lackpumps, die man in Großstädten umhertrippeln sähe: »Jeder Bastard, jeder Kretin kann sich stolzgeschwellt als notwendiges Glied der menschlichen Gesellschaft betrachten und das Recht auf freie Betätigung und Gleichberechtigung für sich in Anspruch nehmen.«[2] Wenn man den Untergang Europas verhindern wolle, sei die Stunde gekommen, Männer und Frauen, jeden an seinem ihm zugewiesenen Platz, unter dem dreifachen Motto zu versammeln: »Rassenschutz«, »Volkskraft«, »Staatenzucht«.[3]

1 Alfred Rosenberg, a.a.O., S. 499
2 Alfred Rosenberg, a.a.O., S. 502
3 Alfred Rosenberg, a.a.O., S. 503

Selbstverständlich sind für Rosenberg die feministischen Forderungen nach gesellschaftlich-politischer Emanzipation nicht annehmbarer als die nach sexueller Freiheit. All diese Forderungen, ob von Frauen, Juden oder Marxisten, gingen auf die »unsinnige Menschengleichheit« der Französischen Revolution und auf die Erklärung der Menschenrechte zurück. Angriffspunkt für den NS-Denker ist die Forderung nach Gleichberechtigung, für ihn ein Synonym für die Anerkennung des einzelnen und seines willkürlichen Strebens, was Rosenberg ein »Sich-Ausleben« nennt. Das werde durch die Überindustrialisierung und die Entwicklung der Weltmärkte gefördert, sei demnach ein verabscheuungswürdiges Ergebnis des freien Unternehmertums.

Aus dieser Sicht bedeute die Gründung des »Verbandes für Frauenstimmrecht« 1902, zusammen mit dem Willen, Zugang zu politischen Positionen zu erhalten, nichts weniger als den Versuch, den Staat zu erobern, was in Rosenbergs dualistischem Weltbild eine neue Periode des Chaos und des Untergangs ankündigen würde. Als Beweis führt er an, daß die Feministinnen mit den Marxisten und »Judäo-Demokraten« darin übereinstimmten, den preußischen Militärgeist zu denunzieren, d.h. die Disziplin, die so lange Grundlage und Struktur jeden Staates sei, wie es Kulturen, Völker und Staaten gebe.

Wenn die Frauen sich über jahrhundertelange Unterdrückung beklagen, scheine ihnen nicht klar zu sein, daß sie damit ihre Unfähigkeit, Hindernisse zu überwinden – wie männliche Genies dies immer gemacht hätten –, schon anerkennen. Das weibliche Genie existiere nicht. Die Freiheit, die Frauen im antiken Griechenland, Edelfrauen im Mittelalter oder der Renaissance zugestanden wurde, habe keine wirkliche Schöpferin hervorgebracht. Und das Aufkommen der feministischen Bewegung habe Auflösungserscheinungen wie Merkantilismus, Demokratie, Marxismus und parlamentarische Systeme nur noch verstärkt. Selbst die arme Madame Curie habe ihr Genie verloren, als ihr Mann an den Folgen eines Verkehrsunfalls gestorben sei. Gewiß habe es im Laufe der Geschichte viele Herrscherinnen gegeben, aber diese hätten immer im Rahmen eines Männerstaates regiert. Für Rosenberg kann ein Staat im übrigen nur männlich sein, da er immer ein Synonym für Macht ist und jede Macht aus Kraft oder Kampf, also männlichen Eigenheiten hervorgeht. Die Nazi-Größen, in deren Augen Französische Revolution und französische Geschichte durchweg das verabscheuungswürdigste Beispiel des Chaos verkörpern, zögern paradoxerweise nicht, selbst diese als antifeministische Beweise einzusetzen: Zur Stützung seiner These erinnert Rosenberg daran, daß Olympe de Gouges und Théroigne de Méricourt, »diese Halbweltdamen«, nicht die geringste Rolle in den revolutionären Ereignissen gespielt hätten und daß Napoleon problemlos »die natürliche Ordnung« habe wiederherstellen können – dank seines »Code civil«, der Frauen von jedem Einfluß auf Staatsangelegenheiten fernhält.

Das Mutterland des Feminismus, die Vereinigten Staaten, seien im übrigen ein männlicher Staat. Diplomatie, Armee, wirtschaftlicher Wettbewerbsgeist seien auch dort von einem Männerkampf geprägt. Frauen herrschten nur auf kulturellem Gebiet, was nach Rosenberg dessen auffallend niedriges Niveau erkläre. Der Autor des »Mythus« »widerlegt« die feministischen »Anmaßungen« Zug um Zug. Die Gleichheit vor dem Gesetz setze Gleichheit im Militärdienst voraus. Das ziehe aber eine schnelle Ausbreitung der »Frauenkrankheiten« nach sich und beschleunige den rassischen Niedergang, weil dann die »Armee (...) nichts als ein großes Bordell« wäre. Dem Vorwurf der Doppelmoral – Frauen dürfen nichts, Männer alles – wird mit der keinen Widerspruch duldenden Antwort begegnet, daß der Mann allein die Verantwortung übernehme, eine Familie zu gründen und ihren Unterhalt selbst über eine mögliche Scheidung hinaus zu sichern. In Wirklichkeit interessiert sich der Männerbund des neuen hitlerschen Rittertums für die Familie nur als Mittel der Fortpflanzung und Eroberung. Ansonsten verachtet er sie, wie Robert Ley, Leiter der politischen Organisation der NSDAP, in seiner Definition des aktiven Parteimitgliedes bezeugt:

»(...) Wer versagt oder wer gar die Partei und ihren Führer verrät, wer der Gemeinheit in sich selber nicht Herr zu werden vermag, den wird dieser Orden vernichten. Wem die Partei das Braunhemd auszieht – das muß jeder von uns wissen und erkennen –, dem wird dadurch nicht nur ein Amt genommen, sondern der wird auch persönlich mit seiner Familie, seiner Frau und seinen Kindern vernichtet sein. Das sind die harten und unerbittlichen Gesetze eines Ordens. Auf der einen Seite dürfen die Menschen in den Himmel greifen und sich alles holen, was ein Mann nur wünschen kann. Auf der anderen Seite ist der tiefe Abgrund der Vernichtung.«[1]

Selbstverständlich ist analog zu Nietzsches »Zarathustra« der Zustand des tödlichen Taumels nur denkbar ohne Teilnahme der

1 Konrad Heiden, Adolf Hitler, Zürich 1936/37, Bd. II, S. 177f.

Frauen, die würdelos der Materie verbunden sind und wie die Juden nur als Parasiten leben wollen. So werde das neue Deutschland den Krebsschaden einer alten, verweiblichten Welt bekämpfen müssen indem es Autorität, typenbildende Kraft, Zwang, Autarkie, Schutz der Rasse, Anerkennung der ewigen spannungsreichen Bipolarität der Geschlechter wiederherstellt.

Was die deutsche Frau angehe, »die lyrische Hüterin geheimnisvoller Kräfte des Blutes«, so bestehe ihre Aufgabe darin, sich von der Frauenemanzipation zu emanzipieren und »jüdische Bastarde« und »ihre Bordell-Literatur« daran zu hindern, Europa mit ihrem Dreck und ihrer »Niggerkunst« zu überfluten. Außerdem sollte sie den »Syrern vom Kurfürstendamm«[1] den Titel des »Volksgenossen« und »ehemöglichen Mannes« verweigern. Wenn ihnen auch alle Formen körperlicher Ertüchtigung und beruflicher Bildung zugänglich sein müßten: die Führung von Armee, Justiz und Staat solle doch allein den Männern überlassen bleiben, da sie die größte Härte erfordere. »Wenn auf Rassen- und Volksverhöhnung, wenn auf Rassenschande einmal Zuchthaus und Todesstrafe stehen werden, dann wird es stählerner Nerven und schroffster Formkräfte bedürfen, bis das ›Ungeheuerliche‹ zur Selbstverständlichkeit geworden ist.«[2]

Solche Voraussagen über die brutalste Unterdrückung wurden von vielen Lesern der dreißiger Jahre auf die leichte Schulter genommen. Die Geschichte hat dann gezeigt, wie aus diesen Ankündigungen Wirklichkeit wurde. Bei den meisten Frauen gingen Anpassung und mangelnde Ausbildung so weit, daß diese – immerhin 51,4 Prozent der deutschen Bevölkerung – ebenso wie die jüdische Minderheit resignierten, als Joseph Goebbels ihren Ausschluß aus dem öffentlichen Leben verkündete:

»Die nationalsozialistische Bewegung ist ihrer Natur nach eine männliche Bewegung. (...) Wenn wir die Frau aus den Gebieten des öffentlichen Lebens ausschalten, so nicht, weil wir sie entbehren wollten, sondern weil wir ihr ihre eigentliche Ehre zurückgeben wollen. (...) Der vornehmste und höchste Beruf ist immer noch der der Frau und Mutter, und es würde das unausdenkbarste Unglück sein, wenn wir uns je von diesem Standpunkt entfernen ließen (...)«[3]

1 Bezeichnung Rosenbergs für Berliner Juden

2 Alfred Rosenberg, a.a.O., S. 505

3 Walther Gehl (Hg.), Der nationalsozialistische Staat, 2. Heft (vom 13. 11. 33–10. 9. 34), Breslau 1937, S. 72 – Goebbels am 11. 2. 34 auf der Amtswalterinnentagung der NS-Frauenschaft

Ohne jede rhetorische Rücksichtnahme reduziert Rosenberg die Frau auf ein rein vegetatives Wesen, die »Hüterin des Blutes«. Als Propagandaminister gebraucht Goebbels meist die Sprache des traditionellen Christentums, die ihm durch seine katholische Erziehung geläufig ist. Er rechtfertigt den Ausschluß von Frauen mit dem Adel ihrer »natürlichen Berufung zur Ehefrau und Mutter« und nimmt auch die weitverbreitete These ihrer »Erniedrigung« in der brutalen Welt der Arbeit und der Politik auf. Die meisten Frauen aus dem Volk, die einen doppelt aufreibenden Arbeitstag haben, überzeugt Goebbels' Argument, die Rückkehr ins Haus sei die Wiederherstellung weiblicher »Würde«.

Offensichtlich wurden die über Radio verbreiteten Reden der Naziführer gehört, ebenso offensichtlich aber deren Bücher nicht gelesen; vor allen Dingen nicht, was Hitler zu diesem Thema in »Mein Kampf« im Kapitel »Erziehungsgrundsätze des völkischen Staates« unter der Rubrik »Wert des Sports« schreibt:

»Doch hat der völkische Staat eben nicht die Aufgabe, eine Kolonie friedsamer Ästheten und körperlicher Degeneraten aufzuzüchten. Nicht im ehrbaren Spießbürger oder der tugendsamen alten Jungfer sieht er sein Menschheitsideal, sondern in der trotzigen Verkörperung männlicher Kraft und in Weibern, die wieder Männer zur Welt zu bringen vermögen.«[1]

Das erzieherische Ideal dieser neuzeitlichen Eroberer ist die Kaserne, das offizielle Frauenideal das der Soldatenfrau und -mutter. In diesem Punkt trifft sich ihre Vorstellung mit der des preußischen Protestantismus, den der Katholik Hitler und der Protestant Rosenberg in ihren Schriften hoch preisen im Gegensatz zu einem Christentum, das die »Vermischung der Rassen« predigt und alles »Schwache und Entartete« in Schutz nimmt.

Diese Unterscheidung zielt vor allem auf katholische Kreise, die dem Gedanken von der »natürlichen Berufung« der Frau zustimmen, sich dem rassistischen und kriegerischen Endzweck gegenüber aber häufig zurückhaltend zeigen. Indem die katholische Dichterin Gertrud von Le Fort die ewige Frau feiert: »Wo immer die Frau zutiefst sie selbst ist, da ist sie nicht sie selbst, sondern hingegeben – wo immer aber sie hingegeben ist, da ist sie auch Braut und Mutter«[2], trifft sie sich mit der Protestantin Guida Diehl, die schreibt: »Während der

1 Adolf Hitler, Mein Kampf, München 1927, Bd. II, S. 455
2 Gertrud von Le Fort, Die ewige Frau, München 1934, S. 18

Mann durch Selbstbehauptung ein Mensch wird, wird es die Frau durch Selbstverleugnung.«[1]

Aber im Gegensatz zu Diehl ist Gertrud von Le Fort ebenso wenig wie die Zentrumsabgeordnete Thusnelda Lang-Brumann bereit, für ein die Rasse verherrlichendes Regime einzutreten.[2] Das hindert die katholische Partei jedoch nicht, für das Ermächtigungsgesetz und damit für Hitler zu stimmen.

Unterwerfung – Widerstand – Illusion der Frauen

Die politische Gefolgstreue der Frauen, auf die manche schon am Ende der Weimarer Republik hingewiesen hatten, führt auch die völkischen Aktivistinnen in die Sackgasse einer totalen Unterwerfung. Mit mehr Geschick als andere Naziführer überzeugt Gregor Strasser bereits im Juli 1931 die Führerinnen völkischer Gruppen, sich zu einer einzigen Bewegung zusammenzuschließen, der »Nationalsozialistischen Frauenschaft«. Dieser Mann, der als Kronprinz, sogar als Rivale Hitlers gilt, plädiert für eine schrittweise Hinführung der Frauen zu Tätigkeiten, die ihrer »besonderen Natur« entsprechen und für »das Recht auf Selbstverwaltung ihrer ureigensten Fraueninteressen«. Dank seines taktischen Geschicks akzeptiert Elsbeth Zander im Oktober 1931, die beiden von ihr gegründeten Organisationen, den »Völkischen Frauenorden« und das »Rote Hakenkreuz« in einer neuen Gruppe zu vereinen, wodurch sie als »Sachbearbeiterin für Frauenfragen« in die Reichsführung der NSDAP berufen wird. Diese behält sich das Recht vor, die Richtung und die Aufgaben der Vereinigung im »Hilfsdienst der NSDAP«[3] festzulegen. Die restriktive Klausel erlaubt den Nachfolgern Strassers, der 1932 zur Demission gezwungen und später in der »Nacht der langen Messer« im Juni 1934 ermordet wurde, die Arbeit der weiblichen Parteimitglieder auf den »Opferdienst« und die ursprünglichen NS-Hausfrauengruppen zu beschränken, also auf eine Tätigkeit, die sich mit drei Worten beschreiben läßt: hegen, pflegen, erhalten.

Die intellektuellen Nazifrauen der ersten Stunde revoltieren. Lydia

1 Guida Diehl, Die deutsche Frau und der Nationalsozialismus, Eisenach 1932, S. 97
2 BA Koblenz, Kleiner Erwerb, Nr. 65
3 Elfriede Eggener, Die organische Eingliederung der Frau in den nationalsozialistischen Staat, Diss. jur., Leipzig 1938

Gottschewski[1], die als dreiundzwanzigjährige Studentin in die Partei eingetreten war und auf nationaler Ebene den »Bund Deutscher Mädel« (BDM) leitet, klagt den völkischen Theoretiker Hans F. K. Günther an, seine Werturteile über Frauen bei dem Juden (sic!) Weininger[2] zu entlehnen, und wirft Alfred Rosenberg vor, ebenso nebelhafte wie unwahrscheinliche Theorien über den nordischen Mann als Alleinbegründer der Ehe zu verbreiten.

Anna Hernersdorf[3], Musiklehrerin und Vorsitzende einer Nazifrauengruppe in einem Berliner Vorort, beklagt sich beim Ministerialrat Konopath über die Herablassung der Partei: Wenn die Integration von Frauengruppen das Ende freiwilliger und selbständiger Arbeit, die Unterordnung unter männliche Führer bedeute, würden die aktivsten Mitglieder vertrieben. Außerdem brauche die Partei begabte Frauen, die während des Krieges häufig verantwortungsvolle Posten übernommen hätten. Es sei dumm, fügt sie hinzu, sich über weibliche Abgeordnete lustig zu machen und weibliche Künstler in verletzender Art zu übergehen, wie Dr. Goebbels es mache, wenn er sich an Künstler von Bühne, Film, Musik und bildender Kunst wende.

Nach Aussage von Sophie Philipps, einer zur DNVP gehörenden Lehrerin, sollen völkische Kampfgenossinnen, die über den ihnen von der Partei zugewiesenen Platz enttäuscht waren, seit Ende des Jahres 1924/25 zunehmend Abstand zu ihr genommen haben. Das gilt besonders für Feministinnen wie Leonore Kuhn, die während der letzten Periode der Weimarer Republik Mitglied der BDF-Führung war. Ähnlich Sophie Rogge-Börner[4]: Sie wendet sich im März 1932 und im Januar 1933 mit einigen Freundinnen an Hitler, um das in »Mein Kampf« proklamierte Recht auf Kritik zu fordern. Als Tochter und Frau eines Berufsoffiziers gehört sie wie die Mitglieder des BDF zu der Generation junger Frauen aus dem Bürgertum, die für eine bessere Ausbildung kämpften. Ihr Protest richtet sich hauptsächlich gegen das männliche Machtmonopol. Sophie Rogge-Börner ist 1878

1 Lydia Gottschewski, Familie und Männerbund, in: Nordische Blätter, 1931

2 Otto Weininger wurde 1880 in Wien geboren und ist in Wirklichkeit ein zum Protestantismus konvertierter Jude. Sein einziges Werk »Geschlecht und Charakter« wurde 1903 unmittelbar nach seinem Selbstmord veröffentlicht und durch das tragische Ende seines Autors ebenso bekannt wie durch seine provozierenden Thesen über das jüdisch-weibliche Chaos.

3 BA Koblenz, NS 26/254

4 B.D.C., Akte Sophie Rogge-Börner, und Deutsche Frauen an Adolf Hitler, Leipzig 1934[3]

geboren und kann sich erst nach Kriegsende mit einundvierzig Jahren politischer Arbeit zuwenden. 1919 tritt sie in die DNVP ein und wechselt dann zur kurzlebigen »Nationalsozialistischen Freiheitsbewegung« über, bevor sie sich zwischen 1925 und 1929 der Erforschung der nordischen Vergangenheit und besonders der nordischen Frauen widmet und ihre Arbeiten veröffentlicht.[1] Als Expertin glaubt sie sich berechtigt, die Führer der NSDAP daran zu erinnern, daß eine nordische Blutsgemeinschaft nicht einseitig von Männern geleitet werden kann, daß die alte nordische Gemeinschaft vielmehr die Arbeiten in Ackerbau, Fischfang und Handel zwischen den Geschlechtern aufteilte, und daß Paare sich ohne Nachteile auf Wunsch des einen oder andern trennen konnten. Im öffentlichen Leben spielten Frauen eine bedeutende geistige Rolle: Als Richterinnen oder Priesterinnen entschieden die weitsichtigsten unter ihnen auch über Krieg und Frieden.

Der Nationalsozialismus aber kehrt diesen nordischen Traditionen den Rücken und verbreitet einen romantischen Mutterschaftskult, der aus orientalischen Vorstellungen entlehnt ist und den Irmgard Reichenau als »Paschakultur« bezeichnet.

»Das Volk«, schreibt Sophie Rogge-Börner an Hitler, »hat ein unveräußerliches Recht auf Führung durch die besten Deutschen beider Geschlechter.« Nur weil ein Weininger behauptet habe, daß selbst der »gemeinste Mann der bemerkenswertesten Frau unendlich viel überlegen bleibt«, könne man nicht folgern, daß die Masse der Männer für Führungsaufgaben geeigneter sei als die Masse der Frauen. Allein eine Elite aus beiden Geschlechtern könne den Dienst am Staat in geeigneter Weise sicherstellen. Und sie fragt weiter, warum man unter diesen Voraussetzungen den geistigen und beruflichen Aufstieg der Frauen bremse und den Männern jede Erziehung zum Vater und Ehemann verweigere?

Warum man sich auf die weibliche Zerbrechlichkeit berufe, wenn es um den Beruf des Arztes, Gutsverwalters oder -wirtschafters gehe, obwohl diese Berufe längst nicht so mühsam seien, wie die der Hausfrau, Wäscherin, Krankenschwester oder Bäuerin, von denen man behaupte, daß sie ihrer Natur entsprächen. Selbst ihre

1 Sophie Rogge-Börner hat viele Artikel und Werke zu diesem Thema geschrieben, darunter Die Lebenden rufe ich, 1929; Von nordischen Frauen, Königen und Bauern, 1935; Innere Gestalt der nordischen Frau, 1938; Begegnung der Götter, 1940. Ihre Zeitschrift »Die deutsche Kämpferin« wurde als zu kritisch erachtet und im März 1937 verboten.

Organisationen würden von Männern geleitet, die so täten, als wüßten sie nicht, daß der wirkliche Unterschied keiner des Geschlechtes, sondern der Kompetenz ist. Das Argument, die Mehrheit der Frauen wünsche nichts anderes als ihren jahrhundertealten Status, lasse – nicht ohne Hinterlist – die Wirkungen einer allgegenwärtigen Propaganda und die Folgen der Anpassung außer acht.

»Das herrschende Geschlecht aber betrachtet sich selbst in seiner Isolierung als den Sinn des Lebens und dichtet aus dem Instinkte seines Machtwillens heraus den Mythos von seiner Auserwähltheit und Unfehlbarkeit.«[1]

Indem sich die Nationalsozialisten alle Verantwortung im Staat anmaßen, nehmen sie die frauenfeindliche Position des Apostels Paulus ein: ihr Staat ist kein Staat des Volkes, sondern ein Männerstaat, in dem eine Partei der Familie jedes Eigenleben raubt und ihre Mitglieder völlig in Beschlag nimmt. Selbst im Bereich der Erziehung, die angeblich zum Teil den Müttern überlassen bleiben soll, wird ihnen durch gesellschaftliche Zurücksetzung in den Augen ihrer eigenen Kinder jedes Ansehen genommen. Außerdem sind sie aufgrund ihrer mangelnden Bildung meist nicht imstande, einen vorteilhaften Einfluß auszuüben. Der Widerspruch ist eklatant: Während die Mütter zu Hüterinnen germanischer Kultur und Sitten erklärt werden, beschuldigt man sie gleichzeitig, für Dekadenz und Chaos verantwortlich zu sein.

Vielleicht hatte der erste Protestbrief seine Wirkung: Er scheint die Verfasser des Wahlaufrufs der NSDAP vom Juli 1932 zur Vorsicht gemahnt zu haben. Mütter werden darin über die Zukunft ihrer Söhne und Töchter beruhigt, Witwen und im Ruhestand lebenden Frauen wird Rente garantiert, berufstätigen Frauen die Sicherung ihrer Existenz und ihrer bürgerlichen Rechte zugesagt; garantiert wird ihnen auch der Zugang zum Studium und allen Berufszweigen, mit Ausnahme von Armee und Politik. Die Formulierung dieser Versprechen bleibt vage genug, um später einschränkende Interpretationen zu erleichtern.

Viele Frauen der Unterschicht scheinen in einer Gesellschaft, die sich in einer schweren Krise befindet, für derartige Versprechungen empfänglich. 1931, als Luise Lorösch, die Frau eines Hanauer Vorarbeiters, eine Gruppe der »Nationalsozialistischen Frauenschaft« gründete, kamen nur neun Frauen zusammen. Ein Jahr später sind es

1 Ottfried Eberz, Vom Aufgang und Niedergang des männlichen Weltalters, 1930, S. 5f.

hundertdreißig, die nach Frankfurt am Main fahren, um Hitler auf einer großen Wahlversammlung in der Festhalle zu erleben.

»Zum erstenmale sollen wir den Führer sehen. Die Vorfreude ist unbeschreiblich. Fieberhaft erwarten wir den Tag. – Endlich! Um 1 Uhr sind wir an der Festhalle. Wie eine Mauer stehen die Menschen, niemand kann einen Fuß vor den andern setzen. Wir stehen, stehen, stehen, 1, 2, 3, 4 Stunden, immer gewaltiger wird der Andrang, bis sich endlich die Tore öffnen. Nun gibt es ein Gewoge, Polizei sperrt ab und läßt immer ›schubweise‹ ein. Da läuft einer, der seinen Schuh verloren hat, ein andrer sucht seinen Hut, dort hat eine Frau keinen Henkel mehr an der Handtasche, wieder eine andre quietscht um ihre Hühneraugen!! Das alles ficht keinen etwas an, ihr einziger Gedanke ist nur: Den Führer sehen, nur den Führer sehen und hören, für diese Aussicht war kein Opfer zu groß. Als ob die Menschen aus der Erde wüchsen, war innerhalb einer Viertelstunde die Festhalle bis zum letzten Platz gefüllt. Und nun warten wir wieder, Stunde um Stunde, während die Kapellen der SA und SS die Zeit vertreiben.

Erst in den späten Abendstunden erschien der Führer, unser Führer! Was dann sich abspielte, läßt sich nicht in Worte kleiden. Erlebt muß man es haben.

Diese Kundgebung hat uns viel mit auf den Weg gegeben.«[1]

Dieser offizielle Bericht einer Ortsgruppenleiterin vergegenwärtigt bis in die Einzelheiten das Warten und das Erlebnis, die Empfindungen und den Eindruck, den eine große Volksmasse hinterläßt. Und trotzdem blitzt bei der Beschreibung der kleinen Mißgeschicke innerhalb des Massenandrangs und des Schocks bei der Ankunft des Führers Ironie auf. Es wird kein Wort über den Inhalt der Rede, die darin entwickelten Ideen, gesagt. Die hier beschriebene Wirkung ist genau die, die Hitler selbst in »Mein Kampf« benennt, wenn er vom entscheidenden, beim Zuhörer alle Vernunft-Skrupel hinwegfegenden, Einfluß der Gefühle spricht.

»Die breite Masse eines Volkes vor allem unterliegt immer nur der Gewalt der Rede. Alle großen Bewegungen aber sind Volksbewegungen, sind Vulkanausbrüche menschlicher Leidenschaften und seelischer Empfindungen, aufgerührt entweder durch die grausame Göttin der Not oder durch die Brandfackel des unter die Menge geschleuderten Wortes (...).«[2]

1 BA Koblenz, NS 26/254

2 Adolf Hitler, Mein Kampf, München 1925, Bd. I, S. 116

Aber der Rausch, den die Gegenwart und die Worte des Führers auslösen, ist kein, wie es viele Historiker behaupten, rein weibliches Phänomen. In den meisten Berichten und Autobiographien von Parteigenossen wird die Erleuchtung, der Augenblick ihrer Bekehrung, während einer ähnlichen Kundgebung beschrieben. Unter dem Vorwand, die schönsten Berichte über die Bekehrung zum Nationalsozialismus zu prämieren, konnte der amerikanische Soziologe Theodor Abel 1938 600 Aussagen von aktiven Parteimitgliedern sammeln, die ausnahmslos den emotionalen Schock beschreiben, den sie entweder beim ersten Anblick eines Aufmarsches von Männern, meist der SA, oder der ersten Großkundgebung mit dem Führer oder einem seiner Hauptmitstreiter empfunden haben. Joseph Goebbels selbst beschreibt in seinem Buch »Michael« die Wirkung der Hitlerrede, die über ihn hereinbricht, ihn durchdringt und von seiner Seele Besitz ergreift, was – wie er betont – in einem Parlament mit seinen durch Interessenkämpfe gespaltenen Parteien unmöglich sei. Der Zuhörer müsse von seinen Sinnen ergriffen werden, anstatt sich auf die Worte zu konzentrieren. Der Blick des Führers, die Wahrnehmung seines Charismas, die Wärme der Berührung: dies ziehe an und lasse die Ängste des täglichen Lebens vergessen.

Im entgegengesetzten Lager herrschen angesichts dieses Stroms der Leidenschaft und Demagogie Resignation, Bitterkeit und enttäuschte Illusionen. Elsbeth Kötting, Kandidatin der »Alternativen Liste« in West-Berlin 1981, war 1933 achtzehn Jahre alt.[1] Als Tochter eines schon vor 1918 der SPD angehörenden Lehrers wohnte sie damals in einer Werkssiedlung der AEG mit sozialdemokratischer Mehrheit. Dort wurde jedes Jahr des Gründers Walther Rathenau gedacht, des liberalen Ministers der Weimarer Republik, der 1922 von Rechten ermordet wurde. Noch sehr jung begleitet sie die Eltern und den Bruder, der Mitglied des »Reichsbanner Schwarz-Rot-Gold« ist, zu Kundgebungen der SPD. Dort sieht sie nur Resignation und die Überzeugung, daß es unmöglich sei, sich mit Kommunisten zu verständigen. Ihr Vater hat ihr »Mein Kampf« zum Lesen gegeben und gesagt: »Hier! Lies mal. Steht alles drin!« Ihr Onkel hingegen, ein seit vier Jahren arbeitsloser Ingenieur, schließt sich den Nazis an: »Lieber ein Ende mit Schrecken als ein Schrecken ohne Ende.« Auch ihr Vetter tritt in die Partei ein und singt: »Wenn das Judenblut vom Messer fließt«, denn, so betont er, eigentlich heißt es »fließen« und

1 Jochen Köhler, Klettern in der Großstadt, Berlin 1979, S. 48f.

nicht »spritzen«. Als Elsbeth Kötting 1932 an einer antifaschistischen Demonstration teilnimmt, hebt eine Frau den Arm, als sie vorbeigehen, und schreit: »Heil Hitler!« »Alle lachten. Wir nahmen die Lage noch nicht so ernst. Wir dachten, wenn der Nazi-Spuk drankommt, ist er mindestens so schnell zu Ende wie alle die Regierungen zuvor.« Grund für den Aufmarsch war der Tod eines Sozialdemokraten, den ein Nazi die Treppe hinuntergeworfen hatte.

Dieselben Illusionen macht man sich auch in der BDF-Spitze, obwohl seit 1932 eine heftige Kampagne der Nazifrauen gegen sie anlief. Man wirft dem BDF fehlenden »rassischen Instinkt« vor. Durch ein geheimes Einverständnis mit Juden und Marxisten trüge er zur Entartung des deutschen Volkes bei. Vor diesem Hintergrund beteuert Gertrud Bäumer in der Zeitschrift »Die Frau«, daß es nicht auf das Regierungssystem eines Staates ankomme, solange es den Willen zeige, Frauen einzubeziehen, und sie erklärt sich davon überzeugt, daß der deutsche Faschismus in dieser Sache von einer ablehnenden Haltung zu positivem Handeln schreiten werde. Im November 1932 richtet Marie-Elisabeth Lüders einen offenen Brief an Elsbeth Zander, die Leiterin der »Nationalsozialistischen Frauenschaft«. Sie betont die Gemeinsamkeiten beider Bewegungen und erinnert daran, daß der BDF eine Vorreiterrolle bei der Einrichtung des »Nationalen Frauendienstes« während des Ersten Weltkrieges gespielt habe. Außerdem gebe es von ihrer Seite keinerlei Vorbehalte, die spezifischen Interessen der Frau denen der Gesamtgemeinschaft unterzuordnen, auch nicht, ein »berufliches Schicksal« zu akzeptieren, das dem »Anders-Sein der Frau« entspreche. Die BDF-Vorsitzende läßt auch keine Zurückhaltung erkennen, als sie erklärt, mit den »besten Nationalsozialistinnen« zusammenarbeiten zu wollen.

Da der BDF keine wirklich aktiven Mitglieder mehr hat und keine politische und finanzielle Unterstützung mehr genießt, zieht er sich nun in die Defensive zurück: an seine Mitglieder verteilt er frauenfeindliche Nazitexte, läßt aber gleichzeitig bei offiziellen Publikationen und Erklärungen Vorsicht walten, in der Hoffnung, die Organisation dadurch retten zu können.

Die Gleichschaltung

Den verantwortlichen Nazis genügt dieser gute Wille nicht. Kaum sind sie an die Macht gekommen, greifen sie die engagiertesten Organisationen an: die weiblichen Sektionen der linken und ultralinken Parteien und Vereine, aber auch die Überreste von Helene Stökkers »Mutterschutz« und die deutsche Sektion der »Frauenliga für Frieden und Freiheit«.[1] Die Publikationen all dieser Organisationen werden verboten, die Verantwortlichen werden eingesperrt oder sind, wenn sie die Möglichkeit dazu hatten, wie Helene Stöcker, Anita Augspurg, Lida Gustava Heymann und Gertrud Baer, ins Ausland geflohen. Ihr Besitz wird konfisziert, sie selbst und ihre Tätigkeit werden von einer willfährigen Presse verleumdet.

Das Schicksal des BDF ist zunächst offen. In der ersten Zeit läßt man ihm, wie den meisten nichtmarxistischen Organisationen, die Wahl zwischen völliger Unterwerfung oder Auflösung. Ohne diese Entscheidung abzuwarten, bemächtigt sich in Baden Gertrud Scholtz-Klink, die einunddreißigjährige Witwe eines nationalsozialistischen Lehrers und Mutter von vier Kindern – seit 1929 Mitglied der NSDAP –, der regionalen Leitung des BDF und macht sich an dessen »Gleichschaltung«. Mit Engagement und Gehorsam gegenüber den neuen Machthabern gelingt es ihr, alle noch im Amt befindlichen Leiterinnen auf nationaler Ebene auszuspielen und 1934 zur Reichsfrauenführerin ernannt zu werden.

Währenddessen fordern Gertrud Bäumer und ihre Freundinnen, die sich wahrscheinlich noch in einem zivilisierten Staat glauben, vom neuen Innenminister eine rechtliche Grundlage für dieses Vorgehen von Gertrud Scholtz-Klink. Anstelle einer Antwort teilt ihnen die vorläufige Führerin der »Frauenfront«, die niemand anders als die »oppositionelle« Lydia Gottschewski ist, die Auflösung des badischen BDF aufgrund des Artikels 276 und der nationalsozialistischen Revolution mit. Der Rest des BDF sollte bis zum 16. Mai 1933 Zeit haben, sich dem Führer bedingungslos zu unterwerfen, seine jüdischen Mitglieder auszuschließen, Nationalsozialistinnen in den Vorstand zu wählen und der »Frauenfront«, der Gruppe der bereits »gleichgestellten« Frauenvereine, beizutreten.

Bei der letzten Versammlung des Verwaltungsausschusses plädiert Gertrud Bäumer für die Annahme dieser Bedingungen, in der Hoffnung, das neue Regime von innen heraus zu beeinflussen. Trotzdem entscheidet sich die Mehrheit für eine freiwillige Auflösung, weil die geforderte Eingliederung ihnen mit der in den Statuten festgesetzten

1 Hans Jürgen Arendt, Die Gleichschaltung der bürgerlichen Frauenorganisation in Deutschland, 1933–34, in: Zeitschrift für Geschichtswissenschaft, Berlin/DDR 1979, H. 7, S. 195–204

politischen Neutralität unvereinbar erscheint. Von einer Organisation, die mehr als eine halbe Million Mitglieder zählte, bleibt nur noch eine Zeitschrift übrig: »Die Frau«, die mit national-christlichem Inhalt unter der Leitung Gertrud Bäumers bis zum Juni 1944 unauffällig weiterexistiert.

Nachdem jene Organisationen »gleichgeschaltet« oder zum Schweigen gebracht waren, die man für NS-feindlich oder für nicht zuverlässig genug hielt, folgten auch die unabhängigen Berufsverbände. Selbst nationalistische Vereine wie der »Louisenbund«, der Frauenbund der DNVP, die weibliche Sektion der »Stahlhelme« oder des »Deutschen Flottenvereins« werden nicht ausgespart. All diese Bewegungen, die anfangs in die »Frauenfront« eingegliedert waren, werden im April 1934 beziehungsweise im Oktober 1935 und im November 1936 aufgelöst, ohne daß deren Leiterinnen, wie ihre männlichen Kollegen in gleicher Situation, wenigstens als Belohnung einen Posten oder eine Auszeichnung für ihre Kampfjahre im Dienste des »Volkstums« erhalten hätten. Lediglich die konfessionellen Vereine bleiben bestehen: Die Protestantinnen werden den verschiedenen Richtungen ihrer Kirchen folgen, bleiben dem Regime gegenüber aber immer loyal. Die Katholikinnen beschränken sich auf karitative Arbeit im Schatten des Konkordats, das im Juli 1933 zwischen Hitler und dem Vatikan geschlossen worden war. Der »Jüdische Frauenbund« war bis zu seiner Auflösung nach der »Reichskristallnacht« im November 1938 in eine Art kulturelles Ghetto verbannt worden. Seine vierzigtausend Mitglieder werden sich auf den einsamen Wegen des Exils oder denen eines ungewissen Überlebens bis zu Deportation und Tod zerstreuen.

Für die Gesamtheit der Frauen ist seit dem Regierungsantritt der Nationalsozialisten klar, daß Entscheidungen, die sie und ihre Tätigkeit betreffen, allein von männlichen Partei- und Staatsinstanzen abhängen. Weibliche Amtsinhaber dienen nur als Vermittlerinnen, wenn ihre – äußerst zahlreichen – Vorgesetzten es für nützlich halten.

Alle Gesetze, die Familie, Erziehung, sexuelle Beziehungen und Arbeit betreffen, werden von nun an von Hitlers direkter Umgebung erlassen. Die zahlreichen Meinungsverschiedenheiten und Streitigkeiten um Machtbefugnisse zwischen Ministern, Parteioberen und Reichskanzlei sind Gegenstand endloser Briefwechsel, Expertenkonsultationen aller Art, Koordinationssitzungen und Arbeitskonferenzen mit dem Führer. Auf pedantische und häufig komische Art werden erörtert: die Heftigkeit von Menstruationsschmerzen je nach Härte der Arbeit, Mittel zur Eindämmung des leichtfertigen Lebenswandels junger Mädchen, die Unzufriedenheit von Hausfrauen oder die Resteverwertung in der Hauswirtschaft – ohne daß es jemandem in den Sinn gekommen wäre, die Betroffenen zu befragen, obwohl die meisten Verantwortlichen wenigstens eine Mitarbeiterin haben. Wenn sie sich auch wegen fetter Pfründe und Privilegien gegenseitig schlechtmachen, so sind sie sich doch in einem Punkt einig: Das Machtmonopol muß dem Männerbund bleiben. Der Beweis: Elsbeth Zander und Käthe Auerhahn, die beiden Pionierinnen völkischer Frauenorganisationen zu einer Zeit, als die NSDAP nur drei Prozent weibliche Parteimitglieder hatte, werden aus ihren Ämtern entlassen. Sie hatten es gewagt, gegen Hitlers Entscheidung zu protestieren, die Schirmherrschaft über die Mädchenorganisationen lieber dem Führer der Hitler-Jugend Baldur von Schirach statt der »Nationalsozialistischen Frauenschaft« zu geben.[1] Später erreicht die neue Reichsfrauenführerin einige kleinere Zugeständnisse: die Erlaubnis, Kindergruppen beiderlei Geschlechts von sechs bis zehn Jahren zu bilden, und die Hausfrauenschulung in selbständigen »Glaube und Schönheit«-Gruppen zu organisieren, die sich aus jungen Mädchen von achtzehn bis einundzwanzig Jahren zusammensetzten – dem Alter, in dem man in die Erwachsenenorganisationen eintrat. Aber der Frauenbewegung gelingt es trotz vielfältiger Versuche nie, die weibliche Jugend zu integrieren – um so mehr, als die verantwortlichen Männer es sich zur Aufgabe machen, Vorurteile und Groll der Jungen gegen die Älteren zu schüren.

Letztere werden, als es um ihre eigene Organisation geht, nicht besser behandelt. Als Paula Siber, eine energische Frau von vierzig Jahren, Frau eines Majors der Reichswehr, im Juni 1933 beauftragt wird, einen »Gleichschaltungs«-Plan für alle Frauenorganisationen des Reiches vorzubereiten[2], muß sie ihrem Vorgesetzten Innenminister Frick berichten. Dieser wünscht deren völlige Entpolitisierung, um sie in den Dienst des Staates zu stellen. Paula Siber entwirft also einen Plan für eine Organisation, die die Gebiete Kultur, Soziales und Wirtschaft umfaßt. Für die ersten beiden Bereiche muß sie Baldur von Schirach um Rat fragen, dem es gelingt, maßgeblichen Einfluß auf die Mädchenvereine zu behalten, sowie Dr. Krummacher, der von der

1 Siehe Jill Stephenson, The Nazi Organisation of Women, London, New York 1981
2 BA Koblenz, R 43 II 823a

Partei zum Führer der »Frauenfront« ernannt worden war. Der Wirtschaftsminister meint nun, daß man eine eigenständige Wirtschaftspolitik verhindern müsse, daß es also seine Aufgabe sei, zu lenken und zu kontrollieren, wie Hausfrauen jene 75 Prozent des deutschen Geldes – die immerhin durch ihre Hände laufen – ausgeben. Nach einem letzten Gespräch mit dem Staatssekretär der Reichskanzlei wird die Akte von Wilhelm Frick und Dr. Krummacher geprüft. Am 28. September unterzeichnen die beiden einen Kompromiß, der die Auflösung von zwei ihnen unterstellten Übergangsorganisationen und die Schaffung des »Deutschen Frauenwerks« vorsieht. Dort können Frauen von einundzwanzig Jahren an Mitglieder werden. Der Vereinssitz wird in Berlin unter die Schirmherrschaft Minister Fricks als Repräsentanten des Staates gestellt. Die Leitung wird Dr. Krummacher, dem Repräsentanten der NSDAP in München, anvertraut. Paula Siber wird von ihrer Ernennung zur stellvertretenden Führerin informiert.

Zwei Monate später denkt Dr. Krummacher, unterstützt von Rudolf Heß, daß es gut wäre, einige nationalsozialistische Führerinnen einzuladen, um Hitler ihre Wünsche und ihre Arbeit vorzustellen. Er bittet den Leiter der Reichskanzlei, eine Zusammenkunft bei einer Tasse Kaffee zu arrangieren, damit seine Schützlinge nicht zu eingeschüchtert wären.

»Ich habe bereits eine Anzahl Frauen, etwa 6, nicht nur Gaufrauenschaftsleiterinnen, sondern auch kleinere Amtswalterinnen, ausgesucht, die nach meiner Auffassung den Typ der Frau darstellen, wie er in Zukunft innerhalb der NS-Frauenschaft zur Geltung kommen soll und würde mir erlauben, falls Sie die Güte haben, einen Empfang auf absehbare Zeit zu vermitteln, Ihnen zur Unterrichtung des Führers eine kurze Charakteristik der einzelnen Frauen zu unterbreiten.«[1]

Der Leiter der Reichskanzlei zeigt wenig Begeisterung: Am 2. Dezember antwortet er, es sei nicht möglich, eine Zusammenkunft vor Januar 1934 ins Auge zu fassen. Der Januar geht ohne Nachricht vorüber. Dr. Krummacher wird ungeduldig und erinnert an sein Gesuch. Am 8. Februar wird er gebeten, die vorgesehenen Gesprächsteilnehmerinnen zu melden. Die Archive der Reichskanzlei geben keine Auskunft darüber, ob »das Kaffeestündchen« auch wirklich stattgefunden hat. Aber anhand der Liste der vorgeschlagenen Parteigenossinnen erfahren wir doch etwas über das Frauenideal des Frau-

1 BA Koblenz, R 43 II 823a

enführers Krummacher. Es findet sich kein angesehener Name, keine Frau, die für ihre soziale, kulturelle oder technische Arbeit bekannt gewesen wäre, nicht einmal eine Leiterin auf Reichsebene, dafür eine Baronin Truchseß (Adel verpflichtet), vier Gauleiterinnen, davon nur eine einzige aus einem wichtigen Industriegebiet (Altona), zwei Amtswalterinnen und vier Ortsgruppenführerinnen. Bei der Auswahl scheinen Frauen aus Bayern (sie stellen vier von zehn Teilnehmerinnen) sowie nette Parteimitglieder mittelgroßer Städte wie Würzburg, Oldenburg und Liegnitz gegenüber Vertreterinnen großer Industriestädte bevorzugt worden zu sein. Berlin, Sitz der gesamten Reichsverwaltung, hat nur Anrecht auf eine einzige Delegierte, und Preußen, das bei den Bayern nie im Ruf besonderer Erhabenheit stand, wird insgesamt von zwei Frauen repräsentiert, darunter eine unbekannte schlesische Hausfrau.

Die Frauen verfügen über keinerlei selbständige Organisation: Sie haben nicht einmal eine von ihnen bestimmte Wortführerin. Die »Reichsfrauenführerin« wird vom Leiter der Volkswohlfahrt (NSV) »beschirmt« und hängt finanziell von einem Parteischatzmeister ab. Drei Jahre nach ihrer Ernennung muß Martin Bormann noch persönlich einschreiten, daß sie bei offiziellen Anlässen nicht als »quantité négligeable« behandelt wird.[1] In einem Rundschreiben vom 6. Oktober 1937 weist er darauf hin, daß »bei Veranstaltungen der NSDAP und ihrer Organisationen, an denen die Reichsfrauenführerin Parteigenossin Scholtz-Klink teilnimmt, (...) immer wieder Unklarheiten und Zweifel über ihre rangmäßige Stellung« entstehen. »Frau Scholtz-Klink steht lt. Anordnung des Führers im Rang eines Hauptamtleiters. Sie ist dementsprechend bei Einladungen wie die anderen Hauptamtsleiter der Reichsleitung zu behandeln.«

Die Verdrängung der Frauen aus leitenden Positionen

Rücksichtslos werden Frauen auch im öffentlichen Leben von verantwortungsvollen Positionen ausgeschlossen. Zwar wird im 1934 veröffentlichten Führerlexikon außer den Naziführern ein bedeutender Teil der alten Eliten, darunter die Bischöfe, erwähnt, doch sucht man vergebens nach einem einzigen Frauennamen.[2] Die Ausschaltung

1 B.D.C., Akte Scholtz-Klink

2 Siehe Daniel Lerner, The Nazi Elite, Stanford 1951

beginnt – unter dem Tarnwort »Suspendierung« – von dem Augenblick an, als Hitler Kanzler wird. Diese »Suspendierung« wird kurze Zeit später – laut Erlaß vom 7. April 1933 über die Wiedereinführung des Berufsbeamtentums – in eine Entlassung umgewandelt. Ironie des Schicksals: dieser Erlaß, der ohne Unterschied Frauen, Juden und politische Gegner des Regimes trifft, dient auch zur Entlassung Gertrud Bäumers.[1] Die ehemalige BDF-Vorsitzende, die zum großen Teil für die nationalistische Verblendung unter den Frauen verantwortlich ist, verliert ihren Posten als Ministerialrätin im Innenministerium, den sie seit 1922 innehatte. Als Grundlage dient das Ermächtigungsgesetz, für das alle nichtmarxistischen Parteien – also auch die ihre – gestimmt hatten.

Anders als sonst löst ihre Entlassung beträchtlichen Protest aus: Christliche und Bildungs-, Berufs- und Staatsbürgerinnenorganisationen, die noch nicht wissen, daß auch ihre Tage gezählt sind, wenden sich an Reichspräsident, Kanzler und Innenminister und fordern die sofortige Wiedereinstellung der ehemaligen BDF-Vorsitzenden, deren Patriotismus und Kompetenz alle unterstreichen. Viele Briefschreiberinnen, hauptsächlich Beamtinnen, Frauen der Staatsbürgerlichen Vereinigung und aus dem Bereich der Fürsorge, zeigen sich auch beunruhigt über ihre zukünftige Rolle bei Organisations- und Erziehungsaufgaben im Dritten Reich.

Die Entlassung Gertrud Bäumers wird trotzdem nicht zurückgenommen. Gleichwohl ist festzuhalten, daß der Druck, der auf nationaler wie internationaler Ebene bei Treffen und Kongressen ausgeübt wurde, die führenden Nationalsozialistinnen zwang, mehrfach zwischen 1935 und 1938 zu ihren Gunsten beim Innenminister und bei Martin Bormann, dem Leiter der Parteikanzlei, zu intervenieren. In der ersten dieser Eingaben geht es um die Garantie einer angemessenen Pension, die 75 Prozent des Durchschnittsgehaltes der ehemaligen Ministerialrätin ausmachen sollte. In der zweiten wird auf der Notwendigkeit beharrt, ihre Entlassung Deutschlands Freunden zu erklären, da diese sie für willkürlich halten. Die dritte fordert die Wiederaufnahme ihres Falles anläßlich ihres fünfundsechzigsten Geburtstages und die Rehabilitierung der Frau, die die Reichsfrauenführerin als Pionierin ihrer Bewegung ansieht. Eine ihrer Mitarbeiterinnen setzt sich beim Innenminister für sie ein:

Die Reichsfrauenführung sei im Laufe der Jahre zu der Erkenntnis

1 BA Koblenz, R 18/7108

gelangt, daß Frau Bäumer während ihrer Tätigkeit in der Frauenbewegung in sehr vieler Hinsicht wertvolle Vorarbeit auch für die heutige Frauenarbeit geleistet habe und daß sie auch während ihrer politischen Tätigkeit als Reichstagsabgeordnete in allen wichtigen nationalen Schicksalsfragen (z. B. bei der Abstimmung über den Youngplan[1]) die national richtige Haltung eingenommen habe. In der Nationalversammlung sei sie das einzige Mitglied gewesen, das einen Dank an das Heer ausgesprochen habe. Sie habe auch für die Beibehaltung der schwarzweißroten Fahne gestimmt.

Offensichtlich wissen die führenden Nationalsozialistinnen nichts von dem Vorfall, der zum Streit zwischen den nationalistisch eingestellten Delegierten auf der einen sowie Gertrud Bäumer und Marie-Elisabeth Lüders auf der anderen Seite geführt hatte, weil diese auf der Internationalen Frauenkonferenz 1926 in Paris die Fahne des Kaiserreichs gegen die der Republik eintauschen ließen. Im übrigen hatte die Fürsprache für Gertrud Bäumer nicht den geringsten Erfolg. Lediglich ein Ministerialrat antwortet und erklärt, daß eine 1933 vorgenommene Entlassung keine politische Diffamierung darstelle und darum ein Grund zur Rehabilitierung nicht vorliege. Der ursprüngliche Verdacht, die Betroffene habe eine »demokratische« und »pazifistische« Vergangenheit, bestehe nicht mehr, sonst könnte sie ihre Zeitschrift »Die Frau« nicht herausgeben. Gertrud Bäumer paßt sich trotz allem geschickt der neuen Situation an. Dank ihres – dem Propagandaministerium genau bekannten – internationalen Ansehens, und wahrscheinlich auch dank ihres Rufes als glühende Patriotin in Militärkreisen genießt sie eine beachtliche Bewegungsfreiheit. Zwischen ihren Studien- und Vortragsreisen schreibt sie auf ihrem Landsitz Obergießmansdorf brave Bücher über Frauen und ihre Geschichte und empfängt ihre alten Freunde aus der DDP – darunter den späteren Präsidenten der Bundesrepublik, Theodor Heuss, und seine Frau Elly Heuss-Knapp –, ihre Freundinnen aus dem BDF, Marianne Weber und Emmy Beckmann, die nationalistische Frauen-

1 Der Youngplan (benannt nach dem Präsidenten der General Electric Company) wurde im Juni 1929 von deutschen und amerikanischen Experten unterzeichnet. Er sollte die Deutschland nach 1918 auferlegten Reparationen erleichtern und führte zu einer heftigen Kampagne der nationalistischen Rechten. Diese organisierte auf Anregung Hugenbergs und Hitlers am 22. Dezember ein Referendum, das jedoch die Annahme des Plans im März 1930 im Reichstag nicht verhinderte. Aber die 6 Millionen von der nationalistischen Front gesammelten Stimmen offenbaren den »aufhaltsamen Aufstieg« Hitlers.

rechtlerin Leonore Kuhn ebenso wie ehemalige Schülerinnen der Mädchengymnasien, die sie in der Weimarer Republik leitete. Die Veröffentlichung ihrer Zeitschrift bringt auch Zusammenkünfte in Goebbels' Ministerium mit sich. Obwohl sie sich weigert, im Rahmen einer offiziellen Schriftenreihe deutscher Heldinnen, Helene Langes Werk zu würdigen, verteidigt sie doch gegenüber Kritikern die nationalsozialistischen Errungenschaften für die Frau, selbst im Berufsleben.

In ihrem Fall ist das eine merkwürdig masochistische Haltung, wenn man weiß, daß selbst die Frauen des »Ringes nationaler Frauenbünde« seit April 1933 bei Hitler protestieren, weil das neue Regime Frauen, die »aus mangelnder politischer Loyalität« entlassen worden sind, eher durch Männer als durch bewährte weibliche Parteimitglieder ersetzt.

»Wir erstreben keinesfalls die schematische Gleichsetzung von Frauen- und Männerleistung an verantwortlichen Stellen, sondern wir sind der Ansicht, daß jedem Geschlecht besondere Arbeitsgebiete gewiesen sind. In einem Volksstaat aber, der sich auf der Familie aufbauen will, wird dann auch die Einreihung der Frau in den ihr kraft ihrer Eigenart zufallenden Gebieten (...) nicht entbehrt werden können. Diese Gebiete sind 1. Erziehung und Pflege der Jugend (...), 2. alle Gebiete sozialer Fürsorge (...), 3. das große Gebiet der Volkskultur und Volkserziehung (...)«[1]

Die Antwort des Staatssekretärs der Reichskanzlei ist ebenso höflich wie ausweichend:

»Von dem Inhalt [des Schreibens] hat der Herr Reichskanzler Kenntnis genommen. Der Herr Reichskanzler würdigt die Bereitschaft der nationalen Frauen zur Mitarbeit im Staate. Nach Möglichkeit wird von der Mitarbeit der Frauen gern Gebrauch gemacht.«

Diese Klagen scheinen häufig gewesen zu sein: Minister Wilhelm Frick spielt in einem Rundbrief an die obersten Behörden des Reiches und die preußische Regierung vom 5. Oktober 1933 über die »Verminderung weiblicher Beamter, Angestellter und Lehrerinnen« selbst darauf an. Er rät ihnen, die Reichsgesetze vorsätzlich dazu zu benutzen, das weibliche Personal gemäß den »Bedürfnissen« der Behörde zu degradieren oder in Pension zu schicken.

»Ich halte es grundsätzlich für richtig, daß bei gleicher Eignung männlicher und weiblicher Kräfte für eine Verwendung im öffentli-

1 BA Koblenz, R 43 II/427

chen Dienste dem männlichen Bewerber der Vorzug gegeben wird. Andererseits muß ich jedoch darauf hinweisen, daß auf bestimmten Gebieten, namentlich im Bereiche der Jugendfürsorge und Jugendpflege, zum Teil auch in dem des Unterrichts das dienstliche Bedürfnis die Verwendung weiblicher Kräfte in Beamten- und Angestelltenstellen erfordert.«

Auch in diesem Fall gehen die Meinungen auseinander: Auf der einen Seite Hitler, der – von Ausnahmen abgesehen – keine Frauen in verantwortungsvollen Positionen haben will, auf der anderen Seite einige Minister, »Technokraten«, die den Erfordernissen der Wirtschaft gegenüber aufgeschlossener sind. Der Innenminister seinerseits gedenkt Brünings Gesetz vom Mai/Juni 1932 über die Entlassung verheirateter Beamtinnen fortzuführen. Er macht sich sogar die Mühe, daran zu erinnern, daß keine Entlassung vorgenommen wird, wenn der Ehemann unfähig ist, auf Dauer für den Unterhalt der ganzen Familie zu sorgen. Allerdings sieht er darüber hinweg, daß die im Juni 1933 veröffentlichte Fassung des Gesetzes gegenüber der alten Fassung fünf bedeutende Verschärfungen enthält:

1. Keine Beamtin unter fünfunddreißig Jahren kann auf Lebenszeit ernannt werden.
2. Die Möglichkeit einer Entlassung wird auf Beamtinnen der Länder und Kommunen ausgedehnt, was alle Volks- und Mittelschullehrerinnen betrifft, die zu Beginn des Dritten Reiches jenen noch unterstellt waren.
3. Die Kündigungsfrist wird von drei Monaten auf einen verkürzt.
4. Die Abfindung für langjährige Dienste wird vermindert.
5. Die Bedingungen für eine eventuelle Wiedereinstellung werden der Beurteilung der jeweiligen Behörde überlassen und nicht wie zuvor einer paritätischen Schiedskommission.

Diese Maßnahmen sind die logische Konsequenz der Absicht, Frauen von jeder politischen, militärischen und juristischen Verantwortung auszuschließen. Trotzdem führen sie zu einer öffentlichen Auseinandersetzung zwischen Sophie Rogge-Börner, der Theoretikerin der nordischen Gesellschaft, und einer Aktivistin des Hausfrauenvereins, der sich am 19. März 1933 in Fürstenwald versammelt hatte. In einem Brief an Gauleiter Wilhelm Kube beklagt sich Käthe Ruppin über die provozierende Art, in der die Referentin die militärische Ausbildung und Bewaffnung von Frauen, ihren Zugang zu juristischen Berufen und maßgeblichen Einfluß in Innen- und Außenpolitik gefordert hatte. Als sie dieser geantwortet habe, daß für den Nationalsozialismus diese Berufe Männern vorbehalten seien und bleiben müßten, daß er aber im Kind den Träger der zukünftigen deutschen Geschichte sehe, habe diese »Saboteurin« gekontert: »Ihr Führer und ein großer Teil seiner Umgebung bekennt sich nicht dazu, denn sie setzen keine Kinder in die Welt.«

Kube nimmt die Denunziation ernst: Am 23. März legt er seinem Kollegen Daluege im preußischen Innenministerium nahe, diese Dame und ihren monarchistischen Kreis zu überwachen, um sie unschädlich zu machen.

Solche Scharmützel halten die Verdrängung der Frauen aus dem öffentlichen Leben nicht auf. Im militärischen Bereich, in dem während der Weimarer Republik keine Frauen arbeiteten, stellt sich das Problem nicht. Die »Gleichschaltung« in der Politik beginnt im Februar/März 1933. »Unzuverlässige« Beamtinnen, Parlaments- und Landtagsabgeordnete sowie Gemeinderätinnen werden suspendiert oder in Pension geschickt – wenn sie politische Gegner sind, sogar festgenommen oder zur Flucht gezwungen.

Für die juristischen Berufe dauert die Prozedur etwas länger. Eifrige Mitarbeiter des neuen Regimes annullieren zuerst das Gesetz von 1922, wonach Frauen ein Richteramt ausüben dürfen. Diejenigen, die zur Richterin auf Lebenszeit ernannt worden waren, werden ohne rechtliche Begründung in eine Verwaltung abgeschoben – sofern sie Arierinnen sind und für das Dritte Reich eintreten. Ein ähnliches Schicksal erwartet Rechtsanwältinnen, denen ein Gesetz vom Dezember 1935 das Recht nimmt, vor Gericht zu plädieren oder eine Praxis zu haben, während Jurastudentinnen der Zugang zum Anwaltsstand endgültig verschlossen wird. Erst über ein Jahr später wird es dem Justizminister in den Sinn kommen, seine Kollegen in einem Rundbrief aufzufordern, die so durch eine persönliche Entscheidung des Führers ausgeschlossenen Juristinnen in ihre Dienste zu nehmen.[1] Der Ausschluß erstreckt sich selbst auf ehrenamtlich Tätige wie Camilla Jellinek. Drei Jahre vorher war diese Autodidaktin auf dem Gebiet der Rechtswissenschaft im Alter von siebzig Jahren von der Universität Heidelberg zum Ehrendoktor ernannt worden. Weltweit war sie für ihre »Frauenrechtsschutzstellen« bekannt, aus denen sie nun von einer dabei eher peinlich berührten Mitarbeiterin Gertrud Scholtz-Klinks verjagt wird. Ihre Vorträge im Radio werden

1 BA Koblenz, R 43 II/427

ebenfalls gestrichen: Frauen brauchen keine juristischen Ratschläge mehr!

Die Frauenfeindlichkeit des Regimes geht rasch über die anfangs vorgesehenen Bereiche hinaus: Vom Mai 1934 an ist die freie Ausübung des Arztberufes Frauen untersagt und ab Februar 1935 auch der der Zahnärztin. Die evangelische Kirche macht sich ebenfalls daran, mit Berufung auf das Führerprinzip ihre wenigen Theologinnen zurückzustufen.

Im Unterrichtswesen ist die Situation verworrener. Während fast das ganze Dritte Reich hindurch keine Frauen in Hochschulen angestellt sind, schwankt die Lage im Bereich von Volksschule und Gymnasium. Je nach Bedarf wird eingestellt und entlassen, gibt es also Stellen für arbeitslose Intellektuelle, findet Unterricht tatsächlich nach Geschlechtern getrennt statt und werden durch die Kriegswirtschaft entstandene Lücken im Personalbestand gefüllt. Während der ersten vier Regierungsjahre hat die Anstellung der zahlreichen Arbeitslosen, besonders der preußischen Lehrer, Vorrang. Deshalb werden verheiratete Lehrerinnen – auch im Volksschulbereich – entlassen: Zum Ende des Schuljahrs 1933 werden allein in Hamburg 103 verbeamtete Lehrerinnen und 68 Referendarinnen nach Hause geschickt.[1] Diese Maßnahmen werden ein halbes Jahr vor Ernennung Bernhard Rusts zum Erziehungsminister durchgeführt. Zum Einstand erklärt dieser, er wolle den Anteil der Lehrerinnen an preußischen Mädchenschulen von fünf auf zwei Frauen pro drei Männer senken. Ausnahmen sind Biologie und Sport, Fächer, die nach nationalsozialistischer Auffassung eine geschlechtsspezifische Ausbildung erfordern. Katholische Nonnen, die durch das Konkordat geschützt sind, entgehen der Entlassung bis zum Oktober 1937. Viele von ihnen müssen danach wegen der verschlechterten Beziehungen zwischen dem Dritten Reich und dem Vatikan ein schlimmeres Schicksal auf sich nehmen als ihre weltlichen Kolleginnen. Obwohl letztere nicht einmal mehr auf gewerkschaftlichen Schutz zurückgreifen können: Ihre Berufsorganisationen wurden zugunsten des »Nationalsozialistischen Lehrerbundes« aufgelöst, den zwei bedingungslose Nazis leiten: der bayerische Kultusminister Hans Schemm und seine Mitarbeiterin Auguste Reber-Gruber.

Allerdings werden durch die Wiedereinführung der Wehrpflicht im

1 Frankfurter Zeitung, 4. 8. 1933, sowie Ursel Hochmuth und Gertrud Meyer, Streiflichter aus dem Hamburger Widerstand, 1933–1945, Frankfurt 1969, S. 265

März 1935, auf die im Herbst 1936 der Vierjahresplan zur Vorbereitung der deutschen Wirtschaft auf den Krieg folgt, so viele mittlere Angestellte zur Armee und Rüstungsindustrie herangezogen, daß die Regierung gezwungen ist, das weibliche Personal der unteren und mittleren Dienstränge im öffentlichen Dienst wiedereinzustellen.

Bei den höheren Diensträngen sieht es anders aus. Übrigens können sich die Nationalsozialisten in diesem Punkt auf eine lange, mit den meisten Industrieländern gemeinsame Tradition stützen. In der Weimarer Republik gab es – allem Einsatz der Frauenvereine für eine bessere Bildung im Jahr 1932 zum Trotz – die Höchstzahl von 74 Professorinnen oder Privatdozentinnen gegenüber etwa 7000 Professoren und Forschern. Die meisten von ihnen hatten die Barrieren aufgrund außergewöhnlicher wissenschaftlicher Fähigkeiten überwunden. Die Biologin Martha von Wrangell hatte 1923 als erste Frau einen Lehrstuhl an einer landwirtschaftlichen Hochschule erhalten. Caroline Herschel war Astronomin, Amalie Dietrich Forschungsreisende.

Im Bereich der Medizin hatte Paula Hertwig einen Lehrstuhl für Genetik an der Universität und am Kaiser-Wilhelm-Institut von Berlin. Rhoda Erdmann, Gründerin des erst 1927 entstandenen Vereins für weibliche Universitätsprofessoren, leitete eine Abteilung für Krebsforschung an der berühmten Berliner »Charité«. Nach vorgezogenen Pensionierungen und der ersten Emigrationswelle im Jahre 1933 blieben nur dreißig Lehrende als Privatdozentinnen übrig. Mit Ausnahme von Hanna Jursch, einer Spezialistin für christliche Archäologie, sind die meisten von ihnen an technischen Hochschulen beschäftigt, wo sie in den ersten vier Jahren des Nationalsozialismus ein Schattendasein führen. Der »Akademikerinnenbund« wird trotz bereits erfolgten Ausschlusses seiner jüdischen Mitglieder und der Ablösung von Marie-Elisabeth Lüders durch eine nationalsozialistische Vorsitzende im November 1935 aufgelöst. Wie üblich wird er durch eine nationalsozialistische Organisation mit fügsamen Leiterinnen ersetzt.

Und doch scheint es, als ob es einigen dieser Dienerinnen des Regimes mit Geschick und Geduld gelungen wäre, sich von 1937 an einen kleinen Platz in dieser Männer-Festung zu sichern. Eine Leni Riefenstahl mußte sicher nicht so lange warten, da ihre Filme direkt der Propaganda dienen, die das Dritte Reich braucht, um der eigenen Bevölkerung und dem Ausland den Mythos seiner Kraft und seines Einflusses glaubhaft zu machen. Doch für sie wie für die Fliegerin

Hanna Reitsch ist die Vorzugsbehandlung auf eine Rolle beschränkt, die von ihren jeweiligen Brotherren Goebbels oder Göring bestimmt wird.[1]

Kaum größer ist der Bewegungsspielraum, als die Juristin Ilse Eben-Servaes, Mitarbeiterin der Reichsfrauenführerin, 1937 die Erlaubnis erhält, eine Abteilung für »wissenschaftliche Arbeit« zu schaffen. Das Problem der Wiedereinführung einer weiblichen Elite wird zu diesem Zeitpunkt auf höchster Ebene diskutiert, weil das Regime qualifizierte Arbeitskräfte braucht und die Arbeitslosigkeit dank der vorangegangenen Ausschaltungen und der Ankurbelung der Kriegswirtschaft beseitigt ist.

Am 4. März 1937 wendet sich Bormanns Stellvertreter im »Braunen Haus« an Staatssekretär Lammers. Er will wissen, ob Frauen nicht auch höhere Posten im öffentlichen Dienst erhalten könnten. Die Antwort, die er am 8. Juni erhält, zeigt deutlich, daß Hitler nicht willens ist, seine Haltung zu ändern: Prinzipiell soll der Zugang zu diesen Stellen Männern vorbehalten bleiben. Einige Ausnahmen sollen gemacht werden, besonders im sozialen Bereich. Zehn Tage später fügt der Staatssekretär im Innenministerium in einer Anweisung zwei weitere Bereiche hinzu: Gesundheit und Erziehung. Erst am 17. Dezember 1937, also ein halbes Jahr nach Beginn der Verhandlungen, bittet Wilhelm Frick die Reichskanzlei, der Reichsfrauenführerin das Ergebnis, den Erlaß vom 24. August, mitteilen zu dürfen. Diese wird die winzige Konzession an die Frauen nutzen, um den »NS-Dozentinnenbund« zu gründen. Damit dieses Vorhaben keinen Anstoß erregt, findet die erste Versammlung im höchst symbolischen Rahmen der Reichsmütterschule in Berlin statt. Vier Tage Diskussionen, von Musikdarbietungen und Filmen über den Frauenarbeitsdienst und die Rassenpolitik unterbrochen, führen zu einer eigenartigen Mischung von grundsätzlichen Erklärungen, die in offensichtlichem Widerspruch zu den Vorstellungen des Männerbundes stehen, und zu Konzessionen praktischer Art, die dazu dienen sollen, einer weiblichen »Elite« ein Wirkungsfeld zu sichern.

Denn die zweiundzwanzig Kongreßteilnehmerinnen kommen zu dem Schluß, daß Forschung – ohne Unterschied des Geschlechtes – aus natürlicher Begabung erwächst, daß es keine spezifisch weibli-

1 Die beiden, die bei offiziellen Anlässen häufig geehrt wurden, scheinen im Bewußtsein der Frauen im Dritten Reich keine wie auch immer geartete Rolle gespielt zu haben. Offensichtlich waren Filmstars und männliche Helden beliebter (s. Kapitel 5 über das »Frauenideal«).

chen Forschungsmethoden gibt und daß es deshalb absurd sei, Forscherinnen auf sogenannte spezifische Gebiete zu beschränken.

Ohne nach Gründen zu suchen, stellen sie auch fest, daß Frauen bis dahin vor allem in den Geisteswissenschaften und der angewandten Forschung tätig waren; aber sie wollen aus dieser Feststellung keine Regel ableiten. Aus diesen Gründen müsse die Hochschulbildung für beide Geschlechter gemeinsam bleiben, selbst wenn – hier wird die größte Konzession gemacht – bei der Berufswahl Unterschiede gemacht würden. Forscherinnen würden sich spezialisieren auf Ethnologie, Philosophie und Psychologie der Frauen sowie auf Kulturgeschichte und Geschichte des Frauenhandwerks, allgemeine und Hauswirtschaft, Familienrecht, Vorgeburts- und Kindermedizin und die körperliche, künstlerische und ideologische Ausbildung junger Mädchen. All diese Forschungsgebiete sollten eine Art theoretische Grundlage für die praktische Arbeit der deutschen Frauen im Dritten Reich bilden. Diejenigen, die sich aus diesem festumrissenen Feld hinauswagen wollen, können nur auf eine Stelle als Hilfskraft oder in Ausnahmefällen auf eine Berufung hoffen. Dieser Fall tritt sehr bald ein: Margarete Gussow, Dr. rer. nat., die seit sechzehn Jahren mit dem Direktor des Observatoriums in Berlin-Babelsberg zusammenarbeitet, bewirbt sich für die seit dem 1. Januar 1938 vakante Stelle eines Abteilungsleiters. Der zuständige Minister reagiert nicht. Zwei zu Rate gezogene Spezialisten verschanzen sich hinter der Entscheidung des Führers. Obwohl der Direktor sie unterstützt und kein männlicher Kandidat da ist, wird Margarete Gussows Bewerbung abgelehnt.

»Für uns«, schreibt die Reichsfrauenführerin am 24. Januar an Martin Bormann, »liegt hier ein Präzedenzfall vor, nämlich der, daß eine Frau ein Amt nicht erhält, weil sie eine Frau ist, obwohl sie durch ihre Anlagen und Leistungen dazu befähigt ist.«

Als Gertrud Scholtz-Klink diese »aufrichtige Entrüstung« vorbringt, kennt sie zumindest seit einigen Wochen die vertrauliche Anordnung Hitlers, daß – außer in Ausnahmefällen – höchstrangige Posten nur mit Männern besetzt werden dürfen. Mit ihrer Intervention will sie anscheinend die intellektuellen Frauen beschwichtigen. Vielleicht will sie auch – das Briefende legt es nahe – ihre Glaubwürdigkeit beweisen, indem sie zu diesem Thema eine Unterredung mit dem Führer vorschlägt. »Die Tendenz, hochbegabte, leistungsfähige Frauen in ihrer Arbeit nicht weiterkommen zu lassen, ihre Leistungen, nur weil sie von einer Frau kommen, nicht zu fördern, nimmt in letzter Zeit zu, so daß ich es für unbedingt notwendig erachte, dem

Führer auch diese Frage einmal von den Frauen her gesehen zu entwickeln, damit es dann grundsätzlich zu einer Klärung kommen kann.«

Dem Gesuch scheint nicht entsprochen worden zu sein, aber Margarete Gussow erhält am 21. Februar dennoch ihre Ernennung, als Ausnahme und Einzelfall. Eine kleine Konzession, die dem Ansehen der Reichsfrauenführerin dient, dem letztlich ungefährdeten männlichen Machtmonopol aber keinen Abbruch tut, selbst als es durch den Krieg zu einem großen Mangel an höheren Angestellten kommt. Im Laufe der Jahre gibt es noch einige Ausnahmen: Maria Lipp bekommt den Lehrstuhl für Chemie an der Technischen Hochschule von Aachen, Maria Kösters wird Professorin für Zahnheilkunde an der medizinischen Fakultät in München, die Statistikerin Charlotte Lorenz in der Abteilung für Wirtschafts- und Staatswissenschaft an der Universität Berlin. Im Februar 1942 allerdings beantwortet die Reichskanzlei eine neue Intervention der Reichsfrauenführerin zugunsten von Ilse Esdorn, Professorin für Pharmazie und Botanik, wieder mit einer Ablehnung. Diese leitet eine Abteilung am Institut für ausländische und koloniale Forstwirtschaft in Reinbek bei Hamburg und möchte zur wissenschaftlichen Rätin befördert werden.

Die Begründung der Kanzlei zeigt deutlich den diskriminierenden Charakter dieser Entscheidung: Der Posten ist für eine Frau nicht geeignet, ein Mangel an männlichen Kandidaten beeinflusse die Entscheidung nicht.

Wenn Männer fehlen, kann eine Frau zwar ein Laboratorium leiten, keineswegs aber die Forschungsrichtung eines Instituts bestimmen.

Der Numerus clausus an den Hochschulen

Es war logisch, daß die Parteiführer der NSDAP, die Frauen seit 1921 von jeder Verantwortung innerhalb der Bewegung ausgeschlossen hatten, schon sehr früh darauf bedacht waren, sie vom Hochschulstudium abzubringen. Die auf Befehl Baldur von Schirachs drei Jahre vor der Machtergreifung in seiner Organisation durchgeführte Relegation der nationalsozialistischen Studentinnen sowie die Ersetzung der weiblichen Mitglieder in den Universitätsgremien durch männliche, weisen bereits auf das Gesetz vom 25. April 1933 hin. Dieses Gesetz wurde durch eine Verordnung vom 28. Dezember über »die Überfüllung der Schulen und Hochschulen« vervollständigt.

Wenn auch dieser Ausschluß nicht so radikal ist wie der der Erwachsenen aus dem öffentlichen Dienst, so trifft der Numerus clausus, der die Gesamtzahl der jährlichen Neuimmatrikulationen auf 15000 begrenzt, auch hier die von der Macht ausgeschlossenen besonders: Juden, Frauen und Kinder von Demokraten, die verdächtigt werden, sich dem Regime zu widersetzen. Angesichts dieser Aussperrungen verhielten sich höhere Beamte und Intellektuelle ruhig, häufig auch unterwürfig. Die Willkür des Dritten Reiches verteidigte man eilfertiger als die schwankende Demokratie der Weimarer Republik. Antidemokratische, antisemitische und sexistische Vorurteile waren sicher kein deutsches Monopol. Aber dieses an »Denkern« so reiche Land erwies sich als besonders arm an Menschen mit Gewissen.

Wahrscheinlich brauchte man die »Mannhaftigkeit«[1] der konservativen Intellektuellen Ricarda Huch, um sich 1933 von der Preußischen Akademie der Künste im Namen der verhöhnten Meinungsfreiheit zurückzuziehen, oder die der sozialdemokratischen Ex-Abgeordneten Anna Siemsen, die nach ihrem Protest gegen die Entlassung eines Kollegen an der Universität Jena von ihrem Lehrstuhl verdrängt und ins Exil gezwungen wurde. Wieviele Schriftsteller wie Ernst Jünger und Philosophen wie Martin Heidegger, die ihre Berühmtheit vor dem Bannstrahl des Regimes bewahrt und dieser kulturellen Verfemung gegenüber – ohne von anderen Formen der Verfolgung zu sprechen – gleichgültig blieben, kommen auf einen Thomas Mann, der das Exil der Demütigung vorzog? Wenn man auch unterstellen kann, daß so bedeutende Geister es unnütz fanden, »Mein Kampf« oder »Der Mythus des 20. Jahrhunderts« zu lesen, so ist es doch wenig wahrscheinlich, daß sie die autoritären Thesen eines Ernst Krieck über Erziehung und Bildung oder Alfred Bäumlers »Männerbund und Wissenschaft«, dessen Veröffentlichung 1934 mit der Anwendung des Numerus clausus im Hochschulwesen zusammenfällt, nicht gekannt hätten.

Von den 10000 Abiturientinnen des Jahres 1934 können 1500 die für sie reservierten 10 Prozent der Plätze in zudem ausgesuchten Fächern besetzen. Die Sperre ist besonders streng in den exakten Wissenschaften, wo der Anteil an Studentinnen um 52,5 Prozent

1 Dieser Ausdruck steht auf dem Schutzumschlag der von Hildegard Brenner über die Preußische Akademie der Künste ab 1933 zusammengestellten Dokumentation, Stuttgart 1972

fällt; in Rechts- und Geisteswissenschaften beträgt der Rückgang 47,9 Prozent, während die Bereiche Medizin und Zahnmedizin nur 22 und 25 Prozent ihrer Studentinnen verlieren und eine wachsende Zahl von Studentinnen in ein Sprach- oder Sportstudium gelenkt wird. Auch die Pädagogischen Hochschulen sind zu Anfang betroffen: Die Zahl der Lehramtsstudentinnen sinkt von 30 Prozent 1932 auf 12 Prozent 1935. Aufgrund der Beschäftigung männlicher Lehrer in der Kriegsindustrie nimmt das Regime seit 1937 bei diesen mittleren Positionen eine mildere Haltung ein.

Insgesamt führt die Höherbewertung der körperlichen und ideologischen gegenüber der intellektuellen Ausbildung, die schon in »Mein Kampf« angesprochen wird, zu einer Verminderung der Gesamtzahl der Studenten – während der ersten vier Jahre des Dritten Reiches – um die Hälfte und stabilisiert sich bei etwa 52500. Davon waren ungefähr 6000 Studentinnen. Nach den Angaben des Jahrbuches der Nationalsozialistischen Frauenschaft übersteigen diese die zehn genehmigten Prozent mit 11,2 Prozent der Gesamtzahl im Jahr 1938/39. Damit ist ihre geringe Repräsentanz in den Hauptdisziplinen freilich nicht aufgehoben, mit Ausnahme der Pharmazie, wo ihr Anteil um 10 Prozent stieg. Es gibt eindeutige Zeichen der Anpassung an die veränderten Umstände: Viele wenden sich dem Studium des Journalismus zu, besonders aber dem Sport, wo das Wachstum 29,4 Prozent beträgt.

Der Krieg und die sofortige Mobilmachung werfen die bisherigen Proportionen um. Von 1940 an schwankt die Gesamtzahl der Studierenden zwischen 36000 und 48000; davon waren 12639 Studentinnen, das heißt genausoviel wie bei der Einführung des Numerus clausus, was 26,4 Prozent der Gesamtzahl ausmacht. 1943/44, als es nur noch 25000 deutsche Studenten gab, wären das 50 Prozent gewesen.[1] Ob man daraus aber schon ableiten kann – wie Jill Stephenson in einer sonst gut dokumentierten Studie[2] –, daß das Reich im Fall eines Sieges seinen Frauen wahrscheinlich eine gewisse Autonomie zugestanden hätte, da es auf eine weibliche Elite nicht hätte verzichten können?

Die Vermutung erscheint doppelt gewagt. Die neuere Geschichte liefert genügend Beispiele für Kämpferinnen, die nach dem Sieg um ihre Rechte geprellt wurden, die sie durch ihre entschlossene Teil-

1 Richard Grunberger, Das zwölfjährige Reich, Wien 1971, S. 271
2 Jill Stephenson, Women in German Society 1930–1940, London 1975

nahme an der Revolution oder am »Befreiungs«-Krieg erworben zu haben glaubten. Kann man außerdem von einer weiblichen Elite sprechen – sofern es in Hitlerdeutschland überhaupt eine gibt –, wenn die Parteigenossinnen nach den Zielen des Männerbundes ausgewählt und konditioniert werden, wenn selbst Nationalsozialistinnen, die wie Sophie Rogge-Börner und Leonore Kuhn wirklich elitär waren, von jeder Verantwortung ausgeschlossen wurden, weil sie ein Minimum an Autonomie und das Recht auf Kritik gefordert hatten?

Bezeichnend ist, daß selbst Lydia Gottschewski, die ehemalige Reichsführerin des »Bundes Deutscher Mädel«, die von den Machthabern bei der Gleichschaltung der Frauenvereine gebraucht worden war, in Ungnade fiel, nachdem sie einige unentschlossene Ansätze zur Unabhängigkeit gezeigt und 1934 »Männerbund und Frauenfrage« veröffentlicht hatte. Zunächst zur Reichsschrifttumskammer zugelassen, wird ihr diese letzte Möglichkeit einer öffentlichen Äußerung kurz vor dem Krieg genommen – unter dem Vorwand, daß ihr »Hauptberuf« in Zukunft der der Ehefrau sei.[1]

Hingegen ist es sicher, daß die nationalsozialistische Führung davon träumte, »hohe Frauen« heranzubilden, die in die Rolle der Hausherrin, ins Pistolenschießen und die Außenpolitik eingeführt werden sollten, um die braven Hausfrauen der Kampfzeit an der Seite der zukünftigen Weltherrscher zu ersetzen oder um über die Flamme des reinen Germanentums zu wachen wie die Vestalinnen im Römischen Reich.[2]

Die Verwirklichung dieses Traumes wurde sogar begonnen mit dem Projekt der Nationalpolitischen Erziehungsanstalten für Mädchen. Bis 1939 bildeten die Nationalpolitischen Erziehungsanstalten, allgemein »Napola« genannt, nur die männliche Staatsführung aus, während die Ordensburgen die Parteifunktionäre schulten. Die Forderung, ein ehemaliges staatliches Internat in der Nähe von Wien in eine Napola für Mädchen umzuwandeln, stößt beim aristokratischen Finanzminister Schwerin von Krosigk und seinen nicht weniger adligen Räten auf Zurückhaltung. Sie bewilligen die Zuschüsse nur unter der Bedingung, daß es sich um eine Ausnahme handelt.

Die Sache scheint geregelt und erledigt zu sein, als der Minister zwei Jahre später erfährt, daß der SS-Obergruppenführer August Heißmeyer, Inspekteur der Napola, der seit kurzem der dritte Ehemann der

1 B.D.C. – Akte Lydia Ganzer-Gottschewski.
2 J. C. Fest, Das Gesicht des Dritten Reiches, München 1963, S. 370

Reichsfrauenführerin ist, daran denkt, eine zweite Mädchen-Napola im Schloß von Kolmarberg einzurichten, der Sommerresidenz der Großherzogin von Luxemburg, die von deutschen Truppen vertrieben worden war.

Diesmal wird Graf Schwerin von Krosigk ärgerlich. Er wendet sich an den Erziehungsminister, der den Obergruppenführer unterstützt und die Dinge auf sich beruhen läßt. Als Krosigk das Schweigen lästig wird, schreibt er am 5. Juni 1942 an den deutschen Gouverneur in Luxemburg und teilt ihm mit, daß er sich weigere, eine zweite Schule dieser Art zu eröffnen. Wenn man das Schloß zu einem Mädcheninternat machen wolle, könne es nur eine Heimschule werden.

Die Antwort vom 18. Juni klingt eher verlegen. Die Entscheidung, eine Mädchen-Napola einzurichten, erklärt Gauleiter Sieckmeier, gehe auf den September 1940 zurück, als Obergruppenführer Heißmeyer in Begleitung von Reichsleiter Himmler vor Ort überprüfen wollte, ob sich das Schloß in eine Napola umwandeln ließe. Die beiden Herren hätten gemeint, daß Nagelschuhe und die Erfordernisse der vormilitärischen Ausbildung der Jungen den mit wertvollen Teppichen bedeckten Marmorböden, den Stilmöbeln, Kunstgegenständen und Tapeten Schaden zufügen könnten. Daraus sei der Gedanke entstanden, eine Mädchen-Napola einzurichten, die von Reichsleiter Himmler gebilligt worden sei. Die Herren hätten die Einwände des Herrn Finanzministers sicher nicht gekannt. Als sie davon erfahren hätten, sei es zu spät gewesen: die Räumlichkeiten seien bereits fertig, um die erste Schülerinnengruppe aufzunehmen. Warum man unter diesen Bedingungen eine endgültige Entscheidung über die Verwendung des Schlosses nicht bis zur Eingliederung Luxemburgs ins Reich verschieben solle?

Ungehalten, aber keineswegs resigniert beauftragt der Minister einen seiner Ministerialräte, dem Erziehungsminister zu erklären, daß die Napola zur Ausbildung von Führern, besonders von Offizieren im wehrhaften Gemeinschaftsgeist dienten, eine Ausbildung, die für die Erziehung junger Mädchen ungeeignet sei; für sie gebe es Heimschulen. Am 3. September 1942 erwidert Obergruppenführer Heißmeyer, den sein Minister – nicht ohne Boshaftigkeit – mit der Antwort betraut hat: Das sei keineswegs so, denn das Ziel der *Napola* sei ein *politisches*[1], Erziehung zur Gemeinschaft sei einer ihrer wesentli-

1 Der Ausdruck ist von Heißmeyer unterstrichen.

chen Bestandteile für Jungen, aber mindestens ebensosehr für Mädchen.[1]

Die Heimschulen, erklärt der Obergruppenführer dem Junker, der die nationalsozialistische Revolution offenbar nicht verstanden hat, seien aus dem sozialen Willen des Führers geboren, die Volksgemeinschaft zusammenzuschweißen. Aber es fehle ihnen das Grundprinzip der Selektion, die Forderung nach der Höchstleistung – eben die Charakteristika für die Napola –, die für die Ausbildung der Führungsspitze unerläßlich seien. Außerdem brauche das Reich eine weibliche Führungsspitze.

»Ich weiß aus der Geschichte, wie manchmal die Haltung der Frauen entscheidend war für den Ausgang eines Kampfes oder für die Reinerhaltung und Bewahrung unserer Art. Ich glaube, daß die Frau gerade jetzt und in naher Zukunft mehr als je über das ewige Leben unseres Volkes mitentscheiden wird. In dem Maße, in dem der zerstörende Einfluß der internationalen politisierenden Kirche aus unserem Volk entfernt wird, wird auch die Frau jene Stelle als Hüterin der Art und der Sitte erhalten, die ihr als Frau germanischen Bluterbes eigen sein sollte.«

Diese Lektion in Himmlerscher Doktrin ist nicht nach dem Geschmack des ehemaligen Reichswehroffiziers, der wie Göring der protestantischen Kirche verbunden geblieben ist. Am 2. Oktober 1942 wird Obergruppenführer Heißmeyer von einem Ministerialrat trocken informiert, daß das Finanzministerium hinsichtlich der Zweckmäßigkeit der Napola nicht nur prinzipiell seine Haltung beibehalte, sondern auch die sofortige Umwandlung der Mädchen-Napola in Wien und Kolmarberg in Heimschulen fordere.

Die Polemik geht weiter, obwohl der oben verwendete Rotstift – wahrscheinlich der des Finanzministers – in Latein »es möge aufhören« auf die Kopie dieses Briefes geschrieben hat. In einem neuen Schreiben im November 1942 wird dem Ministerialrat im Erziehungsministerium nachgewiesen, Inspekteur Heißmeyer wisse seit langem, daß das Finanzministerium gegen Mädchen-Napola sei, daß ihm der Minister sogar persönlich erklärt habe, er könne ohne einen schriftlichen Befehl des Führers nicht bürgen. »Ich bin der Meinung, daß für Mädchen *die Heimoberschule* genügt. Ich glaube sogar, daß Charakter und Ansehen der Nationalpolitischen Erziehungsanstal-

1 Der Ausdruck ist mit Rotstift unterstrichen und vom Empfänger des Briefes – aus Wut oder Sarkasmus – mit einem Rufzeichen versehen.

ten beeinträchtigt würden, wenn auch Nationalpolitische Erziehungsanstalten *für Mädchen* geschaffen würden.«

Die Verständigung zwischen Parteigenossen und konservativer Ministerialbürokratie scheint in diesem Punkt schwierig. Heißmeyer versucht sein Glück aufs neue, diesmal beim Staatssekretär im Finanzministerium Reinhardt. Die Unterredung bleibt ohne Ergebnis. Anfang 1943 schickt Inspekteur Heißmeyer einen neuen Brief an seinen letzten Gesprächspartner. Er nimmt Bezug auf eine Konferenz der im Erziehungsbereich Verantwortlichen, die im November 1942 von der Parteikanzlei organisiert worden war. In deren Verlauf habe man die Eröffnung von Adolf-Hitler-Schulen für Mädchen in allen Reichsgauen beschlossen. Wenn es keine Einwände gegen die Bildung weiblicher Parteifunktionäre gebe, warum solle es welche gegen Mädchen-Napola geben?

Reichsleiter Bormann habe das Vorhandensein einer solchen Entscheidung verneint, antwortet Staatssekretär Reinhardt am 24. März 1943 und der Finanzminister behalte seinen Standpunkt bei: Am 18. Juni informiert Graf Schwerin von Krosigk den Gouverneur von Luxemburg, daß das Budget für das Schloß von Kolmarberg erst nach Umwandlung der Einrichtung in eine Heimoberschule genehmigt werde.

Hat das Frauenideal des ehemaligen Reichswehroffiziers über das des »Schwarzen Ordens« gesiegt? Die SS ist zu diesem Zeitpunkt zu mächtig geworden, um die geringste ideologische Niederlage hinzunehmen. Sechs Tage nach der Mitteilung des Finanzministers informiert Reichsleiter Bormann diesen, daß der Führer, nachdem er einen Vortrag des Reichsführers-SS gehört habe, der Einrichtung von drei Mädchen-Napola zuzustimmen bitte. Die Geschichte dieses Konfliktes, der vier Jahre gedauert hat, hört, wie die meisten Konflikte dieser Art, mit der Entscheidung des Führers auf, ohne daß Frauen, die dieses Projekt direkt betrifft, ein einziges Mal informiert oder befragt worden wären. Vielleicht hat die Reichsfrauenführerin vertrauliche Mitteilungen durch ihren dritten Ehemann, den Obergruppenführer Heißmeyer erhalten. Vielleicht wurde sie sogar eingeladen, um seinen Sieg über den aristokratischen Finanzminister zu feiern?

An die Reichsfrauenführerin Scholtz-Klink

Laß mit den andern Schwestern heute mich kommen,
Dir zu danken für diese Jahre des Wirkens,
Dir zu danken, daß Du so weise uns alle
Eingebaut in das Werk, das alle vereinte!
Haus, das der Führer für uns wie ein Vater erbaut hat
Das für uns Frauen dann Du, die Frau, so wohnlich gestaltet
Allen zum Heil und jeder einzeln zum Segen!
Nicht als Jugend mit Jugend – mit Jungen und Alten
Hast Du's gefügt und hast das Schwerste gemeistert.
Die noch nie so Vereinten einmal zu einen,
Daß sie freudig dem großen Gedanken dienen,
Wie Du es vorlebst. Und leicht ist das Lernen,
Wenn Verehrung uns lehrt. Und tief ist die Freude,
Dann zu wissen, wie Du das eigene stille
Walten der Mütter ehrst und ihnen die erste
Würde wiedergegeben, die einst sie besaßen. –
Aber dies danke ich Dir und mit mir die Meinen,
Die Kunstfertigen, die Dichtung und Teppiche weben,
Und die sinnenden, weisen und heilenden Schwestern!
Daß Du Mutter, es fühltest, auch wir sind Mütter,
Glühend danach, für das Leben des Volkes zu leben,
Und zu verströmen dafür und freudig zu dienen,
In dem Werk, das Du für uns alle gefügt hast.

Agnes Miegel, in:
Frauenkultur im Deutschen Frauenwerk,
Berlin, März 1939

III. Kapitel

Der Mutterdienst

Die Züchtung der Rasse: negative und positive Demographie

Indem die Machthaber des Dritten Reiches den Frauen selbständiges Denken und Handeln in Angelegenheiten des nationalsozialistischen Staates absprechen, wollen sie ihren Körper in den Dienst des Tausendjährigen Reiches stellen. In dem Staat, den Hitler im zweiten Teil von »Mein Kampf« (erschienen 1927) entwirft, spielt das Bevölkerungswachstum und die Wiederbelebung der germanischen Rasse eine zentrale Rolle für die Durchsetzung einer Politik der Eroberung und der Weltherrschaft. Die Rassenhygiene, von der die Zukunft der Volksgemeinschaft vor allem abhängt, untersteht ihm allein.

»Der Staat muß dabei als Wahrer einer tausendjährigen Zukunft auftreten, der gegenüber der Wunsch und die Eigensucht des einzelnen als nichts erscheinen und sich zu beugen haben. Er hat die modernsten ärztlichen Hilfsmittel in den Dienst dieser Erkenntnis zu stellen. Er hat, was irgendwie ersichtlich krank und erblich belastet und damit weiter belastend ist, zeugungsunfähig zu erklären und dies praktisch auch durchzusetzen. Er hat umgekehrt dafür zu sorgen, daß die Fruchtbarkeit des gesunden Weibes nicht beschränkt wird durch die finanzielle Luderwirtschaft eines Staatsregiments, das den Kindersegen zu einem Fluch für die Eltern gestaltet. Er hat mit jener faulen, ja verbrecherischen Gleichgültigkeit, mit der man heute die sozialen Voraussetzungen einer kinderreichen Familie behandelt, aufzuräumen und muß sich an Stelle dessen als oberster Schirmherr dieses köstlichen Segens eines Volkes fühlen. Seine Sorge gehört mehr dem Kinde als dem Erwachsenen.«[1]

Der Gedanke, die Stärke des Deutschen Reiches durch ein Potential »hochwertiger« Menschen wieder zu begründen, ist nicht neu und war schon im Kaiserreich bei den Anhängern des Sozialdarwinismus weit verbreitet. Doch während die einen eine qualitative Bevölkerungspolitik befürworteten, verlangte die nationalistische Mehrheit eine quantitative Bevölkerungspolitik zur Auslese der »Tüchtig-

1 Adolf Hitler, Mein Kampf, Bd. II, S. 446f.

sten« durch den »Kampf ums Überleben«. Wenn die Krupp-Stiftung im Jahre 1900 unter anderen Dr. Wilhelm Schallmeyers Buch »Vererbung und Auslese im Leben der Völker« ausgezeichnet hatte, dann deshalb, weil der Autor sein Werk als »staatswissenschaftliche Studie auf Grund der neueren Biologie« bezeichnete und weil es den Verdienst hatte, die quantitativen Bedürfnisse der deutschen Wirtschaft mit den qualitativen Forderungen der kaiserlichen Expansionspolitik zu verbinden.[1] Die »permanente eugenische Kontrolle« der deutschen Bevölkerung, die er zu diesem Zweck befürwortet, weist schon auf die Rassenpolitik des Dritten Reiches. Was sagt der bayerische Arzt im wesentlichen?

Für eine Politik des Bevölkerungswachstums genügen zeugungsfähige Männer – die von der Front zurückgekehrten Soldaten gelten häufig als die besten – und zur Mutterschaft bereite Frauen. Deshalb müsse man der Jugend ein Bewußtsein dafür geben, daß es für eine Frau keinen höheren Beruf gebe als den der Ehefrau und Mutter. Der Kult der Familie, einer kinderreichen Familie durch frühzeitige Heirat, müsse wiederhergestellt und parallel dazu die Arbeit der Frau außerhalb des Hauses eingeschränkt werden. Durch Koppelung von Erziehungs- und Zwangsmaßnahmen sowie durch einige Anreize – da es viel leichter sei, zeugungswillige Männer als Mütter für kinderreiche Familien zu finden – sollten die Frauen wieder Geschmack an der Mutterschaft finden. Das Bevölkerungswachstum sollte jedoch durch eine ständige eugenische Kontrolle der deutschen Bevölkerung im Auge behalten und laufend korrigiert werden. Mit Hilfe einer Kartei und von »Familienbüchern«, die den biologischen Vererbungsprozeß nachweisen, werden die Ärzte, die nur gegenüber dem Staat – dessen »Beauftragte« sie in diesem Bereich sind –, nicht an ihr Berufsgeheimnis gebunden sind, die Zeugung rassisch wertvoller Nachkommen fördern und in ungünstigen Fällen schädliche »Varianten« sterilisieren. Sollte jemand so geschmacklos sein, sich auf die Persönlichkeitsrechte zu berufen, hat Schallmeyer die Antwort parat: Das Geschlechtsleben sei »nicht Privatsache«, sondern müsse »als ein Heiligtum gelten, das Höherem geweiht ist«.[2]

Diese sogenannten höheren Ziele sind im Laufe der Geschichte dem »Egoismus« des Menschen immer gegenübergestellt worden. Ob

1 Siehe Marc Hillel, Lebensborn e.V. – Im Namen der Rasse, Wien/Hamburg 1975, S. 33f.

2 A.a.O.

sie nun religiös, wirtschaftlich oder ethnisch begründet werden, die Ideologie des biologischen Wachstums heiligt die Mitel und spricht das Individuum schuldig, dessen freie Entscheidung als sündhafter und ungesunder Wunsch oder als unverantwortliche Haltung dargestellt wird. Nur die Institution, die sich das Recht anmaßt, die Sexualität zu lenken und zu kontrollieren, wechselt je nach Epoche und Land.

Nach Ansicht des Preisträgers der Krupp-Stiftung wie nach der seiner nationalsozialistischen Epigonen hat dieses Recht weder die Kirche noch der Staat, der nur ein Instrument des Männerbundes zur Erhaltung der rechtlichen, wirtschaftlichen und kulturellen Macht ist. Bei beiden ermöglicht es der Rückgriff auf eine wissenschaftliche und moralische Argumentation, den Verdacht auszuräumen, hier werde Zwang ausgeübt. Lediglich die Mißachtung des Menschen ist bei Nationalsozialisten noch brutaler. Sie gehen nämlich über den von Schallmeyer gesteckten sozio-medizinischen Rahmen der Eugenik hinaus, indem sie die Selektion der germanischen Rasse mit der Veredelung von Tieren gleichsetzen.

»Der völkischen Weltanschauung muß es im völkischen Staat endlich gelingen, jenes edlere Zeitalter herbeizuführen, in dem die Menschen ihre Sorge nicht mehr in der Höherzüchtung von Hunden, Pferden und Katzen erblicken, sondern im Emporheben des Menschen selbst, ein Zeitalter, in dem der eine erkennend, schweigend verzichtet, der andere freudig opfert und gibt.«[1]

Goebbels, der mehr Sinn für Lyrik hat, entlehnt seine Vergleiche lieber aus dem Reich der Vögel:

»Die Frau hat die Aufgabe, schön zu sein und Kinder zur Welt zu bringen. Dies ist gar nicht so roh und unmodern, wie sich das anhört. Die Vogelfrau putzt sich für den Mann und brütet für ihn die Eier aus.«[2]

Unter diesem Blickwinkel ist es nur logisch, Tierzüchter als Verantwortliche für die Rassenhygiene in Deutschland einzusetzen. Heinrich Himmler, Landwirtschaftsstudent der Technischen Hochschule München, überträgt seine Erfahrungen bei der Geflügelzucht auf die Aufzucht eines »Wehrstandes«. Sein Freund Richard Walther Darré, der seit seiner Kindheit in einer deutschen Kolonie in Argenti-

1 Adolf Hitler, a.a.O., S. 449

2 Joseph Goebbels, Michael. Ein deutsches Schicksal in Tagebuchblättern, München 1929, S. 41

nien mit der Pferdezucht vertraut ist, entwirft den Plan eines »Neuadels aus Blut und Boden«[1] – den »Nährstand«, von dem schon der 1924 gegründete »Artamanenbund« einen Vorgeschmack gibt. Die Erweiterung dieses Projekts auf »Das Bauerntum als Lebensquelle der nordischen Rasse« (1929 erschienen) fällt in die Zeit seines Eintrittes in die NSDAP – wahrscheinlich spielte für diesen Schritt auch die Wirtschaftskrise eine Rolle. Er hatte jahrelang gezögert, weil er die Bewegung für nicht elitär genug hielt.

Trotz dieses Schönheitsfehlers ließen sich der Theoretiker der Artamanen und sein Anhänger Himmler nicht davon abbringen, einmütig von der Restauration eines an Blut und Boden gebundenen germanischen Reiches zu träumen.

Als Darré sich der nationalsozialistischen Führungsclique anschließt, kann Heinrich Himmler, der zum Dank für seine Treue beim Hitlerputsch 1923 eben zum Kommandanten der dreihundert Mann zählenden Schutzstaffeln (SS) ernannt worden war, ihm ein zwar begrenztes, aber effektives Experimentierfeld bieten.

Enkel eines Polizisten, geprägt vom strengen Katholizismus seines Vaters – der Hauslehrer bei den bayerischen Prinzen war –, pedantischer und gewissenhafter Schüler des Münchener Wilhelms-Gymnasiums, dann der Technischen Hochschule, baut Himmler ausgehend von seinem kleinen »Schwarzen Orden« mit Hilfe seines Freundes systematisch jenes System der »Züchtung« und Vernichtung auf, das ein Vorbild für das ganze künftige Reich werden sollte.

Im Rasse- und Siedlungshauptamt (RuSHA) – am 31. Dezember 1931 gegründet – werden zunächst die genetischen Kriterien für die Rekrutierung der SS aufgestellt. Die »Experten«, die die Empfehlungen Dr. Schallmeyers offenbar nicht vergessen haben, ordnen an, daß jedes Mitglied der zur Speerspitze des völkischen Staates bestimmten Prätorianergarde Hitlers ein Sippenbuch besitzen muß. Dieses enthält eine ordnungsgemäß überprüfte Aufstellung der arischen Merkmale seines Besitzers nach dem Vorbild von Hans F. K. Günthers »Rassenkunde des deutschen Volkes« von 1922. Dazu kommen Zeugnisse einer anhand von Tauf- und Standesregistern festgestellten rein arischen Abstammung seit 1750.

Parallel zum Aufbau dieses Amtes beauftragt der SS-Führer seinen Freund Darré mit einer Studie über die Zukunft der germanischen

1 Dieses Buch Richard Walther Darrés erscheint erst 1930; seine elitären Vorstellungen sind aber schon ideologische Grundlage des »Artamanenbundes«.

Rasse. Er präsentiert sie bei einer Versammlung in Gegenwart Hitlers und der anderen Führer der Bewegung im Sommer 1932 im Braunen Haus in München. Darré stellt die Auswahlkriterien und die Ordnungsprinzipien für die neue Rasse auf, die eine doppelte Aufgabe zu erfüllen hat: den Raum im Osten zu erobern und zu besiedeln. Die Mitglieder der eigenen Rasse müßten dabei die rassisch minderwertigen Ureinwohner ersetzen.[1]

Nach diesen Plänen, die Hitlers und Rosenbergs Vision durchaus entsprechen, wird »der« Frau eine rein passive Rolle zugewiesen.

»Jeder SS-Mann«, heißt es in den SS-Leitheften, »soll sich mindestens eine gleichwertige, möglichst sogar rassisch höherwertige Frau aussuchen.«

Der Mann wählt die Partnerin und gründet die Familie. Damit darüber keine Zweifel aufkommen, wird in den Biologiebüchern an Mädchenschulen des Dritten Reiches betont, daß die SS vor 1933 als einzige Parteiorganisation von ihren Mitgliedern die Wahl einer rassisch einwandfreien Frau verlangte und sie fortwährend daran erinnerte, viele Kinder zu zeugen.

Schon im Januar 1932 hatte Himmler seine Männer verpflichtet, eine Verlobungs- und Heiratserlaubnis einzuholen. Erteilt wurde diese, wenn ein auf der Grundlage des RuSHA-Fragebogens und eines medizinischen Gutachtens erstellter Bericht positiv ausfiel. Er wurde danach dem Reichsführer-SS vorgelegt, der die zukünftigen Ehefrauen in drei Kategorien einteilte: I. Vollkommen der Auslese der SS entsprechend, II. guter Durchschnitt, III. der Auslese nicht entsprechend.[2]

Um diese Zeit erscheinen in den »Nationalsozialistischen Monatsheften«[3] einige Aufsätze, die anscheinend von Frauen geschrieben wurden. Darin werden die deutschen Frauen beschworen, sich von der ehefeindlichen Emanzipation abzuwenden, da sie sonst in sexuelles »Gemeineigentum« übergingen. Dieses Hirngespinst, das in der damaligen antikommunistischen Propaganda gewöhnlich durch die Figur des »Bolschewiken« personalisiert wurde, wird – wie wir noch sehen werden – erst in der Nazigesellschaft Wirklichkeit.

1 Siehe Hermann Rauschning, Gespräche mit Hitler, Zürich 1940, S. 46f.

2 Diese Klassifikationsart scheint Himmler von Sir Francis Galton (1822–1911), einem der Väter der Eugenik und der Anthropometrie, übernommen zu haben, der die menschliche Gattung in »erwünscht«, »passabel« und »unerwünscht« einteilte und die Sterilisation der letzteren befürwortete.

3 Nationalsozialistische Monatshefte, Januar 1932

Florentine Hamms Warnung folgt eine schwungvolle Lobrede auf den Nationalsozialismus als Erneuerer der Familie und der mütterlichen Würde sowie eine uneingeschränkte Verurteilung der Abtreibung. Der zweite Artikel über »Die Frau im Lebensraume des Mannes« ist mit »Emma Witte« gezeichnet. Anhand von Arbeiten über sexuelle Unterschiede beim Menschen soll nachgewiesen werden, daß Männer intellektuell höherstehen. Darum gebe es für die Frau keinen Grund zum Studieren, zumal sie damit ihrer Fruchtbarkeit schaden könnte. Aus diesen keineswegs neuen Thesen leitet Emma Witte die Schädlichkeit der Koedukation und ihrer Folgen in den USA ab: Dort hätte man es auf die Spitze getrieben. Als Resultat werde es nur noch masochistische Männer und sadistische Frauen geben.

Im Gegensatz dazu schlägt Marie Baltzer in einem dritten Artikel vor, daß alle Mädchen bis zum vierzehnten Lebensjahr eine Grundausbildung erhalten sollten, um sich auf ihre Aufgaben als Hausfrau und Mutter vorzubereiten. Die Fortbildung der Begabtesten sollte in vier weiteren Jahren an Frauenschulen erfolgen, wo die Ausbildung Haushaltsführung, Kinderpflege, Staatsbürgerkunde und eventuell Sprachen sowie künstlerische Fächer umfassen sollte.

Dieser psychologischen Vorbereitung der Frauen auf ihre Bindung an Haus und Herd folgt nach Hitlers Regierungsantritt eine wahre Mobilmachung für den Mutterdienst, zu der der Führer auf dem Nürnberger Parteitag 1934 aufruft.

»Wenn früher die liberalen intellektualistischen Frauenbewegungen in ihren Programmen viele, viele Punkte enthielten, die ihren Ausgang vom sogenannten Geiste nahmen, dann enthält das Programm unserer nationalsozialistischen Frauenbewegung eigentlich nur einen einzigen Punkt, und dieser Punkt heißt: das Kind, dieses kleine Wesen, das werden muß und gedeihen soll, für das der ganze Lebenskampf ja überhaupt allein einen Sinn hat.«[1]

Natürlich muß der Mutterdienst unter rassischem Blickwinkel geleistet werden: »Jedes Kind, das sie [die Frau] zur Welt bringt, ist eine Schlacht, die sie besteht, für das Sein oder Nicht-Sein ihres Volkes.«[1]

Der »Lebenskampf«, das »Ringen um die Erhaltung des Volkes« gehören in den militaristischen und darwinistischen Wortschatz der nationalistischen Ideologen seit dem ausgehenden 19. Jahrhundert. In

1 Max Domarus, Hitler, Reden und Proklamationen 1932–45, Würzburg 1964, Bd. I, S. 451f.

der Weimarer Republik entwarfen auch die Männer der konservativen Revolution das Bild eines besseren Reiches, in dem dank der »Mobilmachung« der Frauen zum »Dienst an der Volksgemeinschaft« die Minderwertigen ersetzt werden sollten.[1]

Liebe, Empfängnis und Geburt sollten »heroische Höhepunkte« des weiblichen Lebens sein; die Verweigerung der Mutterschaft käme einer »Fahnenflucht« gleich.

Ob es sich nun um die Generation der Reichsgründung handelt, deren treffende Karikatur Heinrich Mann 1911 mit seinem Roman »Der Untertan« gelang – bevor der Bräutigam in der Hochzeitsnacht ins Ehebett steigt, ruft er aus: »Bevor wir zur Sache selbst schreiten (...) gedenken wir Seiner Majestät unseres allergnädigsten Kaisers.« –, oder um die Generation des Zusammenbruchs des Kaiserreiches, wie Hitler und seine Mitstreiter: Sie alle haben einen Krieg überlebt und wollen nun versuchen, den Verlust an Menschenleben im Krieg durch eine aktive Bevölkerungspolitik zu ersetzen. Gleichzeitig sollen damit die Inlandsproduktion angeregt und die für den internationalen Wettbewerb notwendige Aggressivität geschürt werden.

Muß man der Geistesverfassung der Frauen mehr Rechnung tragen, weil die Zeiten sich geändert haben? Jedenfalls hält Hitler es für nötig, den Frauen zu sagen, daß er sich verpflichte, ihnen als Ausgleich »echte, anständige, tapfere Männer, die ehrliebend sind«, heranzubilden.

Eine Politik des Bevölkerungswachstums vor und nach den Kriegen ist ein allen Nationalismen gemeinsames Phänomen. Die französischen Frauen mußten die daraus resultierenden repressiven Gesetze zur Empfängnisverhütung und Abtreibung, die 1920 von der »Chambre bleu horizon«[2] verabschiedet wurden, mehr als ein halbes Jahrhundert ertragen. Die Frauen der Dritten Welt verdanken diesem Phänomen bis heute den durch religiöse Tradition nur kaschierten Zwang zur Prokreation, die für die Unabhängigkeit der Männer als unerläßlich angesehen wird.

Das Zeugen von Kindern ist nämlich eine Männerangelegenheit, wie die Geschichte von Henny von Bastineller beweist[3]:

1 Siehe besonders die Bücher von Schwabach, Die Revolutionierung der Frau, Leipzig 1928, und von Edgar Jung, Die Herrschaft der Minderwertigen, ihr Zerfall und ihre Ablösung durch ein neues Reich, Berlin 1930

2 Die 1919 gewählte konservative Nationalversammlung wurde so genannt, weil in ihr besonders viele Deputierte Kriegsveteranen waren, die blaue Uniformen trugen.

3 BA Koblenz, NS 10/487

Henny ist sechsundzwanzig Jahre alt, als sie 1930 in der Kleinstadt Nordhausen in Thüringen Kurt Goldschmidt kennenlernt, mit dem sie nach ihrer Scheidung ein neues Leben anfangen möchte. Die Jahre vergehen, und die hübsche kleine Stadt beginnt wie der Rest des Reiches vom Rhythmus der Verordnungen und Erlässe der Naziverwaltung erfaßt zu werden. Ab April 1933 werden jüdische Geschäfte boykottiert; in Wirtshäusern und in der Öffentlichkeit tauchen immer mehr Schilder »Juden unerwünscht« auf. Henny und Kurt fühlen sich nicht direkt betroffen. Sie vermeiden Orte und Personen, die ihnen Probleme bereiten könnten, beginnen aber trotzdem, sich Gedanken über eine mögliche Heirat zu machen.

Zwei Jahre später setzen die Behörden einen Schlußstrich unter diese Gedanken. In der Nacht des 31. Dezember 1935 erscheint die Nordhausener Polizei in der Wohnung Kurt Goldschmidts und nimmt die Verlobten fest, die dabei waren, Silvester zu feiern. Der Bürgermeister, der gleichzeitig Polizeichef ist, teilt ihnen mit, daß sie gegen das Gesetz vom 15. September 1935 »Zum Schutz des deutschen Blutes und der deutschen Ehre« sowie das »Ehegesundheitsgesetz« vom 18. Oktober 1935 verstoßen haben, die sexuelle Beziehungen mit »rassisch Minderwertigen« verbieten. Da von vier seiner Großeltern zwei Juden sind, wird Kurt Goldschmidt von der Rassengesetzgebung als Halbjude betrachtet. Daß er zum Zeitpunkt der Gesetzesverkündigung noch Mitglied einer israelitischen Gemeinde war, verschlimmert seinen Fall: Er wird nach Artikel 5 des Gesetzes zum Volljuden.[1]

Kurt erhält nun den Vornamen Israel, den er der Phantasie des Verfassers der Anwendungsverordnungen zur Rassengesetzgebung, dem Juristen Hans Globke verdankt.[2] Er muß sich wegen seines »Vergehens« vor Gericht verantworten. Denn die Nazigesetzgeber betrachten den Mann als Alleinverantwortlichen für sexuelle Beziehungen. (Hitler sagt in »Mein Kampf«, daß die Frau nur »passiver Teil« ist.) Er wird zu neun Monaten Gefängnis verurteilt und verschwindet damit aus der arischen Welt. Was »die Bastineller« angeht,

1 In: Wie war es möglich? Die Wirklichkeit des Nationalsozialismus, hg. von Alfred Grosser, München 1977, S. 147f. oder Frankfurt/Main 1980, S. 156f. habe ich den Widerspruch zwischen der Nazidoktrin einer »jüdischen Rasse« und der Praxis, Juden nach ihrer Religionszugehörigkeit zu definieren, aufgezeigt.

2 Hans Globke wurde später unter Bundeskanzler Adenauer Staatssekretär im Bundeskanzleramt.

wie sie in der Verwaltungssprache genannt wird: achtzehn Tage Schutzhaft sollen sie lehren, daß eine Deutsche, die diesen Namen verdient, auf Annäherungsversuche eines Juden nicht eingeht. Glück für sie, daß Nordhausen nicht Nürnberg ist, wo Gauleiter Julius Streicher, der Inquisitor sexueller Perversion, die Delinquentinnen auspeitschen und sie anschließend mit einem Schild »Ich bin eine Judensau« durch die Straßen führen läßt.

In der kleinen thüringischen Stadt liest man wie überall im Reich die Zeitung »Der Stürmer«, die in den Schaukästen der Partei regelmäßig ausgehängt wird. Dort werden spaltenweise die durch die ungezügelte Sexualität der Söhne Israels verursachten Schäden beschrieben. Plakate und Schilder verkünden: »Frauen, Mädchen, hütet Euch vor dem Rassenschänder, dem Juden.« Deshalb hält Henny es für klüger, sich nach ihrer Entlassung aus dem Gefängnis in Berlin niederzulassen. Dort, meint sie, sei es einfacher, in der Masse zu verschwinden.

1937 heiratet sie einen Versicherungsangestellten namens Schneider, der zwar tadelloser arischer* Herkunft ist, aber die Familie mit seinen 200 Mark monatlich unmöglich unterhalten kann. Wie 700000 andere junge Paare, die schon von dem Gesetz vom Juni 1933 profitiert hatten, könnten Schneiders ein Ehestandsdarlehen von 1000 Mark bekommen – zu 1 % Zinsen, wenn der Mann Alleinverdiener ist, zu 3 %, wenn beide Partner eine Beschäftigung haben. Dieses Darlehen wird bei der Geburt des ersten Kindes zu einem Viertel, bei der des vierten vollends in ein Geschenk umgewandelt – als Belohnung für die Eltern, die sich der optimalen Geburtennorm bewußt sind.

Der um das Wohl der Familie besorgte Staat hätte ihnen außerdem Erleichterungen bei der Wohnungssuche und Steuerermäßigungen zugestanden, die durch erhöhte Steuerabgaben der Ledigen kompensiert werden. Aber Henny hat Angst vor den Fragebögen, den zahlreichen genauen Nachforschungen der Verwaltung über Vorleben und Moralität der Antragsteller. Sie nimmt lieber wieder eine Stelle an, um die finanziellen Vorteile, die für sie mit Erniedrigungen, sogar mit Schikanen verbunden wären, durch eigenen Verdienst zu erreichen.

Als qualifizierte Büroangestellte – alle ihre Arbeitszeugnisse loben sie – kann sie leicht Stellen in der Industrie finden, die durch Aufrüstung und Ausbau der Infrastruktur angekurbelt wird. Eine große Firma, die für die Armee arbeitet, stellt sie ein. Kurze Zeit später ruft

* »Arier«, »arisch« usw. sind hier und in allen anderen Fällen in Anführungszeichen zu lesen. [Anm. d. Autorin, 1987]

ihr Chef sie zu sich: »Frau Schneider, ich bin mit ihrer Arbeit sehr zufrieden, aber ich kann Sie nicht behalten.«

»Warum nicht?«

»Es ist so. Ich kann ihnen weiter nichts sagen.«

Die gleiche Szene spielt sich jedesmal wieder ab, wenn sie eine neue Stelle findet. Des Haders müde beklagt sie sich beim Arbeitsministerium: Ihre Akte geht von Schreibtisch zu Schreibtisch; sie erhält nur ausweichende Antworten. Sie nimmt ihren ganzen Mut zusammen und bittet um eine Unterredung in der Adjutantur des Führers, wahrscheinlich in der Vermutung, daß sich die oberste Staatsverwaltung barmherziger als die Partei zeige. Man hört sie höflich an, eine Untersuchung wird angeordnet. Am 21. März 1939 fordert der Sicherheitsdienst (SD) von der Nordhausener Polizei nähere politische und strafrechtliche Angaben über die Person »der« Schneider, ehemalige Schouchoen, geborene Bastineller, deren Adelsprädikat im Laufe dieses Verfahrens anscheinend endgültig durch den Artikel ersetzt worden ist. Aus der Akte geht nicht hervor, was weiter geschah. Nehmen wir günstigstenfalls an, daß die Behörde des Führers Anweisung gab, in Zukunft jede Sanktion gegen eine für die Kriegsanstrengungen nützliche Deutsche zu vermeiden, die sich außerdem losgekauft hatte, indem sie einen guten Arier geheiratet hatte: Es bleibt dennoch festzuhalten, daß diese Frau vier Jahre lang Schimpf und Schande ihrer Umgebung und der Verfolgung und den Schikanen aller Art durch Behörden ausgesetzt war, weil sie beschuldigt wurde – nein, nicht geliebt zu haben, sondern sich lieben zu lassen von einem Mann, den der Männerbund als für sie unwürdig ansah.

Die Mißgeschicke Henny von Bastinellers sind jedoch harmlos, verglichen mit denen von Frauen, die von einem als biologisch oder »rassisch minderwertig« erfaßten Mann schwanger wurden, oder die nicht den geforderten genetischen Maßstäben entsprechen. Seit Juli 1933 ermöglicht das Gesetz »Zur Verhütung erbkranken Nachwuchses« die Sterilisation »aus Nächstenliebe und im Interesse künftiger Geschlechter«. Die Verfechter des Bevölkerungswachstums hatten sich zwar beeilt, die Zentren für Familienplanung zu schließen und die Gefängnisstrafe für Beihilfe zur Abtreibung wieder einzuführen, unterstützen Abtreibung jedoch, wenn es um »Rassenhygiene« geht. Ein Hamburger Gericht hatte im März 1933 über einen Fall von Abtreibung zu urteilen. Es befand, daß kein Delikt vorliege, da der Schwangerschaftsabbruch durch »eugenische Indikation« gerechtfertigt sei. Ähnlich äußert sich Dr. Groß vor weiblichen Parteimitgliedern. Die »Ausschaltung derjenigen Menschen aus dem Erbgang, die unerwünschte Erbanlagen tragen«, sei wünschenswert. Diese Ausschaltung sollte durch lebenslängliche Internierung der schlimmsten Fälle und die erzwungene Sterilisierung der anderen erreicht werden.[1] Jüdische Frauen werden im März 1939 offiziell informiert, daß sie wegen Abtreibung nicht bestraft werden, daß im Gegenteil jeder Schwangerschaftsabbruch ihrerseits im Interesse des deutschen Volkes sei.

Bis 1938 zielt die Rassenpolitik des Dritten Reiches hauptsächlich darauf ab, die Träger der »genetischen Vergiftung« auszusondern. Gleichzeitig bemüht man sich aber, das auf 14 Millionen geschätzte Geburtendefizit zwischen 1915 und 1933 (im Vergleich zu den achtzehn vorangegangenen Jahren) auszugleichen. Die Demographen stellen verbittert fest, daß die 37 Millionen Deutschen von 1885 ebensoviel Kinder bekommen haben wie die 61 Millionen Anfang der dreißiger Jahre. Wie ihre konservativen Vorgänger – soweit es nicht noch immer dieselben im Dienst des neuen Regimes sind – beklagen sie den Verfall der Familie und den Verfall der Sitten. In Wirklichkeit hatte der 1930 vom Innenminister geschaffene parlamentarische Ausschuß für Bevölkerungsfragen nachgewiesen, daß der Verlust an Männern in den Jahren nach dem Ersten Weltkrieg sowie die durch Inflation, Krisen und Arbeitslosigkeit entstandenen wirtschaftlichen Schwierigkeiten Ursache für den Rückgang von Eheschließungen seien.[2] Außerdem ermöglichten medizinischer Fortschritt und sexuelle Aufklärung den Ehepaaren, nur noch wirklich gewollte Kinder zu bekommen. Der Ausschuß hatte auch unterstrichen, daß die Verminderung der Kindersterblichkeit[3] – die auf bessere vor- und nachgeburtliche Hygiene sowie ein System sozialer und finanzieller Hilfen für Frauen und Kinder zurückzuführen sei – den in den meisten Industrieländern feststellbaren Wunsch nach weniger Kindern ausgleichen könne.

Nach Ansicht der »Experten« des Dritten Reiches ist eine qualitative Bevölkerungspolitik, die die freie Entscheidung der Eltern

1 Walter Groß, Weltanschauung und Rassenhygiene. Rede an die deutschen Frauen, München 1934, S. 13 u. 15

2 Reichsausschuß für Bevölkerungsfragen, in: Archiv für Bevölkerungspolitik, 1931, S. 62–65

3 Nach offiziellen Statistiken war die Kindersterblichkeit von 20 Prozent 1905 über 15 Prozent im Jahr 1920 auf 8,5 Prozent 1930 gesunken.

berücksichtigt, »kriminell«, weil sie die Lebenskraft des »Volkstums« schwäche.

Gestützt auf Zahlen erinnern sie immer wieder an die sinkende Geburtenrate, die von 3,6 Prozent im Jahr 1900 über 3,03 Prozent 1920 auf 1,47 Prozent im Jahr 1933 abgesunken sei. Jungen Ehepaaren werden vom Nationalsozialismus seit der Machtübernahme viele Vorteile gewährt: Erleichterungen bei der Wohnungssuche, Einrichtungskredite, die bei schnell aufeinanderfolgenden Geburten in Geschenke umgewandelt werden, Steuerermäßigungen, Unterhalts- und Schulgeldzulagen für Kinder sowie eine Erhöhung der Familienbeihilfen. Diese haben im Jahr 1938 zu einer Erhöhung der Geburtenrate auf 1,97 Prozent geführt. Damit liegt sie über der Frankreichs (1,46 Prozent) oder Großbritanniens (1,51 Prozent). Aber die italienische Geburtenrate liegt mit 2,36 Prozent über der des Reichs, und die »Bedrohung« durch die fruchtbaren Slawen bleibt bestehen, darunter – direkt an der Grenze – die durch die Polen, deren durchschnittliche Geburtenrate bei 3,28 Prozent liegt.[1]

»Leere Wiegen bedrohen unsere Arbeitsplätze! Leere Wiegen bei uns und volle Wiegen bei unseren Nachbarn«, schreibt Dr. Hannes Schmalfuß im »Völkischen Beobachter« vom 28. Dezember 1936.

Auf Beamte wird Druck ausgeübt, zu heiraten oder zu erklären, warum sich ihre Familiengründung verzögert. Andernfalls werden sie nicht auf Lebenszeit ernannt oder befördert. Viele verheiratete Frauen werden in den Haushalt abgeschoben. Dazu kommen Anreize zu heiraten, die bis 1937 für die Frau mit der Verpflichtung verbunden waren, auf ihre Stelle zu verzichten. All diese Maßnahmen bewirken zwischen 1932 und 1939 – verglichen mit den sieben davorliegenden Jahren – eine Vermehrung der Heiraten um 840000 und eine spürbare Veränderung des deutschen Familienmodells.

*Entwicklung der deutschen Familie zwischen 1932 und 1939**

	ohne Kinder	1 Kind	2 Kinder	3 Kinder	4 Kinder und mehr
1932–33	33 %	14 %	20 %	24 %	9 %
1939	20,6%	24,6%	20,8%	12,4%	21,7%

* Nach »Völkischer Wille« 1939, Nr. 18, S. 2 (BA Koblenz, NSD 64/4)

1 Rassenpolitische Auslandskorrespondenz, Nr. 10, Berlin, Oktober 1939. Für Polen: I.f.Z. München, MA 423/4885

Die beachtliche Zunahme kinderreicher Familien befriedigt die Demographen jedoch nicht. Sie stellen fest, daß finanzielle Anreize vor allem die genetisch weniger »wertvollen« Kreise ansprechen. Die drei Viertel deutscher Familien mit höherem Lebens- und Bildungsniveau lehnen das neue Familienmodell weiterhin ab, wonach vier Kinder als unerläßlich gelten für das demographische Gleichgewicht eines Staates, der die Fortpflanzung »Minderwertiger« unterbinden will.

Anhand der Fruchtbarkeitsraten der Frauen[1], die der beste Maßstab für demographische Statistiken sind, stellt man zwar auf tausend Frauen im fortpflanzungsfähigen Alter ein Ansteigen von 59 lebenden Kindern im Jahr 1933 auf 85 im Jahr 1939 fest. Die 90 Geburten von 1922 werden im Dritten Reich jedoch nicht erreicht, und erst recht nicht die 128 von 1910/11. Außerdem, wenn die zahlreichen materiellen Anreize auch unleugbare Ergebnisse gebracht haben – ein Fünftel aller Frauen hat mehr als vier Kinder –, so kann der Staat seine finanziellen Anstrengungen doch nicht endlos fortsetzen, ohne die Wiederaufrüstung ernsthaft zu hemmen. Deshalb werden psychologische Anreize immer häufiger: Druck und Dank lösen sich ab.

Zur ersten Gruppe gehören Warnungen der Demographen, die nachlässige Volksgenossinnen beeindrucken sollen. Um den Frauen ihre Schuld bewußt zu machen, teilen sie sie in drei Kategorien ein, denen drei Farbfelder entsprechen:

– diejenigen, deren »Familien (...) mit dem lebenden Geschlecht aussterben«, werden auf entehrend gelbem Grund präsentiert;
– diejenigen, die zum »drohenden Volkstod« beitragen, vegetieren im Grau wegen ihrer geringen Kinderzahl (bis drei);
– diejenigen, deren »Wille zum Leben« sich an mindestens vier Kindern offenbart, erscheinen auf dem grünen Grund der Hoffnung.[2]

Die Zeichen der Dankbarkeit halten sich in bescheidenem Rahmen: Es gibt Freikarten für öffentliche Veranstaltungen und die Ferienzentren »Kraft durch Freude« dürfen vorrangig benutzt werden. 1935 wird der Muttertag zum nationalen Feiertag erklärt. Drei Jahre später fügt die Regierung diesen Gunstbeweisen einen weiteren hinzu. Medaillen mit der Prägung »Das Kind adelt die Mutter« werden verteilt: Bronzemedaillen für Mütter mit vier oder fünf Kin-

1 Statistisches Jahrbuch für das Deutsche Reich 1932, S. 29; 1941/42, S. 77
2 BA Koblenz, NSD 64/4

dern, silberne für sechs oder sieben Kinder, goldene für acht und mehr Kinder. Drei Millionen dieser Medaillen werden in einem Jahr ausgegeben und am 30. August, dem Geburtstag von Hitlers Mutter, mit großem Pomp verliehen. Agnes Gröhe ist so begeistert von dem Mutterkult, daß sie jedes Jahr aus Innerschlesien ein selbstverfaßtes Gedicht zu diesem Thema schickt: An den heißgeliebten Führer! Sie wenigstens hat verstanden, um was es geht:

»Wir geben dem Führer die Söhne
in schrankenlosem Vertrauen,
den Panzer von Blut und Stahl
um Deutschlands Grenzen zu bauen, – –
keine Mutter vergißt das Wort,
das eisern der Führer spricht:
›Repräsentanten seid Ihr
der deutschen Ehre und Pflicht!‹
Keine, die es erschauernd gehört, jemals die Worte vergißt!
Weil der Mann, der sie hämmernd gesprochen,
den Fluch von Versailles gebrochen,
und selber der höchste Garant,
der stolzeste Repräsentant
der deutschen Ehre ist.«[1]

Die Reichskanzlei scheint mit Beweisen einer so brennenden Opferbereitschaft nicht eben überschwemmt worden zu sein, denn andere gleicher Art konnte ich nicht finden. Hingegen habe ich weniger erbauliche Briefe von Müttern entdeckt, wie die Korrespondenz von Anna Gries, die den Führer anfleht, ihr zu Neujahr 1938 endlich die Beihilfen und Prämien zu gewähren, die ihr zuständen. Diese zweiunddreißigjährige Mutter von fünf Kindern von zehn, neun und acht Jahren und zwei Säuglingen von zwanzig bzw. acht Monaten, die ihr sechstes Kind erwartet, hat vom Staat bisher nicht die geringste Hilfe bezogen.

»Oder glauben Sie«, schreibt sie an den Reichskanzler, »wenn so gehandelt wird, daß ich meine Kinder in einem nationalsozialistischen Glauben erziehen kann?«

Unverzüglich wird eine Untersuchung angeordnet. Der Polizeichef von St. Ingbert (Saar), wo Familie Gries wohnt, hebt in seinem Bericht

1 BA Koblenz, R 43 II/889

die äußere Armut der Familie und ihre große Sauberkeit hervor, obwohl sie nur eine Zwei-Zimmer-Wohnung mit Küche hat – in der zwei Betten und eine Wiege für sieben – bald acht – Personen stehen. Die gesetzlichen Beihilfen wären um so nötiger, als das Familienoberhaupt seit sieben Jahren keine feste Arbeit hat. Bisher war Familie Gries staatliche Unterstützung wegen ihrer politischen Einstellung verweigert worden.

Die nationalsozialistische Ortsgruppe bestätigt diesen Beschluß. Anna Gries gehe soweit zu schreiben, daß sie Geld brauche, um ihre Familie zur Kommunion des Ältesten ordentlich anziehen zu können. Außerdem hätte diese katholische Familie der »Roten Hilfe« angehört, einer den Kommunisten nahestehenden Hilfsorganisation. Bei der Volksbefragung 1935 sei sie gegen den Anschluß des Saargebietes gewesen. Seitdem hätten sich weder ihr Mann noch sie selbst einer der NSDAP-Organisationen angeschlossen. Dieser Mangel an gutem Willen gegenüber dem Regime rechtfertige völlig die Verweigerung sozialer Hilfen, die nur wahre deutsche Familien bekämen. Sie verdiene höchstens eine einmalige Hilfe von 25 bis 30 Mark. Das sei noch zuviel, entscheidet die Kanzlei und lehnt die Bitte der Mutter einer zwar kinderreichen, aber »unwürdigen« Familie am 8. März 1938 ab.

Trotz aller Unterschiede zwischen den Regimen geht man auch im Frankreich jener Zeit mit kostenlosen oder billigen Ehrungen verschwenderischer um, als mit den Rechten der Frauen und den Hilfen für sie. In einem Stil, der dem des Dritten Reiches in nichts nachsteht, schreibt die Zeitschrift »Minerva« am 10. Juni 1934:

»Die echten Mütter müssen mit Recht gewürdigt werden. Front machen sollen sie gegen die wenigen räudigen Schafe, die ihre prachtvolle Herde heimsuchen. Solange die französische Familie die Pflichten und Tugenden unserer Rasse weiterführt und die Mutter deren Hüterin bleibt, hat die Gesellschaft von morgen nichts zu fürchten.«

Der Gedanke, Mütter kinderreicher Familien zu ehren, war zwar schon von der Nationalversammlung 1789 aufgegriffen worden, doch ist der heutige Muttertag in Frankreich ein Produkt des Ersten Weltkrieges. Anna Jarvis, eine unverheiratete amerikanische Lehrerin, hatte die Anregung zum Muttertag gegeben, weil sie untröstlich über den Tod ihrer eigenen Mutter war. 1912 wurde er in Großbritannien, 1914 in den Vereinigten Staaten und 1917 von General Pershing als »Journée des mères« in der französischen Armee eingeführt. Wahrscheinlich ist es kein Zufall, daß er im selben Jahr 1920 durch ein

Dekret von Staatssekretär Oberkirch zum Feiertag erklärt wurde, in dem auch die »Chambre bleu horizon« mehrheitlich das Verbot von Abtreibung und Empfängnisverhütung beschloß. Letztere, erklärte übrigens Léon Daudet, würde mit Hilfe des »Geldes der boches«[1] propagiert. Sechs Jahre lang scheint der Muttertag nur in einigen großen Städten wie Paris, Lyon und Nantes gefeiert worden zu sein. Deshalb wurde in einem Rundschreiben des Innen- und Arbeitsministeriums am 20. April 1926 daran erinnert, daß es angebracht sei, den letzten Sonntag im Mai zum Muttertag zu erklären.

Das genügt offenbar noch nicht, denn der »Conseil supérieur de la natalité« äußert noch im Mai 1928 den Wunsch, den Muttertag jedes Jahr so zu feiern, wie er seit Jahren in Amerika und in fast allen Ländern Europas begangen werde: zur Verständigung zwischen armen und reichen Müttern.

Als Datum war der 3. Juni vorgesehen: Lehrer sollten Vorträge, Texte zum Vorlesen und entsprechende Lieder vorbereiten. Die Wiedereinführung des Mutterkultes fällt in Frankreich mit dem Sinken der Geburtenrate und einer Geburtenkampagne zusammen, die das beunruhigende Wachstum der deutschen Bevölkerung seit 1934 und die darin liegende Kriegsgefahr zum Thema hat.

1935 lobt Alphonse Carré, ein Mitglied des »Conseil supérieur de la natalité« den Muttertag als »ein moralisches Heilmittel gegen die Krise des Geburtenrückganges«.[2] Im September desselben Jahres regt Edmond Labbé, der Generalbeauftragte für die Weltausstellung 1937, die Bildung eines Komitees zur Würdigung der »glorreichen Mütter« an, in dem auch Erziehungsminister Mario Roustan sitzt. Da es noch kein Ministerium für die Mutterschaft gab – dessen Einrichtung war für 1937 vorgesehen –, enthüllt Staatspräsident Albert Lebrun am 23. Oktober 1938 am Boulevard Kellermann in Paris ein Denkmal: »Den glorreichen Müttern. Das dankbare Vaterland.« Die »Ligue du droit des Femmes« (Liga für die Rechte der Frauen) legt einen Kranz mit der Aufschrift nieder »Zur Ehre der französischen Mütter, die zwar verehrt werden, aber nicht wählen dürfen«. Die Polizei entfernt es schnell. Aber die Zeitschrift »Journal des femmes« kommt auf das Thema zurück, indem sie verlangt, »die Forderungen der Frauen lieber zu erfüllen als ihnen ein Denkmal zu errichten«[3], und daran erinnert, daß sie »weiterhin als unmündig behandelt werden, es

1 pejorativer Ausdruck für die Deutschen
2 Paris – Midi, Mai 1935
3 Siehe S. Féron, in: Journal des femmes, Oktober 1938

vielen am Nötigsten fehlt, alle, wie in der Vergangenheit, von dieser Mißachtung geprägt sind, die in Frankreich mit dem Wesen der Frau verknüpft ist«.

Zwar haben die Französinnen im Gegensatz zu den deutschen Frauen kein Wahlrecht, sie können jedoch wenigstens demonstrieren und ihre Meinung ungehindert in Zeitschriften darlegen. Im Dritten Reich haben dieses Recht nur die Verfechter der staatlich verordneten Geburtenrate und ihrer Propaganda, durch die die Politik des Bevölkerungswachstums mit allen zur Verfügung stehenden Mitteln gepriesen wird.

Ihre Gegner können sich nur ins Schweigen oder anonym verbreitete Witze flüchten. So tauft zum Beispiel der Volksmund das Mutterkreuz – vor dem die Hitlerjugend immerhin salutieren muß – »Kaninchenorden«.[1] Himmler erträumt sich militärische Ehren für Mutterkreuzträgerinnen[2], aber seine eigenen Offiziere sind nicht die Letzten, die über solche Begeisterung spotten. Im »Schwarzen Korps«, dem offiziellen SS-Organ, wagt Michael Mumm sogar, sich mit einem »Kaninchenfreuden« überschriebenen Gedicht über folgende Geburtsanzeige lustig zu machen: »Wir haben uns vermehrt von drei auf vier. In aufrichtiger Freude Hermann Löcken und Frau.«

»Was mag das für ein Pärchen sein,
das rundheraus erklärt,
es habe sich am Niederrhein
von drei auf vier ›vermehrt‹?

Ich nehme an, daß es sich hier
um Lebewesen dreht,
von denen unter ›Säugetier‹
im Brehm geschrieben steht.

Deshalb erscheint mir dieser Fall,
der von ›Vermehrung‹ spricht,
als Freude im ... Kaninchenstall,
denn *Menschen* tun das nicht.«[3]

1 BA Koblenz, NS D 17/RAK

2 Felix Kersten, Totenkopf und Treue, Hamburg, S. 65

3 Text vom 23. 6. 1938, zitiert nach Martin Broszat, in: Miscellanea. Festschrift für Helmut Krausnick, Stuttgart 1980, S. 87f. Der SS-Autor hat »Menschen« selbst unterstrichen.

Als Ortsgruppenführer Löcken von der Sache hört, schreibt er gekränkt an die Reichsfrauenführerin, wie man seine »gottgläubige heilige Ehe mit einem Kaninchenstall« vergleichen könne! »Wenn eine deutsche Mutter dem Staate Kinder schenkt, um ihrem irdischen Dasein Inhalt zu geben, ist es unerhört, wenn eine anerkannte NS-Zeitschrift diese deutsche Mutter mit einem ›Säugetier‹ vergleicht. Diese Herabsetzung war in der Systemzeit[1] unter der Judenherrschaft möglich, und es ist heute im sauberen Dritten Reich für mich unverständlich, wie gerade die Zeitschrift der SS, welche meines Wissens auf dem Gebiete der rassepolitischen Erziehung vorbildlich sein will, sich für derartige Schmutzigkeiten hergeben kann.«

Immer noch nicht zufrieden, nachdem er seinem Zorn Luft gemacht hat, kündigt der Ortsgruppenführer Repressalien an: »Mit Freuden hat meine Frau bisher dem Staate Kinder geschenkt, lehnt es jedoch für die Zukunft ab, als ›Säugetier‹ nochmals zu gebären. Ich selbst habe für die seelischen Qualen meiner Frau volles Verständnis und werde dies für die Zukunft zu würdigen wissen...«

Dieser Geburtenstreik beunruhigt Gertrud Scholtz-Klink. Sie informiert Himmler, der dem Schuldigen sofort jede weitere Veröffentlichung untersagt und dem beleidigten Familienoberhaupt persönlich schreibt, um sich zu entschuldigen und ihn in seinen – auch in den Augen der SS – natürlich »positiven« Ansichten in dieser »heiligen Frage« des Muttertums und des Kinderreichtums zu bestätigen.

»Heilige Frage« oder doch eher bevölkerungspolitisches Erfordernis, durch die die »im gleichen Ideal vereinten« Jugendlichen zu einer »biologischen Ehe« veranlaßt werden sollen? Diese vorübergehende Auslegung der freien Liebe propagiert die Reichsjugendführung in einem Rundschreiben vom 28. Oktober 1935. Die Führerinnen geben entsprechende Weisungen an ihre Mädchengruppen weiter: »Ihr könnt nicht alle einen Mann kriegen, aber ihr könnt alle Mütter werden.«

Kurze Zeit später zirkuliert im Reich ein mit Michael Germanicus unterzeichneter offener Brief an Dr. Goebbels, der die körperliche und seelische Zerrüttung sechzehn-, manchmal sogar vierzehnjähriger Mädchen nach »biologischen Ehen« in Jugendlagern anprangert. Im

1 Eine von ihren Gegnern häufig gebrauchte pejorative Bezeichnung für die Weimarer Republik.

Herbst 1936 kommen etwa 1000 Mädchen schwanger vom Nürnberger Parteitag zurück.

In einem Land, das von christlicher Moral noch sehr stark geprägt ist, bleiben voreheliche Sexualbeziehungen weitgehend tabu. Das geht soweit, daß die von Konservativen als Inkarnation des Lasters verdammte uneheliche Mutterschaft noch 1934 von der »Arbeitsfront« als eine für das seelische Gleichgewicht von Mutter und Kind schädliche Verirrung dargestellt wird.[1] Da die Machthaber diese Geisteshaltung kennen, beschränken sie sich anfangs darauf, verheirateten Paaren gewährte Vorteile auch auf ledige Mütter und solche, die ein Kind adoptieren, auszudehnen. 1936 führt die Entlassung einer ledigen Mutter aus dem Postdienst noch zu einer Kontroverse zwischen dem Minister, der die Maßnahme mit dem Argument rechtfertigt, das Verhalten dieser Beamtin bringe die Post in Verruf, und dem Stellvertreter des Führers, Rudolf Heß, der ihre Weiterbeschäftigung fordert. Die Meinungsverschiedenheit erscheint dem Innenminister ernst genug, um neun Minister und Staatssekretäre[2] zusammenzurufen und die Haltung der Regierung zu erläutern.

Nach zwei ergebnislosen Sitzungen, an denen keine einzige Frau teilnimmt – nicht einmal Reichsfrauenführerin Scholtz-Klink –, wird ein Ausschuß von achtzehn Experten aus Partei und Staatsdienst damit beauftragt, die Frage zu prüfen und eine Lösung vorzuschlagen.[3] Rudolf Heß erreicht, daß er bis zur Vorlage des Ergebnisses vor jeder Sanktion gegen eine im öffentlichen Dienst beschäftigte ledige Mutter hinzugezogen wird. Diese Konzession deutet nach den zugestandenen materiellen Vorteilen der Anfangszeit auf ein Nachlassen der ursprünglichen Vorsicht hin. Ende 1936, ein Jahr nach der Empfehlung der »biologischen Ehe«, wird in der Reichsärztezeitschrift darauf hingewiesen, daß der Prozentsatz vorehelicher Sexualbeziehungen zwischen 51 Prozent in Sachsen und 90 Prozent in München schwankt, was eine Zunahme lediger Mütter voraussehen läßt.

Mit Blick darauf veröffentlichen der Justiz- und der Innenminister im Mai 1937 eine Verordnung, die allen Frauen erlaubt, sich auch von den Behörden »Frau« nennen zu lassen, sofern sie ihren Familienstand bei offiziellen statistischen Umfragen angeben. Diese Maßnahme scheint die ledigen Mütter nicht zu befriedigen. In den Zeitun-

1 Der Deutsche, 11. 8. 1934
2 Rundschreiben von Staatssekretär Pfundtner vom 13. 10. 1936, BA Koblenz, R 43/443
3 Brief von Staatssekretär Pfundtner vom 31. 5. 1937, BA Koblenz R 43 II/1523

gen finden sich Anzeigen unverheirateter Mütter, die einen »Lebensgefährten« suchen, obwohl die Behörden minderjährigen Vätern mitteilen, daß sie ihre Volljährigkeit mit achtzehn Jahren beantragen können, wenn sie ohne Erlaubnis der Eltern heiraten wollen. Die nationalsozialistischen Gesetzgeber warten aber noch drei Jahre, bevor sie ein Gesetz über ledige Mütter in das Bürgerliche Gesetzbuch einarbeiten[1], und noch im Juli 1942 sieht sich ein enger Mitarbeiter Himmlers gezwungen, die Verwaltung daran zu erinnern, daß ledige Mütter anständig behandelt werden sollen.[2]

Diese fortdauernde Mißachtung ruft den Führer des »Schwarzen Ordens« auf den Plan, weil sie das Werk der »rassischen Erneuerung« trifft, das er im Dezember 1935 unter dem poetischen Namen »Lebensborn« für schwangere Ehefrauen, Verlobte und Freundinnen von SS- und Polizeiangehörigen gegründet hat.

Die Idee zu solchen Einrichtungen ist nicht neu. Himmler hat sich zwar bestimmt nicht an Helene Stöckers libertinistischem und individualistischem »Mutterschutz« orientiert, doch kannte er offensichtlich über seinen Freund Darré und den Artamanenbund die Gedanken Dr. Willibald Hentschels. Dieser Schüler Ernst Haeckels entwarf in seinem Buch »Varuna«, 1907 erschienen, eine Utopie der rassischen Erneuerung.[3] Ihren praktischen Niederschlag fand sie 1906 durch die in Westfalen gegründete Siedlung »Mittgart«, benannt nach dem legendären Ursprungsort der arischen Rasse. Die Bewohner sollten in Musterdörfern leben und von einem Ältestenrat regiert werden. Hentschels sensationellster Vorschlag betraf die Einführung der Polygamie. Die Ratältesten sollten die beiden Ehepartner bestimmen, die Ehe selbst sollte nach der Schwangerschaft wieder aufgelöst werden. Während der Mann sofort wieder heiratete, sollte sich die Frau zwei Jahre lang ihrem Kind widmen. Bis zu ihrem sechzehnten Lebensjahr würden die Kinder eine Grundausbildung bekommen: die Mädchen im Haushalt, die Jungen im Umgang mit Waffen. Danach sollten sich die geeigneten Erziehungsvereine um ihre Zukunft im Dienst des »Volkstums« kümmern.

Die Ideen Hentschels und die 1902 gegründete »Deutsche Liga für Erneuerung« scheinen ihre Anhänger besonders in den ländlichen

1 I.f.Z. München, Fa 202, Brief der Lebensborndirektion an Himmler vom 15. 2. 1940
2 I.f.Z. München, MA 306/2902
3 Hedwig Conrad-Martius, Utopien der Menschenzüchtung, München 1955; George L. Mosse, Ein Volk, Ein Reich, Ein Führer, Königstein 1979, S. 125–129

Gebieten gefunden zu haben, denn in Thüringen zum Beispiel kamen jährlich dreitausend Kinder unehelich zur Welt. In einem Roman über das Schleswig-Holstein nach 1918[1], den besonders das Kleinbürgertum wegen seiner ländlichen Idyllen mit stark germanischem Unterton schätzte, plädiert der Pastor und Schriftsteller Gustav Frenssen für sexuelle Freiheit, durch die das in den Kriegs- und darauffolgenden Hungerjahren geschwächte Land regeneriert werden sollte. Sein Held, Pastor Adam Barfood, muß seinem Vorgesetzten Rede und Antwort stehen, weil er es zugelassen hat, daß seine eigene Tochter, eine dreißigjährige, unverheiratete Frau, von einem verheirateten Landarzt und Vater von vier Kindern geschwängert wird. Der Beschuldigte tritt dafür ein, den Tatsachen ins Auge zu sehen.

»Es gibt in den zehn Häusern, die meinem Hause am nächsten liegen, sechs große gesunde Mädchen, die vergebens auf Mann und Kinder warten. Nach dem großen, raschen Sterben im Feld ist jetzt ein großes, langsames Sterben in unzähligen Häusern im Gange; aber kein Mensch redet davon. Ich, was mich angeht, konnte es in meinem Hause nicht ansehn.«[2]

Der Pastor, der mit einem Verweis davonkommt, hält seinen Vorgesetzten für wirklichkeitsfremd, weil dieser, wie viele Priester und Intellektuelle, das natürliche Verlangen des Menschen nicht wie ein Bauer zu sehen vermag. »Wann wird es endlich möglich sein, daß eine reife Frau – und dieses Kind stammt von einer reifen Frau, denn es ist gesund – empfangen und niederkommen kann, ohne verachtet zu werden?« Was Pastor Frenssen in diesem Roman offen auszusprechen wagt, ist in Wirklichkeit nur ein Teil seiner rassenhygienischen Träume, die er nach der Lektüre des englischen Sexualpsychologen Havelock Ellis und des amerikanischen Richters Benjamin B. Lindsay, eines Spezialisten für Jugendrecht, seinem Tagebuch anvertraut:

»Alles, was aus der Natur kommt, darf nicht nach moralischen, sondern muß nach biologischen Maßstäben beurteilt werden. Ein Mann darf nicht gerichtet, bestraft oder verurteilt werden; er muß aus biologischen Motiven gedrillt, überwacht (eventuell lebenslänglich eingesperrt werden), sterilisiert oder getötet werden, damit man langsam, aber zunehmend eine Reinigung, Veredelung und Hebung des menschlichen Niveaus erreicht. Die ganze bürgerliche und traditionell religiöse Moral und die daraus abgeleiteten Strafgesetze wer-

1 Gustav Frenssen, Möwen und Mäuse. Grübeleien, Neue Folge. 1906–1920, Berlin 1928

2 A.a.O., S. 565

den verschwinden wie die Scheiterhaufen für Ketzer und Hexen. Wenn man bei einem Mann eine geistige Krankheit feststellt, muß man ihn zuerst kastrieren, ihn dann in Schutzhaft stecken, nicht, um ihn zu bestrafen, sondern um die Gemeinschaft zu schützen.«[1]

Diese Gedanken zum »Schutz der Gemeinschaft«, die sich als Vorreiter wissenschaftlichen Fortschritts verstehen, werden 1928 veröffentlicht: fünf Jahre vor dem Ende der Weimarer Republik – einem Ende, zu dem der pensionierte Pastor Gustav Frenssen zusammen mit der Mehrheit der schleswig-holsteinischen Bauern beiträgt, indem er sich 1930 dem Nationalsozialismus zuwendet. Ernst Bergmann, Theoretiker der deutschen Nationalkirche und der »Geschlechtersoziosophie«, ist einer der wenigen namhaften Philosophen, von denen Frenssen erklärt, er verstehe und schätze ihn. Dieser propagiert noch deutlicher als sein Bewunderer die Befruchtung aller Frauen, die Mutter werden wollen, und die Verurteilung der Ehe, die als Bremse den Drang zur Fortpflanzung hemmt. »Zur Begattung der vorhandenen Frauen und Mädchen finden sich willige und fleißige Männer und Jünglinge genug«, stellt der würdige Leipziger Professor fest, »und glücklicherweise genügt ein flotter Bursch für zehn bis zwanzig Mädchen, die – aber gibt es noch solche? – den Willen zum Kinde noch nicht in sich ertötet haben, bestünde nur nicht der naturwidrige Kulturunsinn der monogamen Dauerehe.«[2]

Diese Gedanken, die von der Krupp-Stiftung sogar prämiert, von einem »liberalen« Pastor, von Universitätsprofessoren, Ärzten und im ganzen Reich verbreiteten Zeitschriften und Werken unters Volk gebracht wurden, bleiben bis zum Beginn des Dritten Reiches Spekulation – zumal kurzlebige Einrichtungen wie der »Mittgart« und die vielen ledigen Mütter nicht auf eine bewußte Politik und Gesetzgebung des Staates zurückgehen. Im übrigen wird die Schutzfunktion einer solchen staatlichen Gesetzgebung in Frage gestellt, wenn die Mehrheit eines Volkes sich von den Gesetzen abwendet bzw. angesichts der Gewalt einer Minderheit resigniert. Das zeigt u. a. auch die Geschichte der 500, nach der französischen Besatzung des Ruhrgebietes 1923 geborenen, »rheinischen Bastarde«, für die in der Weimarer Republik der Schutz einer staatlichen Gesetzgebung noch bestand.[3]

Mit Ausnahme der kleinen Fraktion der USPD wetteifern alle

1 Gustav Frenssen, Der Pastor von Poggsee, Berlin 1921
2 Ernst Bergmann, Erkenntnisgeist und Muttergeist, Breslau 1932, S. 406
3 Reiner Pommerin, Sterilisierung der Rheinlandbastarde, Düsseldorf 1979

politischen Parteien der Weimarer Republik – an ihrer Spitze der sozialdemokratische Verteidigungsminister Gustav Noske, der katholische bayerische Ministerpräsident Gustav von Kahr und sogar der »wackere« Reichspräsident Friedrich Ebert – im Protest gegen »die Verwendung farbiger Truppen niederster Kultur als Aufseher über die Bevölkerung von der hohen geistigen und wirtschaftlichen Bedeutung der Rheinländer (...) Für deutsche Frauen und Kinder – Männer wie Knaben – sind diese Wilden eine schauerliche Gefahr.«

Ein gewisser Jolas, Reichskommissar der Pfalz, geht noch weiter: In einem Schreiben von 1927 an das Reichsgesundheitsamt fragt er, »ob sich zur Reinerhaltung der Rasse von farbigem Blut im besetzten Gebiet nichts machen läßt und ob etwa irgendeine diesem Zweck dienende Maßnahme erwogen wird«. Offenbar befürchtet er, nicht verstanden zu werden. Deshalb erklärt Jolas, daß »die Unfruchtbarmachung von Mischlingen durch einen gänzlich schmerzlosen Eingriff zu erzielen« sei. Bedauernd fügt er hinzu, er sei sich darüber klar, daß »solch ein Eingriff nach der gegenwärtigen Rechtslage unzulässig« sei.

Einige Monate später bestätigt der Reichsminister für die besetzten Gebiete die Befürchtungen des eifrigen Reichskommissars. Er stellt fest, Zwangsmaßnahmen gegen die Mischlingskinder seien »rechtlich ausgeschlossen«, da sie nun einmal »deutsche Reichsangehörige« seien.

Die vorgeschlagene Sterilisation wird schließlich im Sommer 1937 durchgeführt, also erst vier Jahre nach dem Nazigesetz »Zur Verhütung erbkranken Nachwuchses«, da vorher die Bedenken des Außenministeriums ausgeräumt werden mußten, das damals noch internationale Reaktionen befürchtete. Außerdem mußten die Mütter dieser Kinder mit Hilfe der Gestapo von den »Vorteilen« eines solchen Eingriffes überzeugt werden.

In einem Interview im »Berliner Lokalanzeiger« vom Februar 1937 zeigt die französische Journalistin Renée Duc, über die Haltung ihrer Mitbürgerinnen zur Mutterschaft befragt, unbewußt den Zusammenhang zwischen Demokratie und Frauenemanzipation auf, als sie erklärt:

»Heirat und Mutterschaft werden nur von Frauen abgelehnt, die linken Parteien oder Organisationen in Frankreich angehören, und von solchen Organisationen, die unter dem Vorwand, der Frau in ihrem Kampf und ihren Rechten zu helfen, die weiblichen Eigenschaften und wertvollsten Tugenden der Rasse zu zerstören versuchen. Es gibt nur wenig Kinder, da man sein Leben genießen will. Lediglich eine Regimeänderung kann die demographische Situation Frankreichs verbessern.«

Was Pastor Frenssen noch schamhaft eine »Regulierung der Sitten« nannte, wird in dem Maß, in dem das Dritte Reich seine nationale und internationale Position festigt, ein System des sexuellen Dirigismus – ausgearbeitet von einer vielgestaltigen Staats- und Parteimaschinerie.

Hier wie auch anderswo gehen die Verantwortlichen des Regimes pragmatisch vor. Sie kalkulieren Schwierigkeiten ein, ohne doch je das Ziel aus den Augen zu verlieren: Bis 1980 soll das Reich 120 Millionen arische Bürger haben.

Der Fortpflanzungswahn

Das Deutschland der Jahre 1937/38 scheint trotz der überall durchgeführten Gleichschaltung noch nicht reif für eine staatlich gelenkte Fortpflanzung nach den Vorstellungen der Experten zu sein: Himmler ist in seinen »Leitheften« noch dabei, die SS zu überzeugen, lieber »nordische« Frauen zu wählen – selbst wenn diese sexuell weniger ansprechend seien. Und Rudolf Heß hält allgemeine Richtlinien über den Status lediger Mütter noch für »nicht erforderlich und zweckmäßig«.[1]

Die Reformer warten den geeigneten Moment ab: In der Zwischenzeit konzentrieren sie ihre Bemühungen auf Gesundung und Vergrößerung der traditionellen Familie. Mit seinem Bericht vom 7. Februar 1938 macht der SS-Inspektor Wengemann[2] seine Vorgesetzten auf den kleinbürgerlichen Charakter des »Reichsbundes der Kinderreichen« aufmerksam. Zur Zeit der Weimarer Republik machte diese in den zwanziger Jahren gegründete Vereinigung mit ihren 5000 Mitgliedern und Sympathisanten im Vergleich zu den 70000 Mitgliedern von Organisationen zugunsten der Geburtenkontrolle eine klägliche Figur. 1930 hatten diese die Eröffnung des ersten offiziellen Zentrums für Familienplanung in Berlin durchgesetzt und ein Jahr später die einer Zentralstelle für Geburtenkontrolle.

1 Brief von Staatssekretär Pfundtner vom 13. 12. 1938 (BA Koblenz, R 43 11/427) an die obersten Reichsbehörden

2 I.f.Z., München MA 3061/2990

Seit Beginn des Dritten Reiches hat sich die Lage jedoch umgekehrt. Den Einrichtungen zur Familienplanung wird vorgeworfen, mit Kommunisten gemeinsame Sache zu machen; aufgrund des Gesetzes vom 28. Februar 1933 »Zum Schutz von Volk und Staat« werden sie geschlossen, Abtreibung wird verboten. Gleichzeitig wird die arische Bevölkerung durch Reden, Propaganda und Anreize aller Art auf eine Politik entschlossener Geburtensteigerung hin konditioniert. Die Leistungen des »neuen Deutschland« scheinen die Delegierten des im August 1937 in Paris stattfindenden »Internationalen Kongresses zum Schutz der Kindheit« derart beeindruckt zu haben, daß sie den unbedeutenden Wilhelm Stüwe, Vorsitzender des »Reichsbundes der Kinderreichen«, zum Präsidenten wählen. Zugleich beauftragen sie ihn, den nächsten Kongreß 1938 in Frankfurt am Main zu organisieren.

Diese Lebens- und Familien-»Spezialisten«, darunter ein belgischer und ein österreichischer General, scheinen den 25000 Vorsorgezentren für Mutter und Kind, den 10 Millionen gynäkologischen Untersuchungen im Reich mehr Aufmerksamkeit geschenkt zu haben als den rassehygienischen Maßstäben, nach denen Unterstützungen bewilligt oder verweigert, ja sogar die Sterilisierung der Eltern vorgeschrieben werden.

Wie schon seit 1930 beschränkt sich der »Reichsbund der Kinderreichen«, der Deutschland auf den Kongressen von 1937 und 1938 noch vertritt, weiterhin auf Eugenik. So wird das delikate Problem der rassischen Auswahlkriterien umgangen, was die am Kongreß teilnehmenden Nazi-»Experten« verärgert.

Nach Ansicht des SS-Inspektors Wengemann sollte sich der »Reichsbund der Kinderreichen« nur um Kinder aus »genetisch wertvollem Elternhaus« kümmern und die mit »rassisch minderwertigem Blut« ebenso ausschließen wie die Kinder von Eltern mit chronischen Erkrankungen oder Erbkrankheiten, sogar die Kinder von Eltern, die aus wirtschaftlichen, juristischen oder politischen Gründen als »asozial« betrachtet werden.[1] Er befürwortet in seinem Bericht, sich von der Wiege an um ausgesuchte Kinder in Reichsmütterschulen zu kümmern, die die enteigneten konfessionellen Einrichtungen ersetzen und nach dem Vorbild des »Lebensborn« arbeiten sollen. Nach diesen »Schulen« sollten Staats- und Parteistellen für die materielle und weltanschauliche Erziehung dieser Kinder Sorge tragen.

1 S. o. die Behandlung der Familie Gries

Zwei Monate später greift der Reichsleiter der NSDAP Martin Bormann[1] diese Vorstellungen wieder auf. Er schlägt vor, den Vorsitzenden Wilhelm Stüwe durch eine zweiköpfige Leitung zu ersetzen: einen für technische Fragen zuständigen Arzt und einen höheren SS-Offizier, der für Organisation und Programm des »Reichsbundes der Kinderreichen« verantwortlich sein soll. Die Oberaufsicht, die bis dahin in den Händen des Innenministeriums und des RuSHA lag, sollte Himmler übertragen werden, damit die – zur Fortpflanzung in nationalsozialistischem Sinn tauglichen – kinderreichen Familien zusammengefaßt, die Familien- und Geburtenpolitik besser propagiert und die vorbildliche kinderreiche Familie zur normalen Lebensform im Hitlerdeutschland werden könnte. Nach einem Organisationsplan von 1938 war sogar die Vereinigung des »Reichsbundes der Kinderreichen« mit dem »Lebensborn« unter dem Vorsitz von Heinrich Himmler vorgesehen. Einem Verwaltungsrat aus fünf höheren SS-Offizieren, der mit der allgemeinen Kontrolle von medizinischen, juristischen, finanziellen und administrativen Fragen beauftragt war, sollte ein Ausschuß von fünf Experten zur Seite stehen: die Reichsfrauenführerin Scholtz-Klink sowie Vertreter der Partei, des Reichswohlfahrtsamtes und des Aufklärungsamtes für Bevölkerungspolitik und Rassenpflege.

Warum wurde dies nicht in die Tat umgesetzt? Auch hier scheint man auf eine günstige Gelegenheit gewartet zu haben. Die Neuorganisation des »Reichsbundes der Kinderreichen« erfolgt erst 1939. Auf Vorschlag des SS-Inspektors Wengemann und des Reichsleiters Bormann soll er von nun an »Reichsbund deutsche Familie« heißen und ausdrücklich die Nebenbezeichnung »Kampfbund für den Kinderreichtum der Erbtüchtigen« tragen. Wirklich geleitet wird er von einem Arzt und einem SS-Offizier. Die »Auswahlrichtlinien« entsprechen den Himmler so wichtigen Kategorien: 1. wertvolles Erbgut; 2. biologisch zweifelhafter Wert; 3. wertloses Erbgut – die letzte Kategorie wird mit dem Zusatz »ausmerzen« versehen.

Parallel zu dieser Gleichschaltung wird am 6. Juli 1938 unter dem Vorwand, die Gesetze des annektierten Österreich und die des alten Reiches einander anzugleichen, ein neues Ehe- und Scheidungsgesetz veröffentlicht. Darin wird auf die verschiedenen Gesetze zum »Rassenschutz« und an die Ungültigkeit jeder außerhalb der Reichsgrenzen geschlossenen Ehe eines Ariers noch einmal hingewiesen und –

1 I.f.Z. München, MA 306/2990, Brief vom 4. 4. 1938

wahrscheinlich, um die in der Bevölkerung verschrienen »biologischen Ehen« zu legalisieren – das Heiratsalter gesenkt: Mädchen können ab sechzehn Jahren heiraten, junge Männer ab einundzwanzig; Ausnahmegenehmigungen sind ab achtzehn Jahren möglich, wenn der junge Mann – im Sinne des Gesetzgebers – seine Pflichten als Familienoberhaupt erfüllen kann.

Die wichtigste Novellierung betrifft das Scheidungsgesetz. Zwar bleibt Ehebruch ein anerkannter Scheidungsgrund, doch hat das Gericht durch eine Klausel die Möglichkeit, dies nicht zu berücksichtigen, wenn der Kläger oder die Klägerin ihn »zugelassen, möglich gemacht oder erleichtert« hat. Die Paragraphen 48 und 53 berücksichtigen außer chronischen Erbkrankheiten oder Krankheiten, die »Ekel erregen können«, die Weigerung zur Fortpflanzung. »Ein Ehegatte kann die Scheidung begehren, wenn der andere sich ohne triftigen Grund weigert, Nachkommenschaft zu erzeugen oder zu empfangen oder wenn er rechtswidrig Mittel zur Verhinderung der Geburt anwendet oder anwenden läßt.«

Paragraph 53 sieht die Scheidung vor, wenn »ein Ehegatte vorzeitig unfruchtbar geworden ist«. Sie wird allerdings nicht ausgesprochen, wenn die Ehepartner miteinander bereits »erbgesunde, eheliche Nachkommenschaft haben« oder adoptiert haben.

Die geburtenfördernde Absicht des Gesetzgebers wird noch offensichtlicher, wenn er betont, daß die Scheidung nicht zulässig ist, wenn derjenige, der sie eingereicht hat, ebenfalls unfruchtbar ist oder »aus gesundheitlichen Gründen eine neue Ehe nicht würde eingehen dürfen«. Die revolutionärste Klausel ist Paragraph 55, der die Trennung vorsieht, wenn die Eheleute mindestens drei Jahre lang nicht mehr zusammengelebt haben. Im Namen der persönlichen Freiheit in den zwanziger Jahren von Progressiven gefordert, muß dieser Paragraph aus der Sicht der Nazis die Auflösung unfruchtbarer oder unfruchtbar gewordener Ehen fördern, zugunsten einer Wiederverheiratung zwischen fruchtbaren Partnern.

Zwar steigt die Zahl der Scheidungen in den beiden Jahren nach der Gesetzesänderung nur um einige Tausend – was in Relation zum Anwachsen der Bevölkerung wenig ist –, doch ist bedeutsam, daß 19 Prozent davon aufgrund des Paragraphen 55 ausgesprochen werden.

Gesamtgesellschaftlich ist ebenso bedeutsam, daß trotz der Einführung der Härteklausel 80 Prozent der Nutznießer des neuen Scheidungsrechtes Männer sind, die – häufig nach zwanzig Jahren Ehe – »ein neues Leben anfangen«. Das Interesse an einer Steigerung der

Geburtenrate zeigt sich auch darin, daß im Gesetz vorgesehen ist, den von dem oder der »Schuldigen« zu zahlenden Unterhalt im Hinblick auf neue familiäre Verantwortungen des verurteilten Partners neu zu berechnen oder sogar endgültig aufzuheben.

Obwohl diese Maßnahme für beide Geschlechter gilt, trifft sie die Frauen wesentlich härter: Drei von fünf der 89600 gegen ihren Willen geschiedenen Frauen sind älter als fünfundvierzig Jahre. Im ideologischen Kontext des Dritten Reiches finden sie nur eine untergeordnete, also schlecht bezahlte Arbeit.

Mit Kriegsbeginn tritt die vom Nationalsozialismus vor der Machtübernahme gepriesene Erneuerung der Familie und der Würde der Frau angesichts der »Geburtenschlacht«, die genauso wichtig wie der militärische Sieg wird, noch mehr in den Hintergrund. In diesem Sinn schreibt Himmler: »Über die Grenzen vielleicht sonst notwendiger bürgerlicher Gesetze und Gewohnheiten hinaus wird es auch außerhalb der Ehe für deutsche Frauen und Mädel guten Blutes eine hohe Aufgabe sein können, nicht aus Leichtsinn, sondern aus tiefstem sittlichen Ernst Mutter der Kinder ins Feld ziehender Soldaten zu werden, von denen das Schicksal allein weiß, ob sie heimkehren oder für Deutschland fallen. Jeder Krieg ist ein Aderlaß des besten Blutes. Mancher Sieg der Waffen war für ein Volk zugleich eine vernichtende Niederlage seiner Lebenskraft und seines Blutes. Hierbei ist der leider notwendige Tod der besten Männer, so bedauernswert er ist, noch nicht das Schlimmste. Viel schlimmer ist das Fehlen der während des Krieges von den Toten nicht gezeugten Kinder.«[1]

Dieser Besessenheit vom »Volkstod« steht die Furcht der Frauen gegenüber, die mit ihrer Schwangerschaft allein sind. In Briefen des »Lebensborn«[2] wird von Depressionen und sogar Selbstmorden alleinstehender Mütter berichtet. Die SS-Ärzte beklagen sich bitter über das Unverständnis der Bevölkerung, aber auch über die »Abtreibungspsychose« bei Verlobten von an der Front gefährdeten oder gefallenen Soldaten, bei Arbeiterinnen oder Bäuerinnen, die von der Arbeit aufgerieben werden, die sie trotz ihres Zustandes verrichten müssen, weil die Männer eingezogen sind.[3] Diese Situation und die Tatsache, daß die Anzahl der offiziell als »Fehlgeburten« bezeichneten Abtreibungen jährlich fast 600000 erreicht (praktisch ebenso

1 Tagesbefehl an SS und Polizei vom 28. 10. 1939
2 Siehe Akte Nr. 45, Archiv Arolsen, zitiert nach Marc Hillel, a.a.O.
3 BA Koblenz, R 58/146

viele wie in der Weimarer Republik), veranlassen Himmler, das Wirkungsfeld des »Lebensborn« über Ehefrauen, Gefährtinnen und Verlobte von SS-Männern hinaus auszudehnen. 1939 sind schon fünf Entbindungsheime eingerichtet. In verschiedenen Gegenden des Reiches sind sie in schön gelegenen, ehemals Juden gehörenden, Villen untergebracht, über denen die schwarze Fahne mit den SS-Runen weht. Bewaffnete Wachtposten verwehren Neugierigen und Unerwünschten den Zutritt. Max Sollmann, ein 1937 aus Kolumbien zurückgekehrter Freund Heinrich Himmlers, sowie der Arzt und Major Gregor Ebner, ein Mitschüler des Reichsführers der SS, werden mit der Leitung betraut. Auch Juristen werden beschäftigt, die sich vor allem um Fragen des Personenstandes kümmern, und Krankenschwestern, die unter den Pensionärinnen der Heime ausgewählt oder aufgrund ihres Eifers für die Sache eingestellt werden. Nach der Ausweitung der Aktivitäten auf besetzte Gebiete tritt Inge Viermetz in die Vereinsleitung ein. Vereinssitz wird – ein raffinierter Sadismus – das ehemalige jüdische Gemeindezentrum und das Haus des im Exil lebenden Schriftstellers Thomas Mann in München.

Himmler wacht persönlich über den Eingang der Gelder, die als soldabhängige Beiträge bei seinen Männern erhoben, oder in Industriekreisen und bei Leuten, die sich um die Gunst der SS bemühen, gesammelt werden. Der Hauptteil kommt aber aus gestohlenem oder konfisziertem jüdischen Vermögen. Zwar ist Geld genug da, doch scheint in diesen Heimen keine Ordnung geherrscht zu haben.

Konfrontiert mit der Feindschaft der in der Umgebung lebenden Bevölkerung, die sich über diese »Zuchtbordelle« erregte, sowie mit den Rivalitäten innerhalb einer geschlossenen, aber sehr heterogenen Gesellschaft, gelingt es den Leitern nicht, ein Minimum an Disziplin und Hygiene zu erreichen: Offiziersfrauen lehnen es ab, andere zu duzen, mit dem Vornamen angeredet zu werden, Hausarbeiten zu machen – also den Vorschriften zu folgen, die die sozialen Unterschiede zwischen den »Pensionärinnen« verwischen sollen. Wie Briefe von »Pensionärinnen« zeigen, erweisen sich Nägel im Kartoffelbrei, ungeleerte Töpfe und die Verwechslung von Kindern als permanenter Konfliktstoff. Viele beklagen sich über die Rücksichtslosigkeit und Inkompetenz des Personals. Aus dem Heim bei Wien entfliehen einige, als sie erfahren, daß der Geburtshelfer ein ehemaliger Zahnarzt ist. Nach den Aussagen Max Sollmanns 1947/48 im Prozeß um den SS-Rasse-Dienst und den »Lebensborn« sollen diese »SS-Zuchtstätten« 12000 Kinder »produziert« haben. Doch der besondere Charakter der Einrichtung soll die Fortpflanzungsbesessenheit nicht verschleiern, die seit Kriegsbeginn alle Minister und Verantwortlichen des Dritten Reiches noch heftiger erfaßte. Rudolf Heß, der persönliche Stellvertreter des Führers, wendet sich Weihnachten 1939 in einem offenen Brief im »Völkischen Beobachter« an eine ledige Mutter. Er beschwört sie im gleichen Stil wie Himmler, »das rassisch einwandfreie Kind« vom an die Front geschickten Mann zu behalten und versichert ihr, es werde »für die Erhaltung dieses wertvollen nationalen Gutes gesorgt sein«. Kurz vorher, am 15. Dezember, eröffnen Alfred Rosenberg, Dr. Ley und die Reichsfrauenführerin Scholtz-Klink mit großem Aufwand im Kaiser-Friedrich-Museum in Berlin die Ausstellung »Frau und Mutter – Lebensquelle des Volkes«.[1] Wilhelm Frick seinerseits drängt den Staatssekretär der Reichskanzlei, eine Versammlung einzuberufen, auf der über die Hilfe für notleidende Kriegsverlobte beraten werden soll.[2]

Alle von regionalen und örtlichen Instanzen gehaltenen Reden sind kein Ersatz für finanzielle Unterstützung, die ledigen Müttern ebenso spärlich zuteil wird wie jungen Paaren, die in den ersten Regierungsjahren zwar verwöhnt, dann aber wegen des Militäretats immer stärker vernachlässigt wurden. Wenn Himmler seine »Lebensborn«-Schützlinge auch gern mit einem Kerzenleuchter und einem bis zum einundzwanzigsten Geburtstag laufenden Sparbuch beschenkt, läßt er doch die Wehrmacht wissen, daß sie die Nachkommen ihrer Soldaten selbst finanzieren müsse, wenn diese ihren Vaterpflichten nicht nachkommen wollen oder können.[3]

Zur Rationalisierung der für das künftige deutsche Reich notwendigen Fortpflanzung schlagen der Führer des Reichsgesundheitsamtes, Dr. Conti, und seine Frau Nana, die Vorsitzende des Nationalsozialistischen Hebammenverbandes, vor, »Heiratsinstitute« unter Parteikontrolle zu gründen. Dort könne man das durch den Krieg entstandene Männerdefizit durch künstliche Befruchtung ausgleichen. Am 16. Juli 1941 wird das Projekt in Hitlers Gegenwart besprochen: Himmler stimmt der Idee kontrollierter Fortpflanzungsanstalten wie dem »Lebensborn« oder den noch im Frühjahr 1944 eingerichteten Mütterheimen zu. Aber er will von den in den Vereinigten Staaten ausprobierten »Scheidenpinseleien« nichts hören. Diese Pra-

1 BA Koblenz, NS 10/67
2 BA Koblenz, R 43 II/1286
3 Briefentwurf Himmlers an Keitel, Juli 1940, I.f.Z. München, Fa 202

xis erscheint ihm »unmoralisch« und »widernatürlich«. Da »physische und psychische Eigenarten« beim künstlichen Befruchten nicht beachtet würden, könnten »Impotenz oder Sterilität«, vielleicht sogar »Entartungen bei der Nachzucht« die Folge sein.

Noch zwei Jahre später beschäftigt ihn das Projekt so sehr, daß er sich dem Direktor der Abteilung für Tierbiologie an der Technischen Hochschule München anvertraut, wo er studiert hat. »Die gesamten Indogermanen kannten in ihrem Recht das Problem der Sterilität des Mannes. Sie waren bestimmt so weit in ihrer Erkenntnis, daß sie gewußt hätten, daß man durch künstliche Einführung des Samens bei der Frau eine Befruchtung ermöglichen könne. Gerade wegen ihrer hohen Ethik haben sie jedoch in ihren Rechtsgrundsätzen den natürlichen Zeugungshelfer verankert, so die Dorer und unter den Germanen viele Stämme und Völkerschaften, deren Überlieferungen und Rechtsbücher wir kennen.«[1]

Natürlich ruft diese Bevölkerungspolitik, die die Theorien des Sozialdarwinismus bis in ihre letzten Konsequenzen verwirklicht, den Protest christlicher Kreise hervor. Diese hatten sich dem Nationalsozialismus angeschlossen, weil sie in ihm einen Verbündeten gegen den Verfall moralischer Werte in der Weimarer Republik gesehen hatten.

Schon bei Veröffentlichung der neuen Ehe- und Scheidungsgesetze hatte der Vatikan den Botschafter des Reichs vorgeladen. Der »Osservatore Romano«, sein offiziöses Presseorgan, hatte die rassistischen Werke der Professoren Hans F. K. Günther und Fritz Lenz sowie Dr. Ludwig Ferdinand Clauss[2] stark kritisiert. Im Reich verurteilen die Kardinäle und Bischöfe, die sich gegen das Sterilisationsgesetz erklärt hatten, die Positionen Heß' und Himmlers zur außerehelichen Fortpflanzung in einem Hirtenbrief zum Fest der Heiligen Familie.[3]

Von protestantischer Seite ist die Mißbilligung diskreter. Dorothee von Velsen, die ehemalige BDF-Verantwortliche, äußert ihrer Freundin Gertrud Bäumer gegenüber ihren ohnmächtigen Zorn über die Kampagne der SS-Wochenzeitschrift »Das Schwarze Korps« für die »Kriegsmutterschaft«. Sie beklagt, daß ihr Kampf für die gesetzliche Absicherung lediger Mütter in wilde Fortpflanzung verkehrt werde.[4] Selbst eine Guida Diehl, die bereits lange vor dem Regierungsantritt

1 Brief Himmlers an Prof. Heinz Henseler vom 31. 3. 1943, MA 5 50/3649–51
2 I.f.Z. München, MA 47/5269
3 I.f.Z. München, MA 441/1 – 0508 und BA Koblenz, R 58/147
4 BA Koblenz, Kl. Erwerb Nr. 296-1

der Nationalsozialisten im Kampf gegen die »jüdisch-bolschewistische Verderbtheit« keine Mühe gescheut hatte und die nach der Machtübernahme für die weltanschauliche Ausbildung der Frauen zu körperlicher und geistiger Mutterschaft gesorgt hatte, klagt seit Kriegsbeginn die »tierische Volksvermehrung« und die Attacken gegen die »heiligen Gesetze der Ehe« an, die im »Schwarzen Korps« als »Alte-Tanten-Moral« verschrien würden.

Dies bedeute »(...) nichts anderes als eine tierische Volksvermehrung, wo die deutschen Mädchen und Frauen wahllos als Zuchtstuten dienen sollen«.[1]

Sie geht soweit, den blinden Gehorsam der Nationalsozialistinnen, das Fehlen von »germanischem Ehrgefühl« und »christlichem Gewissen« zu beklagen. Der Artikel, den sie am 15. Januar 1940 in ihrem »Neulandblatt« unter dem Titel »Die Unverbrüchlichkeit der Gottesgesetze« veröffentlicht, passiert zunächst unbemerkt die Zensur. Ein halbes Jahr später untersagt ihr die Gestapo kraft der Verordnung vom 28. Februar 1933 »Zum Schutz von Volk und Staat« jede Veröffentlichung. Das ist zuviel für diese Genossin der ersten Stunde: Sie telegrafiert Hitler, schreibt an Goebbels, erinnert ihn an ihre Schriften gegen die Zersetzung der Sitten. Statt einer Antwort teilt ihr der Präsident der Reichsschrifttumskammer ihren Ausschluß mit, was einem Publikationsverbot gleichkommt. Als sie endlich von Hans Fritzsche im Propagandaministerium, danach von einem Vertreter der SS empfangen wird, muß sie sich sagen lassen, sie solle sich lieber in ihr Thüringer Haus zurückziehen und auch nicht den fünfundzwanzigsten Geburtstag ihrer Bewegung, des »Neulandbundes« feiern, für dessen Weiterbestehen kein Grund gegeben sei.

Durch die totale Mobilmachung der Bevölkerung für den Krieg ist der Einfluß der Partei so groß geworden, daß sie bis in die geringsten Einzelheiten des persönlichen Lebens – auch bei Würdenträgern des Regimes – im Geist rassischer Fortpflanzung hineinregiert und kontrolliert. Goebbels, dessen Liebschaften sogar Gegenstand von Zeitungsartikeln sind, wird die Scheidung untersagt, um dieses an der Spitze der Hierarchie einzigartige Beispiel einer Familie mit sechs Kindern zu wahren – die er als letztes Opfer für seinen Führer zu vergiften nicht zögern wird. Martin Bormann und Erich Hilgenfeldt dagegen können ihre Frauen zugunsten junger »fruchtbarer« Frauen verlassen. Ebenso Heinrich Himmler, dem sein »Häschen von Sekre-

1 Guida Diehl, a.a.O., S. 259

tärin« zwei Töchter schenkt. Seinen Neffen hingegen schickt er wegen Homosexualität ins Dachauer Konzentrationslager, wo er angeblich liquidiert worden ist.[1]

Seit der Ermordung Ernst Röhms und der obersten SA-Führer im Jahr 1934 ist die männliche Homosexualität, die einzige, die die Fortpflanzung behindert, ein Vergehen für jeden Arier. Ein Vergehen, für das SS-Männer nach der Verordnung vom 15. November 1941 zum Tode verurteilt werden können, sofern sie weder Simulanten sind, die so versuchen, ihren militärischen Pflichten zu entgehen, noch Unschuldige, die von Denunzianten aus Rache angezeigt worden sind. Die andern, die als »Pathologen«, als »Lumpenpack« bezeichnet werden, sollen nach dem Krieg eventuell in besonderen Lagern »umerzogen« werden; in Kriegszeiten werden sie jedoch zum Tode verurteilt und hingerichtet, selbst wenn sie – wie ein Mitglied des SS-Stabes behauptet – als Spione im Dienst der Engländer Wunder wirken.[2]

So hart geht man nicht vor, wenn Massenmörder für Zivilisten in den besetzten Ostgebieten gebraucht werden. So wird ein Landsmann und Freund von Obergruppenführer Berger (der Stabschef des Führers des Schwarzen Ordens), Dr. Oskar Dirlewanger, der 1934 wegen eines »sexuellen Vergehens« zu zwei Jahren Gefängnis verurteilt worden war, zum Leutnant der SS befördert. Er wird ermächtigt, achthundert Freiwillige unter den arischen »Asozialen« und »Berufsverbrechern« der Konzentrationslager zum Sonderkommando auszuwählen.[3]

Hingegen wird der Gauleiter und ehemalige Reichskommissar für Preisbildung Joseph Wagner seines Amtes enthoben, weil er den schlechten Einfluß seiner katholischen Frau duldete und erlaubte, daß seine Kinder in einer Breslauer Klosterschule erzogen wurden, die er als »beste Schule in Breslau« zu bezeichnen gewagt hatte. Das Parteigericht, das sich anfangs in Anbetracht seiner Dienstjahre milde gezeigt hatte, zögert nicht, nach Himmlers und Hitlers Intervention die Ehegatten aus der NSDAP auszuschließen. Beide waren aufgebracht darüber, daß das Ehepaar ihre Tochter Gerda vor die Tür gesetzt hatte, weil sie einen SS-Offizier heiraten wollte.[4]

Nach Himmlers Briefen zu urteilen sind die »echten, anständigen,

1 Eugen Kogon, Der SS-Staat, Frankfurt a. M. 1946, S. 356
2 Briefe Himmlers vom 9. 10. 1942 und vom 23. 6. 1943, MA 81/1456 und MA 55/24–27
3 T.M.I. Nr. 621 und I.f.Z. München, Fa 146/51
4 Zitiert von Helmut Heiber, Reichsführer! – Briefe an und von Himmler, Stuttgart 1968

tapferen Männer, die ehrliebend sind«, die Hitler den Frauen als Belohnung für ihren Mutterdienst versprochen hatte, nicht Legion – sogar oder besonders nicht innerhalb der rassischen Elite des Schwarzen Ordens. Sein Führer verbringt viel Zeit damit, Intrigen, Eitelkeit, Unehrenhaftigkeiten und den Mißbrauch von Alkohol zu rügen und zu bestrafen – hatte er doch eine Thermalquelle in der Tschechoslowakei erworben und dachte daran, die Quellen von Vichy aufzukaufen, um in den SS-Kantinen diese natürlichen Getränke und Fruchtsäfte durchzusetzen.

Fehlender Familiensinn beim einen: »Die Mutter des Staffelmannes Toni Rieml hat sich an den Reichsführer-SS gewandt, ihr Sohn hätte ihr seit Kriegsbeginn noch nicht geschrieben, so daß sie nicht weiß, wie es ihm geht. Der Reichsführer befiehlt Rieml, seiner Mutter ein paar Zeilen zukommen zu lassen.«[1] Mangelnde Festigkeit gegen seine größenwahnsinnige Ehefrau beim andern: »Alles in allem habe ich den Eindruck, daß Sie in Ihrer Ehe die notwendige Führung sowie die Erziehung Ihrer jungen Frau noch nicht in dem Maße übernommen haben, wie ich es von einem SS-Führer erwarten muß.«[2]

Dagegen hatte der »treue Heinrich« alle Hände voll zu tun, um den Skandal zu ersticken, als Max Amann, der mächtige Direktor des Parteiverlages und Präsident der Reichspressekammer, durch seine brutale Art seine verzweifelte Frau dazu bringt, sich in einen See in der Nähe Münchens zu werfen, aus dem sie von einem polnischen Landarbeiter mit knapper Not gerettet und in Tränen aufgelöst zum nächsten Polizeirevier gebracht wird.

Kann man den Arzt und SS-Hauptsturmführer Gerhard Tschmarke wiederaufnehmen, der 1938 aus der SS ausgeschlossen worden war, weil er bei einer von ihm schwangeren Krankenschwester eine Fehlgeburt herbeigeführt hatte? Der Reichsführer antwortet, man müsse feststellen, ob aus seiner zweiten, 1937 geschlossenen Ehe »Kinder hervorgegangen sind« und »ob er sich zu der vom Führer klar ausgesprochenen Meinung, daß die Familie, wenn das Schicksal einem Ehepaar günstig gesinnt ist, vier Söhne haben müßte, bekennt«.[3]

1 Helmut Heiber, a.a.O., S. 69
2 A.a.O., S. 264
3 A.a.O., S. 196

Je mörderischer der Krieg wird, um so mehr steigt die Besessenheit, die Geburtenrate zu erhöhen: Seinem Verantwortlichen für wirtschaftliche Angelegenheiten, SS-Obergruppenführer Pohl, vertraut Himmler am 8. Mai 1942 an, daß er den geheimen Befehl zur Planung einer großen Zentrale für den »Lebensborn« gegeben habe, »unter dem Gesichtswinkel der rund 400000 heute wohl schon vorhandenen Frauen, die durch den Krieg und seine Gefallenen keine Männer bekommen« könnten. Er fügt hinzu: »Das Gebäude muß entsprechend den edlen Gedanken und der Ehre der nicht verheirateten Mutter anständig und repräsentativ sein.«

Das Wort »anständig« mögen die Naziführer besonders gern: Es wird sogar gebraucht, wo es um Militärbordelle geht. Nach dem Bericht eines seiner Inspektoren über Geschlechtskrankheiten in den in Polen stationierten Wehrmachts- und SS-Einheiten, wirft Himmler den leitenden Ärzten am 17. Juli 1942 vor, keine »anständigen Bordelle« und keine »würdigen Gelegenheiten für unsere Männer, mit Frauen geschlechtlich zusammen zu sein« geschaffen zu haben. Er befiehlt die »Errichtung von Bordellen, in denen ein gesundes Zusammentreffen mit Mädchen möglich ist, ohne die Gefahr, daß Kinder in die Welt gesetzt werden, daß die Männer krank werden, daß die gesellschaftliche Bindung zum polnischen Volkstum angeknüpft wird«.[1] Eine Untersuchung hatte ergeben, daß 94,5 Prozent der Geschlechtskranken sich bei deutschen Frauen angesteckt hatten. Deshalb hatten die verantwortlichen Militärs erwogen, diese zu zwingen, unter ärztlicher Aufsicht in Kasernen zu leben und halboffiziell das Verbot für ihre Truppen aufzuheben, mit Polinnen zu verkehren. Die »rassische Vermischung« stehe außer Frage, tobt Himmler daraufhin; ebenfalls außer Frage steht offenbar, deutsche Frauen so zu behandeln:

»Den beabsichtigten Vorschlag, alle deutschen Mädchen, die dort arbeiten, zu kasernieren und wie Prostituierte zu untersuchen, kann ich nur als eine unwürdige Kommißlösung ansprechen, die typisch der Ausweg ist, wenn meine Herren Kommandeure und Ärzte ihre Pflicht sträflich versäumt haben.« Wiederholt bedauert Himmler die Schwachheit seiner Männer, die für jede Verführung zugänglich seien, angefangen bei der »der Frau, die ihren Einfluß in unendlich

1 Helmut Heiber, a.a.O., S. 129/30

vielen Dingen der Weltgeschichte ausgeübt hat«. Um den »faulen Laden« in Ordnung zu bringen, will er sie in Disziplinarzentren, wie in dem 1938 im Lager Sachsenhausen eingerichteten, umerziehen lassen. Die geistige Gesundung der germanischen Eltern soll ergänzt werden durch eine körperliche. Aus Angst vor Infektionen, besonders vor Geschlechtskrankheiten – auch in »Mein Kampf« ist diese Angst allgegenwärtig –, befiehlt er den Professoren Clauberg und Grawitz, an Gefangenen beiderlei Geschlechts Behandlungen mit Sulfonamiden auszuprobieren.

Solche Zukunftspläne schließen Sofortmaßnahmen nicht aus. Sie sind um so dringlicher geworden, als die Ausdehnung der besetzten Gebiete, die Konzentration von ausländischen Gefangenen und Fremdarbeitern im Reichsgebiet das Risiko der »Rassenvergiftung« vergrößern.

Himmler befiehlt den Führern der Wehrmacht und der SS die Einrichtung »anständiger« Bordelle und plant auch solche für Fremdarbeiter. »Wenn ich die Bordelle nicht einrichte«, erklärt er dem Staatssekretär im Landwirtschaftsministerium, der von Sonderlebensmittelrationen für Prostituierte nichts hören will, »gehen diese Millionen Ausländer auf die deutschen Frauen und Mädchen los. (...) Die Zahl der Bordelle und ihrer Insassen muß ich selbstverständlich beschränken. Dadurch ist es leider notwendig, diesen Insassen für ihre zwar im deutschen Interesse nützliche, sonst aber wenig erfreuliche Betätigung genügend Ernährung zu geben.« Der Reichsführer schließt sich der Meinung des Staatssekretärs an, daß »es psychologisch gefährlich wäre, eine Zuteilung von Lebensmitteln in Form von Schwerarbeiterzulagen zu machen« – die den Arbeiterinnen übrigens nicht zustehen –, und schließt mit schlüpfriger Vertraulichkeit: »Irgendwie müssen wir versuchen, dieses unappetitliche Problem zu lösen.«[1]

Ein halbes Jahr später erreicht die Rationalisierung der Sexualität eine neue Stufe. Nach seiner Rückkehr von einer Inspektionsreise ins Lager Buchenwald wendet sich Himmler an Obergruppenführer Pohl, der für die wirtschaftliche Verwaltung der SS im allgemeinen und der Lager im besonderen zuständig ist. Die Produktivität der in der Rüstungsindustrie beschäftigten Häftlinge würde sicherlich gesteigert, wenn – anstatt ihnen von Zeit zu Zeit ein paar Zigaretten oder

1 Brief an Herbert Backe vom 30. 7. 1942, MA 65/520; s. auch Helmut Heiber, a.a.O., S. 135

etwas Geld zu geben – ein dreistufiges Belohnungssystem eingeführt würde (ganz entschieden mag der Reichsführer dreistufige Einteilungen!). Zigaretten und andere kleine Vergünstigungen sollten als erster Anreiz dienen, Geld zusätzliche Anstrengungen aufwerten; die Eifrigsten sollten ins Bordell gehen dürfen.

»Dieser ganze Komplex ist nicht übertrieben schön, aber er ist natürlich, und wenn ich diese Natürlichkeit als Antriebsmittel für höhere Leistungen habe, so finde ich, daß wir verpflichtet sind, diesen Ansporn auszunutzen.« Produktivität schließt Ästhetik nicht aus. Der Reichsführer wünscht, daß Pohl jemanden findet, »der in einer genialen und geradezu künstlerischen Weise dieses ganze Leistungssystem in allen Lagern entwickelt. Es muß doch möglich sein«, schließt er, »daß wir Deutsche dieselbe Intelligenz aufbringen wie der Russe, der durch sein Lohn- und Nahrungssystem dieses an und für sich träge russische Volk zu den unglaublichsten Leistungen antreibt.«[1]

Ein auf den Pawlowschen Reflex reduziertes Geschlechtsleben befriedigt sicher weder Frauen noch Männer, denen eine hündische Unterwürfigkeit anerzogen werden soll.

Seit Beginn der Feindseligkeiten werden die Berichte der Sicherheitspolizei (Sipo) über freundschaftliche Beziehungen zwischen der deutschen Bevölkerung und polnischen, englischen und französischen Gefangenen zahlreicher. Die Sympathie der mit ihnen zusammenarbeitenden Frauen beunruhigt die Informanten, sie weisen auf deren sexuelle Beziehungen mit diesen »Elementen einer minderwertigen Rasse« besonders hin. In einem Bericht vom 14. März 1941 wird der Fall einer Hotelwirtin aus Bamberg in Franken dargestellt: Gemäß einer Verordnung vom 31. Januar 1940 wurde sie mit kahlgeschorenem Kopf und einem Schild um den Hals »Ich habe die deutsche Frauenehre beschmutzt« durch die Straßen geführt.

Der Informant kommentiert im schulmeisterlichen Stil der Naziverwaltung: »Die Kunde von diesem Vorfall ging wie ein Lauffeuer durch das ganze Kreisgebiet. Stimmungsmäßig ist festzustellen, daß ein großer Teil der Bevölkerung die Maßnahme gutheißt, manche forderten geradezu nach Prügelstrafen. Ablehnung fand die Maßnahme dagegen bei den meisten Frauen, auch bei denen, die Parteigenossinnen sind. Allerdings rückten diese mit ihrer wahren Auffas-

1 Brief Himmlers an Ogruf, SS Pohl, vom 5. 3. 1943, MA 73/812–14; s. auch Helmut Heiber, a.a.O., S. 216

sung zunächst nicht heraus, sondern erklärten, obwohl sie ganz weiß im Gesicht wurden, als sie die Kahlgeschorene sahen, daß dieser ganz recht geschehen sei. In späteren Gesprächen gaben die Frauen jedoch, als sie unter sich waren, der Überzeugung Ausdruck, daß sie mit der Maßnahme nicht einverstanden seien, ob in der gleichen Weise gegen die Männer vorgegangen würde, die sich in Frankreich mit Französinnen einließen.«[1]

Die Reaktion dieser Frauen zeigt, daß sie die schon von den Feministinnen im Kaiserreich beklagte Doppelmoral für verurteilenswerter halten als das Verhalten dieser Frau, die ihre – von der nationalsozialistischen Ideologie ihr zugewiesene – Rolle als Hüterin des deutschen Blutes vergessen hat. Überdies scheinen laut Sipo-Berichten mitten im Krieg, in diesem von militärischen Siegen noch trunkenen Land, trotz einer allgegenwärtigen Polizei, einem auf allen Ebenen und bei jeder Gelegenheit üblichen Denunziantentum Proteste dieser Art in verschiedenen Gauen vorgekommen zu sein. Diese Proteste hatten natürlich weniger Gewicht als die der kirchlichen Würdenträger, dic zum gleichen Zeitpunkt die Einstellung der an nichtjüdischen unheilbar Kranken und Krüppeln durchgeführten Euthanasie bewirken. Die in den Verordnungen vom Januar und Mai 1940 vorgesehenen Strafen – ein »Rassenschänder« konnte zum Tode, eine »ehrvergessene Deutsche« zu Konzentrationslager verurteilt werden – werden beibehalten. Hingegen ist der Chef der Sipo gezwungen, am 31. Oktober 1941 auf »Befehl des Führers« alle vorher von Himmler angeordneten öffentlichen Demütigungen zu verbieten.

Viele Frauen sind einsam, weil derjenige, den die Propaganda unaufhörlich als ihren unentbehrlichen Beschützer darstellt, nicht mehr da ist, sind verwirrt angesichts ungewohnter Verantwortungen und Aufgaben, die sie wegen der Abwesenheit ihrer Männer übernehmen müssen. Zudem sind deren Briefe manchmal so selten wie ihr Urlaub, so daß es häufig zum Vergessen der »nötigen rassischen Distanz« kommt, wozu ein Bericht der Sipo vom 12. Oktober 1942 mit bestelltem Optimismus bemerkt, »daß eine rechtzeitige Erziehungsarbeit sicher nicht vergeblich wäre«.

Etwas mehr als ein Jahr später ist dieser Optimismus nicht mehr am Platze. Der Chef der Sipo schreibt am 13. Dezember 1943 über die

1 Bericht des SD, Außenstelle Ebern, 14. 3. 1941, zitiert nach Rolf Hochhuth, Eine Liebe in Deutschland, Reinbek 1978, S. 63

immer zahlreicheren Prozesse wegen verbotener sexueller Beziehungen:

»Der Personenkreis der Täter ist (...) offenbar durch Zufall und Gelegenheit begrenzt. Die Frauen, die mit Kriegsgefangenen in Beziehung treten, kommen durch ihre Arbeit in der Landwirtschaft oder Fabrik mit ihnen dauernd in enge Berührung. Es handelt sich dabei keineswegs nur um sittlich gelockerte Frauen, wenn diese auch den größeren Teil stellen mögen. Unter den Angeklagten finden sich sowohl völlig unbescholtene bestbeleumundete Bauernmädchen aus guten Familien, die vordem noch nie Verkehr gehabt haben; Frauen von Soldaten, die z. T. jahrelang in glücklichster Ehe gelebt haben, darunter Frauen mit mehreren Kindern. Sobald Franzosen in anderen gehobenen Stellungen tätig werden, treten auch Stenotypistinnen, Haushälterinnen, Gutssekretärinnen und Angehörige der Intelligenz als Angeklagte auf.«[1]

Diese hellsichtige Analyse der Wirklichkeit verhindert aber Verfolgungen nicht: Richter verurteilen weiterhin zu Gefängnis und Konzentrationslager diejenigen, die sich von »minderwertigen« Männern haben lieben lassen. Die Männer, als Alleinverantwortliche, werden – besonders wenn sie Slawen sind – zum Tode verurteilt und hingerichtet. Hingegen erteilt Hitler selbst den deutschen Soldaten von vornherein die Absolution.

»Wenn der deutsche Mann als Soldat bereit sein soll, bedingungslos zu sterben, dann muß er auch die Freiheit haben, bedingungslos zu lieben.

Kampf und Liebe gehören nun einmal zusammen. Der Spießer (...) sollte froh sein, wenn er bekommt, was übrigbleibt.«[2]

Das klingt wie die Rede eines Soldaten im Feld an die Offiziere im Hauptquartier. Vor diesen Herren, die durch ihre Erziehung gewöhnt sind, ihre – nach Nietzsche – »Ruhe des Kriegers« zu genießen, wäre es unpassend, vom Treiben der »Lebensborn«-Pensionärinnen oder der Prostituierten in Himmlers Obhut zu sprechen. Auch der »treue Heinrich« versteht sich seiner Umgebung anzupassen: jedem seine Aufgabe. SS-Generalmajor Oberg informiert ihn, daß bei den Ende 1942 aus der Sowjetunion nach Frankreich gebrachten Einheiten 7000 Fälle von Geschlechtskrankheiten festgestellt worden seien.

1 Rolf Hochhuth, a.a.O., S. 24
2 Henry Picker, Hitlers Tischgespräche im Führerhauptquartier 1941–42, Bonn 1951, S. 235

Himmler zeigt Verständnis für das Verhalten dieser »aus dem Osten, sexuell völlig ausgehungert«, zurückgekommenen Männer. Er rät seinem »lieben Oberg«, Bordelle unter medizinischer und polizeilicher Kontrolle bis hin zur Gattung der von der Polizei so genannten »Kontrolldirnen« einzurichten. Für den Fall, daß der Generalmajor der SS nicht verstanden hätte, daß Frankreich kein so »primitives« Land sei wie die besetzten Ostgebiete, fügt er hinzu:

»Diesen Ausdruck bitte ich jedoch dort nicht zu benützen, da er die französischen Verhältnisse nicht trifft und nur verletzend wirkt.«[1]

Die Vorsicht ist um so wichtiger, als Hitlerdeutschland seit seiner Invasion der Sowjetunion in einen Kampf verwickelt ist, der viele Menschenleben kostet. Von nun an werden die besetzten Länder gebraucht, um die Bevölkerungspolitik zu gewährleisten. Himmler, der zusätzlich zu seinen anderen Posten nun auch noch zum »Reichskommissar für die Festigung deutschen Volkstums« ernannt worden ist, versucht mit allen Mitteln, »gutrassiges Blut« zu bekommen. Deshalb beauftragt er seine Amtsleiter am 11. Juli 1941, junge Polinnen und Ukrainerinnen nach Deutschland zu bringen, die zu den Wertungsgruppen I und II gehören. Diese Aktion ist für das Reich von dreifachem Vorteil. Kinderreiche Familien können nun endlich Hausangestellte erhalten, die außerdem nicht teuer sind. Die Volksgemeinschaft, die die Fremden in diesem Geist prägen wird, hat später mehr »gutrassige« Mütter. Außerdem werden ihrem ursprünglichen Volk auf diese Weise gleichzeitig die fähigsten Kinder, die geboren werden, genommen.[2]

Ihre eigene Doktrin mißachtend, zögern die Lieferanten von »Menschenmaterial« nicht, Mütter und Säuglinge aus den »Lebensborn«-Heimen der besetzten Länder zu entführen. Zusammen oder getrennt – je nach der Diagnose der Rassenexperten – bringen sie die Kinder zur Eindeutschung in Zentren oder in deutsche Familien. Kinder, die vorher als »bastardisiert« eingestuft worden waren, erhalten aus Zweckmäßigkeit nun Zeugnisse, die ihnen nordische Qualitäten bescheinigen. Ebenso die kleinen Deutsch-Franzosen, die Dr. Conti »nicht schlechter« findet »als die in Norwegen mit Norwegerinnen gezeugten« Kinder. Durch das Gutachten vom Mai 1942 scheinen hunderttausend Kinder von französischen Müttern Deutsche gewor-

1 MA 31/9356; s. auch Helmut Heiber, a.a.O., S. 178
2 MA 19/3893–94; s. auch Helmut Heiber, a.a.O., S. 91f.

den zu sein – von denen einige im »Lebensborn«-Heim im Schloß von Lamorlay, in der Nähe von Chantilly[1], geboren wurden.

In den besetzten Ländern im Westen werden bei der Eindeutschung die Bande zwischen Mutter und Kind noch bis zu einem gewissen Grad respektiert. Auch werden sie im allgemeinen anständig behandelt. In den annektierten Gebieten im Osten werden hingegen keinerlei Rücksichten genommen: Frauen werden nach der Sammlung durch die SS ins Reich geschickt, Kinder aus ihren Familien herausgerissen und zur Auswahl in Heime gebracht. Danach werden sie in ein Heim, zur Adoption in eine deutsche Familie geschickt oder zum Siechtum in Todeslagern freigegeben. In diesem Stadium der Rationalisierung der Sexualität vermehren die Staats- und Parteiämter ihre sogenannten »positiven« und »negativen« Bevölkerungsmaßnahmen: Einerseits wird der »Lebensborn« erweitert, die Eindeutschung maßlos vorangetrieben und ein Zusatz zum § 218 des deutschen Strafgesetzbuches eingeführt, wonach die Abtreibung eines arischen Fötus wegen Angriffs auf »die Lebenskraft des deutschen Volkes« mit dem Tode bestraft wird.[2] Andererseits herrscht Zeugungsverbot in den Ghettos. Zahllose jüdische Frauen werden in den Lagern sterilisiert, zu Empfängnisverhütung, Abtreibung und zu freiwilliger Sterilisation wird in den Ostgebieten ermuntert. Während Hitler noch erklärt, den Idioten erschießen zu wollen, der sich unterstehe, das deutsche Abtreibungsverbot in den Ostländern anzuwenden[3], gibt Himmler seinen medizinischen Experten schon genaue Anweisungen.

Frauen und Mädchen der annektierten Ostländer sollen zur Abtreibung aufgefordert und gleichzeitig soll ein kräftiger Handel mit empfängnisverhütenden Präservativen entfaltet werden. Medizinische Hilfe, Impfungen, chirurgische Eingriffe usw. sollen diesen Völkern verweigert werden. Eine intensive Propaganda soll ihnen eintrichtern, daß es schädlich sei, viele Kinder zu haben. Jede Geburt bringe das Leben der Frau in Gefahr. Abtreibung hingegen sei förderlich, werde empfohlen und werde außerdem wissenschaftlich kontrolliert. Die freiwillige Sterilisation der Frauen sei höchst wün-

1 Marc Hillel, a.a.O., S. 337f.

2 Dieser Zusatz, der auch vom Pétain-Regime eingeführt wurde, führte zur Verurteilung und Hinrichtung von Marie-Louise Giraud, einer Wäscherin aus dem Departement Maine-et-Loire.

3 Henry Picker, a.a.O., Gespräch vom 22. 7. 1942, S. 453

schenswert. Außerdem soll die Kindersterblichkeit nicht bekämpft werden, neue Kinderheime nicht gebaut und die Erziehung derjenigen, die noch nicht »vernichtet« sind, auf ein Minimum beschränkt werden.[1]

Diese bereits im Sommer 1932 von Richard Walther Darré für die Ostgebiete geplante Bevölkerungspolitik wird jedoch nur teilweise durch die Ansiedlung von Volksdeutschen, denen Boden und Häuser der ausgewiesenen Bewohner zugeteilt werden, aufgewogen. Der an sich schon ungenügende Ersatz wurde weiter verringert durch die Mobilmachung der wehrtauglichen Männer für die dezimierten Einheiten an den Fronten in Afrika und Stalingrad. Die Verantwortlichen der Geburtenpolitik sind besessen vom drohenden »Volkstod«. »Kinderlosigkeit in der Ehe muß behoben werden. Nehmt planmäßig Urlaub!« heißt es in einem Aufruf des Marine-Oberarztes Hans Sievers in der »Marine-Frontzeitung« vom 10. Dezember 1942. Auf Ratschläge zur Bekämpfung der Sterilität folgt die deutliche Aufforderung »Jedes nicht geborene Kind bedeutet einen Tropfen Versagen in unserem politischen Aufstieg«.

Diese Initiative begeistert Himmler: Er läßt den Text an alle verheirateten Soldaten verteilen. »Sie müssen zuerst einen Gynäkologen aufsuchen«, rät sein Sekretär Obersturmführer Brandt Paula Walter, die für ihren Mann um einen »Empfängnisurlaub« nachsucht, »denn nur ein zu einer richtigen Zeit genommener Urlaub bietet nach menschlichem Ermessen einigermaßen Gewähr dafür, daß Ihr und Ihres Mannes Wunsch nach einem Kind erfüllt wird.«[2]

SS-General Benno Martin hat eine bessere Idee: Er bittet um die Genehmigung, ein Hotel in der Nähe des Nürnberger Manövergeländes zu requirieren. Dort sollten die Männer mit ihren Ehefrauen Fortpflanzungsurlaub verbringen können. Der Vorschlag gefällt dem Reichsführer. Er stimmt zu: es sei in der Tat schwieriger, den Männern – inklusive der Hin- und Rückfahrt – lange genug Urlaub zu geben, als den Frauen die Möglichkeit zu bieten, ihre Männer zu besuchen.[3]

Da es um seine bayerische Heimat geht, hat er sogar schon ein Hotel in Bayreuth oder Waldgasthäuser mit guter Verpflegung im Auge. Selbstverständlich sollen die Aufenthalts- und Reisekosten der

1 Marc Hillel, a.a.O., S. 229f.
2 MA 31/9356; s. auch Helmut Heiber, a.a.O., S. 211
3 MA 71/8555–8557; s. auch a.a.O., S. 219

Eheleute von der Kasse des SS-Generalstabs bezahlt werden. Das Schreiben vom 9. Juli 1943 wird durch einen Befehl an Panzergeneral Felix Steiner ergänzt: »(...) daß diese Frage mit größtem Ernst und größter Vernunft und unter radikaler Ausschaltung jedes Witzelns von jüngeren oder dummen Leuten, die diese Frage nicht verstehen, in Angriff genommen wird.«[1] Pädagogische Überlegungen kommen in den Briefen des Reichsführers immer zu ihrem Recht. Er schlägt sogar vor, ausgehend von dem Artikel des Marine-Arztes Sievers Vorträge zu dem Thema zu halten.

Aus Gesprächen Himmlers mit seinem finnischen Masseur[2] und aus einer Abhandlung von Reichsleiter Bormann vom 29. Januar 1944[3] geht hervor, daß Hitler und seine Umgebung sich noch zu diesem Zeitpunkt um die »Sicherung der Zukunft des deutschen Volkes« sorgen. Zwar zwingen die Alliierten die Wehrmacht bereits zum Rückzug ins Reich, wo die Bevölkerung unter Bombenangriffen zu überleben versucht, dennoch fassen die Naziführer noch Maßnahmen zur Verstärkung des »Menschenmaterials« ins Auge.

Sie nehmen die Ansichten Schallmeyers, des Philosophen Bergmann sowie des Schriftsteller-Pastors Frenssen auf und erklären die Ehe zum »satanischen Werk der katholischen Kirche«. Die Ehegesetze werden als unmoralisch und heuchlerisch eingestuft, weil sie den Mann zwingen, ein ganzes Leben mit einer einzigen Frau zusammenzuleben. Deshalb müsse er sich verstecken, wenn seine normalen Bedürfnisse ihn dazu trieben, andere zu haben. Diese Situation sei um so unerträglicher, als Deutschland am Ende dieses Krieges nicht nur zwei Millionen alleinstehende Frauen haben werde wie nach dem letzten, sondern wenigstens drei bis vier Millionen.

»Nun können die Frauen (...) ihre Kinder ja nicht vom heiligen Geist bekommen, sondern nur von den dann noch vorhandenen deutschen Männern. (...) Die anständigen, charaktervollen, physisch und psychisch gesunden Männer sollten sich verstärkt fortpflanzen.«[4] Ein Bedarfs- und Auswahlsystem sollte Männern erlauben, zwei Haushalte und zwei Frauen zu haben. Außer mit der Bigamie müsse die Bevölkerung mit dem Gedanken der freien Liebe vertraut gemacht werden. Deshalb solle sich die Literatur darum bemühen,

1 A.a.O., S. 220
2 Felix Kersten, a.a.O., S. 223f.
3 Siehe H.A. Jacobsen, W. Jochmann, Ausgewählte Dokumente zur Geschichte des Nationalsozialismus, Bielefeld 1961
4 Zitiert nach H. A. Jacobsen, W. Jochmann, a.a.O.

Ehebruch zu entdramatisieren, zu zeigen, wie viele schöpferische Menschen aus dieser Art von Verbindungen hervorgegangen seien. Sogar der Ausdruck »uneheliches Kind« müsse unterbunden und ein anziehenderer gefunden werden. So wolle man Männer dazu bringen, mit mehreren Frauen Beziehungen zu unterhalten und diese von der Vernünftigkeit der neuen Lebensweise überzeugen.

»Jede deutsche Frau muß beliebig viele Kinder gebären dürfen, wenn nicht in zwanzig Jahren dem Reich Divisionen fehlen sollen, die wir zum Überleben brauchen, wenn unser Volk nicht untergehen soll.«

Noch am 14. Februar 1944 fordert Himmler die »Lebensborn«-Experten auf, die Zeugung männlicher Kinder zu erforschen, um den Männermangel zu beheben. Unterdessen versucht er sich über das Thema zu informieren. Sein engster Mitarbeiter General Berger[1] berichtet ihm von einem in seinem Dorf auf der Schwäbischen Alb ausprobierten Rezept: Eine Woche lang trinken beide Ehepartner keinen Alkohol. Die Frau hört auf zu arbeiten, ißt gut, schläft viel. Danach geht der Mann zu Fuß in die zwanzig Kilometer entfernte Nachbarstadt Ulm. Wenn er von dort zurückkommt, empfängt die Frau fast immer ein männliches Kind. Offenbar genügen ein müder Mann und eine ausgeruhte Frau. Fehlen nur noch die Männer.

Es muß auch ohne gehen, sagt sich der Reichsführer, der sich einige Monate später an einen schleswig-holsteinischen Brauch erinnert – ähnlich denen, die Gustav Frenssen in seinen Romanen schildert. Es sei ein um 1930 in der Kieler Gegend noch üblicher Brauch, versichert er seinem Briefpartner Professor Walther Wüst[2]: In einer Neumondnacht geht das Mädchen, das keinen Mann gefunden hat, mit seinem Vater und den Bauern des Dorfes zu den Hünen- oder Ahnengräbern. Die Männer bilden mit abgewandtem Gesicht in einiger Entfernung einen Kreis um die junge Frau. Diese legt sich auf das Grab. Dort wird sie von dem Bauern befruchtet, den ihr Vater ausgewählt hat, damit die Familie nicht ausstirbt.

In sozialdarwinistischer Denkweise, das heißt in jeder Weltanschauung, die auf Machtverhältnissen beruht, führt alles Reden über die Würde der Liebe, der Mutterschaft, der Familie – was schließlich selbst eine Guida Diehl erkennt – nur zu »tierischer Volksvermehrung«: Die Frau wird wie eine Zuchtstute gedeckt.

1 MA 23/8985
2 Brief vom 17. 8. 1944, MA 35/3918–21

IV. Kapitel
Zuchtstute oder Arbeitspferd?

Mit den Worten »Zuchtstute oder Arbeitspferd« erklärt Reichsmarschall Göring im April 1942 Fritz Sauckel, dem Generalbevollmächtigten für Arbeitseinsatz, das Dilemma, vor dem die Machthaber des Regimes hinsichtlich der Frauen stehen. Sauckel verbirgt nicht seine Ungeduld, endlich die totale Mobilmachung der weiblichen Arbeitskräfte durchzusetzen. Hitler und seine Umgebung haben im Gegensatz dazu immer wieder betont, daß die Rolle der Frau hauptsächlich die einer Hüterin des Hauses sei. Aber auch sie müssen die wirtschaftlichen Notwendigkeiten berücksichtigen, etwa den Arbeitskräftebedarf, der seit Herbst 1935 mit der Wiedereinführung der Wehrpflicht und der Kriegswirtschaft entsteht. Es liegt auf der Hand, daß der Männerbund keine Frau in verantwortlicher Position – in welchem Bereich auch immer – dulden will. Höchstens in bezug auf untergeordnete Stellungen ist man bereit, Erwägungen anzustellen. Frauenarbeit wird hingegen offen propagiert in Bereichen, die bei Männern unbeliebt sind, vor allem undankbare und schlechtbezahlte Arbeit in der Landwirtschaft, in der Textil- und Lebensmittelindustrie sowie im Haushalt.

Gezielte Ausschaltung aus dem Arbeitsprozeß

Die Nationalsozialisten beteuern zwar in den ersten vier Regierungsjahren immer wieder, in Reden und in ihrer Propaganda, den Vorrang der familiären Berufung der Frau, aber die weitverbreitete Meinung, sie würden nun wieder die konservative Vorstellung von den drei »K« – Kinder, Küche, Kirche, wobei Kinder und Küche selbstverständlich der Kirche vorgehen – aufnehmen, stimmt nur zum Teil. Selbst in dieser Zeit sind Abweichungen festzustellen. Das offizielle Organ der NSDAP, der »Völkische Beobachter« stellt zwar am 1. November 1933 unter dem Titel »Die Frau in den Haushalt, der Mann an die Arbeitsstätte« das Beispiel der Zigarettenfabrik Reemtsma vor, die mit ihren Prämien – zusätzlich zu denen des Staates – hundertzweiundzwanzig jungverheirateten Frauen die Rückkehr in den Haushalt ermöglicht. Doch in einem Rundschreiben des Arbeitsministeriums werden die leichtfertigen Entlassungen, die das wirtschaftliche Interesse des Landes nicht berücksichtigen, bedauert und ausschließlich »Entlassungen (...) unter Berücksichtigung aller einzelnen Umstände« empfohlen.[1]

Ähnliche Gedanken erscheinen 1934 in der Zeitschrift der Hitlerjugend »Junges Deutschland«:

»Es darf nicht vergessen werden, bei allem Eintreten für den Haushalt als dem gegebenen Schaffensraum des Weibes, daß unsere Industrie heute ohne das junge Mädchen nicht auskommt. Weibliche Fabrikarbeit ist heute noch soziale Funktion und damit Dienst am Ganzen, ist nicht bloß privatkapitalistische Kalkulation und Gewinnsucht.«

Der »Dienst an der Gemeinschaft« wechselt jedoch mit der Konjunktur. Zwischen 1933 und Ende 1935 erhält die Vollbeschäftigung männlicher Arbeitskräfte Vorrang. Während dieser Periode wird in den Reden Hitlers und der Würdenträger des Regimes die Rückkehr der Frau in den Haushalt gepriesen, und der Prozentsatz der sogenannten aktiven Frauen – als wenn die andern es nicht wären – fällt um fünfeinhalb Prozentpunkte von 37,1 auf 31,6 Prozent. Ihre Anzahl aber stabilisiert sich bei 11500000; denn die durch Entlassungen und Heiratsprämien herbeigeführten etwa 900000 Abgänge werden durch den Zugang einer neuen Frauengeneration zum Arbeitsmarkt praktisch aufgewogen.

Trotzdem, und das ist wahrscheinlich einer der bemerkenswertesten Aspekte der Frauenpolitik des Dritten Reiches: Diese in bezug auf die Anzahl relative Stabilität wird begleitet von einem Sinken beruflicher Qualifikation.

Die weibliche Sektion der »Deutschen Arbeitsfront« (DAF) gibt 1936 zu[2], daß selbst auf sozialem Gebiet, das als in ihren Kompetenzbereich gehörig betrachtet wird, mit 415000 Angestellten nur 4 Prozent Frauen arbeiten. Die mehr als 11 Millionen verbleibenden Frauen verteilen sich wie folgt:

4650000 in der Landwirtschaft, davon 800000 als Saisonarbeiterinnen;

1 Anweisungen vom November 1933, in: Archiv für Bevölkerungswissenschaft (Volkskunde) und Bevölkerungspolitik, März 1934, S. 125f.

2 Tagewerk und Feierabend der schaffenden deutschen Frau, 1936, S. 16 und 23

2 700 000 in Industrie und Handwerk;
1 900 000 in Handel und Transport;
1 300 000 in Haushalten;
500 000 im öffentlichen Dienst.

Derselben Quelle zufolge verdienen weibliche Beschäftigte bei gleicher Qualifikation im Durchschnitt ein Drittel weniger als ihre männlichen Kollegen. Einige Experten meinen, daß der Unterschied zu den Männerlöhnen tatsächlich zwischen einem Drittel und der Hälfte ausgemacht habe.[1] Schwangeren stehen zehn bis zwölf Wochen Mutterschaftsurlaub zu. In dieser Zeit erhalten sie nur 75 Prozent ihres Lohnes. Wenn sie weiterarbeiten, erhalten sie zusätzlich zum vollen Lohn 50 Prozent Entschädigung von der Krankenkasse und haben Anspruch auf zweimal täglich eine halbe Stunde Stillpause.

Durch ein Gesetz vom 27. Juli 1934 wird die tägliche Höchstarbeitszeit für Frauen auf acht Stunden gesenkt und ihre Beschäftigung nach 22 Uhr in großen und mittleren Unternehmen verboten. Kann man sagen – wie Hitler in einer Rede am 13. September 1935 behauptet –, daß der Nationalsozialismus den während der republikanischen Ära überlasteten Frauen die Lebensfreude zurückgegeben hat? Einige Monate später versichert der Kanzler selbst im Lauf einer Unterhaltung mit einer Journalistin der französischen Zeitung »Paris-Soir«[2], daß er »der Lebensgefährtin des Mannes« die gleichen Rechte geben wolle. Er empört sich über Regimes, die Frauen Männeraufgaben aufzwingen. Seiner Meinung nach sind die Frauen für soziale Aufgaben bestimmt. Er fügt hinzu: »Ich stelle mir keine Frauenbataillone vor.«

Zwar kennen die Familien das Elend der Arbeitslosigkeit tatsächlich nicht mehr, doch mußten die Frauen hinnehmen, daß sie auf untergeordnete Stellen oder in den Haushalt verwiesen wurden. Ihr Anteil bei der Sozialarbeit ist – wie wir gesehen haben – minimal, während sie fast die Hälfte der Landarbeiter und ein Drittel der Industriearbeiter stellen. Seit 1934 gibt es für junge Arierinnen zwischen siebzehn und fünfundzwanzig Jahren – im Gegensatz zu Hitlers Behauptung – sogar richtige Frauenarbeitsbataillone, die der Aufsicht von Staatssekretär Konstantin Hierl unterstehen.

1 Ludwig Eiber, Frauen in der Kriegsindustrie, in: Bayern in der NS-Zeit, Bd. 3, München 1981, S. 569ff.

2 Interview mit Mme Titayna in: Paris-Soir, 23. 1. 1936; nachgedruckt in »Völkischer Beobachter«, 27. 1. 1936

Die Idee eines Frauenarbeitsdienstes ist nicht neu. Einige führende Nationalsozialisten[1] erinnern gern daran, daß sie zum erstenmal 1794 in einer Abhandlung von Thérèse Cabarrus-Fontenay vor dem Nationalkonvent entwickelt worden war. In Deutschland taucht sie 1894 in einem Artikel Ida von Kortzfleischs und ein Jahr später in der in Essen erschienenen Abhandlung eines gewissen E. A. Fabarius auf – also fünfundzwanzig Jahre vor dem Gedanken an einen Männerarbeitsdienst, der erst 1919 als Ersatz für den durch den Versailler Vertrag abgeschafften Wehrdienst aufkam.[2]

Von Anfang an entwickelt sich eine breite Diskussion über den Zweck eines solchen Dienstes zwischen konfessionellen und sozialen Vereinen sowie innerhalb des BDF. Die einen wünschen, daß er junge Mädchen auf Aufgaben in Haushalt und Gesellschaft vorbereitet, sogar auf eine gewisse Rückkehr zu althergebrachten ländlichen Einstellungs- und Verhaltensmustern; die andern sehen in ihm vielmehr das Äquivalent zum Wehrdienst, das die Forderung nach Gleichberechtigung rechtfertige.

Aus dieser Geisteshaltung heraus hatten Gertrud Bäumer und Marie-Elisabeth Lüders während des Ersten Weltkrieges einen Frauendienst geschaffen. Als der »Reichshausfrauenbund« den Gedanken 1924 wiederaufnimmt, stößt seine entschieden konservative Sichtweise auf keinerlei Interesse in einer Gesellschaft, die – gleichzeitig mit einem gewissen Wohlstand – wieder Geschmack an dem während der Kriegsjahre und unmittelbar danach zeitweise gesunkenen Komfort findet.

Selbst durch die folgende Wirtschaftskrise und Arbeitslosigkeit wird die Begeisterung junger Deutscher für den Arbeitsdienst nicht geweckt (der durch eine Verordnung von Reichskanzler Brüning am 5. Juni 1931 eingeführt worden war). Und denjenigen, die von der Unüberwindbarkeit eines deutschen Herdentriebes so fest überzeugt sind, sollte das Folgende zu denken geben: Trotz 6 Millionen Arbeitsloser im Deutschland der Jahre 1932/33 – darunter viele unter fünfundzwanzig Jahren, die also zu diesem Dienst aufgerufen sind – melden sich nur 63000 Männer und etwas mehr als 10000 Mädchen freiwillig. Wahrscheinlich, weil dieser freiwillige Dienst damals nur

1 Siehe Toni Saring, Der deutsche Frauenarbeitsdienst, Berlin 1934, S. 61, und Lilly Marawske-Birkner, Der weibliche Arbeitsdienst, Leipzig 1942, S. 24

2 Stefan Bajohr, Weiblicher Arbeitsdienst im »Dritten Reich«. Ein Konflikt zwischen Ideologie und Ökonomie, in: Vierteljahrshefte für Zeitgeschichte, Stuttgart, Juli 1980, S. 331–357

von monarchistischen und protestantischen Vereinen, der katholischen Caritas, dem »Stahlhelm« und anderen konservativen Organisationen unterstützt wird, die bei der Jugend nur wenig Gehör finden. Die Parteiführung der NSDAP ist sich zur gleichen Zeit noch nicht über den Nutzen dieses Dienstes im klaren. Konstantin Hierl, schon damals NSDAP-Beauftragter für diese Frage, erklärt, »vorläufig« darauf verzichten zu wollen. Richard Walther Darré zeigt sich interessierter und widmet ihm in seiner Artamanenzeitschrift zwei Artikel. Einer davon stammt von der Präsidentin des »Vaterländischen Vereins vom Roten Kreuz«. Sie berichtet über einen Frauendienstversuch in Bremen.

Fünfundzwanzig freiwillige Mädchen sind in einem Internat untergebracht. Mittwoch nachmittags und sonntags haben sie Ausgang. Den Rest der Woche treiben sie morgens eine halbe Stunde Sport, danach schneidern sie viereinhalb Stunden. Nachmittags erhalten sie eine halbe Stunde Biologie- und drei Stunden Hauswirtschaftsunterricht. Abends setzen sie sich zusammen zu Handarbeiten, gemeinsamer Lektüre, Gesellschaftsspielen; manchmal hören sie auch Radio oder Schallplatten. Jede Teilnehmerin an diesem Dienst, den die Autorin auf alle deutschen Mädchen ausdehnen möchte, soll täglich zwei Mark Beihilfe erhalten. Ihr Wunsch erfüllt sich nur zu einem kleinen Teil: Konstantin Hierl, in der Zwischenzeit Staatssekretär geworden, schließt im Januar 1934 alle bestehenden Frauengruppen im »Deutschen Frauenarbeitsdienst« (DFAD) zusammen, der von dreizehn Landesstellenleiterinnen geleitet wird. Diese sind Gertrud Scholtz-Klink unterstellt, die ihrerseits von Arbeitsminister Seldte, Staatssekretär Hierl und den von ihm beauftragten Ministerialrat von Funcke Weisung erhält.

Drei Gründe haben zu dieser Entscheidung geführt, die der Finanzminister übrigens für unnötig teuer hält: Junge, arbeitslose Frauen unter fünfundzwanzig Jahren werden den Bereichen Land- und Hauswirtschaft zugeführt, wo immer noch Arbeitskräfte fehlen; eine ideologische und praktische Schulung zukünftiger deutscher Mütter soll getestet werden, um später einen Teil der Mädchen aus den höheren Schulen zu verdrängen, zumal sie schon wegen des Numerus clausus keine Studienplätze finden. Laut Konstantin Hierl und Friedrich Hiller[1] trägt der »Arbeitsdienst ›Hochschule nationalsozialisti-

1 Konstantin Hierl, Ausgewählte Schriften und Reden, Bd. 2, München 1941, S. 277, und Friedrich Hiller, Der Frauenarbeitsdienst im Kampf um die Erneuerung Deutschlands, Langensalza/Berlin/Leipzig 1934, S. 14

scher Erziehung‹, zur Überwindung der ›materalistische(n) Lebensführung‹ der Weimarer Zeit bei, indem er ›die Frau zu einer durchaus anderen, ihr artgemäßen Lebensauffassung‹ erziehe, ›die sie wieder in den ihr von der Natur und damit von Gott auferlegten Pflichtenkreis hineinstellt und sie die Erfüllung ihrer Pflichten als höchstes Glück empfinden läßt‹«.[1]

1935 leben ungefähr 13500 »Freiwillige« in Frauenarbeitslagern, manche davon nicht ganz aus eigenem Antrieb: Abiturientinnen werden nicht mehr an Hochschulen zugelassen, bevor sie nicht ein halbes Jahr »gedient« haben. Von diesem Zeitpunkt an läßt sich eine Entwicklung zur Zwangsrekrutierung feststellen: Das Gesetz, mit dem die Wehrpflicht wieder eingeführt wird, sieht nämlich im Konfliktfall auch einen Frauenhilfsdienst vor.

In Hinblick darauf ordnet Hitler im September 1936 eine Umstrukturierung der Organisation an, die jetzt »Reichsarbeitsdienst der weiblichen Jugend« heißt und von hauptberuflichen Führerinnen geleitet wird. Die Organisation soll im März 1938 25000, ein Jahr später 30000 und 1940 50000 Mitglieder zählen.

Die Umbildung fällt zusammen mit der Aufstellung des Vierjahresplanes und der Vorbereitung der Kriegswirtschaft, für die weibliche Arbeitskräfte benötigt werden. Insofern ist es bedeutsam, daß jungverheiratete Frauen, wenn sie in den Genuß eines Einrichtungsdarlehens kommen wollten, ab 1936 nur noch unter bestimmten Bedingungen, ein Jahr später gar nicht mehr auf ihre Stelle verzichten mußten. Gertrud Bäumer begrüßt diese Wiederherstellung der Freiheit zu arbeiten[2], vergißt aber festzustellen, daß sie nur für untergeordnete Stellen gilt.

Der Dienst an der Volksgemeinschaft

In offiziellen Reden ist immer häufiger von der Frau im Dienste der Volksgemeinschaft die Rede. Hitler selbst spricht anläßlich des Nürnberger »Parteitages der Arbeit« (1937) von den mehr als 11 Millionen Arbeiterinnen und denjenigen, die diesem Beispiel folgen sollten, wenn sie die höhere Bestimmung zur Mutterschaft nicht erfüllen könnten.

1 Zitiert nach Stefan Bajohr, a.a.O., S. 340
2 Frauenarbeit trotz Ehestandsdarlehen, in: Die Frau, Mai 1937, S. 463

Das Ergebnis läßt nicht auf sich warten: aus 4,5 Mill. Arbeiterinnen und Angestellten im Jahr 1933 werden 6,3 Mill. bis 1938. Da aber dieser Zustrom weder der Landwirtschaft noch den Haushalten kinderreicher Familien zugute kommt, richtet Göring in seiner Eigenschaft als Bevollmächtigter für die Planerfüllung eine einjährige Dienstpflicht für unverheiratete Mädchen unter fünfundzwanzig Jahren ein, die in einem dieser beiden unterversorgten Bereiche abgeleistet werden muß. Diese Entscheidung vom Februar 1938 wird ohne große Begeisterung aufgenommen: Ein Jahr, nachdem sie in Kraft getreten ist, sind bei den Arbeitsämtern erst 188695 Dienstverpflichtete registriert. Die meisten betroffenen Mädchen entgehen der Verpflichtung, indem sie früher heiraten, eine bezahlte Beschäftigung suchen, indem sie ein ärztliches Attest beibringen, das ihre körperliche Untauglichkeit bescheinigt, oder die eigene oder eine befreundete Familie erklären lassen, sie seien in ihrem Haushalt unabkömmlich. Ihre Anwerbung wird erst von 1940 an wirksamer, als es schwieriger wird, zu heiraten oder einen Dispens vom Dienst zu erhalten.

Unterdessen zwingt der Arbeitskräftemangel die Parteispitzen, ihren Standpunkt, die Berufung der Frau liege vor allem in der Mutterschaft, offen aufzugeben. Um die öffentliche Meinung auf diesen Umschwung vorzubereiten, wird in Goebbels' Zeitschrift »Der Angriff« in einem Artikel vom 26. Januar 1938 erklärt, der Arbeitskräftemangel sei auf das Bevölkerungsdefizit zwischen 1914 und 1933 zurückzuführen, und aus diesem Grund müsse man möglichst viele Frauen beschäftigen, um die zur Verteidigung des Landes nötigen Männer freizustellen. Ein ähnliches Plädoyer erscheint in derselben Zeitschrift am 26. Juni und einige Monate später dann eine noch ausführlichere Darlegung im »Völkischen Beobachter«.[1] Das offizielle Parteiorgan, das unaufhörlich die Rückkehr der Frau in den Haushalt gefordert hatte, erklärt jetzt, daß kinderlose, verheiratete Frauen, oder diejenigen, deren Kinder erwachsen seien oder die eine Hilfe hätten, die letzte Reserve an Arbeitskräften darstellten. Ohne sie könne das Reich seine Expansionspolitik nicht betreiben. Um diejenigen zu beruhigen, die eine Aufgabe der Geburtenpolitik befürchteten, schließt der Artikel mit dem Versprechen, die Gesetze zum Schutz von Mutter und Kind in den Betrieben zu verbessern. Doch hindert dieses Versprechen die Nationalsozialisten nicht daran, den Frauen nun eine Doppelbelastung aufzuzwingen, die sie vor ihrer

1 Frauenarbeit in der Gesamtwirtschaft, in: Völkischer Beobachter, 22. 10. 1938

Machtübernahme und in den ersten Regierungsjahren als Übel des Industriezeitalters und Angriff auf die Würde der Frau dargestellt hatten.

Zweifellos wird der Umschwung behutsam vorgenommen: Anfangs greifen die Verantwortlichen lieber auf ledige Frauen zurück. Sie ermutigen verheiratete Frauen, die wieder arbeiten wollen, eine Stelle – vielleicht auch halbtags – anzunehmen. Außerdem bringen der Anschluß Österreichs und des Sudetenlandes eine Vermehrung von Arbeitskräften mit sich, die das Defizit ein wenig ausgleichen. Aber die Experten beharren darauf, daß das verfügbare Menschenmaterial im – immer wahrscheinlicher werdenden – Fall eines Krieges nicht genügt. Das Problem wird im Reichsverteidigungsrat am 23. Juni 1939[1] dargelegt, dem Vertreter des Generalstabes, die Kommandeure der drei Waffengattungen, der Staatssekretär der Reichskanzlei, ein SS-Brigadegeneral als Vertreter des Führers, die Plan-, Innen-, Wirtschafts-, Finanz- und Transportminister und deren Staatssekretäre sowie Himmler und General Daluege für die »Sipo« und die Polizei angehören.

Von Anfang an unterstreicht Reichsmarschall Göring, der die Sitzung leitet: »Die weibliche Arbeitspflicht im Krieg ist von entscheidender Bedeutung. Es ist notwendig, in ganz großem Maße die Ausbildung der Frauen in kriegswichtigen Arbeiten zum Ersatz und zur Ergänzung der männlichen Arbeitskräfte heranzuziehen.« Dr. Syrup, Staatssekretär im Wirtschaftsministerium, war beauftragt, einen Bericht zu diesem Thema vorzubereiten. Er stimmt Göring zu und bedauert, was er das »Defizit« von 11 Mill. Müttern von Kindern unter vierzehn Jahren nennt. Nach seinen Berechnungen kann man nach Abzug dieser Mütter, der Invaliden, Kranken und derer, die älter als sechzig Jahre sind, mit einer Reserve von 3,5 Mill. Frauen rechnen, die noch ohne Beschäftigung sind. Die Umschulung weiterer 2 Mill., die schon im Sekundärbereich (Handel, Banken, Versicherungen, Textil, Keramik, Hauswirtschaft) arbeiten, könne man ins Auge fassen. Sie könnten in die Chemie- oder Metallindustrie beziehungsweise in die Landwirtschaft versetzt werden. In letztgenanntem Bereich sollten die fehlenden 25 Prozent Männer, die zum Wehrdienst eingezogen waren, durch Frauen im Verhältnis 2:1 ersetzt werden sowie durch Kriegsgefangene. Auf Fremdarbeiter wollte man sich nicht verlassen.

1 T.M.I., Bd. XXXIII, DOC. PS 3787

Diese Vorschläge scheinen rasch verwirklicht worden zu sein: Als im September 1939 der Krieg ausbricht, werden schon 14,6 Mill. Frauen im Produktionsprozeß gezählt, das heißt 37 Prozent der sogenannten aktiven Bevölkerung – also der gleiche Anteil, der 1933 vor der Abschiebung der Frauen in den Haushalt erreicht worden war. Das Ergebnis ist trotzdem nicht so befriedigend wie die Zahlen vorgeben: Arbeiterinnen, die am dringendsten gebraucht werden, lehnen häufig die aufgezwungenen Arbeitsbedingungen ab. Warum sollten sie Männer zu einem geringeren Lohn ersetzen? In München gewährt die Leitung einer Lebensmittelfabrik ihnen, da die Löhne seit Kriegsbeginn eingefroren sind, als Ausgleich eine Verringerung der Produktionsnormen. In Unterschlesien drohen Textilarbeiterinnen, denen der Lohn gekürzt werden soll, gemeinsam zu kündigen. Die Drohung genügt, um zu einer neuen Lohnvereinbarung zu gelangen.

»Warum zwingt man uns, Männerarbeit zu machen? Weil Hitler immer mehr Kanonen will und die Borsigs, Siemens, Krupps und Thyssens immer höhere Profite«, wird auf einem Flugblatt von Berliner Arbeiterinnen in den ersten Monaten des Jahres 1939 behauptet.

Für die – ungewohnten Anstrengungen ausgesetzten – nichtqualifizierten Frauen erweisen sich die schlechten Arbeitsbedingungen häufig als Gefahr, besonders in Sprengstoffabriken.

In einem Sipo-Bericht wird eine Explosion in einem Kieler Betrieb gemeldet: Frauen arbeiten dort täglich zehneinhalb Stunden, zu denen durchschnittlich anderthalb Stunden Fahrzeit hinzukommen.[1] Die bayerische Sektion der Arbeitsfront wundert sich ihrerseits, daß Arbeiterinnen, die Arbeiten verrichten, die früher nur Männer machen durften – besonders in Keramikfabriken und Ziegeleien –, nicht die gleichen Schwerarbeiterzulagen zustehen.

»In dieser Richtung muß unbedingt etwas getan werden, sonst kommen wir über kurz oder lang zu einer Unterernährung, und damit zu großen gesundheitlichen Schäden und Leistungsminderung«[2], folgert die Gauwaltung Bayerische Ostmark.

So, wie die Beamten des Arbeitsministeriums vor allem die Produktionskapazität erhalten wollen, legen die Ärzte ihrerseits Wert darauf, die Fortpflanzungsfähigkeit zu schützen, die sie durch die

1 Bericht vom 16. 10. 1939, MA 441/1, 0094 I.f.Z. München
2 Bericht vom 31. 10. 1939, zitiert nach Ludwig Eiber, a.a.O., S. 590

Nichteinhaltung der – seit 1934 für Frauen auf acht Stunden täglich festgelegten – Höchstarbeitszeit bedroht sehen.[1]

Im Prinzip sind verheiratete Frauen, die ihre Familie versorgen, durch eine Verordnung vom 7. September 1939 von der Arbeitspflicht befreit. Ansonsten muß seit Ausbruch des Krieges jeder Bewohner des Reiches auf unbestimmte Zeit eine Stelle im »Dienst der Verteidigung« annehmen und darf diese nicht ohne Erlaubnis des Arbeitsamtes wechseln. Tatsächlich profitieren von dem Dispens nur die, deren Einkünfte gesichert sind.

Das gilt beispielsweise für Elsbeth Kötting.[2] Sie ist die Tochter eines sozialdemokratischen Volksschullehrers und hat ihre Eltern auf Antinazidemonstrationen 1932 in Berlin begleitet. Drei Jahre später, nach Beendigung der höheren Schule, erreicht Elsbeth, die jetzt Anfang Zwanzig ist, daß sie trotz der Gestapokontrollen in Heiligenhafen an der Ostsee als Sekretärin bei der Neubauleitung für Flakstellungen eingestellt wird. Weil sie für das Reichswehrministerium arbeitet, darf sie nicht mehr ins Ausland reisen. Sie tröstet sich mit einem jungen Fischer, dessen »natürliche Ausstrahlung« – er ist groß, blond und braungebrannt – romantische Gefühle in ihr wachruft. Als ihr Bruder ihr vorschlägt, nach Dänemark hinüberzuschwimmen, ist sie bereit, ihm zu folgen; aber die Eltern greifen ein: »Ihr werdet doch aber eure Eltern nicht im Stich lassen wollen!« Beide beugen sich deren Wunsch, ihre politische Desillusionierung durch die Hoffnung auf einen sozialen Aufstieg ihrer Kinder auszugleichen. Der Sohn wird Nationalökonomie studieren, muß dafür aber in die SA eintreten, gegen die er in den Straßen Berlins als Mitglied des »Reichsbanners Schwarz-Rot-Gold« gekämpft hatte. Elsbeth verläßt ihren schönen, aber armen Fischer und heiratet Albert, einen Architekten aus ihrem Betrieb. Dessen Vater hat als Direktor eines Walzwerks immerhin eine Dienstvilla und einen Mercedes mit Chauffeur. 1938 läßt sich das junge Paar in Mittenwald (Oberbayern) nieder, wo Albert an einem Luftwaffenprojekt mitarbeiten soll. Währenddessen erwartet Elsbeth ihr erstes Kind, dem kurz vor Kriegsbeginn ein zweites folgt. Albert wird sofort eingezogen. Elsbeth kehrt mit den beiden Kindern zu ihren Eltern zurück. Die Trennung bedrückt sie nicht: »Zwischen mir und meinem Mann war nicht viel, ich habe mich oft mit ihm gestritten.«

1 Bericht vom 18. 12. 1939, MA 441/2–492, I.f.Z. München
2 Jochen Köhler, a.a.O., S. 80–84; 134

Daß sie sich in die Vernunftheirat, den Mangel an Liebe, sogar an Zuneigung zwischen den Ehegatten fügt, ist nicht außergewöhnlich. Aber man ist betroffen, wenn man Aussagen deutscher Frauen liest oder hört, die im Dritten Reich gelebt haben. Wie selten und kümmerlich waren Gefühle zwischen Familienangehörigen, zwischen Ehepartnern, die durch die Anforderungen der Partei und des Staates aus vielerlei Gründen und in unterschiedlichen Organisationen stark in Anspruch genommen wurden. Aber diesen mußten sie angehören, wenn sie nicht für asozial gehalten werden wollten. In dieser Welt kollektiver Überorganisation hat Elsbeth wenigstens das Gefühl, sich in einen Hafen der Ruhe retten zu können, zu ihren Eltern, die trotz ihrer »Überlebensstrategie« eine kritische Distanz dem Regime gegenüber bewahren.

Die im Jahr 1933 einundzwanzigjährige Elisabeth Graßmann[1] hat dieses Glück nicht. Ihr Vater, ein »Kuhmeister« aus der Schweiz, und ihre Mutter, eine Saisonarbeiterin auf den großen Gütern im Osten, haben sich bis zu ihrer Trennung nur gestritten. Seit sie vierzehn Jahre alt war, mußte sie auf Bauernhöfen arbeiten – häufig genug 30 Kilogramm schwere Kartoffelsäcke schleppen für einen Wochenlohn von fünf bis sechs Reichsmark. Nach Beendigung der Arbeit ging man zu den Ostbahnhöfen der Hauptstadt: an den Stettiner, Anhalter oder Schlesischen Bahnhof. Auf ihren Kisten sitzend, teilten sich Elisabeth, ihre schwangere Mutter und deren neuer Freund den mitgebrachten Proviant, kampierten an Ort und Stelle, bis ein Verwalter sie auf ein Gut mitnahm. Ihre neuen Unterkünfte waren nicht besser als die vorhergehenden: ein bis zwei Zimmer mit Säcken als Vorhänge, ein eisernes Bettgestell, eine Petroleumlampe und ein einfacher Herd, der gleichzeitig als Heizung und Kochstelle diente. Von Sonnenaufgang bis zum Einbruch der Nacht wurde gearbeitet. Einzige Abwechslung war der sonntägliche Tanz, bei dem die Dorfbewohner es aber ablehnten, mit diesem »Gesindel« zu verkehren. Manchmal kamen auch – wie Elisabeth sich erinnert – Sozialdemokraten und Kommunisten in Lastwagen. Jede Gruppe spielte »ihre« Musik, sang »ihre« Lieder, rief sie auf, für »ihre« Partei zu stimmen, die ihnen ein besseres Leben sichern würde. Elisabeth versteht von ihren Reden nur dieses Versprechen vom besseren Leben. Pfingsten 1927 beschließt sie nach einem Gespräch mit den Sozialdemokraten, die ihr weniger roh erscheinen als die Kommunisten, ihnen nach Berlin zu folgen, wo

1 A.a.O., S. 11–14; 16f., 25–29, 39f., 249–251

sie Gaststättengehilfin wird – in einer Wirtschaft, in der beide Parteien verkehren. Wenn sie aufeinandertreffen, gibt es Krawall; die Polizei greift ein, nimmt alle mit – auch die Kellnerin. Dieses Leben gefällt ihr nicht besser als das vorhergehende: Vier Jahre lang sucht sie eine passende Stelle. Ohne berufliche Qualifikation, wegen Wirtschaftskrise und Arbeitslosigkeit, findet sie nur eine Stelle als Dienstmagd, die sie aber wieder aufgibt, um in einer Bretzelfabrik zu arbeiten. Ihr Lohn ist so niedrig, daß sie nachts Autos waschen muß, um das Zimmer bezahlen zu können, das sie mit drei anderen Mädchen teilt. Ein Arbeitsunfall nötigt sie schließlich zu Arbeitslosigkeit und Bettelei. 1931 glaubt sie das erträumte bessere Leben gefunden zu haben: Ihr Freund, ein ehemaliger Polizeibeamter, bittet sie, ihn zu heiraten. Die Schwiegereltern, die ein schönes Haus besitzen, wollen ihnen vier Zimmer überlassen, wenn Elisabeth ihnen den Haushalt führt. Nach zwei Jahren hat sie genug davon, alle zu bedienen: In die Fabrik zurückkehren ist immer noch besser. Seit Hitler Reichskanzler ist, findet man dort auch wieder Arbeit.

So wird sie nach sechs Wochen Anlernzeit als Rundschleiferin bei der Firma Stock (Maschinenbau und Gewindebohrer) eingestellt. Ihre Schwiegereltern werfen ihr vor, das Haus zu vernachlässigen; sie will sich scheiden lassen. Nach einem letzten Versuch – ohne die Schwiegereltern – gemeinsam zu leben, wird die Scheidung 1935 tatsächlich ausgesprochen. Elisabeth ist frei, aber allein mit einem wenige Monate alten Baby. Wem soll sie es anvertrauen, während sie in der Fabrik ist? Die Krippen in ihrem Viertel sind überbelegt, die Firma hat keine. Schließlich findet sie eine, in der ein Platz frei ist – am andern Ende der Stadt. Bei ihrer Ankunft nach einer langen Fahrt frühmorgens in der Straßenbahn hat ihr kleiner Sohn erhöhte Temperatur, weil er sich so gesträubt und geschrien hat: Kranke Kinder werden nicht angenommen. Erschöpft bringt Elisabeth ihn zu ihrer Mutter, die jetzt mit ihrem Gefährten in einer winzigen Wohnung in Berlin wohnt. Nur für einen Tag, versichert sie, weiß aber schon, daß sie nicht zurückkehren wird. Dies ganze Elend seit so vielen Jahren geht über ihre Kräfte: Das bessere Leben, das sie in Berlin nicht gefunden hat, will sie im Jenseits suchen. Nach Hause zurückgekehrt, dichtet sie Fenster und Türen ab, öffnet den Gashahn, legt sich hin und schließt die Augen.

Der Geruch, der durch die Ritzen der baufälligen Wohnungstür dringt, alarmiert eine Nachbarin: Sie ruft die Feuerwehr. Ein Krankenwagen kommt, bringt Elisabeth ins Krankenhaus, wo sie einige

Tage bleibt. Bei ihrer Rückkehr liegt der Vogel tot im Käfig, die verdorbenen Lebensmittel müssen ersetzt, eine hohe Gasrechnung muß bezahlt werden; sie muß wieder zur Arbeit gehen. In der Fabrik hat sich die Neuigkeit herumgesprochen. Kollegen umringen sie, interessieren sich plötzlich für sie. Warum sie sich nicht mit jenem Arbeiter arrangiere, dessen Frau gerade gestorben sei und ihn mit einem kleinen Sohn im gleichen Alter wie ihr Kind zurückgelassen habe? Die Sache ist schnell beschlossen: »Schmeißen wir uns zusammen, dann hat dein Junge ein Heim und meiner auch.« Da der Vermieter keine wilde Ehe duldet, heiraten sie. Das Leben geht weiter: Fabrik, Haushalt, Versammlungen, Aufmärsche.

»Bei den Aufmärschen, wo wir mitmachen mußten, weil der Betrieb dafür freigegeben hat, sind wir abgehauen, wo eine Lücke war. Das haben viele in meinem Bekanntenkreis, die in unserem Alter waren, so gemacht. Die Männer sind dann immer in die Kneipe, wir heim zu den Gören.«

Manchmal, wenn ihr Mann – der viel trinkt – bei den Kindern bleibt, kann Elisabeth ins Kino gehen, neben Sonntagsspaziergängen eines ihrer wenigen Vergnügen, denn in Ferien fahren sie nie. Obwohl ihre Firma ein Musterbetrieb geworden ist (sie erhält staatliche Subventionen für Kantine und Freizeitangebote) und sie an Erholungsaufenthalten und Reisen der Organisation »Kraft durch Freude« teilnehmen könnten, ziehen sie die Ausgleichsprämie vor: So kommen sie am Monatsende besser über die Runden. Alle zwei Monate wird ihre normalerweise einfache Nahrung durch Wild angereichert, das ihr Chef bei seiner Rückkehr von der Jagd unter die Arbeiter verteilt. Wenn Göring, Goebbels oder andere politische Größen die Fabrik besuchen oder inspizieren, gibt es Festessen fürs Personal. Trotz dieser Lichtblicke möchte Elisabeth häufig alles hinwerfen.

»Viel Spaß an der Ehe hatte ich eigentlich nicht. Aber das war ja jedem von Anfang an klar, diese Heirat war nicht aus Liebe, das war Vernunftssache. Zusammengehalten hat uns die gegenseitige Versorgung. Wenn mein Mann trank, hatte ich schon oft den Gedanken, alles hinzuschmeißen. Aber da war die Angst vor einer Scheidung, auch die Kinder. Die Kinder haben uns, wenn's brenzlig wurde, immer wieder zusammengehalten.«

1938 bekommt Elisabeth ein kleines Mädchen, das nach ein paar Wochen stirbt. Dann hat sie mehrere Fehlgeburten. Selbst herbeigeführte? Sie spricht nicht darüber. Als der Krieg ausbricht, kommen die Dinge für beide ins Lot: Ihr Mann kann in der Fabrik bleiben, wo er als Facharbeiter hoch geschätzt wird. Elisabeth wird als Straßenbahnschaffnerin eingestellt. Zu ihrer neuen Arbeit kann sie die beiden Jungen mitnehmen, tagsüber die Strecke mit ihnen fahren, sie dann heimschicken, damit sie das morgens schon zubereitete Essen aufwärmen. Alles wird schlechter mit dem Beginn der Bombenangriffe, und das um so mehr, als sie wieder ein Kind erwartet.

»Erst hatte mir der Arzt gesagt, ich wäre nicht schwanger. Sonst hätte ich doch was gemacht, denn in der Zeit wollte ich doch keine Kinder! Eines Tages beim Mittagessenkochen blutete ich. Ich ging ins Wenckebach-Krankenhaus. Und da war ein Arzt, den werde ich nie vergessen. Ein Nazi-Hund! Ich ging hin und dachte, das Kind geht weg, ich verliere es eben. Aber der gibt mir ein paar Spritzen, und es hat gehalten. Dabei hat er gesagt ... Mensch, das werde ich niemals vergessen: ›Sie sind eine gute Zuchtstute!‹ So in dem Sinn von: Sie können noch mehr Soldaten kriegen! Kanonenfutter! So ungefähr! Dieser Hund!«

Dieses Leben ist eines Zolaschen Romans würdig. Trotzdem ist es noch banal, verglichen mit dem von sechs Millionen Frauen, die ohne berufliche Ausbildung in Land- und Hauswirtschaft arbeiten, oder mit dem der Arbeiterinnen, die zwangsweise in die Rüstungsfabriken versetzt und in – von ihrem Zuhause weit entfernten – Notlagern einquartiert werden, nicht zu sprechen von den verfemten, die in Gefängnissen, »Umerziehungs«- und Todeslagern verkommen. Dieses Leben entlarvt jedoch die Demagogie derjenigen, die weiterhin die Würde und das Glück der deutschen Frau preisen, obwohl sie deren Verzweiflung, ihre Unzufriedenheit, die bis zur Revolte gehen kann, kennen.

In Franken arbeiten die Frauen in den Muna-Langlauf-Fabriken dreizehn Stunden täglich ohne Kantinenessen; und die Betriebsaufsicht erlaubt obendrein Nachtschichten nach einem dreimonatlich rotierenden System.[1] In einem Sipo-Bericht wird auf die Verärgerung der Frauen in Görlitz aufmerksam gemacht, die 40 bis 44 Pfennig Stundenlohn bekommen, während ihre männlichen Kollegen für die gleiche Arbeit 70 bis 74 erhalten. Viele beklagen sich über eine Lohnminderung, die auf einen erzwungenen Stellenwechsel zurückgeht: Verkäuferinnen, die siebzig Mark verdienten, erhalten als Kabeldreherin nur noch fünfundvierzig, weil sie wegen ihrer Unerfah-

1 Sipo-Bericht, Dezember 1939, MA 441/1, 0440 I.f.Z. München

renheit die an qualifizierte Kräfte verteilten Leistungsprämien nicht bekommen.[1]

Im Laufe der Zeit bemerken die Arbeiterinnen, deren Ehemänner eingezogen sind, daß sie kein Interesse haben können, eine mühsame, schlechtbezahlte Arbeit zu behalten, wenn sie dadurch ihren Familienunterhalt als Soldatenfrau verlieren: Zwischen Mai 1939 und Mai 1941 geben deshalb fast eine halbe Million Frauen ihre Stelle auf.[2]

Andere verkürzen freiwillig ihre Arbeitszeit, um ein bestimmtes Einkommen nicht zu überschreiten. Dadurch würden sie nämlich einen Teil des Familienunterhaltes verlieren. Außerdem wollen sie etwas mehr Zeit für Haushalt und Einkäufe haben. Nach einem Bericht der Rüstungsinspektion vom Winter 1939/40 bleiben 400 Arbeiterinnen von 2000 Beschäftigten einer Sprengstoffabrik in Nürnberg praktisch jeden Montag, manchmal auch dienstags der Arbeit fern. In dem Betrieb Streatit Magnesia – ebenfalls in Nürnberg – fehlen täglich von 1800 Frauen etwa 300. Die »normalerweise« 48 bis 54 Stunden betragende Arbeitszeit wird so auf 38 Stunden »verkürzt«, ohne daß die betroffenen Stellen etwas dagegen zu unternehmen wüßten. Sollen sie repressive Maßnahmen anwenden oder eine Verbesserung der Arbeitsbedingungen ins Auge fassen? Ihre Verlegenheit ist offensichtlich.[3]

Zu Beginn des Krieges hatte die Gestapo Anweisungen erhalten: Sie sollte »rücksichtslos« gegen jede Beeinträchtigung »des Kampfwillens des deutschen Volkes« vorgehen, aber psychologisches Geschick dabei beweisen (»Mit erzieherisch bestärkendem Bemühen handeln«), wenn das Vergehen auf materielle oder seelische Not zurückgehe. Zwei Monate später empfehlen neue Richtlinien ein sofortiges Eingreifen für den Fall mangelnder Disziplin in den Betrieben. Mit den Rädelsführern solle hart abgerechnet werden, um jede Ausbreitung der Bewegung zu verhindern. Diese Richtlinien sind nicht anwendbar, denn die Rädelsführer sind Rädelsführerinnen, Soldatenfrauen, die zu entmutigen gefährlich wäre. Daher gibt es im Januar 1940 neue Instruktionen: Wenn es einer Arbeiterin an Disziplin mangle, solle sie verwarnt werden. Genüge das nicht, solle die

1 Bericht vom 9. 12. 1939, ibid.

2 Dietmar Petzina, Die Mobilisierung deutscher Arbeitskräfte vor und während des 2. Weltkrieges, in: Vierteljahrshefte für Zeitgeschichte, Heft 4, Stuttgart, Oktober 1970, S. 449

3 Timothy Mason, Arbeiterklasse und Volksgemeinschaft, Opladen 1975

Direktion eine Geldbuße festsetzen, die Verfolgung durch Einschaltung des Arbeitsamtes und der Arbeitsfront veranlassen. Diese könnten die Schuldigen dann vorladen und einem Gericht überstellen. In manchen Betrieben werden Arbeiterinnen zur Verwarnung von Samstagmittag bis Montagmorgen eingesperrt.

Die Wirtschaftsexperten der Wehrmacht werden ungeduldig: All diese Maßnahmen führen zu nichts; das Verfahren dauert zu lange, die Gerichte hören die Klagen der Familienmütter bereitwillig an und begnügen sich im allgemeinen mit einer einfachen Ermahnung. Die Gestapo solle endlich energisch durchgreifen. Das Oberkommando ist damit aber nicht einverstanden: Im Gegenteil, es empfiehlt in einem Rundschreiben vom 30. April 1940, die berechtigten Forderungen der Arbeiterinnen zu erfüllen: freie Zeit für Einkäufe und Haushalt, das heißt eine offizielle Verringerung der Arbeitszeit, insbesondere freie Tage, wenn Familienangelegenheiten zu regeln sind oder der Ehemann auf Urlaub ist; anständige Unterkünfte und Kantinen, sogar ein Wohngeld für die in andere Städte Versetzten, sowie Kindergärten und betriebseigene Krippen. Drei Tage vor diesen Anweisungen hatte Joseph Goebbels es noch als nützlich erachtet, vor der Presse seinen Befehl vom September 1939 zu erneuern: »Um keine neue Unruhe in die Frauenwelt zu bringen«[1], dürfe über diese Probleme nicht mehr berichtet werden.

Rudolf Heß fordert seinerseits die Parteigenossinnen auf, eine Propagandakampagne zu veranlassen: Frauen sollen an den Kriegsanstrengungen verstärkt teilnehmen. Die Gruppen der »Nationalsozialistischen Frauenschaft« gehen sogar soweit, Listen von Personen aufzustellen, die in die Wirtschaft eingegliedert werden können. Während die Minister der technischen Bereiche und die Wirtschaftler der Wehrmacht die totale Mobilmachung weiblicher Arbeitskräfte fordern, entscheiden sich Hitler und seine Umgebung für ein behutsameres Vorgehen.

»Bei der Heranziehung von Frauen«, schreibt Staatssekretär Stukkart am 9. Mai 1940, »muß aber besonders behutsam vorgegangen werden. Auf diesem Gebiet erfolgende Mißgriffe können sich sowohl auf die Stimmung in der Heimat wie auf die an der Front auswirken.«[2]

Hingegen glaubt der Staatssekretär, daß eine Dienstpflicht für die

1 Ursula von Gersdorff, Frauen im Kriegsdienst, Stuttgart 1969, S. 297 und 310
2 BA Koblenz, R 18/1426

weibliche Jugend wirksam zur nationalen Einheit beitrüge. Ein entsprechendes Gesetz wird erst im Juli/August 1941 verabschiedet und erst im September und November durch Anwendungsbestimmungen ergänzt: Unverheiratete Mädchen von siebzehn bis fünfundzwanzig Jahren, die noch nicht in einem für die Verteidigung nützlichen Bereich arbeiten, müssen von nun an sechs Monate »Kriegseinsatz« zusätzlich zu dem halben »Landjahr« ableisten.

Die lange Zeitspanne zwischen der Vorlage des Gesetzes und seiner Durchführung erklärt sich aus dem Widerstand des Finanzministeriums: Dort hält man die Ausgaben im Vergleich zur effektiven Leistung eines solchen Dienstes für übertrieben. Ferner wünscht man die Beschäftigung der Mädchen in der Nähe ihres Wohnortes, damit sie abends heimkehren können. Auch die Arbeitgeber machen Einwände.[1] In Industrie und Handel hält man ein halbes Jahr Ausbildung für zu kurz und die Vergütung im Vergleich zu den normalen Löhnen für zu hoch. Die Klagen sind in kinderreichen Familien und Landwirtschaft noch heftiger. Man sieht nicht ein, warum man einer weniger qualifizierten Kraft 45 Mark bezahlen soll, einer qualifizierteren dagegen nur 25 Mark. Außerdem gäben diese Stadtmädchen ein schlechtes Beispiel: Nach höchstens sechseinviertel Arbeitsstunden kehrten sie in ein Lager oder Heim zurück, wo ein Freizeitangebot auf sie warte. Die Angestellten, die elf bis dreizehn Stunden täglich für ein geringeres Gehalt arbeiteten, dächten dann nur noch an eins: den Bauernhof zu verlassen und eine Schulung als Führerin der Arbeitsfront zu machen. Zu guter Letzt wird die Dienstpflicht für Mädchen (die im Oktober 1942 auf Elsaß-Lothringen und Luxemburg ausgedehnt wird) von den Parteiideologen als nützlich für die praktische und weltanschauliche Schulung angesehen, bleibt aber ohne nennenswerte Auswirkungen für die Kriegswirtschaft.

Das »Sinken der Arbeitsfreudigkeit«

Aus diesem Grund wendet sich Hitler zweimal, im März und im Mai 1941, an die deutschen Frauen: Er will sie dazu bringen, sich den Millionen von »Volksgenossinnen« anzuschließen, die bereits in den Arbeitsprozeß integriert sind. Die so angesprochenen Frauen reagieren um so weniger, als die militärischen Siege des Reiches sie über-

1 BA Koblenz, R 43/518a

zeugt haben, daß man sehr gut ohne sie auskommt. Diese Haltung scheint so verbreitet zu sein, daß die NSDAP auf eine neue Propagandakampagne verzichtet, die im März 1941 zu dem Thema »Die deutschen Frauen tragen zum Sieg bei!« vorbereitet worden war. Um gegen »das Sinken der Arbeitsfreudigkeit« – wie der SD es nennt[1] – etwas zu tun, lassen die Behörden Vorzugseinkaufsscheine an die Arbeiterinnen austeilen. Die »Nationalsozialistische Frauenschaft« muß ihrerseits einen freiwilligen (Teilzeit-)Dienst einrichten. Am 24. April 1941[2] berichtet Gertrud Scholtz-Klink von 3,5 Millionen Frauen, die 200 Millionen freiwillige Arbeitsstunden in der Landwirtschaft, der Haushaltshilfe, im Handel, beim Kinderhüten und für Wohltätigkeitsvereine geleistet hätten. 150000 andere Frauen hätten außerdem 40 Millionen nicht bezahlte Stunden im öffentlichen Dienst abgeleistet, ohne von den anderthalb Millionen Parteigenossinnen zu sprechen, die auf verschiedenen Ebenen der Parteiarbeit feste Aufgaben übernähmen.

Diese Maßnahmen entlasten ein wenig diejenigen, die schon im Produktionsprozeß stehen, ändern aber nichts an der Haltung derer, die ihre Stelle aufgegeben haben oder sich weigern, eine anzunehmen. Daher die Verordnung vom Juli 1941, mit der die Kürzung des Familienunterhalts abgeschafft wird, egal wie hoch der Lohn der Empfängerin ist; daher aber auch der Beschluß, die Akten der Bezugsberechtigten durchzukämmen, um so die unberechtigterweise vom Kriegsdienst befreiten ausfindig zu machen. Von 80000 in den drei folgenden Monaten überprüften Fällen gehören 60 Prozent in diese Kategorie. Allerdings bringen die nun folgenden Vorladungen kein nennenswertes Ergebnis. Die meisten Betroffenen gehen nicht einmal zum Arbeitsamt. Ihrer Meinung nach ändern die Zugeständnisse nichts an ihren Familienpflichten, den schlechten Arbeitsbedingungen und den Privilegien, die manche genießen.

Warum sollen sie für 100 Mark monatlich neun bis zehn Stunden am Tag in einem Betrieb arbeiten, während eine »Bombenfrau« mit zwei zu versorgenden Kindern das Doppelte an Vergütung erhält. Warum sollen sie sich bei der Arbeit kaputtmachen, während die »besseren Frauen« Muße haben zu einem Einkaufsbummel, bevor sie sich im Café treffen.

Die Auflehnung gegen die Privilegierten greift auch auf die Frauen

1 Bericht SD Würzburg, 8. 4. 1941, zitiert nach Ludwig Eiber, a.a.O., S. 609
2 MA 253/633–729, I. f. Z. München

über, die als einzige Geldquelle ihren mühsam verdienten Lohn haben. Am 8. August 1941 wendet sich eine Nürnberger Kellnerin in einem Brief an Hitler, um ihn zu fragen, warum Gott sie für eine so aufreibende Arbeit ausgesucht habe: »Wieviel tausend Frauen laufen doch in Deutschland herum, vielleicht von den oberen Zehntausend, nicht mein lieber Führer, gut erzogene Haustöchter, die nicht wissen, wie sie den Tag totschlagen sollen.«[1]

Trotz der seit Kriegsbeginn gültigen Gesetze gelingt es einigen Kellnerinnen und Fabrikarbeiterinnen wie Elisabeth Graßmann, eine Anstellung im Verkehrswesen oder bei der Post, also im öffentlichen Dienst zu finden, wo die Arbeit besser bezahlt und weniger mühsam ist.

Hitler und seine Umgebung sind sich der Situation durchaus bewußt. Zwar wendet sich der Reichskanzler persönlich an die deutsche Frau und das deutsche Mädel, um sie aufzufordern, es den Millionen von »Volksgenossinnen« gleichzutun, die in Fabriken, Werkstätten und auf Bauernhöfen den »Ehrendienst« fürs Vaterland leisten, doch hat er sich schon für eine andere Lösung des Problems entschieden: Man wird auf fremde Arbeiter zurückgreifen anstatt deutsche Frauen zu Arbeiten heranzuziehen, für die sie physiologisch nicht geschaffen sind. Als Göring diesen Richtungswechsel am 7. November 1941 ankündigt, ist er in Wirklichkeit schon seit mehr als einem Jahr vollzogen.[2] Die Statistiken zeigen, daß es, die Kriegsgefangenen eingerechnet, im Mai 1940 schon 1,2 Millionen Fremdarbeiter im Reich gibt. Im folgenden Jahr sind es dann 3 Millionen. Nach der Invasion der Sowjetunion, die eine massive Mobilmachung von Reservisten der Wehrmacht erforderte, erreicht ihre Anzahl 4,2 Millionen im Jahr 1942, dann 6,3 Millionen 1943 und 7,6 Millionen im Jahr 1944 (davon fast 1,5 Millionen Frauen) – das sind fast 21 Prozent aller Arbeitskräfte.[3]

Die Voraussagen von Staatssekretär Syrup unmittelbar vor dem Krieg sind damit widerlegt. Der massive Einsatz von Fremdarbeitern, die aus Kriegsgefangenenlagern, besetzten oder annektierten Ländern und aus den Konzentrationslagern zusammengetrieben wer-

1 BA Koblenz, R 43 II/1 661

2 BA Koblenz, R 18/1426

3 Siehe Dietmar Petzina, a.a.O., S. 450 und K. Drobisch und D. Eichholtz, Die Zwangsarbeit ausländischer Arbeitskräfte während des 2. Weltkrieges, in: Actes du Congrès des sciences historiques, Moskau 1976. Bd. 1, S. 228–248

den, hat für die Machthaber des Dritten Reiches einen doppelten Vorteil: Er kostet weniger und ermöglicht, die deutschen Frauen zu schonen, zumal deren Arbeitsbereitschaft keineswegs evident ist.

Sicher, es gibt vorbildliche Arbeiterinnen[1] wie Cécile C., die in einer Motorenfabrik arbeitet, obwohl sie fünf Kinder hat: der Älteste ist an der Front, das Jüngste in der Krippe, ein Drittes im Kindergarten, die beiden zehn und sechzehn Jahre alten Töchter helfen ihrer Mutter. Oder Martha N., seit zwölf Jahren Witwe, die ihre beiden zwölf- und dreizehnjährigen Söhne allein aufzieht. Trotzdem arbeitet sie weiterhin zehn Stunden täglich in einer Rüstungsfabrik, selbst an Tagen, an denen sie krank ist. Oder Frieda L., die zwei kleine Kinder hat und einen alten Vater, dem sie bei der Bewirtschaftung seines kleinen Bauernhofes helfen muß: das hat sie aber nicht daran gehindert, seit 1939 freiwillig in einer Dynamitfabrik zu arbeiten. Die Opferbereitschaft dieser Frauen wird mit Verdienstmedaillen belohnt. Natürlich lassen sich diejenigen, die keine »Arbeitspferde« sein wollen, dadurch ebenso wenig überzeugen wie diejenigen, die keine »Zuchtstuten der Rasse« sein wollen, sich durch das Mutterkreuz beeindrucken lassen.

In diesem dritten Jahr eines immer mörderischer werdenden Krieges scheinen die Arbeiterinnen – besonders in der Reichshauptstadt – immer weniger empfänglich für Parteipropaganda zu sein.

»Die Rednerinnen der Frauenschaft, die in der letzten Zeit in Berliner Betrieben hätten sprechen sollen, seien ausgepfiffen worden und gar nicht zum Reden gekommen. Den eingesetzten Frauen, teilweis solche mit 3 und 4 Kindern, die auf ½ Jahr, allenfalls auf 1 Jahr notverpflichtet, seien zudem ihre zusätzlichen Lebensmittel gestrichen worden. Unerhört viel böses Blut hätte es gemacht, daß die Frau des Herrn Reichsmarschall 70 bis 80 Generalsfrauen zu sich zum Kaffee eingeladen hätte, wobei sich der Tisch ›gebogen‹ hätte bei all den guten Sachen. Das werde im Augenblick in allen Berliner Betrieben gesprochen und bringe noch Verschlechterung der Stimmung.«[2]

Dieser Auszug aus einem langen Brief vom Leiter des SS-Hauptamtes Gottlob Berger vom 2. April 1942 an Himmler zeigt, daß Berger sein altes Talent als Sportberichterstatter nicht verloren hat. Das von ihm skizzierte Bild widerspricht besonders deutlich den offiziellen Reden über die in der Verteidigung des Vaterlandes hinter dem Führer

1 NS-Frauenwarte, 11. 11. 1942, München
2 Siehe Helmut Heiber, a. a. O., S. 113

geeinte »Volksgemeinschaft«. Mit seinem üblichen Eifer beschreibt Himmlers Mitarbeiter auch die Reaktion von Reichsmarschall Göring auf diese Vorfälle, von denen ihm Fritz Sauckel berichtet hatte. Der Thüringer Gauleiter, kurz zuvor zum Generalbevollmächtigten für Arbeitseinsatz ernannt, hielt es nämlich für klug, Göring auf die Unzufriedenheit der Arbeiterinnen hinzuweisen. Er hofft, auf diese Weise die Erlaubnis zur Mobilisierung der zwei Millionen »dispensierten« Frauen zu erhalten. Ohne sie kann er nämlich weder das bestehende Defizit in der Landwirtschaft und Rüstungsindustrie ausgleichen, noch die überforderten Arbeitskräfte entlasten, was – wie er versichert – zu einem größeren Leistungsausfall führen würde als der Munitionsstreik von 1918. Seine Schlußfolgerung macht den Marschall wütend: »Wenn das Rassepferd am Pflug eingespannt werde, verbrauche es sich schneller als das Arbeitspferd, infolgedessen könne man nie zu einer Frauendienstverpflichtung im allgemeinen kommen. Die hochwertigen Frauen hätten in erster Linie die Aufgabe, Kinder zu bekommen. Ein Grundsatz«, fügt er voller Zynismus hinzu, »der auch bei der Reichsfrauenführung in jeder Form anerkannt werde. Es sei nur das betrübend, daß gerade die hochwertige Frau keine Kinder bekommen würde.«

Und das um so mehr, als »diese Frauen, die Kulturträgerinnen seien, nicht den dummen Reden, dem frechen Gespött der einfachen Frauen ausgesetzt werden könnten«, schließt der Marschall.

Mit der Verärgerung des gekränkten Ehemannes allein kann man den bestimmten Ton dieser Äußerungen nicht erklären. Sie enthüllen nicht nur elitäre Vorstellungen, die bei einem Mann wenig überraschen, der aufgrund seines familiären Hintergrundes – sein Vater war Gouverneur in Deutsch-Südwest-Afrika –, seiner Ausbildung zum Fliegeroffizier und seiner Prunksucht zum Konservatismus neigt. Sie zeigen auch, wie die Frauen der Partei zur Durchführung dieser diskriminierenden Politik eingespannt werden, denn die Sektionen der »Reichsfrauenführung« sind beauftragt, Listen der »einsatzfähigen« Frauen aufzustellen.

Trotzdem waren sich die Nazigrößen bewußt, wie gefährlich es sein konnte, eine vom Krieg immer härter betroffene Bevölkerung zu demoralisieren. Also bemühen sie sich, die Verbitterung der Opfer dieser Diskriminierung zu mildern, indem sie ein neues Gesetz zum Schutz von Mutter und Kind in den Betrieben verkünden. In Wahrheit ist das nur ein kleines Zugeständnis; denn das seit zwei Jahren vorbereitete Gesetz vom 17. Mai 1940 beschränkt sich auf die Einführung einiger Verbesserungen für schwangere Frauen: die beiden im vorhergehenden Gesetz vorgesehenen Stillpausen werden um eine halbe Stunde verlängert; zu diesem Zweck soll ein Raum bereitgestellt werden; jede Entlassung in den vier Monaten nach der Niederkunft wird verboten. Der Lohn der Sozialversicherten – bis dahin wurden während der zwölf Wochen Mutterschaftsurlaub 75 Prozent bezahlt – sollte von nun an dem Durchschnittseinkommen in den dreizehn Wochen vor diesem Urlaub entsprechen, zwei Mark am Tag aber nicht unterschreiten. Außerdem wird sechsundzwanzig Wochen lang eine tägliche Stillprämie von 50 Pfennig bezahlt.

Durch diese Verordnungen und Hitlers Befehl, kranke Arbeiterinnen und Familienmütter zu schonen, wird die von der Waffeninspektion so bezeichnete »Frauenflucht« noch größer. Im September 1942 macht eben diese Waffeninspektion darauf aufmerksam, daß manche Betriebe bis zu 40 Prozent ihrer weiblichen Arbeitskräfte verloren haben. Der Verlust ist um so besorgniserregender, als die Wehrmacht beginnt, junge Mädchen aus der Produktion abzuziehen und in den Hilfsdiensten des Nachrichtenwesens, der Luftabwehr und der Stabsbereiche einzusetzen, um neue Kampfeinheiten freizustellen.

Seit der Niederlage von Stalingrad, im Januar 1943, verwandelt sich die Unzufriedenheit der Arbeiterinnen in Kriegsmüdigkeit, die sich in fortwährenden Auseinandersetzungen um die Lebens- und Arbeitsbedingungen niederschlägt, ohne jedoch die Ausmaße der Revolte von 1918 zu erreichen. Was diese Frauen zurückhält, ist weniger die Furcht vor den allgegenwärtigen Gestapospitzeln – wie wir gesehen haben, scheuen sie sich nicht, Parteirednerinnen zu boykottieren – als die Angst vor ihrem Schicksal im Falle einer deutschen Niederlage. Da es wegen Unterdrückung und Emigration keinen organisierten Widerstand gibt, kann die offizielle Propaganda diese Furcht noch steigern: Der Feind werde sich rächen, das deutsche Volk im Fall eines Sieges in die Sklaverei zwingen.

Durch diese Aussicht und den schließlich erteilten Befehl, alle Frauen von siebzehn bis fünfundvierzig Jahren für ihre Mitwirkung an den Kriegsanstrengungen zu erfassen, gelingt es der NS-Führung, einen Ausbruch zu verhindern – ohne die Streitpunkte zu entschärfen. Immer häufiger wenden sich Frauen mit ihren Klagen direkt an die Landesbehörden, sogar an den Führer selbst. Eine »echte Nationalsozialistin« beklagt sich zum Beispiel, sie habe sich umsonst zehn Tage lang die Hacken abgelaufen, um Gemüse und Eier zu kaufen. Nicht einmal ein bißchen Kaffee habe sie gefunden, um nach den

Alarmnächten besser durchhalten zu können, während die Reichen sich weiterhin ihre Bestellungen nach Hause liefern ließen. Sie fährt fort: »Bitte bemühen Sie sich und veranlassen mal die Wirtschaft hier, daß besser gesorgt wird in Düsseldorf.«[1]

Arbeiterinnen beklagen sich beim Regierungspräsidenten von Oberbayern: Sie wollen unzureichende Garderoben und sanitäre Einrichtungen nicht länger mit jüdischen Arbeitern und Gefangenen teilen.[2]

In Berichten des Sicherheitsdienstes[3] wird auf den wachsenden Abstand zwischen der Bevölkerung und der politischen Führung hingewiesen. Dieser Abstand zeigt sich im Zurückgehen des deutschen Grußes, des Tragens von Parteiabzeichen, in offener Kritik an den »braunen Bonzen«, die kneifen, anstatt – wie kommunistische Kommissare – persönlich in der ersten Reihe zu stehen.

Zwar befürworten die schon dienstverpflichteten Frauen die am 27. Januar 1943 angeordnete totale Mobilmachung für Männer von siebzehn bis fünfundsechzig, für Frauen von siebzehn bis fünfundvierzig Jahren, doch zeigen sie sich skeptisch, was die Verwirklichung angeht. Trotz der von Dr. Goebbels – bei einer aus dem Sportpalast übertragenen Rede – gegebenen Versicherungen überwacht die Bevölkerung das Verhalten der privilegierten Frauen genau.

Der Sicherheitsdienst argwöhnt: »Man glaubt, daß die ›Prominenten‹, wozu in der kleinen Stadt auch die Frau des Bürgermeisters oder des Rechtsanwaltes gerechnet wird, auf irgendeine Weise versuchen würden, sich zu drücken. Die Ärzte würden sicherlich von Frauen überlaufen, die sich ihre Arbeitsunfähigkeit bescheinigen lassen wollen. Im äußersten Fall würden die Frauen, welche man besonders ›im Auge habe‹, sich wohl zum Roten Kreuz melden, was aber nicht als vollgültiger Einsatz angesehen werden könnte.«[4]

Der Berichterstatter nimmt an, daß die Bevölkerung die Gleichbehandlung dieser Frauen bei der Durchführung des Gesetzes als Prüfstein für eine Volksgemeinschaft ohne soziale Diskriminierungen betrachte. Nach derselben Quelle (SD-Bericht vom März 1943) haben Wochenschauen, die das angenehme Leben von Fabrikarbeiterinnen

1 BA Koblenz, R 43 II/1661

2 Aus dem Bericht vom 9. 1. 1943, siehe Ludwig Eiber, a.a.O., S. 621

3 Heinz Boberach, Meldungen aus dem Reich, Neuwied 1965 oder München 1968

4 Bericht des Sicherheitsdienstes vom 4. 2. 1943, zitiert nach Heinz Boberach, a.a.O., S. 347

zeigen, lebhafte Reaktionen bei den Zuschauerinnen hervorgerufen. Entrüstet hätten sie sich geäußert, als der Kommentator auf die verständnisvolle Behandlung in den Arbeitsämtern hingewiesen habe, wo Frauen über die Art ihrer Eingliederung in die Produktion entsprechend ihren Interessen und Fähigkeiten beraten würden.

Tatsächlich wurden von den 3 Millionen aufgrund des Gesetzes vom Januar 1943 erfaßten Frauen 1,1 Millionen angestellt, die meisten aber als Teilzeitkräfte. So können Fremdarbeiter für härtere Arbeiten eingesetzt, und die Versetzung junger Mädchen in die Hilfsdienste der Wehrmacht kann ausgeglichen werden.[1] Aber die Verantwortlichen wissen, daß unter den 1,9 Millionen »Freigestellten« viele dank eines ärztlichen Attestes, persönlicher Beziehungen oder gerade angetretener Reisen freigestellt worden sind.

»Es versteht sich von selbst«, schreibt Hitler in einer Anweisung vom 10. Mai 1943, »daß auch die Familienangehörigen dieser Persönlichkeiten in vorbildlicher Haltung ihre Pflicht gegenüber dem Vaterlande tun.«[2] Die Arbeiterinnen zweifeln daran, als sie feststellen, daß es immer noch ebensoviele Hausangestellte wie 1939 gibt (1,5 Millionen: die gleiche Anzahl Frauen arbeitet in Hüttenwesen und Elektronik!), die vor allem im Dienst wohlhabender, nicht kinderreicher Familien stehen. Noch verbitterter sind die Bäuerinnen, wenn sie feststellen, daß sehr viele taugliche Männer von jedem aktiven Dienst freigestellt sind. Sie hingegen müssen – seit Kriegsbeginn meist allein – einen Bauernhof führen; und seit der Verlagerung von Betrieben in weniger bombengefährdete Gebiete werden sie auch noch gezwungen, Heimarbeit zu machen, um, wie Fritz Sauckel sagt, am »Ehrendienst der deutschen Frau« teilzunehmen.

Trotz all dieser von Experten ausgeheckten Maßnahmen, die die Lücke der 9 Millionen zwischen Mai 1939 und Mai 1943 aus der Produktion abgezogenen gesunden Männer füllen sollen, verschlechtert sich die Lage: Militärische Rückschläge, immer schwerere Verluste an Material und Menschenleben machen die Erneuerung dezimierter Einheiten nötig. Aus diesem Grund fordert Göring, die Dienstpflicht für Mädchen auf anderthalb Jahre auszudehnen. Dadurch können in kurzer Zeit 40000 in den Hilfsdienst der Luftwaffe versetzt werden.[3]

1 Dieter Petzina, a.a.O.
2 Ursula von Gersdorff, a.a.O., S. 395
3 BA Koblenz, R 43 II/518a

Diese Forderung führt zu prinzipiellen Einwänden: In einem Brief vom 1. Juli 1943 erinnert der Propagandaminister daran, daß die damit verbundene Änderung der Arbeitszeiten eine Konsultation des Führers notwendig mache, »da der Reichsarbeitsdienst nach dem Willen des Führers in erster Linie eine Erziehungseinrichtung für die weibliche Jugend« sei.

Die – wie immer, wenn ein Problem strittig ist – daraufhin folgende Beratung zwischen den zuständigen Stellen macht sichtbar, daß der Führer des Arbeitsdienstes sich trotz Kritik und Klagen von Arbeitgebern immer an ein genaues Gleichgewicht im Stundenplan der Mädchen gehalten hat: sechs Stunden Erziehungsprogramm, sechs Stunden Arbeit, neun Stunden Schlaf. Konstantin Hierl erklärt sich nicht nur bereit, den Einsatz der Mädchen in der Luftwaffe möglich zu machen, er schlägt sogar ihre generelle Beschäftigung als Hilfskräfte der drei Waffengattungen vor. Der persönliche Arzt Hitlers, Dr. Morell, wendet ein, daß der Arbeitsdienst bei 90 Prozent der Mädchen eine mehr oder weniger starke Störung der Menstruation mit sich bringe. Der Bruch in der Lebensweise – verglichen mit der im Familienkreis – bringt seiner Meinung nach physische und psychische Störungen mit sich, die auf mangelnde Freizeit und zu große Belastung von Muskulatur und Kreislauf zurückzuführen seien. Diese Störungen könnten letztendlich Schwangerschaftsstörungen, sogar Sterilität hervorrufen.

»Will man also die Zahl der gebärfreudigen und gebärfähigen Frauen nicht weiter absinken lassen, so darf man auf keinen Fall an eine Verlängerung der Dienstzeit im RAD (Reichsarbeitsdienst) denken!« Dr. Morell fügt sogar hinzu, daß man über eine Umgestaltung des Frauenarbeitsdienstes nachdenken müsse; dabei solle vor allem die weibliche Psyche berücksichtigt werden, indem man den männlich-kasernenmäßigen Charakter des Dienstes abschwäche. »Wenn es nicht unbedingt notwendig ist«, schließt er, »muß die Verlängerung der Dienstzeit im Reichsarbeitsdienst der weiblichen Jugend unterbleiben; sie kann nur als alleräußerster Noteinsatz in Frage kommen.«[1]

Einwände kommen auch vom Führer der Hitler-Jugend: Wenn die Luftwaffe Mädchen abziehe, gehe das auf Kosten seiner Organisation. Der Erziehungsminister wird noch deutlicher: Er verweigert die Abordnung von 3000 Führerinnen des Reichsarbeitsdienstes in die

1 BA Koblenz, R 43 II/520a

Dienste der Luftwaffe für eine längere Zeit. Dabei beruft er sich auf Partei- und Reichskanzlei sowie Feldmarschall Keitel, die es wie er für unzulässig halten, das Studium junger Mädchen zu hemmen, die später in leitenden Positionen, besonders im Unterrichtswesen gebraucht würden. Außerdem seien nur 35 Prozent ihrer Altersstufe, nämlich 600000 bis jetzt wirklich im Kriegsdienst beschäftigt. Martin Bormann und Hans Heinrich Lammers fügen sogar hinzu, daß der Antrag auf Verlängerung des Arbeitsdienstes um so weniger gerechtfertigt sei, als die Luftwaffe der einzige Truppenteil sei, der sie gefordert habe.

Die Luftwaffe besteht jedoch auf ihrer Forderung: In einem Schreiben vom 15. März 1944 mit dem Vermerk »Sofort!« erneuert General Bodenschatz die Bitte seines Vorgesetzten Göring, die Anzahl der Luftwaffenhelferinnen von 12000 auf 40000 aufzustocken. Lammers wird ins Führerhauptquartier bestellt; er soll Hitler in Gegenwart Bormanns berichten. Hitler hält es in Anbetracht der militärischen Lage nicht länger für möglich, die Einwände des Erziehungsministers und des medizinischen Experten zu berücksichtigen und unterzeichnet die Verordnung vom 8. April, die die Dienstpflicht für Mädchen auf anderthalb Jahre verlängert.

Vorrang der Ideologie

Hitler folgt Görings Vorschlägen, er gibt also den Kriegszielen Vorrang vor denen der Bevölkerungspolitik. Hier siegt das kurzfristige Ziel über das längerfristige. Die zur gleichen Zeit aufbrechende Kontroverse um die Frauenlöhne verläuft jedoch anders.

Seit Kriegsbeginn stehen »Technokraten« und Anhänger der Bevölkerungspolitik in diesem Punkt konträr zueinander. Schon 1939 hatte die »Arbeitsfront« darauf aufmerksam gemacht, daß Frauen, die eingezogene Facharbeiter ersetzen, nicht einsähen, warum sie bei gleicher, manchmal sogar höherer Leistung schlechter bezahlt würden. Sie wünschten sich »eine generelle Regelung, die dergestalt vorgenommen würde, daß Männerlohn bezahlt wird«.

Im Juni 1940 pflichtet die NSDAP-Führung des Kreises Augsburg dieser Ansicht bei: Es sei praktisch unmöglich, mit einem Stundenlohn von 30 bis 35 Pfennig anständig zu leben. Außerdem hätten sich die Messerschmitt-Werke bereits mehrfach eingeschaltet. Um die

Arbeitsbedingungen ihrer Arbeiterinnen zu verbessern, würde eine Aufbesserung von 10 Pfennigen in der Stunde vorgeschlagen.[1]

Am 15. Juni setzt Arbeitsminister Seldte einen Untersuchungsausschuß ein, der die Lage der im Hüttenwesen, in chemischer Industrie, Bergwerken und anderen kriegswichtigen Betrieben Beschäftigten untersuchen soll. Franz Seldte fordert seine Experten auf, eine Liste der Arbeiten aufzustellen, die vorher nur von Männern getan wurden. Sie sollen zudem Maßnahmen vorschlagen, die die gleiche Entlohnung der derzeitig beschäftigten Männer und Frauen ermöglichen soll. Die Kommission führt ihren Auftrag aus, aber auf ihre Vorschläge folgen keinerlei Taten – und das trotz zahlreicher Berichte von leitenden Stellen in Wirtschaft und Politik, die die Unzufriedenheit der Arbeiterinnen und die daraus folgenden sinkenden Erträge nachdrücklich hervorheben.

Erst im April 1944, als die militärische Lage des Reiches zu akuten Arbeitskraftproblemen führt, empfängt Hitler Arbeitsfront-Führer Robert Ley: Er verspricht ihm, zu diesem Problem eine Sitzung einzuberufen, die er persönlich leiten werde.

Drei Tage vor der auf den 25. April festgelegten Sitzung schickt Reichskabinettsrat Killy einen geheimen Bericht[2] an die Reichskanzlei. Er legt nahe, klar zu unterscheiden zwischen Stellen, für die sich ungleicher Lohn rechtfertigen lasse und solchen, für die diese Ungleichheit einen offensichtlich diskriminierenden Charakter habe. Dieser bewirke nämlich, daß die Opfer solcher Maßnahmen ihre Leistung eigenmächtig verringerten. Im öffentlichen Dienst (Unterrichtswesen, Führungspositionen in den Frauenorganisationen), meint der Referent, könne man Frauen geringer besolden und das mit geringerer Leistungsfähigkeit, häufigerer Erkrankung und früherer Pensionierung begründen. Ob allerdings diese Begründung generell zutreffe, erscheine ihm fraglich. Bescheidene Vergütungen ließen sich ebenfalls rechtfertigen, wenn es sich um unqualifizierte Arbeit in spezifisch weiblichen Bereichen handele. Hingegen scheine es notwendig, den Frauen Männerlöhne zu gewähren, wenn sie – bei gleicher Qualifikation – auf für die Kriegswirtschaft unentbehrlichen Stellen einsprängen. Man müsse auch ihre soziale und familiäre Lage berücksichtigen, was nur ausnahmsweise geschehe, weil Frauen nicht als Familienoberhaupt betrachtet würden.

1 Siehe Ludwig Eiber, a.a.O., S. 591
2 BA Koblenz, R 43 II/542

Am 25. April versammeln sich Dr. Lammers und Martin Bormann für die Reichskanzlei und die NSDAP sowie Dr. Ley, Gauleiter Sauckel als Generalbevollmächtigter für den Arbeitseinsatz, Preiskommissar Dr. Fischböck, ein Vertreter des Rüstungsministeriums und Botschafter Otto Abetz für den Arbeitsdienst in Frankreich und Italien in Hitlers Berchtesgadener Haus. Robert Ley nimmt die großen Linien des Killy-Berichtes auf und betont gleich, wie notwendig es sei, die Produktivität spürbar zu steigern. Deshalb fordert er, jeden Gedanken an einen sozialen Lohn, der die Rolle des Betroffenen in der Volksgemeinschaft berücksichtigt – besonders die den Männern vorbehaltene Rolle des Familienoberhauptes –, für die Dauer des Krieges außer acht zu lassen.

Hitler erhebt sofort Einspruch. Frauen wie Männer zu entlohnen widerspreche dem nationalsozialistischen Prinzip der Volksgemeinschaft grundlegend. Der Mann, besonders der reife Mann, der verheiratete Mann und Familienvater, müsse besser bezahlt werden, weil er größere Opfer für die Gemeinschaft bringe. Die Frau hingegen müsse sich hauptsächlich um Familie und Volksgemeinschaft kümmern. Übrigens, sobald wieder Frieden sei, solle der Mann den Unterhalt der Seinen verdienen; selbst der einfachste Arbeiter solle mit seiner Familie eine Drei-Zimmer-Wohnung bewohnen. Seine Frau habe sich nur um Familie und Haushalt zu kümmern. Natürlich müsse man während des Krieges Frauen zur Arbeit heranziehen, aber in Friedenszeiten sei es wünschenswert, sie aus den Betrieben herauszunehmen, damit sie sich ihrem Heim widmen könnten. »Dieses nationalsozialistische Ideal und Prinzip solle man daher auch im Kriege nur soweit durchbrechen, als es unbedingt nötig sei.«[1]

Eine nennenswerte Leistungssteigerung sei durch eine Lohnerhöhung nicht zu erwarten, zumal das Geld, weil Konsumartikel fehlten, nur den Schwarzmarkt vergrößere. Um die Leistung zu steigern, müsse man die Versorgung verbessern, was bei der militärischen Lage des Reiches unmöglich erscheine. Das einzige Zugeständnis, das Hitler unter diesen Bedingungen machen zu können glaubt, ist eine Steuerermäßigung oder eine Erhöhung der Kinderzulagen, weil die Frau während der Abwesenheit des Mannes die Familie versorgen müsse.

Der Führer bemerkt weiter: »An den von mir dargelegten Grundsätzen muß auch im Kriege festgehalten werden. Wir würden sonst

1 BA Koblenz, R 43 II/542

die Friedensarbeit nach nationalsozialistischem Muster verbauen, ja wir würden sogar im Kriege bereits Schwierigkeiten bekommen. Eine völlige Gleichstellung der Frauenlöhne mit den Männerlöhnen würde unweigerlich zur Folge haben, daß bei den Männern eine Bewegung auf Erhöhung der Männerlöhne eintreten würde.« Natürlich könne es Ausnahmen geben, aber »eine völlige Gleichsetzung der Frauenlöhne mit den Männerlöhnen würde eine Mißachtung der Leistungen des Mannes für die Volksgemeinschaft sein, die ich unter allen Umständen vermieden zu sehen wünsche«.

Fritz Sauckel stimmt dem Führer sofort zu. Im Laufe ihres Lebens arbeite die Frau erheblich weniger Stunden als der Mann. Bormann seinerseits bemerkt, daß das Prinzip des »gleicher Lohn für gleiche Leistung« dazu zwänge, zwölfjährigen polnischen Kindern, die Zünder herstellten, soviel zu bezahlen wie deutschen Arbeiterinnen. Aber Dr. Ley hält seine Forderung nach gleichem Lohn aufrecht. Er weist darauf hin, daß bedeutende Industrielle, darunter Röchling und Rohland, in diesem Sinn bei ihm vorstellig geworden seien. Als er daran erinnert, daß die Lohnsituation in Feinmechanikbetrieben besonders absurd sei, wo Männer für leichte und saubere Arbeit besser bezahlt würden, wird Hitler wütend: Diese Betriebe sollten eben nur Frauen beschäftigen. Übrigens müsse man darüber nachdenken, fügt er – einmal in Fahrt – hinzu, gewisse Berufe für Männer zu verbieten. Sobald Frieden sei, dürfe es sowohl Kellner als auch Damenfriseure nicht länger geben. Es sei eines Mannes unwürdig, Frauen zu frisieren. Ebenso müsse die Erziehung kleiner Kinder Frauen überlassen bleiben.

Hitlers Wunsch, die männliche Vormachtstellung um jeden Preis aufrechtzuerhalten, zwingt seine Mitarbeiter, auf Halbheiten zurückzugreifen. Im Mai 1944 richten die Arbeitsämter mit Hilfe der »Nationalsozialistischen Frauenschaft« den »Ehrendienst der deutschen Frau« ein. Alle, die noch nicht dienstverpflichtet sind, müssen nun zwei bis drei Stunden täglich in extra zu diesem Zweck eingerichteten Räumen arbeiten, vor allem in Schulen mit angeschlossener Kinderkrippe. Am 25. Juli 1944 wird die Zwangserfassung von Arbeitskräften durch eine Anordnung Hitlers über den totalen Krieg auf Frauen von fünfundvierzig bis fünfzig Jahre ausgedehnt und die Schließung von Theatern und Restaurants bestimmt. Deren Personal wird ebenfalls in die Kriegswirtschaft abkommandiert.

Diese Verlagerungen führen in Konsumindustrie und Dienstleistungsgewerbe zu einer durchschnittlichen Verringerung der Arbeitskräfte um 10,5 Prozent. Zusammen mit dem »Ehrendienst der deutschen Frau« wird so das zwischen Mai 1943 und September 1944 festgestellte Defizit von 700000 Arbeitern in der Produktion nur teilweise geschlossen. In dieser Zeit nämlich müssen die Wirtschaftsführer den Abzug von 2 Millionen Beschäftigten aus der Industrie in die Wehrmacht ausgleichen. Deshalb rekrutieren sie 1,2 Millionen zusätzliche Fremdarbeiter. Aber nur 100000 weitere deutsche Frauen können als Beschäftigte herangezogen werden: Die totale Mobilmachung der Frauen scheitert.

Im Juli 1944 erklärt die NSDAP-Kreisleitung Augsburg-Land in ihrem Monatsbericht ihre Genugtuung darüber, daß jetzt endlich energisch bei der Mobilmachung der Frauen vorgegangen werde: »Die breite Masse der Bevölkerung, die seit Jahr und Tag restlos ihre Pflicht erfüllt, fordert, daß die Arbeitsämter ohne Ansehen der Person durchgreifen und daß mit den vielen ärztlichen Zeugnissen doch endlich einmal Schluß gemacht wird. Ganz besonders ist die werktätige Bevölkerung dahingehend interessiert, daß die Hausgehilfinnen-Frage restlos aufgerollt wird, denn es kann wirklich nicht mehr verantwortet werden, daß sog. bessere ›Damen‹, die nach dem Gesetz selbst in Arbeit stehen müßten, nicht nur nach wie vor Schönheit und Gesellschaft pflegen können, sondern auch nach wie vor ihre Hausgehilfinnen behalten dürfen. Sollten in dieser Frage nicht ebenfalls bald klare Verhältnisse geschaffen werden, würde man die arbeitenden Menschen ungeheuer enttäuschen und Stoff zu neuer Kritik geliefert. In verschiedenen Ortsgruppen sind so viele ganz krasse Fälle bekannt, und wenn diese dem gesunden Volksempfinden hohnsprechenden Zustände nicht einmal beseitigt werden, müßte einmal zur Selbsthilfe gegriffen werden...

Leider ist auf vielen Gebieten absolute Einseitigkeit, insbesondere beim Arbeitseinsatz, zu beobachten. Der Fraueneinsatz gilt allgemein als Fiasko, denn Beziehungen bedeuten auch hier alles.«[1]

Zwar erfüllen die Behörden im September 1944 die von der Bevölkerung im allgemeinen und besonders von Arbeiterinnen wiederholt vorgebrachte Forderung, die nicht unbedingt benötigten Hausgehilfinnen zu erfassen, doch offensichtlich zögern sie, gegen Haushalte der »Privilegierten« vorzugehen. Es genügt, den Bericht der NSDAP-Ortsgruppe Bayreuth über Winifred Wagner zu lesen, die allein

1 Ludwig Eiber, a.a.O., S. 632–33

»1 Beschließerin, 1 Köchin, 2 Zimmermädchen, 3 Hausgehilfinnen und 1 Gärtner« beschäftigt.

»In Anbetracht dessen, daß Frau Wagner häufig Besuche, Empfänge und Verhandlungen durchzuführen hat und das Haus Wahnfried auch repräsentative Pflichten erfüllen muß, wird das Arbeitsamt auf Wunsch des Gauleiters keinen zwangsweisen Abzug eines Teiles der Hausgehilfinnen vornehmen. Frau Winifred Wagner wird, sobald sie wieder gesund ist, von der Kreisleitung aus nahegelegt, selbst Vorschläge über den evtl. Abbau ihres Personals zu machen.«[1]

Aufgrund dieser Einstellung der Behörden sind einige Historiker der Meinung[2], der Nationalsozialismus habe die Frauenarbeit betreffend eine »Klassenpolitik« betrieben. Andere Historiker glauben[3], das Problem der Frauenarbeit habe sich erst seit Kriegsbeginn gestellt, dabei habe aber die Absicht, die Bevölkerung zu schonen, die Oberhand über den Wunsch gewonnen, alle weiblichen Personen im erwerbsfähigen Alter als Arbeitskräfte zu mobilisieren. Diese Mobilmachung hatten die Technokraten immer wieder gefordert, nachdem es ihnen trotz massiver Rückgriffe auf ausländische Arbeitskräfte nicht gelungen war, den Abzug der deutschen Beschäftigten in die Armee wettzumachen.

Unbestreitbar ist, daß man sich bemüht, vielleicht weniger eine Klasse als eine Kaste von Privilegierten zu schonen. Die Bevölkerung, die immer schwierigere Lebensbedingungen ertragen muß, will man nicht verbittern. Trotzdem bleibt zu fragen, warum die NS-Führer unter diesen Bedingungen nicht versucht haben, die Stimmung der deutschen Arbeiterinnen zu verbessern und ihre Produktivität zu steigern, indem man ihre Forderungen erfüllte, die doch sogar von sachverständigen Ministern und einigen Unternehmern unterstützt wurden.

In Wirklichkeit entwickelt die nationalsozialistische Ideologie im Bereich der Frauenpolitik – wie Dörte Winkler[4] richtig unterstreicht – »über zweckrationale Interessen hinaus, ja diesen oft sogar zuwiderlaufend, ein Eigenleben«. Experten setzen sich für die wirtschaftliche Integration der Frauen ein, um die Kriegsanstrengungen bestmöglich

1 A.a.O., S. 638

2 Stefan Bajohr, a.a.O., S. 276f.

3 Besonders Timothy Mason, Zur Lage der Frauen in Deutschland 1930–40, in: Beiträge zur Marxschen Theorie, 1976, S. 118–193, und Dietrich Eichholtz, Geschichte der deutschen Kriegswirtschaft 1939–45, Bd. 1, Berlin 1969, S. 83

4 Dörte Winkler, Frauenarbeit im Dritten Reich, Hamburg 1977, S. 187

zu unterstützen. Doch Hitler und Göring bleiben – trotz einiger kleinerer Zugeständnisse wie der Verpflichtung junger Mädchen als Armeehelferinnen – bei ihrer Vorstellung von der Frau als Mutter und Dienerin. Die forcierte Industrialisierung hat nicht – wie manche Historiker[1] behaupten – zu einem neuen Status relativer Gleichberechtigung für die Frau geführt. Sie zwingt die leitenden Nationalsozialisten lediglich, ihre Frauenpolitik den wirtschaftlichen Notwendigkeiten des Krieges anzupassen. Diese Anpassung ruft in Hitlers Umgebung Widerspruch, sogar Einwände hervor, ohne jedoch zu einer grundsätzlichen Infragestellung des Prinzips der Ungleichheit der Geschlechter zu führen, wie wir sie in bezug auf ihren beruflichen Status festgestellt haben.

Die einzige grundlegende Änderung bewirken die Frauen besonders seit Kriegsbeginn selbst. Aus Aussagen Betroffener sowie aus offiziellen Berichten geht nämlich hervor, daß es z. B. eine Art passiven Widerstandes gegen die Rolle des »Arbeitspferdes« und der »Zuchtstute« gab, die die Herrschenden ihnen aufzwingen wollten. Dieser zwar schwer auszumachende, aber wirksame Protest resultiert wohl größtenteils aus den materiellen und seelischen Bedingungen, die der Krieg mit sich bringt. Mir scheint, er spiegelt aber auch die Frustration derjenigen wider, die an die Reden und Versprechungen des Führers, er werde die Würde der deutschen Frau wiederherstellen, geglaubt hatten.

1 Siehe besonders David Schoenbaum, a.a.O.

V. Kapitel
Das Frauenideal

Die Frauenwelt

Viele deutsche Frauen opponierten gegen Mutterdienst oder unerträgliche Arbeits- und Lebensbedingungen. Doch führt diese Feststellung zu der Frage nach den Möglichkeiten und Grenzen dieser Auflehnung.

Möglichkeiten entstanden dadurch, daß die Nationalsozialisten den Frauen jede soziale und politische Verantwortung absprachen und damit selbst die Voraussetzungen für den Rückzug der Frauen in ihre eigene Gefühls- und Gedankenwelt schufen. Dadurch entwickelten sie eine stärkere Neigung zur Kritik am Regime als die Männer – und zwar (nach den offiziellen Berichten, die das Dritte Reich für den internen Gebrauch anfertigen ließ) Frauen aus kleinen Verhältnissen ebenso wie Frauen der Oberschicht, wenn auch die Formen des Protests unterschiedlich waren.[1]

Grenzen waren der Auflehnung dadurch gesetzt, daß sich außerhalb der NSDAP keine unabhängigen Organisationen bilden durften, eine Koordination der individuellen Widerstandsformen also nicht möglich war. Da außerdem – was noch schlimmer war – durch die Schulen, durch die von der Partei gelenkten Gruppen und Verbände sowie durch die Medien die soziokulturellen Werte des Dritten Reiches verbreitet und von vielen verinnerlicht wurden, war es besonders schwer, sich seiner Unzufriedenheit bewußt zu werden und sie zum Ausdruck zu bringen.

Die kulturelle Ausschließung[2], die bis heute eines der größten Hindernisse der Frauenemanzipation darstellt, ist eine so selbstverständliche Erscheinung im Alltagsleben der Frau, daß man sie nur schwer erfassen kann. Selbst im Dritten Reich – trotz der angeblichen Uniformität, die durch die »Gleichschaltung« herbeigeführt werden sollte – sind die Lebens-, Denk- und Handlungsweisen milieu- und

1 Besonders Heinz Boberach, a.a.O., SD-Berichte von 1943

2 Im Sinne des von Michel Foucault gebrauchten Begriffs »renfermement« – einer inneren und äußeren Einschließung.

altersabhängig und führen zu Interessen- und Generationskonflikten. Bekanntlich versuchten die Nazis die Interessenkonflikte zu erstikken, weil sie die Verwirklichung ihrer Politik hätten behindern können. Generationskonflikte hingegen haben sie bewußt geschürt, um die Jugend auf ihre Seite zu ziehen. So wurde sie, da ihr Vergleichsmöglichkeiten fehlten, für die Ideale des Nationalsozialismus durchaus empfänglich.

Spät, doch dann entschieden bemühte sich das NS-Regime, alle Mädchen in die Hitlerjugend zu integrieren. Sie sollten dadurch dem Einfluß der »Frauenwelt« – wie Goebbels sie nicht ohne Furcht nennt – entzogen werden. Zwar kann die »Frauenwelt« zurückgedrängt werden, nicht jedoch die Bedeutung der Frauen für die Gesellschaft. Ihr wachsender Anteil an der Bevölkerung, besonders bei den jüngeren Generationen, und die wichtige Rolle, die Frauen für die Wirtschaft und die Expansionspolitik des Dritten Reiches spielen, kann nicht ignoriert werden.

Die Entwicklung der Frauenwelt im Dritten Reich (1933–1939)[1]

	Dezember 1933	Januar 1938	Mai 1939 (nach »Anschluß« Österreichs)
Gesamtbevölkerung	65362110	69316500	79375300
Frauen	33598255	35404500	40613600
Anteil an der Gesamtbevölkerung	51,4%	51,07%	51,16%
	Alterspyramide		
unter 20 Jahren	7454000	10898000	12392100
20–40 Jahre	11749840	11032300	12606100
40–60 Jahre	8165378	8928800	5305300
älter als 60 Jahre	3899050	4545000	3305300
	Familienstand		
Ledige	15878191	15594600	17932600
Verheiratete	14316709	16123000	18333800
Witwen	3026477	3272000	3850900
Geschiedene	311522	414900	496300

1 Statistisches Jahrbuch für das Deutsche Reich, 1935, S. 11, und 1940/41, S. 25

Aus Sorge um das Fortbestehen von »Rasse« und »Reich« will das NS-Regime die »Arierin der Zukunft« bilden. Mädchen sollen zwar nicht wie Jungen zu militärischer Ausbildung herangezogen werden, doch ist das Ziel der Nationalsozialisten, durch »eiserne Disziplin« drei Eigenschaften, die sie für »typisch weiblich« halten, zu entwickeln: physische Ausdauer, politischer Glaube und Opfergeist. Die vielen Einrichtungen und der Stil, mit denen die Mädchen im Geist des Nationalsozialismus erzogen werden sollen, sind Beweis genug für das Interesse des Regimes an dieser Aufgabe.

Während 1933 nur 22 Prozent der Hitlerjugend Mädchen sind, führt die Zwangsmitgliedschaft aller jungen arischen Deutschen von Dezember 1936 an zwei Jahre später zum proportional gleichen Anteil beider Geschlechter an der Bewegung: 88 Prozent der 3893000 Mädchen zwischen zehn und sechzehn Jahren sind Mitglied in einer der beiden Organisationen: »Jungmädel« für die Jüngeren und »Bund Deutscher Mädel« (BDM) für die Älteren. Weitere 450000 Mädchen zwischen siebzehn und einundzwanzig Jahren sind Mitglied der Vereinigung »Glaube und Schönheit«, durch die seit 1938 die Zeit bis zum Eintritt in die Erwachsenenorganisationen überbrückt werden soll.[1]

Diese auf allen Ebenen des Reiches bestehenden Institutionen bereiten die Nachfolge für die etwa 6 Millionen Mitglieder in den Frauenorganisationen vor. Ein Drittel der Mitglieder gehört zum aktiven Kern der »Nationalsozialistischen Frauenschaft«, der Rest – mit Ausnahme der durch das Konkordat geschützten katholischen Vereine – seit 1935 zum »Deutschen Frauenwerk«; beide Organisationen werden von der NSDAP und der Reichsfrauenführerin Scholtz-Klink kontrolliert.[2]

Höheren Ortes hält man diese Ablösung für um so notwendiger, als die alte Garde weder physisch noch ideologisch geschult ist. Außerdem verfügt sie nicht über die Fachkenntnisse, die für die Eingliederung der weiblichen Bevölkerung des ehemaligen Reiches und der annektierten Gebiete unerläßlich sind. Dieser Richtungswechsel wird bei der Anwerbung der künftigen Führerinnen sichtbar. Da es

1 Siehe Klaus Martin, Mädchen in der Hitlerjugend, Köln 1980

2 Siehe Jill Stephenson, The Nazi Organization of Women, London 1981. In einem Bericht von 1941 (Deutsches Frauenschaffen, in: Jahrbuch der Reichsfrauenführung, Berlin 1941) schätzt Gertrud Scholtz-Klink die Mitglieder der verschiedenen Frauenorganisationen – inklusive des Arbeitsdienstes –, die von der Partei kontrolliert wurden, auf ungefähr 12 Millionen.

keine Studie zu diesem Themenkomplex gibt, habe ich bei der Durchsicht der Akten von Schloß Hohenfels bei Coburg – einem der drei Zentren für die Ausbildung von Führerinnen der »Nationalsozialistischen Frauenschaft« – die Teilnehmerinnen aus dem Gründungsjahr 1934 mit denen von 1938 verglichen. Dieser Vergleich läßt beachtliche Unterschiede erkennen:

1. Durch die Professionalisierung der Führung treten ledige Frauen zahlenmäßig in den Vordergrund. Obwohl das Durchschnittsalter der Kandidatinnen von siebenunddreißig auf achtunddreißig Jahre gestiegen ist, sind von achtundzwanzig Teilnehmerinnen im Jahr 1938 elf ledig; 1934 hingegen war es nur eine einzige von fünfunddreißig Teilnehmerinnen.

2. Die Zahl der Auslandsdeutschen ist stark gestiegen. Sie sollen mit der Eindeutschung ihrer Herkunftsländer beauftragt werden oder zumindest den ideologischen Einfluß der Nationalsozialisten dort verstärken. 1934 nimmt nur eine in Spanien lebende Adlige an der Ausbildung teil; demgegenüber kommt 1938 ein Drittel der Teilnehmerinnen aus dem annektierten Österreich, aus Elsaß-Lothringen, der Türkei, China und Japan.

3. Der politische Glaube tritt stärker hervor. Vierunddreißig der fünfunddreißig Teilnehmerinnen von 1934 erklären, einer protestantischen oder der katholischen Kirche anzugehören, während ein Drittel der im Jahr 1938 Ausgewählten sich »gottgläubig« nennt – die im Dritten Reich übliche Bezeichnung für erklärte Gegner des Christentums.

4. Die Frauen sind stärker spezialisiert: Die meisten Teilnehmerinnen des ersten Lehrgangs sind schon »Kreisfrauenschaftsleiterin«, während zwanzig der achtundzwanzig Teilnehmerinnen von 1938 in Erziehung, Presse und Propaganda, Sozialarbeit, Land- und Hauswirtschaft arbeiten. Die soziale Zusammensetzung der Gruppen scheint sich nicht verändert zu haben: In beiden sind etwa 10 Prozent Adlige, der Rest stammt aus der Mittelschicht und dem Kleinbürgertum. Arbeiterinnen sind nicht darunter.

Es ist relativ leicht, offizielle Dokumente zu finden, die die Anstrengungen des Regimes für die Jugend im allgemeinen und der zukünftigen deutschen Frauen im besonderen zeigen. Wesentlich schwieriger ist es, den Einfluß dieser Anstrengungen auf die Betroffenen zu ermessen. Mündliche wie schriftliche Äußerungen deutscher Frauen aus dieser Zeit stammen nämlich entweder von Regimegegnerinnen, die gefangen waren, sich in den Untergrund oder außerhalb der Reichsgrenzen geflüchtet hatten, oder von Überlebenden, die sich fast ein halbes Jahrhundert nach dieser außergewöhnlichen Zeit ihres Lebens zwangsläufig nur lückenhaft erinnern. Die Mehrheit bewahrt lieber Stillschweigen oder beschränkt sich darauf, unverfängliche Familienerinnerungen aufzufrischen. Andere verändern, idealisieren mehr oder minder bewußt ihre eigenen Erfahrungen und die ihrer Umgebung. Unter diesen Umständen kann man nur das Bild, das der Nationalsozialismus von »der deutschen Frau« aufstellt, dem gegenüberstellen, wie Frauen sich selbst in Beziehung zu diesem Bild sehen.

Rückblickend erklärt Inge Aicher-Scholl: »Als Prototyp der Frau im Dritten Reich könnte man vielleicht Leni Riefenstahl nennen, eine Mischung aus Härte, undifferenzierter Disziplin und ohne geistigen Charme, sportlich, nicht elegant, ohne Skrupel.«[1]

In Malerei, Literatur und Film wurde dieser Prototyp in den verschiedenen Rollen vorgestellt, die die Frau im Laufe ihres Lebens spielt. Selbstverständlich spiegelt sich hier – in den Worten eines deutschen Kunsthistorikers – eine »von Männern für Männer gemachte Visualisierung ihrer sanktionierten sexuellen Herrschaft«[2] wider.

Viele Frauen, besonders jüngere, die nichts anderes kennen, identifizieren sich mit diesem Frauentyp. Trotzdem, keine einzige Deutsche, deren Erinnerungen aus dieser Zeit ich lesen oder hören konnte, erwähnt Leni Riefenstahl. Andere, sehr »weibliche« Stars wie die Sängerin Zarah Leander oder die Tänzerin Marika Rökk hingegen sind in den Erinnerungen gegenwärtig. Da es keine Literatur oder Filme für weibliche Jugendliche gab[3], scheinen die meisten Mädchen die – dem Zeitgeschmack entsprechenden – romantischen Vorstellungen der älteren übernommen zu haben.

In dieser Hinsicht verdient der autobiographische Versuch von Christa Wolf[4] (ergänzt durch andere Informationsquellen) besondere

1 Gespräch mit Inge Aicher-Scholl, der Schwester von Hans und Sophie Scholl, die mit anderen Intellektuellen der ökumenischen Widerstandsgruppe »Weiße Rose« hingerichtet wurden. – Zitiert nach Angelika Reuter, Barbara Poneleit, Frauen im Widerstand – Frauen im Faschismus, 1933–1945, München 1977, S. 171–213

2 Berthold Hinz, Malerei im deutschen Faschismus, München 1974, S. 86

3 Von den zwölf zwischen 1933 und 1944 gedrehten Spielfilmen für Jugendliche behandeln nur zwei Frauenleben.

4 Christa Wolf, Kindheitsmuster, Berlin/Weimar 1976. – Zitiert nach der BRD-Ausgabe: Darmstadt/Neuwied 1977

Aufmerksamkeit, denn sie schildert unnachsichtig und genau das Leben einer jungen Deutschen, die im Dritten Reich »normal« aufgewachsen ist, das heißt ohne besondere Ehre oder Ächtung.

Intelligenz und Sensibilität der Autorin, die heute über die Grenzen ihres Landes, der DDR, hinaus geschätzt ist, sind sicher »überdurchschnittlich«. Aber das soziale Umfeld, in dem die junge Nelly Jordan ihre ersten sechzehn Jahre verbracht hat, ist ganz typisch für die Mittelschicht, deren tragende Rolle im nationalsozialistischen Deutschland bekannt ist.

Abhärtung

Die kleine Nelly wird 1929 in Landsberg an der Warthe, einer Kleinstadt mit 48000 Einwohnern, die achtzig Kilometer östlich von Berlin auf heute polnischem Boden liegt, geboren. Ihr Vater, Bruno Jordan, zweiunddreißig Jahre alt, Kriegsveteran, von den Franzosen bei Verdun verletzt und gefangengenommen, hat einen bescheidenen Lebensmittelladen, der durch die Wirtschaftskrise bedroht ist. Ihre Mutter Charlotte, neunundzwanzig, hat eine Stelle als Buchhalterin in einer Käsefabrik aufgegeben, um ihrem Mann zu helfen und die Tochter und den 1933 geborenen Sohn Lutz aufzuziehen. Jordans sind Protestanten, haben aber weder Zeit noch Lust, sich groß um die Kirche zu kümmern. Bis 1933 wählen sie sozialdemokratisch (SPD), danach die Partei Adolf Hitlers, »wie die ganze Stadt«.[1]

Ein Jahr später wird der Führer in der Stadt erwartet. Während einer Reise in die östlichen Teile des Deutschen Reiches soll er durch Landsberg kommen. Nach einem ganzen Vormittag Wartezeit wird verkündet, der Führer sei woanders aufgehalten worden. Nelly wird niemals Gelegenheit haben, ihn persönlich zu sehen wie Hella Meyer, eine fünfzehnjährige Katholikin. Als Mitglied der Hitlerjugend steht diese an einem glühendheißen 26. August 1934 an der Straße nach Ehrenbreitstein. Der Reichskanzler wird in der oberhalb Koblenz gelegenen Festung an einer Demonstration für den Wiederanschluß des Saarlandes ans Reich teilnehmen. »Auf einmal sah ich ihn! – – – Hoch stand er in seinem Wagen und schaute ernst und doch

1 Bei den Wahlen im März 1933, also vor der Auflösung aller Parteien außer der NSDAP, hatten 15055 Landsberger die Nazis gewählt, 6506 die SPD und 2207 die KPD. Das katholische Zentrum existierte in dieser zu 95 Prozent protestantischen Gegend quasi nicht.

liebevoll in die ihm zujubelnde Menge. Ich schrie so laut ich konnte, um einen Blick von ihm zu erhaschen, doch vergebens!«[1]

Verlorene Liebesmüh: Durch ihr Schreien kann sie seinen Blick nicht auf sich lenken. Sie kann das kleine Mädchen, die »Reihendurchbrecherin«, nur beneiden. Nach vorgesehenem Zeremoniell wird es dem Kanzler mit einem Gruß einen Blumenstrauß überreichen. Als sie ihn ein Jahr später in Frankfurt am Main wiedersieht, versagt ihr vor lauter Schreien die Stimme, ohne jedoch den gewünschten Erfolg zu bringen. Eine Gruppe niedersächsischer Führerinnen hat mehr Glück. Ihre Anführerin erreicht, daß sie bei einer Reise nach Berlin zum Tag der Volksabstimmung über die Wiederbewaffnung des Reiches am 29. März 1936 in der Reichskanzlei empfangen werden.

»Der Führer begrüßte uns mit ›Heil, Mädel!‹ und wir antworteten: ›Heil unser Führer!‹ Darauf sah er uns lange durchdringend an, und wir alle hatten das Gefühl, daß er uns bis ins Herz sähe. Zuerst reichte er den Führerinnen und dann uns die Hand und fragte jede einzelne mit seiner klaren, ruhigen Stimme, woher sie käme. Keine brachte einen vollständigen, vernünftigen Satz heraus, denn alle waren wir ganz benommen. Am besten gefiel ihm die Größte unseres Lagers, die aus Bremen stammt. ›Aus Bremen? Ein guter Menschenschlag!‹ Dann sagte der Führer zu uns: ›Kinder, ich freue mich, daß Ihr alle so gesund und frisch ausseht, aber Ihr habt doch sicher von dem langen Marschieren Hunger und Durst bekommen. Geht also einstweilen dort in das Zimmer und stärkt Euch.‹

Wie im Traum setzten wir uns an den reich gedeckten Tisch. Nach ein paar Minuten trat der Führer wieder ein. Sofort standen wir auf und boten ihm unsern Stuhl an. ›Bleibt nur ruhig sitzen, Kinder, und laßt es Euch gut schmecken.‹ Ein SS-Mann brachte dem Führer einen einfachen weißen Küchenstuhl, und er setzte sich zu uns. Da verging uns aller Hunger, denn unsere Augen waren nur auf ihn gerichtet. Er sah uns immer wieder an und sagte: ›Kinder, seht Ihr gesund aus!‹ und ›So ein schöner Tag wie heute ist nicht immer.‹ Auf einmal sprach er: ›Weil Ihr Euch nun die große Mühe gemacht habt und zu mir nach Berlin gekommen seid, will ich Euch auch eine kleine Freude machen.‹«

1 Das Manuskript des Tagebuches 1934/35 von Hella Meyer wird im Bundesarchiv in Koblenz (Kleiner Erwerb H 6575/26) zusammen mit Dokumenten und Aussagen über die Jugendbewegung des Dritten Reiches aufbewahrt. Gesammelt wurden sie von »Ehemaligen«, die dem Kameradschaftsgeist und der »Pädagogik« dieser Zeit verbunden geblieben sind.

Auf Befehl des Führers holt ein SS-Mann ein Paket mit Führerbildern. Er widmet jedem Mädchen eine Photographie. Bevor sie sich verabschieden, sagen die »Mädel« ein Gedicht auf und singen ein Lied. Der Führer läßt ihnen 200 Mark für ihre Reisekasse überreichen, dann ein letzter Händedruck:

»Ich würde mich gern noch mit Euch unterhalten, aber meine Zeit ist bemessen.«

Telefonisch wird Hitler das Ergebnis des Referendums mitgeteilt: 99 Prozent Ja-Stimmen.

Die junge Führerin faßt zusammen: »Wer einmal den Führer gesehen hat wie wir, der kann ihm nie untreu werden.«[1]

Anstelle des Führerbesuchs erhalten die Jordans um dieselbe Zeit den Besuch des örtlichen SA-Führers. Wenn der Lebensmittelkaufmann wegen seiner früheren Unterstützung der »Roten« keine Probleme bekommen will, muß er – als einziger Zeuge – großes Interesse daran haben, das »Herzversagen« des Versicherungsangestellten Benno Weißkirch zu bestätigen, das dieser erlitt, als die SA ihn ein bißchen »prügelte«. Dieser hatte sich nämlich geweigert, mit seiner jüdischen Freundin zu brechen. Bruno Jordan hält es für geraten zu gehorchen und empfiehlt seiner Familie, den Mund zu halten. Frau Gutschmitt, eine treue Kundin, erzählt, daß ihr Mann über das »Konzertlager«, aus dem er gerade zurückkommt, auch lieber schweige. Wahrscheinlich habe er was unterschreiben müssen, bemerkt Nellys Großvater:

»Was denn unterschreiben?

Ach Kind, was weiß denn ich.«[2]

Mit sieben Jahren hört Nelly so zum erstenmal von den mysteriösen »Konzertlagern«, wo »schlechte Deutsche« hingeschickt werden. Sie versteht, daß ihr Vater keine Lust hat, dazuzugehören. Eines Abends kommt er nach Hause und schwenkt triumphierend die Schirmmütze mit dem Hakenkreuz vom »Marinesturm«: Ohne in die Partei eingetreten zu sein, wird er Mitglied in einem ihr angeschlossenen Verein.

Seit der unangenehmen Zeugenaffäre können sich Jordans nicht mehr über das neue Regime beklagen: Dank der schwindenden Arbeitslosigkeit laufen die Geschäfte besser, die Kunden können

1 Protokoll in: Das Landjahr – Beilage zum Niedersächsischen Erzieher, 1. 6. 1936, S. 14f.

2 Christa Wolf, a.a.O., S. 54

wieder bezahlen. Durch den Gewinn aus dem Laden und einen Kredit auf zehn Jahre können sie im neuen Kasernenviertel ein Haus bauen, mit einer Wohnung für die Großeltern und einem geräumigeren Laden. Charlotte hatte sich zuerst gegen diese Pläne gesträubt.

»Bauen! Sind wir denn größenwahnsinnig? (...) Aber jeder, den wir gefragt haben, rät ab.

Bangemachen gilt nicht.

Aber wir haben das Geld doch noch gar nicht zusammen.

Du immer mit deinem Wenn und Aber.«

So erfährt Nelly während eines Spazierganges in dem von ihrem Vater ausgewählten Viertel, daß es wieder Soldaten geben wird und Kasernen gebaut werden.

»Aber wenn sich die andern das nicht gefallen lassen.«, wirft Charlotte ein.

»Siehst ja, Frechheit siegt.

Aber ein Mädchen soll nicht zwischen zwei Kasernen aufwachsen. Soldaten sind sinnlich.

Nun bleib aber auf dem Teppich. Soldaten brauchen Zigaretten und Bier, wenn sie Ausgang haben. Und die Frauen der Offiziere sind froh, wenn ihnen einer die Ware ins Haus liefert.

Aber wer soll denn das machen?

Stell dir vor: wir. Herrgott noch mal! Ein bißchen Unternehmergeist! Ein bißchen Selbstvertrauen! (...)

Da rackert man sich ab und macht und tut, und dann kommt wieder Krieg und schlägt alles in Klump.«, brummt Charlotte, die nicht vergessen hat, wie ihre Mutter sie mit Schneiderarbeiten und einer Ziege durchbringen mußte, weil der Vater trank und deshalb aus dem Bahndienst entlassen worden war.

Bruno Jordan ist kein Mann, der sich entmutigen läßt. Der Plan nimmt Gestalt an; sein Erfolg ist so groß, daß die örtliche »Einkaufsgenossenschaft Deutscher Kaufleute« ihn 1937 zum Schriftführer wählt. In seinem neuen Amt organisiert der Kaufmann Vorträge über den Vier-Jahres-Plan, trifft mit Gauleitern zusammen, empfängt einen hohen Staatsbeamten, der gekommen ist, um ihn über die Probleme des Reichsnährstandes der Fettwirtschaft zu informieren. Bei seiner Rückkehr von einer Sitzung, die sich bis zum Morgengrauen hingezogen hatte, findet er sein Bett von Nelly besetzt. Das Mädchen hört, wie ihre Mutter ihn einen »Vagabunden« nennt und ihm sagt, er solle sich auf die Couch im Wohnzimmer legen.

Charlotte schätzt die neue Lebensweise ihres Mannes nicht.

Außerdem nimmt sie ihm den Umzug ins Kasernenviertel übel. Ihre Tochter geht jedoch gern in die Kasernen, um dort am »Tag der deutschen Wehrmacht« Erbsensuppe zu essen und ihren Vater am Schießstand üben zu sehen. Energische Leute gefallen ihr, vor allem ihr Lehrer, Herr Warsinski, von der städtischen Mädchenschule in der Adolf-Hitler-Straße, die sie seit Ostern 1935 besucht. Mit oder ohne braune Uniform, trotz oder wegen seines nachgezogenen Beines, das Folge einer Kriegsverletzung an der Hüfte ist. »Ich bitte mir Ruhe aus, und zwar gleich. Wir sind hier doch nicht in einer Judenschule, zum Kuckuck noch mal!«, schreit er gewöhnlich, wenn seine Schülerinnen schwätzen. »Wer mir bei der Flaggenehrung Schande macht, der kann aber was erleben. Unser Führer arbeitet Tag und Nacht für uns, und ihr wollt nicht mal zehn Minuten die Klappe halten können?«

Zehn Minuten, normalerweise, denkt Nelly. An Festtagen wie Führers Geburtstag dauert die Flaggenehrung etwa eine halbe Stunde mit der Ansprache des Rektors, eines örtlichen Parteiführers, dem es sehr um die nordische Seele zu tun ist. Wenn sie wirklich so bewegt wäre, wie sie es sein sollte, würde sie nicht das Loch in dem roten Wollhandschuh des Rektors bemerken, den er gerade noch ausziehen kann, bevor er die Fahne grüßt. Außerdem sähe sie nicht den mindestens zwei Zentimeter hervorguckenden Unterrock der Mitschülerin, die als Schülervertreterin zur Fahne tritt. Schade, daß die Schule keinen Wettbewerb im Armhochhalten veranstaltet wie im Sport oder im Weltanschauungsunterricht. Nachdem Nelly zu Hause trainiert hat – wie Herr Warsinski ihr geraten hat – schafft sie es, den Arm während der ganzen drei Strophen des Deutschland- und des Horst-Wessel-Liedes hochzuhalten. Vorher hatte sie nämlich nur mit Mühe die erste Strophe der beiden obligatorischen Lieder durchgehalten. Vielleicht gewinnt sie wie bei dem Kinderwettbewerb für Blendax-Zahnpasta.

Leider interessiert sich Herr Warsinski für diese Art von Leistungen nicht mehr als für Nelly selbst: Sie gehört nicht zu den beliebten Schülerinnen, die sich morgens – wie der Führer es will – zur Abhärtung den Oberkörper mit eiskaltem Wasser waschen. Ihre Antworten mag der Lehrer auch nicht. Als er nach Beispielen für Gefühlswörter fragt, sagt die Offizierstochter Ursula »Gehorsam«; er beglückwünscht sie ebenso wie Lori Tietz, deren Vater Nudelfabrikant ist, für das Wort »Bescheidenheit« (natürlich, da sie so dumm ist). Er scheint aber unzufrieden, als Ella Busch, die Nellys abgelegte Kleider trägt, »Armut« sagt und sie selbst »Verstellung« anbietet. Dieses schwierige Wort ist ihr eingefallen, weil es eins ihrer liebsten Spiele beschreibt: sich verstellen. Mit ihrem kleinen Bruder spielt sie Prinz und Prinzessin, Marionettentheater, mit den Nachbarskindern »Schule« oder »Der Führer und sein Volk«. Als ein Junge »Ich bin euer Führer Adolf Hitler, ihr seid mein Volk und müßt mir gehorchen« brüllt, antwortet sie mit den anderen im Chor mit gestrecktem Arm dreimal: »Sieg Heil!«

Sich verstellen heißt auch , so tun als ob man nichts wüßte – wie die Erwachsenen. Das kleine Mädchen hütet sich wohl zu erzählen, was ihr das vierzehnjährige Hausmädchen Elvira anvertraut hat. Am Abend des 17. März 1933 hatte sie sich mit ihren Eltern und ihren beiden Brüdern – Kommunisten – weinend in der Kellerwohnung versteckt, während NSDAP-Parteigenossen die Fahnen, Symbole und Bücher der »Bolschewiken« auf dem Hindenburgplatz verbrannten. Das junge Hausmädchen und seine Familie scheinen keine Angst mehr zu haben; sie sind »gute Deutsche« geworden. Nellys Eltern aber sagen häufig, man solle über manches nicht sprechen. Stolz auf ihr Geheimnis, schweigt sie also.

Wenn ihre Eltern sich allein glauben, haben sie seltsame Gesprächsthemen. Sie sprechen von »erbkrankem Nachwuchs«, von »Sterilisierung« und »Kastration«, von einer Tante, die keine Kinder bekommen kann und die gerade das eines ledigen Dienstmädchens adoptiert hat. Warum hat ihre Mutter hinzugesetzt, daß diese Sorte Kinder wegen ihrer Anlagen immer für Überraschungen gut seien? Nelly hockt in einer Ecke des Eßzimmers und tut, als ob sie nichts hört, während sie versucht, die unbekannten, faszinierenden Wörter (Glitzerwörter) aufzuschnappen, die ihre Eltern beim Lesen des »Generalanzeigers« wechseln: »Eugenische Lebensführung. Die Schulen haben die Kinder künftig im Sinne eugenischer Lebensführung zu erziehen.«

Was das denn nun wieder wäre, fragt Charlotte Jordan ungeduldig.

»Was soll das schon sein. Verbieten werden sie, daß ein gesundes Mädchen wie deine Tochter einen kranken Jungen wie diesen Heini heiratet.« Dieser zittert unablässig an allen Gliedern und kann nur »Mama, arme Tante« wiederholen, wenn er in seinem Wägelchen vorbeigefahren wird.

»Aber das versteht sich doch wohl von selbst!

Bitte, hier steht es: Wer soll nicht heiraten? Geschlechtskranke, Schwindsüchtige, Geisteskranke. Vierhunderttausend sollen sofort sterilisiert werden.

Bruno, ich bitte dich.

Vierhunderttausend. Streng freiwillig natürlich«, setzt Bruno hinzu.

»Geschlechtskrankheiten« – noch ein Wort, das Nelly nicht kennt. Sie hat es aber schon auf einem Arztschild gelesen. Im Geschichtsunterricht hat der Lehrer das Wort für das »Geschlecht der Hohenzollern« gebraucht. Sollte es eine Krankheit sein, die das ganze Geschlecht befällt? Dann muß sie ihre Oma ausfragen, weil diese die Familiengeschichte gut kennt.

»Ein deutsches Mädel muß hassen können, hat Herr Warsinski gesagt: Juden und Kommunisten und andere Volksfeinde. Jesus Christus, sagt Herr Warsinski, wäre heute ein Gefolgsmann des Führers und würde die Juden hassen.«

»Hassen?«, stellt Charlotte Jordan fest, »War wohl nicht gerade seine Stärke«, als Nelly diese Äußerungen wiederholt. Abends im Bett ärgert sie sich über das, was der Lehrer im Religionsunterricht erzählt. »Laß den doch erzählen, was er will. Wenn man sich da überall einmischen wollte!« entgegnet Bruno Jordan, der vor allem keine Probleme will.

Die Worte des Lehrers beschäftigen Nelly: Sie hat noch nie einen echten Juden oder einen echten Kommunisten gesehen. Wie soll sie Leute hassen, die sie nicht kennt. Der einzige, den sie wirklich haßt, ist Rudi, ein Junge, der viel stärker als sie ist und mit dem sie sich bis aufs Blut geschlagen hat. Er hatte nämlich ihren Unterricht gestört, den sie mit Nachbarkindern in einem unwegsamen Gelände abhielt.

Als sie einen Aufsatz zu dem Thema »Wer hat am Ende des Weltkrieges das deutsche Volk verraten?« schreiben soll, sieht sie nur eine Lösung: ein Gedicht – das ist kürzer –, und darin wird sie schreiben, was sie in der Schule und zu Hause gehört hat.

»Von Feinden umringt war das deutsche Volk/ beim großen Weltenbrand/ doch unser tapferer deutscher Soldat/ ließ keinen Feind ins Land./ Da wurde durch schnöden Judenverrat/ mit Deutschland Frieden geschlossen ...«

Herr Warsinski ist überrascht. Der Text ist hervorragend, sie hat sicher aus einem Buch oder einer Zeitung abgeschrieben. Als Nelly schwört, daß er von ihr ist, hat sie zum erstenmal Anrecht auf ein Lob. Sie darf den Aufsatz der Klasse als Beispiel vorlesen; dabei steht sie unter einem Spruchband mit Schriftproben aus einer höheren Klasse: »Ich bin geboren, deutsch zu fühlen/ Bin ganz auf deutsches Denken eingestellt/ Erst kommt mein Volk, dann all die andern vielen/ Erst meine Heimat, dann die Welt!«

Herr Warsinski behauptet, daß die Menschen eine solche Vollkommenheit noch längst nicht erreicht hätte. Nelly und ihre Freundin Hella Teichmann geloben sich, soweit zu kommen.

Dieselbe Begeisterung erlebt das kleine Mädchen bei einer Sommersonnenwendfeier der Hitlerjugend: Fackeln und ein Holzfeuer erleuchten die umliegenden Hügel, während ein Schrei aus vielen Kehlen dringt. »Deutschland, heiliges Wort/ Du voll Unendlichkeit«. Und das Motto der Feierstunde: »Glühen wollen wir, daß wir in unseren Werken noch kommenden Geschlechtern Wärme geben.« Zum Schluß weint sie vor Müdigkeit, obwohl sie weiß, daß ein deutsches Mädchen nicht weinen darf. Sie weiß immer noch nicht, ob sie fähig ist, die Feinde ihres Landes zu hassen.

Eines Abends hat sie Gelegenheit, es zu erfahren: Der Buchhändler Leo Siegmann, ein Freund ihres Vaters, kommt auf sein Lieblingsthema: nationalsozialistische Bildung und Erziehung. Er sitzt in einem Sessel, dem Portrait vom »sturmumtosten« Führer (60 × 80 cm) gegenüber, das er selbst Bruno Jordan verkauft hat. Der gesamte Unterricht, erklärt er, müsse von biologischem Denken durchdrungen werden, damit das »gesunde Volksempfinden die wissenschaftliche Untermauerung« erhalte. Er erinnert sich seiner eigenen Erfahrung mit einem »Judenbengel« im Realgymnasium noch in der Kaiserzeit: »Der Itzig hockte da schon in seiner Bank wie ein nasser Sack, dann mußte jeder erst mal an ihm vorbei und ihm eine reinhaun. Das war Instinkt, da kann einer sagen, was er will. Er roch einfach widerlich, oder was es war.« Nelly muß ins Bett. Jetzt kann sie sich ihren ersten echten Juden vorstellen: ein blasser Junge, mit spitzem Gesicht, ein paar Pickeln und welligem, dunklem Haar. Er trägt immer Knickerbocker und »hockt da wie ein nasser Sack«. Wird sie ihm im Vorbeigehn »eine reinhaun«? Wie alle Juden spekuliert er, spekuliert auf Nellys Schwäche: Jedesmal, wenn sie die Hand gegen ihn erheben will, sieht sie nur noch seine Augen. Dann verdunkelt sich das Bild. »Sie erfährt nicht, ob sie imstande wäre, ihre Pflicht zu tun« gegen diesen Jungen, den sie so gut kennt, daß sie ihn nicht hassen kann. »Der Führer muß sich blind auf euch verlassen können«, wird ihnen häufig gesagt. Wenn man nur blind hassen könnte!

Eine neue Angst oder ist es dieselbe? Als sie allein an einer Müllkippe spazierengeht, holt ein Mann etwas Weißliches aus seiner Hose, das sich wie eine Schlange windet. Seitdem verbindet sich dieses Bild mit dem vom jüdischen Jungen und dem von ekligen Tieren. Sobald sie das Wort »unrein« hört, singt sie als eine Art Exorzismus ein allgemein bekanntes Lied:

»Judenköpfe rollen, Judenköpfe rollen,/ Judenköpfe rollen übern Bürgersteig,/ Blut, Blut, Bluhuhut,/ Blut muß fließen knüppelhageldick,/ wir pfeifen auf die Freiheit/ der Sowjetrepublik.«

Tante Trudchen, eine Schwester ihres Vaters, ist zum Kaffee gekommen. Sie bricht in Tränen aus, weil sie für eine Halbjüdin gehalten worden ist. Charlotte hält die Verleumdung für genauso schwerwiegend, als ob man sie für eine Jüdin gehalten hätte, um so mehr als Bruno Jordan schon einen Familienstammbaum zusammengestellt hat, ohne die geringste Spur unreinen Blutes zu finden. Nelly hat sich in die Küche geflüchtet, hockt auf dem Kohlenkasten und sagt:

»Ich will keine Jüdin sein! (...) Woher um alles in der Welt weiß dieses Kind, was eine Jüdin ist?«

Glücklicherweise gibt es noch Onkel Hannes, der sie tröstet. Dieser Vetter von Charlotte ist Flieger bei der neuen Luftwaffe. Als Angehöriger der »Legion Condor« kehrt er gerade ruhmreich aus Spanien zurück. Er hatte die Ehre, am Führer vorbeizumarschieren. Jetzt wirft er strahlend und braungebrannt – die spanische Sonne – seine Nichte in die Luft, als ob sie noch ganz klein wäre. Niemand kommt auf den Gedanken, ihn zu fragen, was sich dort ereignet habe; durch Zeitungen und Radio ist doch alles bekannt.

Mit neun Jahren ist Nelly in einer Phase, in der sie alles zählt: ihre Schritte, die Rufe des Kuckucks, die Dauer des Applauses im Radio, besonders beim Boxkampf zwischen Max Schmeling und Joe Louis, bei dem ihr Vater verzweifelt aufschreit: »Die Neger müssen sich Blei in die Boxhandschuhe stopfen, um unseren großen deutschen Boxer k.o. zu schlagen!«

»Diese Niederlage ist unerträglich, schlicht und einfach unerträglich«, erklärt am nächsten Morgen beim Eintreten in die Klasse des Mädchengymnasiums Ratibor (Oberschlesien) auch der Lateinlehrer, ein Pastorensohn und bedingungsloser Nazi. Das hindert ihn allerdings nicht, die religiöse Erziehung der wenigen protestantischen Schüler der Stadt zu übernehmen.[1]

Welch ein Triumph hingegen im März 1938 beim Anschluß Öster-

1 Persönliches Archiv von Hilde Hertow, geboren 1923, die zu dieser Zeit seine Schülerin war.

reichs an das Reich! Wie eine Naturgewalt durchdringt es Nellys Körper. Beim nicht enden wollenden Jubel der in Wien zu Füßen des Führers versammelten Masse zittert sie fast. Ihre Hände sind feucht vor Aufregung, ihr Gesicht glüht. Charlotte, die ins Geschäft zurück muß, ist wütend: Irgendwann wird sie dieses vermaledeite Radio zertrümmern, das ihrer Tochter den Kopf verdreht. Obwohl ihr Mann ihr kürzlich einen Silberfuchs geschenkt hat – den sie mangels Gelegenheit sowieso kaum tragen kann –, erregt sich die jetzt neununddreißigjährige Kaufmannsfrau immer häufiger. Inzwischen ist sie voller geworden und färbt sich die Haare.

Glaube und Pflichtgefühl

Als der Briefträger am 25. August 1939 den Gestellungsbefehl für ihren Mann bringt, explodiert Charlotte. »Ich scheiß auf euern Führer!«, tobt sie im Treppenhaus. Bruno Jordan faßt sie am Arm und versucht sie zu beruhigen: »Mädel! Du redest uns um Kopf und Kragen!« Dann beschwört er den verdutzten Briefträger: »Das müssen Sie nicht so genau nehmen. Meine Frau ist nervös.« Nelly, die diese Szene von unten verfolgt hat, ist bestürzt. Warum verbietet ihr die Mutter den Gebrauch von Schimpfwörtern, die sie selbst benutzt? Warum hat sie »euer« Führer gesagt? Sollte sie sich von ihm abwenden, weil ihr Mann in den Krieg muß und dort vielleicht getötet wird? Trotzdem, der Führer weiß, was er tut, und jeder Deutsche muß jetzt tapfer sein. Das beweist Nelly vom nächsten Tag an, als sie den Unteroffizier Jordan zum Treffpunkt »Adlergarten« begleiten. Die Familien stehen Spalier, als die Soldaten singend zum Bahnhof marschieren. »Die Vöglein im Walde, die singen so wunderschön.« Nellys Vater, der schon immer falsch gesungen hat, dreht sich ein letztes Mal um, um seine Angehörigen zu grüßen: Charlotte schluchzt, aber ihre Tochter beißt die Zähne zusammen, nimmt den kleinen Bruder entschlossen bei der Hand. Sie fühlt sich jetzt verantwortlich. Titel deutscher Zeitungen: »Polnischer Korridor! ... Lebensraum ... Sender Gleiwitz! ... Von heute morgen an wird zurückgeschossen.« In der Schule verkündet der Geschichtslehrer in brauner Uniform die große Neuigkeit: Es ist Krieg. Wie alle werfen Nelly und ihre Mutter den Soldaten, die in Lastwagenkonvois mit der Aufschrift »Zu Weihnachten auf Wiedersehn!« nach Osten fahren, Zigarettenpäckchen zu. Ihr Onkel Emil Dunst, der 1937 die Bonbonfabrik eines Juden, der so schnell wie möglich emigrieren will, für ein Butterbrot gekauft hat, merkt zu diesem feierlichen Tag an: »Was wir Deutschen zusammenschuften, auf keine Kuhhaut geht das. Das soll uns erst mal einer nachmachen. Mit der ganzen übrigen Bagage bleibt mir zehn Schritt vom Leib!« Seine Nichte fragt sich, wie »die andern« Distanz halten können, da die deutschen Truppen doch nach Radiomeldungen »Feindberührung« haben.

Dreihundertfünfzig Kilometer weiter südlich, genauso nah an der polnischen Grenze, wohnt in Ratibor, das sich von Landsberg nur durch eine mehrheitlich katholische Bevölkerung unterscheidet, Hilde Hertow, die Tochter eines Tabakhändlers. Als erste Folge des Krieges notiert sie daher natürlich die Rationierung von Zigarren und Zigaretten. Die Schüler der letzten Klasse erhalten das Abitur ohne Prüfung. Da das Mädchengymnasium von Truppen besetzt ist und viele Lehrer eingezogen sind, findet der Unterricht von nun an halbtags – für Jungen und Mädchen abwechselnd – im Jungengymnasium statt. Dadurch haben alle viel Freizeit.

Hilde liest gern, auch ausländische Literatur: Stücke von Shakespeare und Molière, Novellen von Maupassant und Joseph Conrad, aber auch »Briefe aus meiner Mühle« von Alphonse Daudet, »Madame Curie«, »Das Buch von San Michele« von Axel Munthe. Diese Leidenschaft teilen nur sehr wenige ihrer Mitschüler. Die meisten hören lieber Radio, treiben Sport – die Schule besitzt ein Vierer-Kanu mit dem Namen »Großdeutschland«. Andere gehen ins Kino. In wenigen Jahren hat die siebte Kunst die Herzen der meisten Deutschen erobert: Allein in der Zeit von 1932 bis 1936 sind laut Reichsstatistiken 125000000 Kinokarten mehr verkauft worden, davon 25000000 in Kleinstädten und auf dem Land. Viele davon werden in einem der dreihundert im Reich kreuzenden Projektionswagen oder einer der 62000 Schulen mit eigener Kinoausrüstung versorgt.[1]

Obwohl Nelly noch jung ist und sie fünfundzwanzig Minuten Weg hat, geht sie häufig in Nachmittagsvorstellungen. Während der Wochenschau ziehen die Zuschauer unter Bewunderungsschreien die Köpfe ein, wenn die Luftwaffengeschwader über die Leinwand don-

1 Siehe Joseph Wulf, Theater und Film im Dritten Reich, Gütersloh 1964, S. 284, und Francis Courtade, Pierre Cadars, Geschichte des Films im Dritten Reich, München 1975

nern und murmeln abfällig beim Anblick der von Wehrmachtssoldaten in Gefangenschaft getriebenen »polnischen Untermenschen«. In den wöchentlich wechselnden Hauptfilmen wird das Leben großer Männer vorgestellt – fast nie das großer Frauen, außer man kann (wie bei Jeanne d'Arc oder Königin Victoria) über sie den Feind lächerlich machen. Das Leben von Wissenschaftlern oder Erfindern, möglichst deutschen: »Robert Koch, der Bekämpfer des Todes« oder Peter Henlein, dem es trotz seiner geldgierigen und leichtsinnigen Frau gelingt, »Das unsterbliche Herz«, also die Taschenuhr, zu konstruieren. Daneben gibt es Musikkomödien wie »Es war eine rauschende Ballnacht«, in der die im Roman Geza von Cziffras beschriebene homosexuelle Leidenschaft Tschaikowskijs durch seine Liebschaften ersetzt wird: Der Komponist ist zwischen den beiden Publikumslieblingen, der berauschenden Schwedin Zarah Leander – diese hatte die in die Vereinigten Staaten gegangene Marlene Dietrich ersetzt – und der blonden Ungarin Marika Rökk, hin- und hergerissen. Nelly mag die langen Filme noch nicht so sehr, sie zieht Heinz Rühmann vor, den Star vieler leichter Komödien wie »Der Mustergatte«. Nach der Wochenschau geht sie häufig schon nach Hause oder zum Sport.

Nach ihren anfänglichen Schwierigkeiten mit Herrn Warsinski hat sie gelernt, ihren Körper abzuhärten. Sie hat so geübt, daß sie jetzt zusammen mit neun andern Schülern an den Bannmeisterschaften teilnehmen kann: 1939 treten 7 Millionen Jugendliche mit schwarzen Hosen und weißen Hemden mit aufgenähtem Hakenkreuz an. Über die heimgebrachten Ehrenzeichen freut sich Nellys Vater, der nach der »Schlacht um Polen« auf Urlaub zu Hause ist.

Am nächsten Sonntag ist die Familienatmosphäre weniger entspannt. Als Nelly, die den Vormittag auf ihrem Zimmer verbracht hat, zum Essen herunterkommt, hört sie die letzten Brocken einer telefonischen Unterhaltung ihres Vaters:

»So, wann denn?

Ach, vorgestern.

Wieviel sagst du?«

Bruno Jordan ist blaß geworden. Er beendet das Gespräch schnell und sinkt dann auf einem Stuhl zusammen. Auf Charlottes Fragen hin erzählt er, daß sein Freund Leo Siegmann, der in seiner Einheit Dienst hatte, ihn angerufen hat, um ihm zu erzählen, daß sie fünf polnische Geiseln exekutiert hatten. Er hatte bedauert, daß er, Bruno Jordan, nicht dabeigewesen sei. »So etwas ist nichts für mich«, fügt der Kaufmann nach langem Schweigen hinzu und sieht dabei seine

Frau an. Das Essen verläuft schweigend. Nelly denkt vielleicht an die fünf seltsamen Männer mit ihren langen, schwarzen Mänteln, ihren grauen Bärten, dem Käppi auf dem Kopf, die sie ein Jahr vorher nach dem Brand der Synagoge gesehen hatte. Mit einigen Wertgegenständen, die sich dort befunden haben mußten, waren sie aus den rauchenden Ruinen gekommen. Anstatt diese alten Juden zu hassen, fühlte Nelly sich unbehaglich, weil sie unglücklich aussahen. Charlotte ermahnt sie immer, Unglückliche nicht zu demütigen, zum Beispiel ihre Tante Liesbeth, die nicht backen kann, obwohl es kostenlose Hauswirtschaftskurse gibt.[1] Trotzdem, der Führer hat gesagt – und ihre Freundin Hella Teichmann hat es in ihr Poesiealbum geschrieben: »Wer leben will, der kämpfe also. Und wer nicht kämpfen will in dieser Welt des ewigen Ringens, verdient das Leben nicht!«

Schweigend beenden sie die Mahlzeit. Nach ihrer sonntäglichen Gewohnheit ziehen sich die Eltern zur Mittagsruhe zurück. Die Kinder decken den Tisch ab, aber immer muß Nelly, nie Lutz, dem neuen Mädchen Annemarie beim Abwasch helfen. Charlotte findet das natürlich und versteht ihre Tochter nicht, als sie ihr wütend hinwirft, sie gehe gern zur Hitlerjugend.

Endlich ist es soweit: zusammen mit den Schulkameradinnen, die zehn Jahre alt geworden sind, steht sie vor der Turnhalle des Gymnasiums Schlange, wo eine Führerin die Neuen einschreibt. In Ratibor hat Hilde Hertow es genauso gemacht: Trotz der Einwände ihrer Familie, die Anhänger des katholischen »Zentrums« sind. Sie will sich von ihren Freundinnen nicht abkapseln. Bei den mittwochs stattfindenden Heimabenden lernt man Volkslieder, weniger martialische als die Kampflieder der Jungen; deutsche Geschichte und Politik werden besprochen, Feste vorbereitet, Kleidung und Süßigkeiten für bedürftige Kinder hergestellt. Samstag nachmittags, manchmal auch den ganzen Tag, wird Sport getrieben: Leichtathletik, Tanzen, Wandern. Alle Sportarten bieten Gelegenheit für Wettbewerbe, für die Bronze- und Silbermedaillen verteilt werden, die Leistung wird in das »Dienstbuch« jeder Teilnehmerin eingetragen. Besondere Dienste wie das Ausspionieren von illegalen Jugendgrup-

1 Nach den offiziellen Statistiken (Mikrofilm MA 423/4878) haben 1670000 Frauen und Mädchen zwischen 1934 und 1942 an 78000 dieser Kurse teilgenommen. Sie umfaßten Hausfrauentätigkeiten, Hauswirtschaft, Gesundheitsprobleme in Familie und Volk, Gestaltung des Zuhauses (Bräuche, Volkskunde, Schmuck) und Erziehung kleiner Kinder.

I Die Vorkämpferinnen der deutschen Frauenbewegung

Clara Eißner-Zetkin, Gründerin der sozialistischen Frauenzeitschrift »Die Gleichheit«, die sie 1916 aufgrund politischer Differenzen mit der SPD verlassen mußte.

Rechts unten: Luise Otto-Peters, Mitbegründerin und erste Vorsitzende des »Allgemeinen Deutschen Frauenvereins«. *Links unten:* Auguste Schmidt, ihre Nachfolgerin.

Versammlung im Jahre 1900 (bevor den Frauen Versammlungsfreiheit zugestanden wurde): von links nach rechts: Marianne Weber, Ottilie Hoffmann, Hanna Bieber-Böhm, Alice Salomon, Helene Lange (stehend, zweite von rechts).

Dr. h. c. jur. Camilla Jellinek
Rechts oben: Marie Stritt, 1899–1909 Präsidentin des BDF; zusammen mit Camilla Jellinek gründet sie die Rechtsschutzstellen für Frauen.

Helene Stöcker, promoviert in Philosophie, Verfechterin der sexuellen Freiheit und der Geburtenkontrolle, Präsidentin des »Mutterschutz«, stellvertretende Vorsitzende des »Deutschen Friedenskartells«.

Kongreß des »Verbandes fortschrittlicher Frauen« 1901. Von links nach rechts: Lydia Gustava Heymann (Generalsekretärin), Frau von Witte, Minna Cauer (Präsidentin des »Frauenwohl«), Else Lüders (am Rednerpult, im Vorstand des »Frauenwohl«), Anita Augspurg (promovierte Juristin, Vorsitzende des Verbandes), Maria Lischnewska (später Nationalistin).

Links oben: Gertrud Bäumer, 1909–1919 Präsidentin des BDF; gründet 1914 den »Nationalen Frauendienst«; während der Weimarer Republik Abgeordnete und Ministerialrätin im Innenministerium; Delegierte beim Völkerbund; 1933 wurde sie ihrer politischen Funktion enthoben, behielt aber die Redaktion der Zeitschrift »Die Frau«.

Links Mitte: Agnes von Zahn-Harnack, promoviert in Geschichte (Spezialgebiet: Geschichte der Frauenbewegung), liberale Protestantin, letzte Präsidentin des BDF.

Rechts oben: Guida Diehl, Stütze des konservativ-protestantischen Flügels im BDF, seit 1930 Mitglied der NSDAP, deren Thesen sie bereits seit 1923 vertritt. Die Machthaber des Dritten Reichs schließen sie von jeglicher politischen Tätigkeit aus, als sie 1940 gegen die »tierische Volksvermehrung« des Lebensborn protestiert.

Links unten: Gertrud Scholtz-Klink, 1934 zur Reichsfrauenführerin ernannt aufgrund ihres Eifers bei der Gleichschaltung der Frauenbewegung. 1979 veröffentlichte sie ein Bilanz-Buch, das den »Opfern« der Nürnberger Prozesse gewidmet ist.

Die Reichsfrauenführerin Scholtz-Klink bei einem Kongreß der NSDAP in Nürnberg in Begleitung von Obergruppenführer SS Karl Wolff, dem Stellvertreter von Himmler.

Zuerst lernt man die Jagd auf natürliches Ungeziefer, dann die Jagd auf »rassisches Ungeziefer«. BDM Führerinnen besichtigen das Konzentrationslager Dachau im Mai 1936.

Vier Jungen: eine, nationalsozialistischen »Experten« zufolge, ideale Familie.

SS-Männer und BDM-Angehörige begegnen sich in der Nähe eines Lebensborn-Hauses, 1939.

V Die Eingliederung der Frauen in die Kriegswirtschaft

Landjahr für Mädchen.

Frauenzwangsarbeit in der Heeres-Munitionsanstalt in Berlin, 1940.

Führerinnen des »Deutschen Frauenarbeitsdienstes« werden von Hitler begrüßt.

Eine Einheit marschierender deutscher Nachrichtenhelferinnen in den Straßen von Paris, 1941.

VI Die Erziehung der Mädchen: ein gehorsamer Geist in einem gesunden Körper

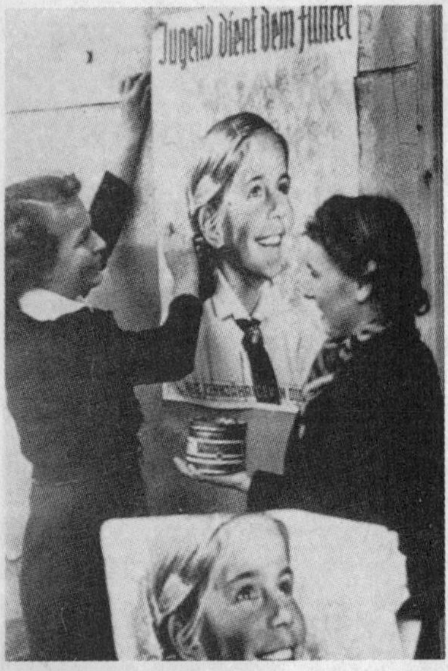

Werbeplakate für die Aufnahme in die Jungmädelschaft werden angeklebt, März 1940.

Rechte Seite: Morgendliche Flaggenparade in einer Führerinnenschule des BDM, 1935.

Fahnenträgerinnen der Jungmädel beim Generalappell vor dem Münchner Ehrenmal zum Abschluß des NSDAP-Kreistages, 11. Oktober 1936.

Rechts oben: Die Sportwettkämpfe der Hitlerjugend mobilisieren bis zu 70000 Jungen und Mädchen in den verschiedenen Regionen des Reichs. Sportfest des Berliner BDM 1937.

Singstunde der Jungmädel im BDM-Zeltlager Thalmässing, 1938.

Die schwedische Sängerin Zarah Leander war einer der populärsten Stars im Dritten Reich. Ihre warme, tiefe Stimme und ihr sinnlicher Blick faszinierten viele Männer.

Die Schauspielerin Emmy Sonnemann wird die zweite Ehefrau von Marschall Göring; Hitler ist Trauzeuge.

Leni Riefenstahl, Tänzerin, Schauspielerin, später Regisseurin; zu Ehren der NSDAP dreht sie 1934 »Triumph des Willens« und 1936 zwei Filme über die Olympischen Spiele in Berlin.

Hanna Reitsch, Flugkapitän, ausgezeichnet mit dem Eisernen Kreuz, bei einem Besuch in ihrer Heimatstadt Hirschberg in Schlesien 1941; später wird sie unter Lebensgefahr im von der Roten Armee eingekreisten Berlin landen, um »ihren« Führer zu retten.

Zunächst versuchte man durch Kleinanzeigen Frauen für die Hilfsdienste der SS zu finden. Als sich dies als unzureichend herausstellte, wurden Arbeiterinnen zwangsversetzt oder durch eine angeblich weniger mühsame und besser bezahlte Tätigkeit angeworben.

Heim für Französinnen, die zwischen 1940 und 1944 freiwillig in Deutschland arbeiten.

Nelly Sachs konnte nach Schweden emigrieren. Sie erhielt den Nobelpreis für Literatur.

Gerda Taro flieht 1933 nach Paris; 1937 wird sie – als Pressefotografin – im Spanischen Bürgerkrieg getötet.

Liselotte Herrmann, geb. 1909, Kommunistin, wird 1937 verhaftet, zum Tode verurteilt und 1938 als erste Frau wegen »Hochverrats« hingerichtet.

Käthe Pick-Leichter, geb. 1895 in Wien, wird nach Ravensbrück deportiert und 1942 mit 1500 Mithäftlingen ermordet.

Mildred Fisher-Harnack, gebürtige Amerikanerin, arbeitet mit ihrem Mann für die »Rote Kapelle«. Sie wird 1943 in Berlin-Plötzensee hingerichtet.

Sophie Scholl, geb. 1921, wird 1943 mit ihrem Bruder Hans hingerichtet wegen der Gründung der Widerstandsgruppe »Die weiße Rose«.

Arbeitshalle im Frauenkonzentrationslager Ravensbrück.

pen oder »verdächtigen« Personen können im Bedarfsfall auch gefordert werden.

Melita Maschmann erzählt[1], wie sie bei ihrer Rückkehr vom Arbeitsdienst von der Gestapo und der höchsten Berliner BDM-Führerin überzeugt worden war, mit der Familie einer ehemaligen jüdischen Freundin Kontakt aufzunehmen. Sie sollte versuchen, Informationen über eine »kommunistisch-bündische« Jugendgruppe zu bekommen, von der man glaubte, daß sie im Haus der Freundin geheime Versammlungen abhielte. Ihre Mission scheiterte, und sie wäre wohl aus der Hitlerjugend ausgeschlossen worden – mit allen Konsequenzen, die diese »Nichtswürdigkeit« für ihre Karriere mit sich gebracht hätte –, wenn man ihre Fähigkeiten im Presse- und Propagandadienst nicht gebraucht hätte.

In ihrer Uniform – blauer Rock, weiße Bluse, braune Jacke mit dem Stoffdreieck auf dem linken Oberarm, auf dem der Gau und darunter das Zeichen der Hitlerjugend (HJ) verzeichnet waren – genießt Nelly das neue Vergnügen der Kameradschaft.[2] Ein magisches Wort, das sie innerlich wiederholt, wenn sie um ihre Führerin Marianne, genannt »Micky«, herumstehen. Ein anderes Leben, jenseits von Schule, Lebensmittelladen und Eltern, die ungeduldig auf ihre späte Rückkehr warten. »Was sie denn gemacht hätte. Gesungen? Singen kannst du auch zu Hause.«

Charlotte versteht nicht, daß ihre Tochter in dieser neuen Umgebung Kameradschaft findet bei Spielen und Festen, in zusammen durchgestandenen Prüfungen und gemeisterten Schwächen bei Wettbewerben und bei den Geländemärschen, die Nelly langweilen, von denen sie Blasen bekommt, die sie sich aber trotz mütterlicher und großmütterlicher Ermahnungen aufzugeben weigert.

Nach der Rückkehr von einem Ausflug muß Nelly sich mit einer Bronchitis ins Bett legen. Sie nimmt es hin, bittet sogar den Hausarzt, ihr für den Rest des Winters ein Attest auszustellen, das sie von der weiteren Teilnahme an HJ-Veranstaltungen befreit. Sie hütet sich, es einzugestehen, aber dieser zeitweilige Rückzug entspricht genau der Zeitspanne, für die ihre Kameradin Gerda Link ausgeschlossen ist. Diese hatte nämlich fünf Mark aus einer Manteltasche in der Garderobe der »Jungmädel«-Gruppe gestohlen. Ihre Verurteilung findet während eines Ausflugs im Wald statt. Drei »Scharen« mit je etwa

1 Melita Maschmann, Fazit, Stuttgart 1963
2 Christa Wolf, a.a.O., S. 222ff.

fünfzig »Mädeln« sind anwesend. Zuerst singen sie ein Lied: »Nur der Freiheit gehört unser Leben«. Micky stellt sich aufrecht in die Mitte zwischen die aufgereihten »Jungmädel« und sagt einen Text auf, der den Übergang vom individuellen »Ich« zum gemeinschaftlichen »Wir« preist. Dann erläutert die Gruppenführerin Gerdas Fall. Mit gedämpfter Stimme drückt sie ihre Enttäuschung und ihren Schmerz über die Schuldige aus und spricht über die Scham und Schande, die ihre Tat über die Gruppe bringt. Sie will sie zwar nicht ganz ausschließen, hält es jedoch für nötig, sie für drei Monate zu suspendieren. Gesagt, getan: sie nimmt Gerda die Symbole ihrer Zugehörigkeit zu den »Jungmädeln« ab – das schwarze Dreiecktuch und den Lederknoten, der es in Form einer Krawatte hält. Micky ruft: »Deutsch sein heißt treu sein!«, und alle stimmen die Hymne der Bewegung an: »Vorwärts, vorwärts schmettern die hellen Fanfaren, vorwärts, vorwärts Jugend kennt keine Gefahren, Deutschland, du wirst leuchtend stehn, mögen wir auch untergehn.«

Warum ist Nelly während der öffentlichen Verurteilung ihrer Kameradin plötzlich schlecht geworden? Warum will sie vor deren Rückkehr nicht in den BDM zurückkehren? Diese Frage stellt sie sich nicht, genauso wenig wie sie nach dem Grund für den Diebstahl, der zum Ausschluß geführt hat, fragt. Einige Jahre später wird sie erfahren, daß zwei sechzehnjährige Gymnasiastinnen, Suse Hirzel und Sophie Scholl, sich in Ulm, am anderen Ende Deutschlands, gegen die Verurteilung einer Kameradin sträuben, die beschuldigt wird, eine als aufwieglerisch geltende Zeitschrift herausgegeben zu haben. Als Zeichen ihres Protestes gegen blinde Disziplin und kulturelle Einschränkungen treten sie aus der Bewegung aus.[1] In diesem Winter 1940 hat Nelly, inzwischen elf Jahre alt, den heimlichen Wunsch, auf der Gefährlichkeit ihrer Krankheit zu beharren, die sie momentan vom »Dienst« abhält. Aber gleichzeitig – aus Eigenliebe oder aus Furcht vor Schuld? – nimmt sie Mickys Vorschlag an, sich bei ihrer Rückkehr für die Ausbildung zur Jungführerin zu melden. »Das Schwache muß weggehämmert werden«, sagt der Führer.

Einstweilen geht Nelly häufig mit ihrer Cousine Astrid spielen, der Tochter einer »unglücklichen Zwillingsschwester« ihrer Tante Lucie. Astrid hat eine Vorliebe für unanständige Spiele: sich auf der Toilette gegenseitig angucken, vom Balkon aus seinen Ekel über die

1 Inge Aicher-Scholl, Die weiße Rose, Frankfurt a.M. 1953, und persönliches Gespräch vom 28. Juli 1962

Liebespaare herausschreien, die sich unter den Bäumen des Hindenburgplatzes küssen. Im Februar 1940 kommt Astrids Mutter »auf Urlaub« aus der Anstalt, in der sie normalerweise lebt. Beim Abendbrot bietet diese Tante Jette ihrer Nichte ein Butterbrot an: alle schreien laut auf, als sie sehen, daß auf dem Brot Schmalz und Butter übereinandergestrichen sind, und wollen es Nelly wegnehmen. Sie beißt entschlossen in das Streitobjekt hinein und erklärt, es schmecke ihr. Der dankbare Blick ihrer Tante läßt sie erröten. In der Schule, bei Erwachsenengesprächen, aus Reden hat sie den Ausdruck »lebensunwertes Leben« kennengelernt. In ihrem Biologiebuch sind »erblich belastete« Menschen dargestellt. Ihre Lehrerin, Fräulein Blümel, eine große, blonde Berlinerin – die einzige geschminkte Lehrerin in der Schule –, spricht häufig von der Weisheit der Natur, die die Schwachen, die für die Qualität der Art gefährlich Kranken, ausmerzt. Sie berichtet über die falsche Menschlichkeit der Völker, die ihr Blut verderben: »Man denke an die Vernegerung der Franzosen, an die Verjudung der Amerikaner.« Aber dieses »lebensunwerte Leben« vor ihr ist ihre Tante, Astrids Mutter. Kurze Zeit später erhält die Familie die offizielle Nachricht, daß die Kranke an den Folgen einer Lungenentzündung gestorben sei.

Ohne das Wort »Euthanasie« zu kennen und über ihre stufenweise Durchführung an 60000 für unheilbar krank erklärten Deutschen zwischen Februar 1940 und Herbst 1941 etwas zu wissen, ohne Wolfgang Liebeneiners um diese Zeit gedrehten Film »Ich klage an« gesehen zu haben, in dem die Öffentlichkeit für die legale Durchführung der Euthanasie gewonnen werden soll, findet Nelly diesen plötzlichen Tod seltsam. Um so seltsamer, als sie bemerkt, wie ihre Tante Lucie, die mehrere Tage in ihrem Zimmer eingeschlossen geweint und jede Nahrung verweigert hatte, und Charlotte, der sie seit der Einberufung ihres Schwagers im Laden hilft, die Köpfe zusammenstecken. Seit ihre Mutter allein die Verantwortung für Geschäft und Haushalt trägt, leidet sie nicht mehr unter Depressionen und arbeitet hart. Aber seit diesem »Vorfall« bleibt sie – die gewöhnlich so redselig ist – häufig still und schüttelt mit zweifelndem Blick den Kopf. Charlotte erstaunt ihre Tochter noch mehr, als sie einen Polizisten grob empfängt, der gekommen ist, um sie an die Ladenschlußzeiten zu erinnern. Diesmal gebraucht sie keine Schimpfworte wie beim Briefträger, der den Gestellungsbefehl für ihren Mann gebracht hatte; sie wirft ihm einfach ihren Schlüsselbund hin: er solle selbst abschließen, und da er schon dabei sei, könne er gleich den Laden übernehmen. Dann könne sie sich ausruhen und von ihrer Rente als Kriegerfrau leben. Glücklicherweise begnügt sich der Polizist damit, murrend zu gehen.

Das geheimnisvolle Verschwinden Jettes, das eigenartige Benehmen ihrer Mutter und Tante Lucies verschwimmen im Lauf der Wochen in Nellys Gedächtnis. Sie ist zu beansprucht von ihrer Schulung als Führeranwärterin, an der sie zusätzlich zur Schule vor ihrer Abfahrt ins Trainingslager in Frankfurt an der Oder teilnehmen muß. Durch einen seltsamen Zufall war Melita Maschmann in dieselbe Stadt geschickt worden, um die Presse- und Propagandaabteilung des BDM im Obergau Kurmark neu zu organisieren. Die Schülerin trifft die diensterfahrene, in der »Reichsführerinnenschule« des BDM in Potsdam ausgebildete Führerin jedoch nicht, weil diese als Freiwillige zur Germanisierung ins Posener Land (nach der Eroberung »Wartheland« genannt) gegangen war.

Für ein zweiundzwanzigjähriges Mädchen, die erste und für einige Zeit einzige aus dem Reich kommende Jugendführerin, gibt es nichts Begeisternderes als diese »kulturelle Mission«, die darin besteht, das Land mit männlichen Kollegen zu durchstreifen, eine Liste brauchbarer Lehrinstitutionen aufzustellen und Vorposten ihrer Bewegung einzurichten. Als sie entdeckt, wie elend das Volk lebt, überkommt sie zuerst Mitleid, das ihre Kameraden als »politische Naivität« ansehen. Dank des Bewußtseins, das ihr Vater, Schule und ideologische Schulung vermittelt haben, verdrängt sie es jedoch schnell: Sie gehört zur »Herrenrasse« – auch wenn sie diesen Ausdruck zu emphatisch findet –, die dieses Land einst fruchtbar gemacht hatte und das die sich vermehrenden und zurückgebliebenen Slawen nun in die Unterentwicklung zurückgeworfen hatten.

Eine Mauer des Unverständnisses trennt sie von der Direktorin des ehemaligen deutschen Gymnasiums in Lodz, die sie eines Abends zum Essen einlädt. Diese spricht von ihrer Freude, nach so vielen Jahren ihre Mitbürger aus dem Reich wiederzutreffen, verhehlt aber kaum, daß sie mit deren Art, die Polen zu behandeln, nicht einverstanden ist. Das findet sie ebenso unwürdig und gefährlich wie die Ghettoisierung der Juden. »Wie schwer muß es sein«, denkt Melitta, »als älterer Mensch ganz in den Nationalsozialismus hineinzuwachsen. Solange man sich nicht restlos mit ihm identifiziert, begreift man die Notwendigkeit all dieser Härten nicht, und wahrscheinlich leidet man unter ihnen, auch wenn sie einen selbst nicht treffen. (...) Wenn ein so ungewöhnlicher

Mensch wie diese Frau nicht verstand, wer aus der Generation vor uns verstand uns dann überhaupt.«[1]

Ihr Gefühl der Überlegenheit wird auf eine harte Probe gestellt, als sie ihrerseits von den Redakteuren des »Ostdeutschen Beobachters« als unerwünscht und minderwertig behandelt wird. Diese NSDAP-Zeitung erscheint anstelle der »Gazetta Polska«, in deren Räumen sie auch untergebracht ist. Melita will dort als Volontärin arbeiten und sich auf die Schriftleiterprüfung vorbereiten: »Meine neuen Kollegen waren, wie gesagt, eine Art ›militanter Männerrechtler‹ und entsprechend freundlich war der Empfang, den sie mir bereiteten. Nach Monaten gestand mir einer von ihnen, daß man sich in der letzten ›frauenreinen‹ Redaktionskonferenz darauf geeinigt hatte, mich so schnell wie möglich wieder hinauszubeißen. Ich glaube mich zu erinnern, daß im Scherz sogar ein Preis für den ausgesetzt worden war, dem es gelingen würde, mich auf eine halbwegs salonfähige Art hinauszugraulen. Allzu rüde Methoden konnten dabei nicht in Frage kommen, weil ich auf Wunsch der Parteileitung in die Redaktion hatte aufgenommen werden müssen.«[2]

Die Journalisten wollen nicht zulassen, daß eine Frau etwas anderes als Sekretärin in ihren Diensten wird. Außerdem beunruhigt sie die Anwesenheit dieses Eindringlings, der ihr fröhliches Junggesellenleben stört, das sie mit ihren weiblichen Angestellten führen. Trotzdem schreiben sie natürlich zärtlich besorgte Briefe an ihre mit den Kindern im Reich gebliebenen Ehefrauen. Die Dinge kommen wieder ins Lot, als diese Fachleute bemerken, daß ihre neue Volontärin eine »vollwertige Arbeitskraft« ist, die nur versucht, ernsthaft den Beruf zu erlernen, ohne sich um den Rest zu kümmern.

Nellys Prüfungen im Lager in Frankfurt an der Oder sind anderer Art: Sie muß die Tugenden Ordnung und Disziplin erlernen, die sie selbst zu Hause kaum pflegt. Ihre Mutter muß sie häufig erinnern, daß ein »normaler Mitteleuropäer« sich täglich gründlich wäscht, regelmäßig seine Schuhe putzt, seine Wäsche ordnet, Strümpfe und Kleider flickt. Im Lager muß es »schnurpsen«, wie ihr Vater zu seinem Lehrling Erwin sagt, wenn der Laden am Sonntagmorgen voll ist oder er vor der Auslieferung das Lieferrad schmiert. Und tatsächlich »schnurpst« es: Ihr Eifer geht so weit, daß sie als Zimmerverantwortliche Schlampereien anderer, sogar Hella Teichmanns meldet

1 Melita Maschmann, a.a.O., S. 82
2 A.a.O., S. 91

(sie hatte einen Apfel im Schrank verfaulen lassen!). Die Freundin nimmt ihr diesen Verrat anfangs übel, sieht aber später ein, daß es nötig sei, so zu handeln, wenn man – wie die Lagerleiterin sagt – »zur Elite der Nation« gehöre.

Hingabe und Opfergeist

Wieder zu Hause, geht Nelly mit ihren »Jungmädeln« zu den Wolga- und Wolhyniendeutschen, obwohl es heiß ist und sie lieber in einer Kartoffelfurche liegenbleiben oder auf der Veranda Radio hören würde. Sie bringen diesen Menschen, die gekommen sind, um in der Chemiefabrik I.G. Farben zu arbeiten, Kleider und Kuchen. Eine wenig angenehme Aufgabe, weil sie in deren übelriechende Baracken hineingehen und die Zärtlichkeiten der Frauen in ihren schwarzen Umhängen ertragen müssen, die ihnen dann weinend die Hände küssen. Außerdem sammeln sie Altpapier: Zeitungen, die seit Beginn des Rußlandfeldzuges voll sind mit Todesanzeigen von »fürs Vaterland gefallenen Soldaten«, Illustrierte mit »Genossen Frauen« und »deutschen Müttern am Pflug« auf dem Titelbild.

Nach den offiziellen Kommuniqués wird sich das Schicksal der Sowjets im Herbst 1941 entscheiden. Bis es soweit ist, kann man sich an militärischem Ruhm und patriotischer Tugend im Kino berauschen. An Filmen, die den Kampfeifer der Reiter in »... reitet für Deutschland«, den der Flieger in »Kampfgeschwader Lützow« oder »Stukas« preisen; Frauen kommen nicht vor. Es sei denn, sie sollen helfen, einen Mann ins rechte Licht zu setzen, wie in »Der große König« von Veit Harlan. Als Goebbels Einwände vorbringt, rechtfertigt Harlan das Mitwirken seiner Frau, der Schauspielerin Kristina Söderbaum, damit, daß selbst große Geister – sogar Goethe und Schiller – kein Kunstwerk vollbringen konnten, »ohne den Gott Eros mitwalten zu lassen«.[1] Daneben tauchen Frauen als exemplarische Opfer feindlicher Barbarei auf, wie in »Heimkehr« von Menzel/Ucicky, »G.P.U.« von Karl Ritter, oder als solche der Sittenlosigkeit wie in »Jud Süß«. Diese Rolle bekam ebenfalls die ätherische Frau des Produzenten, die vom Publikum, weil sie mehrmals den Tod durch Ertrinken gemimt hatte, »Reichswasserleiche« genannt wurde.

Da auch die Stimmung der wegen wichtiger Kriegsaufgaben ver-

1 Zitiert nach Francis Courtade, Pierre Cadars, a.a.O., S. 74

nachlässigten Zuschauerinnen gehoben werden muß, wird in manchen Filmen die Größe ihres Wartens und ihrer Ergebenheit vorgeführt. Die Heldin in »Auf Wiedersehn, Franziska« verbringt ihr Leben damit, auf ihren Starreporter-Ehemann zu warten, der eben Zeit genug hat, zwischen zwei Zügen zwei Kinder zu zeugen. Als er ihr seinen Gestellungsbefehl zeigt, ruft sie aus: »Zum erstenmal hat der Abschied einen Sinn.« Noch stoischer reagiert die Ehefrau des Kommandanten in »U-Boote westwärts«, die ihre vier Söhne allein aufzieht. Sie begnügt sich mit der Bemerkung, daß jeder auf dem Platz bleiben müsse, der ihm zugewiesen sei, als sie hört, daß ihr Mann nach einem einzigen Tag Urlaub wieder aufs Meer muß. »Mutterliebe« gefällt dem Publikum weniger: die einen, besonders Parteimitglieder, finden, daß die in diesem Film gezeigten lästigen Kinder nicht mehr der deutschen Jugend der Hitler-Zeit entsprächen, daß sie, falls es sie gäbe, strenger erzogen werden müßten. Andere, besonders BDM-Mädchen, finden, daß das Schicksal der Mutter zu traurig sei. Die romantische Liebe zwischen einem Amerikaner und einer jungen Deutschen, die ihm in die Vereinigten Staaten folgt, verführt die Zuschauerinnen von »Ich liebe Dich« zum Träumen, erzürnt jedoch den Propagandaminister: Er fordert ein Verbot.[1]

Nelly mag weiterhin lieber die leichten Komödien mit Heinz Rühmann, der gerade »Hauptsache glücklich« gedreht hat. Wenn sie aus dem Kino kommt, versorgt sie sich im Warenlager mit Schokolade, bevor sie sich mit dem »Schwarzen Korps« auf die Couch legt. Die SS-Zeitschrift liest sie heimlich: Sie ist ihre Hauptinformationsquelle über die Dinge, die sie und ihr Bruder brennend gern wissen möchten und über die die Eltern nicht mit ihnen sprechen. Als sie zum erstenmal ihre Regel bekommt, faßt ihre Mutter sie feierlich um die Schulter und fordert ihr »großes Mädchen« auf, nun »erst recht auf sich aufzupassen und immer sehr sauber zu sein«. Übrigens scheint Charlotte das alles nicht sehr zu passen – mit dreizehn Jahren die Regel, das ist wirklich früh. Im Krieg, mit den vielen Soldaten.

Andere deutsche Mütter teilen diese Unruhe. In Schwerin in Mecklenburg schreibt Parteimitglied Elsa Pitte der Reichsfrauenführerin

1 BA Koblenz, NS 18/348, Bericht vom 11. 9. 1942: »Danach lernt der Held des Films, ein Amerikaner, auf einer Deutschlandreise ein deutsches Mädchen kennen, das er entführen will. Die Entführung mißlingt, aber das deutsche Mädchen hat inzwischen den Amerikaner so lieb gewonnen, daß sie ihm freiwillig nach Amerika folgt. M. E. ist ein Film dieses Inhalts im vierten Kriegsjahr politisch untragbar...«

Scholtz-Klink wegen der in Illustrierten in gewagten Posen dargestellten Mädchen.[1] Das Thema – das leugnet sie gar nicht – stimuliere Künstler, und zwar so sehr, daß die Reichsmuseen überlaufen von anatomischen Schönheiten des Kunstkammerpräsidenten Adolf Ziegler und seiner Epigonen: In ihrer Nacktheit werden sie der Lust eines Schwanes, dem Urteil des Paris und den Liebhabern der mythologischen Welt dargeboten. Eine realistisch dargestellte Venus auf dem Bild »Reife Früchte« von Richard Heymann wartet darauf, gepflückt zu werden. Nur mit durchsichtigen Schleiern bekleidete Mädchen treffen nackte Jünglinge auf dem Bild »Deutsche Jugend« von Jürgen Wegener. General Gröffy schreibt ihnen beruhigende Wirkung zu: »Wenn die Soldaten von der Front heimkehren, können sie die Häßlichkeit des Krieges vergessen und die körperliche Schönheit bewundern.« Die täglichen Gefährtinnen scheinen dieser Rolle nicht zu genügen. »Würde der Künstler seine weiblichen Gestalten älter darstellen«, meint die Mecklenburger Parteigenossin, »so wäre dem Wunsch nach Reinerhaltung unserer weiblichen Jugend schon wesentlich gedient. (...) Nur zu leicht«, fährt die besorgte Mutter fort, »wird sie [die weibliche Jugend] die ›Situationen‹ und den Inhalt der Kommentare für bare Münze nehmen. Sie wird glauben, darin die heutige Vorstellung der Männerwelt von der deutschen Frau erkennen zu sollen. (...) Alle die bekannten Schwierigkeiten um die weibliche jugendliche Psyche, die wir heute im RAD Pflichtjahr auf dem Land oder als Haushaltungslehrling kennen, hängen m. E. zu einem guten Teil mit der ungünstigen Rückwirkung solcher und ähnlicher Bilder zusammen.«[2]

In der Tat hatte der Sicherheitsdienst seit Kriegsbeginn umsonst interveniert, damit die in der Feldpost verbreiteten Postkarten mit stimulierenden Motiven durch Darstellungen »rassisch einwandfreier« Frauen aus den verschiedenen Reichsgebieten oder berühmter deutscher Männer ersetzt werden sollten.[3] Im März 1942 erfährt Dr. Goebbels, daß in den für die Wehrmacht bestimmten Publikationen Photos von Schauspielerinnen als Ideal weiblicher Schönheit denen deutscher Frauen und Mütter gegenübergestellt worden waren. Dar-

1 Brief vom 23. 2. 1941, zitiert nach Sylvie Pouleau-Legrand, Le Mythe de la Mère sous le IIIe Reich, mémoire de maîtrise, Universität Tours, 1977/78

2 Nach Marc Hillel, a.a.O., stammten etwa zwei Drittel der »Lebensborn«-Pensionärinnen aus dem BDM und dem Arbeitsdienst.

3 Bericht SD/SS vom 28. 2. 1940

aufhin ordnet er eine Umfrage in den der Wehrmacht angeschlossenen Propagandaeinheiten an. Ein dorthin entsandter Mitarbeiter des Ministers berichtet, daß es sich um ein Mißverständnis des Oberkommandos der Wehrmacht (OKW) handle, daß man sich von nun an bemühen werde, die von vielen deutschen Soldaten gewünschten Darstellungen von Schauspielerinnen mit dem Bild der deutschen Mutter in Einklang zu bringen, indem man jene in dieser Rolle posieren lasse. Nach Aussagen des Abgesandten waren die früheren Posen ganz anderer Art.

Das Mutterschaftsideal beschäftigt auch die junge Nelly: Soll sie auf ihre Mutter hören, die sie ermahnt, über die Reinheit ihres Körpers zu wachen, oder auf die SS, die sie auffordert, dem Führer ein Kind zu schenken? Warum denkt sie darüber nach, als sie die Geschichte des Mädchens hört, das sich während des Dreißigjährigen Krieges geopfert hat, indem es sich von der Pest anstecken läßt, um sie ins feindliche Lager zu tragen? Ist dies die Erinnerung an ihre Ängste vor Unreinheit? Diese Dinge sind wirklich kompliziert, sagt sie sich und schleckt gleichzeitig Haferflocken mit Schokolade.

Die neunzehnjährige Lieselotte ist vor ihrer Schreibmaschine im Propagandaministerium in ähnliche Gedanken vertieft.[1] Nach offizieller Ansicht soll man so früh wie möglich heiraten. Denkt man drüber nach, ist das nicht unbedingt naheliegend, wenn man einen Mann mit einem interessanten Beruf finden, genug Geld für eine schöne Wohnungseinrichtung haben und ein bißchen durch die Welt reisen will, um später Freunden und Kindern seine Erlebnisse erzählen zu können. Sie ginge gern für ein Jahr nach Budapest. Vielleicht auch nach Paris: die Stadt soll dreckig sein, aber man könne dort fabelhaft essen. Nach einem Bericht, den sie gerade tippt, soll die Kulturabteilung der Botschaft des Reiches in der französischen Hauptstadt vergrößert werden. Das wäre eine gute Gelegenheit, dort die Sprache zu lernen, und ein Aufenthalt dort würde sich im übrigen in ihrem Lebenslauf hervorragend machen.
Keinesfalls kommt es für sie in Frage, jahrein jahraus die brave Hausfrau zu spielen oder ihre schlecht bezahlte Stelle mit fünf mal zehn Arbeitsstunden pro Woche beizubehalten.

Ihr Ideal ist es, einen Fliegeroffizier wie Udet oder Mölders zu treffen, deren Photos und lobende Erwähnungen in der Zeitung sie sammelt. Natürlich müßte man dauernd um sein Leben bangen oder

1 BA Koblenz, unveröffentlichtes Manuskript, 1942

fürchten, daß er als Invalide aus dem Krieg zurückkommt wie ihr Vater. Seit einiger Zeit hat man wenigstens die gute Idee, die Besten zu schützen, indem man sie als Ausbilder von Piloten einsetzt. Ohne Mann bleiben? Eine Zeitlang war sie versucht, eine Ausbildung als Führerin der Hitlerjugend zu machen oder Nachrichtenhelferin der Wehrmacht zu werden. Im Vorwort zu einer Briefsammlung von Nachrichtenhelferinnen erklärt die Schriftstellerin Ina Seidel[1], daß dieser Dienst junge Mädchen anzieht wegen der schönen Uniformen und der Möglichkeit, die Welt kennenzulernen, bevor sie mit dem Haushalt verwachsen. Nach Angaben eines Luftwaffenmajors, der Lieselotte und drei Freundinnen zum Essen eingeladen und ihnen aus Holland mitgebrachte Schokolade, Kaffee und Zigaretten angeboten hat, ist das Leben der 1500 weiblichen Hilfskräfte bei ihren Nachrichtendiensten eher schwierig. Außerdem weiß Lieselotte seit dem Arbeitsdienst, »was es bedeutet, mit Mädchen zusammen zu sein, die man irgendwie in ihrer Freiheit einengt. Sie werden dann ›ohne Mann‹ ganz wild. Scheußlich!!«

Eine aus dem Iran zurückgekehrte Kollegin hat ihr erklärt, daß es dort noch schlimmer sei, »da man ja die Frau überhaupt nicht achtet. Mit der macht man, was man will.« Und außerdem immer in Uniform, mit glatten Haaren, flachen Absätzen, das ist ihr zu männlich; sie mag lieber gepflegte, elegante Frauen – natürlich nicht übertrieben – wie sie in manchen Filmen und im Theater zu sehen sind. »Man ist ja heute so gehetzt, daß solche Künste immer mehr ins Hintertreffen kommen. Schade, sehr schade.«

Die Freundinnen finden Lieselotte sportlich, modern, ohne zu ahnen, daß sie häufig vor Müdigkeit, vor Enttäuschung über ihre verpatzte Jugend weint. Wenn sie amerikanische Magazine wie »Life« und »Time« durchblättert, erstaunt sie die deutsche Misere, verglichen mit dieser gewiß »kitschigen« Welt mit ihren Lippenstift- und Zigarettenreklamen (ohne von den Negerbildern zu sprechen), die aber so viel eleganter und lebendiger ist. Die flüchtigen Abenteuer, die sie haben kann, erweisen sich als recht enttäuschend, und die Liebesgeschichten im Kino stimmen mit der Wirklichkeit so wenig überein, daß es unmöglich ist, sie zum Vorbild zu nehmen. Auf der Straße ärgert sie sich über die Männerblicke, die sie buchstäblich verschlingen. Ihr Chef verhält sich kaum anders: Er bildet sich ein, sie interessiere sich für ihn, spricht von »Wahlverwandtschaften« und

1 Ina Seidel, Dienende Herzen. Kriegsbriefe von Nachrichtenhelferinnen, Berlin 1942

murmelt entzückt ihren Namen. Im allgemeinen fühlt sie sich eher geschmeichelt, wenn reife Männer sie beachten. Aber dieser beträgt sich trotz seiner siebenundvierzig Jahre, eines längeren Aufenthaltes in Bulgarien und zehn Jahren Studium wie ein Dorftrottel, anstatt sie an seiner Erfahrung teilhaben zu lassen wie jener serbische Offizier, den er zwei Stunden im Vorzimmer warten ließ. Das Gespräch zwischen ihnen war fesselnd gewesen: Er hatte ihr von der Sittenlosigkeit im Berliner Frauengefängnis erzählt, wo er seine wegen Diebstahls angeklagte Hausangestellte besucht hatte. Als sie darauf hinwies, daß den Gefangenen sicher Zuneigung fehle, hatte er lachend geantwortet, dort seien alle Lesbierinnen. Auf ihre Frage, ob diese anormale und schreckliche Art der Liebe häufig sei, hatte er genickt. Er hatte ihr erklärt, daß sie aus der Antike käme, wo sie in Literatur und Kunst verherrlicht worden sei. Diese Art der Zärtlichkeit, hatte er hinzugefügt, sei übrigens zwischen Frauen verständlich, besonders wenn es nicht genügend Männer gäbe – wie in Griechenland oder Spanien, die bis heute eine Heimat der Homosexualität geblieben seien. Beim Mann hingegen sei sie scheußlich, weil dem Mann das Weibliche widerstreben müsse. Vor ihrer Schreibmaschine denkt Lieselotte an diese lehrreiche Unterhaltung: »Wenn man eine wirkliche Frau sein will, dann muß man auch solche Sachen verstehen, um sie verzeihen und ändern zu können.«

Juliane Strauch, genannt Julia, die Deutsch- und Geschichtslehrerin, die Nelly leidenschaftlich bewundert, will offensichtlich keine wirkliche Frau sein, vielmehr überhaupt keine Frau. Ihre Schülerin stellt dies fest, als jene die nordischen Helden – niemals die Heldinnen – preist, mit einer Vorliebe für Hagens Tod: »So sei'n verflucht die Weiber!/ Weib ist, was falsch und schlecht;/ Hie um zwei weiße Leiber,/ verdirbt Burgunds Geschlecht.«

Neben Frau Lehmann, deren Mann wegen »rassischer Unzuverlässigkeit« aus dem Schuldienst entlassen worden war und den Charlotte daraufhin beauftragt, ihren Kindern Englischunterricht zu geben, ist Juliane Strauch die einzige Intellektuelle, die Nelly kennt. Obwohl sie klein ist, schwarze Haare und einen im Biologiebuch »flach« genannten, slawischen Gesichtsschnitt hat, empfinden ihre Kollegen und Vorgesetzten wegen ihres Humors, ihrer Charakterstärke, ihrer Bildung – sie ist die Tochter eines Industriellen, eines Wohltäters der Stadt – Furcht und Respekt vor ihr. Alle nennen sie Frau Doktor, obwohl sie ledig ist; und niemand würde zu lachen wagen, wenn sie in ihrer Eigenschaft als NS-Frauenschaftsleiterin leidenschaftlich das ideale Deutschland beschreibt, dem ihre Erscheinung so völlig widerspricht. Da sie Einwände voraussieht, versäumt sie nie zu erklären, daß die im Laufe der Zeit unglücklicherweise zustandegekommenen, häufig minderwertigen Blutmischungen dazu führten, daß man rein germanisches Denken bei Menschen finde, deren Äußeres es nicht vermuten lasse. Für Nellys Bewunderung spielen die flachen Absätze, die grob gestopften Strümpfe keine Rolle, wenn Julia energischen Schrittes den Schulhof überquert, bei ihren Schülerinnen stehenbleibt, sie mit ihren blauen Augen scharf ansieht und sie – wenn sie als Pensionärinnen in der Stadt wohnen – über ihre Gesundheit, ihre Familie, ihre Lebensumstände ausfragt. Das Interesse, das diese »bedeutende« Frau ihr entgegenbringt, schmeichelt ihr, genauso wie die Einladung in ihre bescheidene, schlechtgeheizte Wohnung: Sie will mit ihr über die nachlassende Disziplin der Klasse sprechen, die Unfähigkeit der meisten ihrer Mitschülerinnen, einen Aufsatz über den ersten Schnee zu schreiben, während sie sich flüssig über »Volk ohne Raum« oder »Nordischen Geist in antiker Dichtung« auslassen.

Nelly ist zwar geschmeichelt, fühlt sich jedoch in ihrer Rolle als Musterschülerin nicht wohl. Deshalb wagt sie nicht einzugestehen, daß es leichter ist, über Themen zu schreiben, über die man dauernd hört oder liest, als persönliche Eindrücke zu formulieren. Was würde ihre geliebte Julia denken, wenn sie wüßte, daß ihr eigener Aufsatz nach der seit Beginn der Schulzeit bei Herrn Warsinski erprobten Methode verfaßt ist: Was will der Lehrer hören? Ihm gefiel patriotischer Eifer, Julia Hingabe. Wenn man in ihren Augen glänzen will, genügt es, Hingabe zu loben und – wenn möglich – zu üben: eifrig arbeiten, übernommene Aufträge ausführen – Schülern mit Schwierigkeiten helfen, Klassenausflüge vorbereiten, aktiv an offiziellen Veranstaltungen teilnehmen (besonders an dem mit großem Aufwand gefeierten Geburtstag des Führers), und seinen »Dienst« bei der Hitlerjugend gewissenhaft ableisten.

Jeden Mittwoch und Samstag läßt Nelly ihre »Jungmädel« der Größe nach zum Durchzählen auf dem Hindenburgplatz antreten: gute Führerinnen erkennt man am Durchzählen. Nach der Rückkehr von Ausflügen muß sie im Parteibüro Bericht erstatten. Dort geht sie nie ohne Herzklopfen hin. Vielleicht, weil sie sich der Aufgabe nicht wirklich gewachsen fühlt. Julias Perfektion – sie versteht es, Jugendliche anzusprechen, sie »innerlich zu berühren« durch ihren aufrechten Glauben, diese Perfektion, nach der sie immer strebt – verstärkt noch das Gefühl ihrer eigenen Schwäche. In der Schule ist ihr Verhalten alles andere als vorbildlich. Ihr Eifer in Julias Stunden schwindet bei anderen Lehrern: Die Mathematiklehrerin lähmt sie mit ihrem Herrenhaarschnitt und ihrer Brille, die ihr »naturwissenschaftlich-kühles« Aussehen noch betont. Herr Gaßmann ist erschüttert, weil sie sich in seinen Stunden herausgenommen hat, zu essen. Die Englischstunden bei Miß Woyßmann benutzt sie, da sie ja Privatstunden bei Herrn Lehmann hat, um mit ihrer Freundin Hella zu spielen. Sicher, im Sport erzielt sie gute Leistungen, aber ihre Lehrerin Rosa Kahn, die auch die Organisation »Glaube und Schönheit« leitet, langweilt sie mit ihrem Trainingsanzug und ihrem dauernden »Gesunder Geist in gesundem Körper, nie was von gehört? Na dann mal hopp!«

Ihre Schwäche erscheint ihr noch unerträglicher, als sie im Winter 1943 einmal wöchentlich zu Pastor Grunau zum Konfirmandenunterricht geht.[1] Sie hat versucht, ihre Eltern davon zu überzeugen, daß diese Zeremonie sinnlos sei, da sie nie in die Kirche gehe. Julia habe ihr versichert, daß man kein Heide sei, wenn man wie Hella Teichmann oder sie selbst einfach »gottgläubig« sei. Bruno Jordan, der, seitdem er aus Altersgründen dem Bezirkskommando unterstellt ist (dort ist er zur Aufsicht französischer Kriegsgefangener eingesetzt), häufig nach Hause kommen kann, sieht das Problem nicht. Charlotte ist ärgerlich: Man stirbt nicht, wenn man die Zehn Gebote lernt. Und über Julia: »Wenn Julia zu dir sagt: Spring aus dem Fenster, dann springst du, ja?« Auf diese Frage erwartet sie natürlich keine Antwort, denn sie setzt sofort ein Argument hinzu, das keinen Widerspruch duldet: Die Großmutter lege Wert darauf; sie nähe sogar schon das traditionelle Kleid aus schwarzem Seidentaft mit einer weißen Rüsche um den Halsausschnitt.

Beim Klang von Orgel und Chor ziehen die Konfirmanden, die ihre Lust, laut aufzulachen, nur mit Mühe zügeln können, durch das Spalier ihrer Verwandten, obwohl Pastor Grunau sie ermahnt hatte: »Benehmt euch um Himmels willen wie Menschen, solange man euch sehen kann.« Beim Hinknien darf kein Strumpfband reißen, die Hostie und den essigsauren Wein muß man hinunterschlucken können, den Kopf – Gott hat eine solche Unterwerfung nie gefordert, findet Nelly – bei Gebet und Segen senken. Danach wird die Konfirmation gebührend gefeiert: Die Großmutter hat aus diesem Anlaß

1 Christa Wolf, a.a.O., S. 296f.

drei Kaninchen geschlachtet. Nach dem Essen diskutieren die Männer bei einer Zigarre über den Krieg; die Frauen gehen in die Küche zum Spülen und Kuchenschneiden. Zum Kaffee hat Charlotte Cousine Astrid, Hella Teichmann und den Unteroffizier Andrack, einen Freund ihres Mannes, eingeladen. Er übernimmt das Amt des Photographen und Unterhalters. Bei der Taufe von Vetter Manfred hatte sich Tante Emmy, eine von Großmutters Schwägerinnen, die aus Königsberg gekommen war, als Zigeunerin verkleidet, um der Gesellschaft aus der Hand zu lesen. Diesmal sind alle zum Hypnotisieren versammelt. Trotz des Festes ist die Hauptperson traurig: Sie mag sich nicht, nagt an ihren Nägeln, ißt heimlich Süßigkeiten aus dem Warenlager, obwohl sie weiß, daß sie sich anschließend selbst bestraft, indem sie zehnmal barfuß über den Metallfußabstreifer am Eingang geht – abends, wenn niemand sie sieht. Warum hat Charlotte sie genau in dem Augenblick in die Küche geschickt, um die Zitronentorte zu holen, als sie spürt, wie sie bei der Berührung durch die warme und weiche Hand von Unteroffizier Andrack – er umschließt das Handgelenk seines »Mediums« – ein wohltuender Strom durchläuft? Ihre Cousine Astrid tritt an ihre Stelle und darf dann alles mit sich machen lassen: Sie läßt sich in den Oberarm stechen, ohne das geringste zu spüren, steigt auf den Tisch und singt Lieder aus ihrem eigenen Repertoire, führt einen Bauchtanz vor und präsentiert das Gewehr – mit einem Besen –, was sie doch nie gelernt hatte. Das Publikum applaudiert Hypnotiseur und Medium: Nelly fragt sich, ob sie die Cousine beneiden oder ihre eigene Überlegenheit als blasierte Zuschauerin genießen soll.

Eine neue Erfahrung vertreibt bald ihre unerklärliche Traurigkeit[1]: Horst Binder, der Sohn des örtlichen Reichsbahnsekretärs, hängt sich an ihre Fersen und wartet vor Fräulein Mieß' Haustür, während diese Nelly die Kunst des Akkordeonspiels beizubringen versucht. Fräulein Mieß begleitet sie mit ihrer Piepsstimme: »Lustig ist das Zigeunerleben« – ein immer noch beliebtes Lied, obwohl die Zigeuner es schon nicht mehr sind. Charlotte ist beunruhigt: »Hat er dich denn wieder belästigt? Das ist doch einfach unglaublich. Laß dich bloß nicht mit diesem dummen Bengel ein, Kind«, und: »Der Junge ist doch einfach meschugge.« Er ist wirklich ein bißchen verrückt: Er spricht nur von seinem Idol, Adolf Hitler, ahmt dessen Frisur nach, versucht, dessen Tagesablauf bis ins Detail herauszubekommen und dann zu imitie-

1 A.a.O., S. 237f.

ren; denn, so erklärt er seiner »Freundin«, der Führer brauche Getreue wie die Luft zum Atmen, »damit sie das Gefäß seiner Gedanken seien«. Trotzdem, man kann die Schulkameradinnen verblüffen, indem man sich mit diesem Jungzugführer in seiner schicken Uniform mit der grünen Schnur sehen läßt. Der Erfolg ist größer als erwartet, als sie mit ihm die italienische Eisdiele betritt, wo sie und ihre Freundinnen häufig die Spezialitäten des Hauses probieren.

Die Folgen sind weniger angenehm: Als Horst unterwegs nach ihrer Hand greift, zieht sie sie sofort zurück, weil seine feucht ist. Als sein übelriechender Atem ihr Gesicht streift, wendet sie den Kopf ab. Ihre Abfuhr bekümmert ihn nicht allzu sehr, da sie sich gern von ihm begleiten läßt – in Wirklichkeit nimmt sie es hin, um sich selbst für ihr Betragen zu bestrafen – und da er ihr vom Sinn des Selbstopfers für eine höhere Sache oder Person erzählen kann. Die Idylle dauert nicht lange. Eines Abends wird Nelly zu einem Spargellieferanten geschickt. Dabei entdeckt sie, wie ihr Verehrer in einem Keller gerade vom Anführer einer Straßenbande ausgepeitscht wird. Ihre Blicke treffen sich. Sie entdeckt in seinem Gesicht etwas ihr Unbekanntes, das sie, so schnell sie kann, fliehen läßt: Herr Warsinski hat wahrscheinlich recht, wenn er meint, daß die Menschen die Perfektion, nach der sie selbst weiterhin strebt, noch längst nicht erreicht haben.

Da bleibt nur die Hingabe. In einem Bericht der »Nationalsozialistischen Frauenschaft« wird festgestellt, daß 1940 von 384 120 Freiwilligen 25,7 Mill. Arbeitsstunden geleistet worden sind: für Kranke und Schwangere, beim Empfang von Transporten repatriierter Deutscher und Militärkonvois auf Bahnhöfen und Landstraßen, in Küchen und Wehrmachtskantinen.[1] Seitdem an der Ostfront verstärkt gekämpft wird, verausgaben sich Frauen und Mädchen am Krankenbett der immer zahlreicheren Verwundeten: Pakete müssen verteilt, Zeitungen vorgelesen, Briefe an die Familie geschrieben und Unterhaltungen organisiert werden. Mit ihrer Gruppe hat Nelly ein dem Gesundheitszustand der Verwundeten angemessenes Repertoire einstudiert. Den Leichtverwundeten werden – da tröstlicher als Kriegslieder – Volkslieder vorgesungen. Die Schwerverletzten darf man nicht überanstrengen. Fast alle wollen hören: »Rosemarie, Rosemarie, sieben Jahre mein Herz nach dir schrie«. Als Höhepunkt stimmen die Jungmädel im Flur zwischen den beiden Krankensälen des Lazaretts »Lili Marleen« an. Alle sind zu Tränen gerührt. Als Dank singen

1 Reichsfrauenführung Jahrbuch 1941

die, die singen können, nun »Argonnerwald, um Mitternacht« und »Fern bei Sedan auf der Höhe«.

»Am Abend ist es immer am schrecklichsten«, sagt die junge Krankenschwester, die sie zum Ausgang zurückbegleitet. Charlotte, die ihre Tochter wie gewöhnlich bei offenem Fenster erwartet, seufzt: »Wer gibt den armen Ludern ihre heilen Knochen zurück.«

Nach den einfachen Soldaten sind die Offiziere an der Reihe: Die Führerinnen des Jungmädelstandortes richten im »Weinberg« eine Weihnachtsfeier aus: Tische mit Papiertischdecken – Wäsche muß gespart werden –, Tannen, Kerzen, kleine Geschenke. Für diesen Anlaß hat Charlotte echte Pfefferkuchen gebacken, die Oma hat Pulswärmer gestrickt, die Nelly ihrem »Schützling« für diesen Abend schenken soll. Unteroffizier Karl Schröder erhebt sich trotz seiner Beinverletzung vom Stuhl, verbeugt sich vor ihr und will ihr den Stuhl zurechtrücken.

»Gestatten?«

Überrascht starrt sie den an, der ihr diese ungewohnte Aufmerksamkeit erweist. Schwarzhaarig, mit dunklen Augen und bleichen, fast bläulichen Wangen, ist er nicht schön, scheint aber schneidig zu sein – vielleicht zu sehr: Bei den Scharaden der Jungführerinnen hat er die ganze Zeit die Hand oben und schnipst mit den Fingern, um antworten zu dürfen. Später jodelt er, eine Kunst, die er bei einer Gebirgsjägereinheit gelernt hat. Beim Likör vertraut er seiner Tischnachbarin an, ein lustiges Haus zu sein, gut angeschrieben bei Vorgesetzten, aber ohne Glück bei den Frauen. Ob er sie anschließend nach Hause begleiten dürfe? Für sein verwundetes Bein sei es wirklich zu weit, meint Nelly. Der Unteroffizier insistiert: Das sei Ehrensache und, das dürfe sie glauben, ein Herzensbedürfnis. Er ist dreiundzwanzig und erlebt wahrscheinlich seine letzten schönen Stunden vor der Rückkehr an die Ostfront. Nelly weiß ungefähr, was sie empfinden müßte, wenn sie nicht zu sehr damit beschäftigt wäre, mit dem hinkenden Begleiter Schritt zu halten, sich zu fragen, ob es unpassend wäre, ihm ihren stützenden Arm zu entziehen, den er unter den ihren geschoben hat, und zu überlegen, wie sie einer jeden Augenblick vorhersehbaren Umarmung entgehen kann. Alles läuft glatt: Als sie sich weigert, vermutet Karl Schröder, daß sie, wie er, »ideal veranlagt« sei, und daß sie die Seelengemeinschaft zwischen ihnen in dieser trotz einiger Wolken heiteren Mondnacht bemerke. Das Auftauchen Charlottes, die trotz der Kälte wie gewohnt auf ihre Tochter gewartet hat, läßt ihm nur Zeit für einen gefühlvollen Händedruck, das Versprechen, sie vor seiner Abfahrt anzurufen.

Charlotte hält es für ratsam, ihre Tochter daran zu erinnern, »daß sie erst vierzehn ist und daß Soldaten, ehe sie an die Front kommen, auf nichts und niemanden Rücksicht nehmen, in gewisser Hinsicht«. Ihre Mutter kann beruhigt sein, dies ist nicht »Die große Liebe«, die 23 Millionen deutscher Zuschauer zu Tränen rührt. Eine Romanze zwischen einem Jagdgeschwaderleutnant und einer von Zarah Leander gespielten Sängerin[1]; eine zufällig an einem Abend entstandene Liebe, kurze Treffen an Stationen der Künstler- oder Kriegerkarriere im besetzten Europa und – in der Schlußszene – die Geliebte in der Berliner »Scala«: In Anwesenheit des Mannes, der wieder in den Krieg muß, singt sie »Mein Leben für die Liebe« und »Ich weiß, es wird einmal ein Wunder geschehen«.

Aber der Traum vom schönen, ruhmbedeckten, deutschen Flieger wird Stück für Stück verdrängt durch den Schrecken vor dem feindlichen Flieger, der seine Bombenladung abwirft. Denn Mädchen, die nicht auf dem Land in Rüstungsfabriken arbeiten, müssen jetzt bei der Luftabwehr helfen. In den Schutzräumen des Propagandaministeriums versucht Lieselotte ihre Angst beim Anhören von Jazzschallplatten zu vergessen, die ein junger Praktikant aus den Vereinigten Staaten mitgebracht hat. Hilde Hertow konnte 1942 nach einem mißglückten Versuch in dem ihrer Meinung nach zu stark politisierten Fach »Auslandswissenschaften« ein Studium der Romanistik in Berlin beginnen. Sie fragt sich, wie sie es fortsetzen soll – zusätzlich zur Ausbildung im Pistolenschießen, der Arbeit in der Lokomotivenfabrik Borsig, wo sie eine ausgefallene Arbeiterin ersetzt, und dem Bereitschaftsdienst bei der Nachrichtenübermittlung, wo die Studentinnen, weil nachts weder Busse noch Bahnen fahren, viermal zwölf Stunden wöchentlich anwesend sein müssen.

Im Landsberger Gymnasium lösen sich die Schülerinnen der Oberklassen in Vierergruppen unter Aufsicht eines Lehrers bei der nächtlichen Bewachung der Schulgebäude ab.[2] Für Nelly eine unverhoffte Gelegenheit, um mehr Zeit mit ihrer geliebten Julia zu verbringen. Unter den Linden auf dem Schulhof werden die Klöße verspeist, die die einzige der Vierergruppe mit Kochkenntnissen zubereitet hatte.

1 Zarah Leander war damals gerade nach Schweden zurückgekehrt, um sich den Werbungen Minister Goebbels' zu entziehen.

2 Christa Wolf, a.a.O., S. 265.

Diese Lücke in der Kochkunst muß bis zur – sogar fürs Abitur[1] – obligatorischen Prüfung in Hauswirtschaftslehre geschlossen werden. Sie singen Julias Lieblingslied »Kein schöner Land zu dieser Zeit«, sprechen über die Berufe, die sie später lernen wollen: Dora will Krankenschwester werden, Hella die Buchhandlung ihres Vaters übernehmen, Marga, die aus Berlin evakuiert ist, ihr Zeichentalent ausnützen. Nelly ist sehr bewegt, daß der Augenblick gekommen ist, Julia zu gestehen, daß es ihr größter Wunsch ist, ihrem Beispiel zu folgen, und wie sie Lehrerin zu werden.

Wird sie Zeit und Möglichkeit haben zu studieren? Alarmierende Gerüchte beginnen zu kursieren. Charlotte erklärt drei Kundinnen: »Den Krieg haben wir verloren, das sieht doch ein Blinder mit dem Krückstock«[2] – worauf sie zwei Herren, trotz der Wärme im Trenchcoat, besuchen und eine Vorladung zur Gestapo mitbringen. Dort wird ihr mitgeteilt, daß man die Angelegenheit auf sich beruhen lasse, weil zwei Zeuginnen den Bericht einer dritten nicht bestätigt hätten und außerdem der Buchhändler Leo Siegmann, Inhaber des goldenen Parteiabzeichens, energisch zu ihren Gunsten eingeschritten sei. Kurze Zeit später, am 22. Juli 1944, sind alle Mitglieder der Hitlerjugend auf dem Marktplatz angetreten. »Nun erst recht!« ruft der Bannführer und verurteilt das Attentat auf Hitler. In den folgenden Wochen gehen alle in Uniform in die Schule, um dem Führer ihre Treue zu beweisen. Charlotte meint, daß man Treue nicht durch Blusen zeigen sollte, um so mehr als es unmöglich ist, immer eine von zweien sauber zu haben, und es keine Bezugsscheine für eine dritte gibt. Nelly schmerzt es, wenn ihre Mutter über so heilige Dinge vom Standpunkt ihrer Waschküche aus urteilt. Aber es ist keine Zeit mehr für Stimmungen: Ihre Klasse ist eingeteilt, um Julia zu helfen, die sich, mit einer Rot-Kreuz-Tasche bewaffnet, um deutsche Flüchtlinge kümmert, die vor der Roten Armee fliehen. Auch sie müssen sich bald auf den Weg machen. Hilde Hertow lernt in der Fabrik, in der sie arbeitet, unter dem komplizenhaften Blick des Bürovorstehers Russisch.

Am 29. Januar 1945 wird die Bevölkerung über Radio aufgerufen, Landsberg zu verlassen.[3] Bruno Jordan ist mit seinen französischen Kriegsgefangenen schon unterwegs. Zwar wird er ihnen das Leben

1 Hier ist nicht das sogenannte Puddingabitur gemeint.
2 A.a.O., S. 194f.
3 A.a.O., S. 330f.

verdanken, aber um den Preis harter Gefangenschaftsjahre. Damals lehnte sich Charlotte zum letztenmal auf: Während ihr Schwager den Lastwagen seines Chefs mit einigem Hausrat belädt und er schlecht und recht die Großeltern, zwei Schwägerinnen, seine Frau, Neffe und Nichte unterbringt, weigert sie sich einzusteigen. »Ich bleibe hier. Ich werde doch nicht alles im Stich lassen.« Ihre Schwägerin Lucie wird auf die Kinder aufpassen. Trotz der Proteste, der Beschwörungen, dreht sie sich auf dem Absatz um, um das Haus in Ordnung zu bringen, das Führerbild abzuhängen, um es im Keller im Heizungskessel in winzige Stücke zerrissen zu verbrennen. Nachdem sie wieder oben ist, stellt sie plötzlich fest, daß alles in Ordnung ist, daß ihre Rolle als Hüterin des Hauses und der Erbschaft ihrer Kinder keinen Sinn mehr hat, da diese weg sind. Ihre Entscheidung ist gefallen: Sie muß sie – koste es, was es wolle – einholen.

Nach Wochen des Umherirrens auf verstopften Straßen, in zerbombten Ortschaften, wo Flüchtlinge sich um Schlafplätze und immer rarer werdende Lebensmittel streiten, findet sie ihre Familie auf einem Schulhof in Wittenberg wieder. Nelly wirft sich weinend in die Arme ihrer erschöpften Mutter, die Gefahren und Tod für ihren Fluchtweg vorhersieht. »Meine Kinder nicht«, sagt sie sich, »die bring ich durch.« Sauberkeit ist erstes Gebot. »Arm kann man sein, aber deshalb muß man noch lange nicht im Dreck umkommen«, erklärt sie ihrer Tochter, die den Fußboden der zwei Wirtshauszimmer, die sie zu zwölft bewohnen, wischen muß. Dann muß das tägliche Leben wieder geordnet werden. Die Kinder werden in die Dorfschule gehen, wenn sie auch die meiste Zeit wegen des Alarms im Keller sitzen. Am 20. April 1945, Führers Geburtstag, machen sie sich wieder auf den Weg. Mecklenburg erreichen sie mit Handwagen und Karren. Ein Soldat schreit, Hitler sei tot. Nelly und Eve, eine Berlinerin in ihrem Alter, weigern sich, dies zu glauben und schwören ihm treu zu bleiben, komme, was da wolle. Beide schreiben HJ-Lieder auf, die sie nicht vergessen wollen, denken daran, sich einer Werwolfgruppe anzuschließen.

Mai 1945. Amerikanische Panzer versperren ihnen den Zugang nach Schwerin. Ausdrückliche Befehle: Absteigen vom Wagen, sich durchsuchen lassen, an Ort und Stelle, am Straßenrand kampieren.

»Water please«, bittet Nelly, die mit ihrer Mutter mit zwei Eimern in eine der nahegelegenen Villen gegangen ist.

»Bitte sehr«, antwortet ein amerikanischer Offizier ohne den geringsten Akzent und weist den Weg zum Badezimmer.

Zögernd, mit traurigen Augen, fragt er, ob sie etwas brauchten, vielleicht Medikamente? Charlotte dankt ihm, weist alles zurück, auch sein Mitleid, als er sagt, es werde auch für sie wieder besser werden.

»Unser Vaterland ist kaputt, (...) wir alle mit: Das ist der Krieg. Sie sind die Sieger, wir die Verlierer. Wir haben nichts zu hoffen.

Der kleine Offizier erwiderte leise, als schäme er sich: Hitler hat Deutschland kaputtgemacht.

Natürlich, (...) das ist Ihr Standpunkt. Sie werden mir erlauben, den meinen zu behalten. Ich trete keinen mit Füßen, der sowieso am Boden liegt.«

Unterwegs zu ihrem Zufallslager wendet sich Charlotte an ihre Tochter:

»Er war Jude, hast du das gemerkt? Sicher ein Emigrant aus Deutschland.«

Nein, Nelly hat es nicht bemerkt.

Sie wird aber ihren Gast für einen Abend bemerken, einen deutschen KZler, den ihre Mutter zur Erbsensuppe eingeladen hat und den sie bittet, die Ärmlichkeit des Essens zu entschuldigen.

»Ach, gute Frau, wir sind nicht wählerisch«, antwortet der Mann mit dem fleischlosen Gesicht, der sein gestreiftes Käppi abgenommen hat und sich vor Erschöpfung auf einen Baumstamm fallen läßt. Mit gleichgültiger, kaum hörbarer Stimme fügt er hinzu:

»Wo habt ihr bloß alle gelebt.«

VI. Kapitel

Die Verfemten

Wer dieses Buch liest, erwarte an dieser Stelle keine x-te Geschichte der »Endlösung«, die man mit dem absurden Begriff »Holocaust« – von wem stammt er eigentlich? – bezeichnet hat. Als gäbe es etwas Gemeinsames zwischen einem Gott dargebrachten Brandopfer, das ursprünglich mit dem Wort gemeint ist, und der Vernichtung unschuldiger Menschen. Neben einer gewissen Schmähung der Opfer wird dadurch bewußt oder unbewußt verschleiert, was Wilhelm Reich und Hannah Arendt die »Banalität des Bösen«[1] genannt haben. Das bedeutet – der Begriff wurde oft mißverstanden –, daß kein Mensch dagegen gefeit ist. Jeder kann jederzeit – sofern er nicht aufpaßt – als Täter, als Mithelfer oder zumindest als gleichgültiger Zuschauer in ein Verbrechen hineingezogen werden. Sich dessen bewußt zu sein heißt, die Bequemlichkeit edler Gefühle und eines guten Gewissens gegen die Unbequemlichkeit einzutauschen, in sich und in seiner Umgebung die offenen und verdeckten Formen der Verachtung des Mitmenschen aufzudecken.

Wir wissen heute besser, wieweit die verschiedensten Ideologien unerträgliche Wirklichkeiten bis in die Sprache hinein ausblenden können. Durch Ausflüchte, Lügen, Verfälschungen bahnen sich am Schluß doch manche Wahrheiten einen Weg. Kritisches Denken entspringt manchmal aus einem schockierenden Wort, aus einer einfachen Frage, wie der des deutschen KZlers, die die junge Nelly an einem Aprilabend 1945 auf einer mecklenburgischen Landstraße hörte, die sie aber erst Jahre später zu ihrer eigenen machte. Ebendies ist die Absicht meiner Aufzeichnungen.

Wenn sie den weiblichen Opfern den Vorrang geben, so geschieht das nicht aus Vergeßlichkeit gegenüber ihren Unglücksgefährten, sondern deshalb, weil diese Studie eine Lücke füllen und zum Nachdenken über die besondere Situation der Frauen in einer Welt der

1 Wilhelm Reich, Massenpsychologie des Faschismus, Kopenhagen/Prag/Zürich 1933 (Nachdruck Frankfurt a. M. 1972), und Hannah Arendt, Eichmann in Jerusalem. Ein Bericht von der Banalität des Bösen, München 1965

Gewalt anregen will. Ob als Zuschauerinnen, Opfer oder Henker, fast immer haben sie nämlich ihren Platz innerhalb oder am Rande des Schicksals der Männer. Auf der Seite der Henker, ob sadistisch oder nicht, sind sie nur Ausführende. Eine Ilse Koch, »die Hündin von Buchenwald«, ist abhängig vom Lagerkommandanten, ihrem Mann, der wiederum Himmlers Befehle ausführt, so wie Reichsfrauenführerin Scholtz-Klink die Befehle Hitlers und seiner Minister ausführt. Auf der Seite der Opfer ist ihr Schicksal mit einer Ideologie verknüpft, einer Gemeinschaft, die sie manchmal selbst gewählt oder zu wählen geglaubt haben, ohne eine schöpferische Unabhängigkeit darin zu finden – einige Überlebende haben daraus gelernt.

Ohne Furcht, den Leser zu langweilen, zeige ich in diesem Kapitel Schicksale und Personen, will aber die Unterschiede in ihrer Lebens- und Denkweise wahren, auch wenn es einige schockieren sollte. Ich werde viele Namen zitieren, aber dennoch wenige im Hinblick auf die vielen, die fast nie in Publikationen, Reden, Filmen oder Sendungen über das Dritte Reich genannt werden. Die Geschichte des protestantischen Theologen Dietrich Bonhoeffer, die des Dompropstes Lichtenberg sind einigermaßen bekannt. Wegen ihres Widerstandes gegen den Nationalsozialismus wurde der eine ermordet, der andere zu Tode gequält. Wie viele kennen aber – wenn auch nur dem Namen nach – die junge Breslauer Vikarin Käthe Staritz? Ihre Kirche ließ sie der Gestapo in die Hände fallen, die dieses »Judenweib« – wie sie von der Gestapo genannt wurde – in mehrere Gefängnisse und schließlich nach Ravensbrück brachte, weil sie ihre Kollegen aufgerufen hatte, den nichtarischen Konvertiten ihres Bistums zu helfen.

Auch wäre es nützlich, den heutigen Schülern vor Augen zu führen, daß nahezu 20 Prozent der deutschen Widerstandskämpfer Frauen waren. In der deutschen Gruppe der »Roten Kapelle«, aus der neunzehn weibliche Mitglieder zum Tode verurteilt wurden, wird dieser Prozentsatz noch überschritten. Das gleiche gilt für ein Netz junger, kommunistischer Juden – »Gruppe Baum« genannt: neun von sechzehn Mitgliedern waren Kämpferinnen zwischen neunzehn und dreißig Jahren. Jungen wie Mädchen bekämen sicher eine weniger »männliche« Vorstellung vom Heldentum, wenn sie die Haltung dieser Frauen jeden Alters und Standes vor ihrer Hinrichtung kennen würden. Frau Goldberg, eine alte Jüdin in einer niedersächsischen Kleinstadt, befahl den SA-Männern, die sie vor ihrem Bett niederschießen wollten: »Zielen Sie bitte gut!« Die Künstlerin Ida Schottmüller arbeitete in der »Roten Kapelle« mit und vertraute vor ihrer

Hinrichtung dem Leben als letzte Botschaft eine von ihr angefertigte Bronzefigur an. Ihre Freundin Erika von Brockdorff war Sekretärin und Musikliebhaberin. Sie überwand ihre eigene Angst und tröstete ihre Mitgefangene Rosel Schlesinger durch ein Lied, als diese erfuhr, daß ihr Mann sich an der Front erschossen hatte, nachdem er vom Todesurteil seiner Frau gehört hatte. Ein Dementi »weiblicher Schwäche« ist auch der letzte Gruß von Hans Coppi vor seiner Hinrichtung am Weihnachtsabend 1942 an seine schwangere Frau, die wie er im Gefängnis saß: »Ich dachte mit Schrecken an Deinen Zustand, als ich erfuhr, daß Du mein Schicksal teilen würdest. Damals dachte ich, Du könntest es nicht überstehen. Und wie anders ist alles geworden. Die Entwicklung in Deinem Innern, die Dich ruhig macht, hat auch mir die Ruhe gegeben, die wir beide brauchen. Ist es nicht seltsam, daß so die Sorge um das Werdende zur Stärke wird?«[1]

Er wird nie erfahren, daß Hilde nach ihrer Niederkunft und einem »Stillaufschub« ebenfalls hingerichtet wird. Der kleine Junge jedoch, den sie geboren hat, darf zukünftigen Wehrmachtsbataillonen nicht verlorengehen.

Man sollte auch einmal darüber nachdenken, daß fast zwei Drittel der aus Deutschland und Österreich in die Vernichtungslager deportierten Juden Frauen waren, meist alte und alleinstehende Jüdinnen, aber auch Ehefrauen und Töchter von Ariern, die überzeugt waren, daß allein ihre Existenz genügen würde, um ihre Familie vor Gefahren zu beschützen. Aus dieser Überzeugung erklärt sich wohl auch größtenteils die Haltung von Widerständlern aller Richtungen, die die Gefahren unterschätzten, die ihre Lebens- und Kampfgefährtinnen eingingen. In die deutsche Gesellschaft integrierte Aristokraten und Bürger – wie die Verschwörer vom 20. Juli 1944 –, selbst diejenigen, die aus ihrer Erfahrung als Offizier die Geiselnahmen von Zivilisten in besetzten Gebieten kannten, konnten sich nicht vorstellen, daß diese Macht, zu der sie gehörten, sich an ihren Angehörigen vergreifen würde. Weniger begreiflich ist, daß Revolutionäre, die aus der Zeit nach dem Ersten Weltkrieg Untergrundkämpfe und harte Repressionen kannten, häufig die gleiche Ahnungslosigkeit bewiesen haben. Als sie 1933 eine internationale Kampagne in Gang setzten, um dem KPD-Vorsitzenden Ernst Thälmann seinen Henkern zu entreißen, wer von ihnen dachte da an seine ebenfalls inhaftierte

1 Günther Weisenborn, Der lautlose Aufstand, Hamburg 1953, S. 216

Sekretärin, die Reichstagsabgeordnete Franziska Kessel? Sie hängte sich am 17. November 1933 mit fünfundzwanzig Jahren in ihrer Mainzer Zelle auf, weil sie die unmenschlichen Haftbedingungen und die Gestapoverhöre nicht länger ertragen konnte.[1] Die ihr von den 1500 Teilnehmerinnen des »Congrès international des femmes contre la guerre et le fascisme« im Juli 1934 in Paris posthum verliehene Ehrenpräsidentschaft sollte nicht verdecken, daß die von allen Opfern des Nationalsozialismus erlittenen Prüfungen Frauen häufig härter getroffen haben: wegen ihrer mangelnden physischen und psychischen Vorbereitung, ihrer Isolierung, ihrer Unerfahrenheit in gegenseitiger Solidarität, wie Männer sie von Jugend an beim Sport, in der Armee, im politischen und beruflichen Leben üben.

Manche behaupten, daß Frauen zu Solidarität unfähig seien. Damit schreiben sie Auswirkungen eines kulturellen Einflusses ihrer »Natur« zu. Andere wollen das Problem nicht sehen: Ihrer Meinung nach ist Solidarität Sache des »sozialen Gewissens« oder einfach des Gewissens. Sie vergessen oder wollen vergessen, daß beide Arten von Gewissen über Erkenntnisse erworben werden, die Frauen wesentlich schwerer zugänglich sind. Es wäre wohl hinzuzufügen, daß die von ihnen geübte Solidarität nicht so deutlich geschlechtslos ist, wie sie häufig vorgeben. Viele geflüchtete Frauen, nicht nur die Flüchtlinge des Dritten Reiches, wissen, ohne daß sie es zugeben wollen oder es zuzugeben wagen, daß sie sich im Augenblick der Gefahr alleine durchschlagen mußten, weil andere Dinge Priorität hatten: Nationale oder internationale Stellen, Chefs oder Gefährten hatten »wichtigere Sorgen«. Diese Unterschätzung von Risiken führte zu besonders vielen weiblichen Opfern. Deren genaue Zahl wollte oder konnte bisher niemand feststellen.

Wie viele waren es? Welches Schicksal hatten sie?

Da jede Gesamtstudie zu diesem Thema fehlt, kann man anhand von Zeugenaussagen Überlebender und Monographien über Auswanderung, Widerstand und Repressionen während des Dritten Reiches nur Hypothesen aufstellen. Ohne die diskriminierenden Maßnahmen und die Zwangsarbeit von anderthalb Millionen Ausländerinnen

1 Angelika Reuter und Barbara Poneleit, Seit 1848 – Frauen im Widerstand – Frauen im Faschismus 1933–1945, Münster 1977, S. 104

mitzurechnen – sehr viele starben wie deutsche Arbeiterinnen auch bei Bombenangriffen –, die in den vorangehenden Kapiteln beschrieben wurden, kann die Zahl weiblicher Opfer durch Nazirepressionen allein auf dem Boden Hitlerdeutschlands und des annektierten Österreich folgendermaßen geschätzt werden[1]:

Frauen im Exil: (Da mehr als 90% jüdischen Ursprungs sind, werden viele mit ihren Glaubensgenossen aus den besetzten Ländern deportiert.)	ungefähr 200000, davon: 140000 aus Deutschland 60000 aus dem annektierten Österreich
Weibliche Häftlinge in Gefängnissen und Lagern im Reichsgebiet:	ungefähr 160000, davon: fast 100000 aus 21 Staaten und ca. 20000 Deutsche und Österreicherinnen allein im Lager Ravensbrück mit dazugehörenden Außenkommandos
Weibliche Tote oder Ermordete aus rassischen oder politischen Gründen innerhalb des Reiches:	ungefähr 175000, davon: 70000 im Lager Ravensbrück (davon fast 10% Deutsche und Österreicherinnen) 50000 »Euthanasie«opfer 15000 in anderen Gefängnissen und Lagern 30000 alte Jüdinnen, die vorzeitig gestorben sind, Selbstmord begangen haben oder bei der Verfolgung umgekommen sind
Aus dem Reich in Vernichtungslager deportierte Frauen:	ungefähr 120000, davon: 80000 aus Deutschland 40000 aus dem annektierten Österreich

Bis zum Krieg waren die Opfer des Nationalsozialismus – das wird manchmal vergessen – Deutsche. Darunter sind die nach der Volksabstimmung vom 13. Januar 1935 ins Reich eingegliederten Saarländer, nach dem Anschluß im März 1938 dann die Österreicher. Von

1 Hauptquellen: Yivo Annual of Jewish Science, New York 1953, Bd. 3, S. 197–204; Günther Weisenborn, a.a.O.; Zorn u.a., Frauenkonzentrationslager Ravensbrück, Berlin/DDR 1971

einem Tag auf den andern wurden diese Opfer von ihren Mitbürgern als Paria behandelt, von Kollegen, fanatischen oder neidischen Nachbarn denunziert. Aus Angst oder Gleichgültigkeit wenden sich Bekannte von ihnen ab. Freunde, Spiel- und Arbeitskameraden, sogar nicht betroffene Verwandte meiden sie, weil sie Rückwirkungen für ihre eigene Lage befürchten. Man erinnere sich an Henny von Bastineller, die versucht, ihre »verbotene Liebschaft« mit Kurt Goldschmidt vergessen zu machen, um jede neue Sanktion zu vermeiden. Melita Maschmann spioniert auf Verlangen ihrer BDM-Vorgesetzten die Familie ihrer besten – jüdischen – Freundin aus. Beamte, Industrielle und Künstler trennen sich von ihren Ehefrauen, weil deren Existenz ihre Anstellung oder ihre Aufträge gefährden könnte. Manchmal kehrt sich die Situation jedoch auch um: Die Drehbuchautorin Thea von Harbou wird ein Star des Nazikinos, während ihr Mann Fritz Lang es trotz Goebbels' schmeichelhafter Vorschläge für ratsam hält, ins Exil zu gehen.

Paradoxerweise wird die Gleichstellung, die das Regime den Frauen sonst verweigert, völlig anerkannt, wenn es um Repressionen geht. Selbstverständlich wird die im nationalsozialistischen Programm angekündigte Verdrängung der Nicht-Arier aus der Volksgemeinschaft ohne Unterscheidung des Geschlechtes durchgeführt. Selbstverständlich haben sich Haß und Brutalität der Söldner von 1918 gegenüber den roten »Flintenweibern«[1] nicht geändert, als sie fünfzehn Jahre später an die Macht kommen. Ihr Zynismus erreicht einen Höhepunkt, als diese Verfechter der »Würde der deutschen Frau« sich auch über die Mütter, Frauen, Gefährtinnen und Töchter ihrer gefangenen und geflohenen Gegner hermachen. Ich habe für die letzte Kriegsphase allein im Jahr 1943/44 zwanzig Todesurteile wegen Defätismus gefunden; darunter das Todesurteil gegen die Schneiderin Elfriede Scholz. Sie bezahlt dafür, Schwester des emigrierten, pazifistischen Schriftstellers Erich Maria Remarque zu sein. Emma Granget: verurteilt wegen »Entweihung« und »Entartung« der Mutterliebe. Mit ihrem ebenfalls zum Tode verurteilten Mann hatte sie ihren einberufenen Sohn aufgefordert, sich vor dem Fronteinsatz zu drücken.[2]

1 Die beiden schon erwähnten Bände von Klaus Theweleit geben eine beredte Übersicht über die aus solcher Haltung entstandenen Phantasmen. Jugendliche, die heute Ernst Jünger bewundern, mögen lesen, was er dazu in »Der Kampf als inneres Erlebnis« (1920) veröffentlicht und anscheinend nie widerrufen hat.

2 Walter Wagner, Die deutsche Justiz und der Nationalsozialismus, Bd. 3, Stuttgart 1974

In all diesen Fällen kann die Gestapo – dank der im März 1933 von Hitler erhaltenen Vollmachten – mit Billigung der im Amt gebliebenen Juristen im Namen des »Schutzes des deutschen Volkes« und ohne die geringste gesetzliche Deckung physischen, psychischen und materiellen Druck ausüben, der bis zur Schutzhaft geht. Nach einer Verordnung vom 13. April 1935 kann diese Haft sogar nach einem gerichtlichen Freispruch Überführung in ein Konzentrationslager bedeuten.

Während der ersten fünf Jahre des Dritten Reiches sollen die Grundlagen der Macht gefestigt und gleichzeitig die Bevölkerung an eine systematische Anwendung von Willkürmaßnahmen gewöhnt werden. Die Sorge, eine von traditionellen Vorstellungen noch stark geprägte öffentliche Meinung vor den Kopf zu stoßen, mahnt zu vorsichtigem Vorgehen. Repressionen gegen Frauen zielen vor allem auf die »Politischen« ab. Als Minna Hannen-Cammens nach dem Verteilen sozialdemokratischer Flugblätter in Breslau festgenommen wird, erhält ihr Mann folgende Mitteilung: »Minna Cammens, geborene Hannen, starb am 25. 3. 1933 in Schutzhaft an Herzschlag. Auf eigenen, vor dem Tod ausgedrückten Wunsch wurde sie eingeäschert. Es ist nicht gestattet, die Öffentlichkeit von ihrem Ableben zu unterrichten.«[1] Diejenigen, deren Herz nicht versagt, füllen Gestapokeller, Frauengefängnisse und Zuchthäuser in Ziegenhain, Cottbus, Waldheim, Aichach, Jauer und Stadelheim.

Im Juli 1933 arbeitet Martha L. in der Glühbirnenfabrik Osram in Berlin, wo ihre Mutter nach dem Tod des tuberkulosekranken Vaters auch schon beschäftigt war.[2] Als Kind hatte sie ihre Mutter, die Kommunisten nicht mochte, sagen hören, daß Rosa Luxemburg und Karl Liebknecht »irgendwie Schwerverbrecher« seien. Hingegen erzählen Nachbarn, daß Berliner Näherinnen »Rosa« bei ihrer Entlassung aus dem Gefängnis in der Barnimstraße mit einem für sie genähten Samtkleid erwartet hätten. Martha schloß sich der Kommunistischen Jugend an. Sie wollte diese Leute selbst kennenlernen. Die Jahre vergingen und sie lernte dort ihren Ehemann kennen. Beide traten 1930 in die Partei ein. Er arbeitete als Pressephotograph der »Arbeiter-Illustrierten-Zeitung«, Martha in ihrer Betriebszelle, wo sie aufgrund ihrer Gewerkschaftsarbeit 1932 als erste Frau in den

1 BA Koblenz, NS 10/66, zitiert nach Hanna Elling, Frauen im deutschen Widerstand 1933–1945, Frankfurt a. M. 1978, S. 54

2 Jochen Köhler, a.a.O., S. 18; 59–62, 111f.

Betriebsrat gewählt wurde. Seit die L.s durchs Fenster gesehen hatten, wie Nachbarn festgenommen wurden – Vater, Mutter und drei Söhne wurden verprügelt und auf einen Lastwagen gezerrt –, hatten sie ihre Wohnung in Moabit lieber aufgegeben und in einem Vorort Zuflucht gesucht. Da ihr Mann nicht mehr bei der Zeitung arbeiten konnte und und sie wenigstens ein festes Einkommen brauchten, hatte Martha beschlossen, trotz der Gefahr wieder in die Fabrik zu gehen.

Zu zwölft sitzen sie vor dem Prüfstand, als sie SS-Leute kommen sehen, die geradewegs auf sie zugehen.

»Stehen Sie auf und kommen Sie mit!«

»Wohin?«

»Das werden wir schon sehen!«

»Sie können doch nicht einfach herkommen und eine Arbeitskraft unseres Betriebes wegnehmen«, protestiert der Meister.

»Das kann ich«, gibt der Offizier zurück.

Sie wird von Keller zu Keller – und alle sind voll – transportiert und gezwungen, Folterungen ihrer Betriebsratskollegen beizuwohnen. Schließlich landet sie im Gefängnis am Alexanderplatz. Glücklicherweise findet sie dort eine Aufseherin, die der SPD angehört hatte. Schon zwei Jahre zuvor hatte Martha sie kennengelernt, als sie am selben Ort gelandet war, weil sie eine Buße wegen Nacktbadens nicht zahlen konnte: Sie hatte sich allein geglaubt, als sie von zwei hinter Büschen versteckten Gendarmen beim Nacktbaden in der Ostsee überrascht wurde. »Teddy« Thälmann sitzt im gleichen Gebäude. »Wir Frauen lagen in einem Seitenflügel, ein paar Stockwerke über ihm. Wir konnten sein Zellenfenster sehen. Er rief uns auch immer Mut zu: ›Frauen, laßt den Kopf nicht hängen!‹ Oder: ›Es kommen auch mal andere Zeiten, trotz alledem!‹ (...) Wenn er gehört hat, daß uns Frauen zugesetzt wurde, hat er runter in den Hof gebrüllt: ›Hört auf, die Frauen zu malträtieren! Laßt sofort die Frauen in Ruhe!‹ Das hat uns natürlich Mut gemacht.«

Den braucht Martha in der Barnimstraße, wohin sie überführt wird.

»Die drei Monate, die ich im Frauengefängnis in Isolierhaft saß, waren so schlimm, daß man fast daran kaputtging. Kontakte zu anderen Häftlingen gab es nicht. Mit Zeichensprache, Klopfen konnte ich mich ja auch nicht verständigen. WIR FRAUEN KONNTEN DAS DOCH GAR NICHT![1] Bei einem ›Verhör‹ in einer Nacht mußte ich mich vor zwei Kerlen nackt ausziehen (...) nackend immer um den Schreib-

1 Hervorhebung von R. T.

tisch (...) auf allen vieren.« Vierzehn Häftlinge, die an dieser Art von Haft zwischen 1933 und 1937 in den Gestapogefängnissen zugrunde gingen, sind bekannt[1]:

Acht Kommunistinnen:

– Franziska Kessel, Verkäuferin, Abgeordnete, 25 Jahre, 1933 in ihrer Zelle in Mainz;

– Maria Kropp, Parteiaktivistin, 49 Jahre, 1934 im Essener Untersuchungsgefängnis;

– Helene Glatzer, Kontoristin in Dresden, 33 Jahre, 1935 im Gefängnis von Halle ermordet;

– Käthe Larsch, Parteiaktivistin, 34 Jahre, 1935 im Essener Gefängnis zu Tode gefoltert;

– Anna Schumann, Arbeiterin aus Leipzig, 60 Jahre, 1935 nach Verhören im Zuchthaus von Waldheim;

– Margarete Walter, Angestellte des Kommunistischen Jugendverbandes, 22 Jahre, 1935 in den Kellern der Prinz-Albrecht-Straße in Berlin;

– Frieda Seidlitz, Verkäuferin, 29 Jahre, 1936 während der Ermittlungen in Berlin ermordet;

– Helene Braubach, Schneiderin, 32 Jahre, 1937 im Gefängnis von Preungesheim »gestorben«.

Vier Sozialdemokratinnen:

– Minna Hannen-Cammens, schon erwähnt, 1933 im Gefängnis von Breslau;

– Katharina Corleis, Parteiaktivistin, 58 Jahre, 1935 im Gefängnis von Hamburg-Fuhlsbüttel durch »Selbstmord«;

– Frau Neumann, aus Görlitz, 1936 nach Gestapomißhandlungen. Ihr Mann wird hingerichtet;

– Leni Rosenthal, ehemalige Abgeordnete im preußischen Landtag, 1936 von der Gestapo ermordet.

Zwei Frauen unbekannter Gesinnung:

– Ruth Cohnstädt, Studentin, Mitglied einer Widerstandsgruppe, begeht nach ihrem Prozeß in Frankfurt/Main 1934 Selbstmord;

– Gitta Raff, Angestellte, 39 Jahre, begeht 1937 »Selbstmord« im Düsseldorfer Gefängnis.

Dem Tod geht nicht immer eine Festnahme voraus. Wilhelmine Struth wird 1933 in Duisburg von der SA umgebracht. Klara Wagner,

1 Auszug aus der Liste von 230 zwischen 1933 und 1945 getöteten Widerständlerinnen, zusammengestellt von Hanna Elling, a.a.O., S. 173–207

eine siebenundzwanzigjährige Aktivistin des »Kommunistischen Jugendverbandes« wird im Juli des gleichen Jahres von Nazis ermordet. Das Los der Frau des Generals Schleicher ist bekannt: Sie wird mit ihrem Mann während der »Nacht der langen Messer« ermordet. An anderer Stelle habe ich über die Opfer der »Reichskristallnacht«[1] berichtet. Kaum feststellbar ist, wie viele ihrem Schicksal zuvorkommen, indem sie ihrem Leben ein Ende setzen, wie 1933 die Feministin und Lehrerin Toni Pfulf, Reichstagsabgeordnete der SPD, oder 1935 ihre Kollegin Minna Bollmann. Waren es mehrere Hundert oder mehrere Tausend? Sicher ist, daß Ereignisse wie die Machtübernahme, der Reichstagsbrand und die daran anschließenden Verfolgungen, das Pogrom von 1938, dann die Aussicht auf Deportation wahre Selbstmordwellen bei Regimegegnern und -verfolgten auslösten.

Die zierliche, junge Schauspielerin Margarete Köpke scheint weder das eine noch das andere gewesen zu sein. Sie hatte gerade bei der wie jedes Jahr im berühmten Hotel »Vier Jahreszeiten« in München gegebenen Faschingsvorstellung die »Lulu« von Wedekind gespielt. Eine elegante Schar von Künstlern, Intellektuellen, Dauergästen bei gesellschaftlichen Ereignissen, drängt sich in den Salons unter den Kristallüstern. Verkleidete Paare tanzen zum Klang einer Jazzkapelle. Unter den Gästen ist auch Käthe Starke, Mitglied einer seit dreihundert Jahren in Hamburg ansässigen jüdischen Familie. Sie lebt inzwischen in der bayerischen Hauptstadt, um das Bühnenfach zu studieren. Als sie den Regisseur Wolfgang Liebeneiner trifft, sagt dieser im Vorübergehen:

»Der Reichstag brennt!«

»Um so besser, dann werden die Nazis endlich…«

»Sind Sie verrückt«, unterbricht er sie und vergißt den in diesem Kreis üblichen Ton: »Es waren die Kommunisten.«

Die Nachricht hat unter den Anwesenden rasch die Runde gemacht. Viele haben jede Freude am Fest verloren: Eine Gruppe hat sich um die Schriftsteller Klaus und Erika Mann gebildet, die gerade aus Berlin kommen. Hinter ihrer Maske als bleicher Pierrot verbirgt Margarete Köpke ihre Angst: Einige Tage später wird sie tot in ihrer Wohnung gefunden. Erika und ihr Bruder Klaus flüchten sich ins Ausland, von wo sie nach dem Krieg zurückkehren – sie in amerikanischer Uniform, er seines Lebens müde, das er vier Jahre später selbst

1 Rita Thalmann, La Nuit de Cristal, Paris 1972; englische Fassung: The Crystal Night, London/New York 1974

beendet. Die Schauspielerin Käthe Starke denkt in ihrem Zufluchtsort in Israel an diejenigen, die nicht wie sie das Glück hatten, in Theresienstadt zu überleben.[1]

Die ehemalige Arbeiterin Martha L. hat in Ost-Berlin ebenfalls überlebt. Dort erzählt sie ihre Erinnerungen »aus politischen Gründen« lieber anonym. Nachdem sie drei Monate lang in der Barnimstraße verhört worden war, wurde sie in das erste, im Oktober 1933 eröffnete gemischte Konzentrationslager nach Moringen bei Hannover geschickt. Das Leben erscheint ihr in diesem ehemaligen Arbeitshaus ganz erträglich – nach den Leiden, die die meisten bei ihren Polizeiverhören ertragen mußten, und verglichen mit den Zuständen auf der Festung Lichtenburg in Sachsen. (Dorthin wurden die gefangenen Frauen im März 1938, nachdem man die sich dort befindlichen Männer nach Buchenwald verlegt hatte, gebracht.) Aus den im »Document Center« Berlin gefundenen Akten geht hervor, daß in diesem ehemaligen Arbeitshaus durchschnittlich 50 bis 80 Gefangene untergebracht waren.[2] Die 328 noch vorhandenen Akten weisen etwa 120 als »Politische«, und 30 als Zeugen Jehovas aus (in Lichtenburg sind achtmal so viele und in Ravensbrück noch mehr wegen Antimilitarismus inhaftiert). Etwa 30 Insassen sind nach der »Beruhigung« von 1934 – die sie für endgültig hielten – aus der Emigration zurückgekehrte Jüdinnen, genausoviele sind der »Rassenschande« beschuldigt, die restlichen sind »Asoziale«. Häufig reichen eine einfache Geste, der Verdacht politischer Aktivitäten, sogar illegaler Gedanken, für einen Abtransport nach Moringen.

So befindet sich dort Grete Pieper-Dankwart, eine sechsundvierzigjährige Berlinerin: Sie hat die Gräber von Karl Liebknecht und Rosa Luxemburg mit Blumen geschmückt. Laut Stapo-Anordnung, in der ihr die Verhängung von Schutzhaft »bis auf weiteres« mitgeteilt wird, hat der (sic!) Gefangene durch seine Geste »auch äußerlich Sympathie zum Kommunismus zum Ausdruck gebracht und sich bewußt in Gegensatz zu der heutigen Staatsform und zur nationalsozialistischen Weltanschauung gestellt. Sein Verhalten und seine Handlungsweise sind geeignet, die Öffentlichkeit zu beunruhigen.«[3]

1 Sie ist Autor eines sehr schönen Buches, das mit Kunstwerken ermordeter Künstler illustriert ist: Der Führer schenkt den Juden eine Stadt, Berlin 1975

2 Siehe die Studie von Ino Arndt, in: Studien zur Geschichte der Konzentrationslager, Stuttgart 1970, S. 93–101

3 Stapo 7 D 540 34/Sch. Berlin, 24. 11. 1934, Dokument abgebildet bei Hanna Elling, a.a.O., S. 26

Nachts sind die Gefangenen in einem großen Schlafsaal, tagsüber in einem Gemeinschaftsraum mit einem Brett, auf dem zehn Waschschüsseln stehen, einigen Tischen und Bänken eingeschlossen. Ihre Zeit zwischen den Hausarbeiten verbringen sie mit Englischstunden, die eine ehemalige Reichstagsabgeordnete organisiert, und an Nähmaschinen, die sie bekommen hatten, um Kinderkleider für ein benachbartes Krankenhaus herzustellen. Die Vorschriften sind streng: Es ist verboten, das Fenster zu öffnen; sollte eine es trotzdem wagen, wird sie ohne Anruf von der SS niedergeschossen. Die interne Aufsicht obliegt – im Gegensatz zu späteren Lagern – einem Gefängnisdirektor, dem zwei »normale« Ärzte und Aufseherinnen zur Seite stehen. Diese häufig sehr derben Mitglieder der NS-Frauenschaft sind aber trotz allem nicht so brutal und sadistisch grausam wie die SS-Helferinnen in den Vernichtungslagern. Eine ist besonders verständnisvoll: Als Mutter von zwei Kindern im schulpflichtigen Alter zieht sie das Lagerleben dem zu Hause vor. Dort muß sie nämlich die Beleidigungen und Schläge ihres trunksüchtigen SS-Ehemannes ertragen.

Eines Tages wird Martha L. zum Direktor gerufen: Sie wird, ohne zu erfahren warum, freigelassen – bis zum Krieg konnte so etwas vorkommen. Zurück in ihrer Berliner Vorstadt bringt ihre Mutter ihr vorsichtig bei, daß ihr Mann sich mit einer Genossin getröstet hat. Sie möchte mit ihm darüber sprechen, ihr gegenseitiges Vertrauen wiederherstellen. Das braucht sie dringend – nach der Gefangenschaft, bei den gefährlichen Aufgaben, die ihr die Partei sofort wieder überträgt. Ihr Mann versichert, er habe in der anderen nur sie wiederfinden wollen. Trotzdem, das Verhältnis besteht weiter, viele andere folgen. Martha gibt nicht auf: sie versucht hartnäckig, die verlorene Harmonie wiederherzustellen. Wegen ihres gerade geborenen Sohnes, versichert sie, vielleicht auch oder sogar noch mehr, weil der geliebte Gefährte für sie das Ideal verkörpert, für das sie jederzeit ihr Leben riskiert.

»Wir wollen doch Kommunisten sein! Wie vereinbart sich aber dein Leben damit?« fragt sie immer wieder hartnäckig. Seine Verhältnisse zu andern Frauen hätten nichts damit zu tun, antwortet er unermüdlich.

Acht Jahre nach Kriegsende zögert diese Aktivistin, die allein den Gestapohenkern getrotzt hat, die nach ihrer Entlassung aus dem Konzentrationslager im Untergrund gearbeitet hat, und die wie durch ein Wunder dem Schicksal von etwa hundert ihrer Genossen von der

»Anton-Saefkow-Gruppe«, die 1944 hingerichtet wurden, entging, immer noch, die Scheidung einzureichen. Um sich zu entschließen, braucht sie sogar die Versicherung eines Arztes, daß sie »ganz normal« sei. Mit dreiundsiebzig Jahren kann Martha L. nur feststellen: »Es wurde die größte Enttäuschung meines Lebens.«

Emigration und internationale Solidarität

Die Vermutung wäre natürlich zu einfach, daß das Leben der L.s ohne die Haft Marthas anders verlaufen wäre. Aber man fragt sich, warum Aktivisten wie sie, die doch so bedroht waren, nicht an Emigration gedacht haben. Denn bis Kriegsbeginn war es möglich, das Reich zu verlassen. Zur Flucht mußte man allerdings entweder – bei legaler Ausreise – immer kompliziertere und aufwendigere Schritte unternehmen, oder aber gute Beziehungen haben, die den illegalen Grenzübertritt erleichterten. Ungefähr 400000 Flüchtlinge aus Deutschland, dem Saarland und Österreich wählten einen dieser beiden Wege. Fast drei Viertel von ihnen waren Juden oder jüdischer Herkunft. Das verbleibende Viertel bestand aus Intellektuellen, Künstlern, Politikern, die an internationale Beziehungen gewöhnt waren. Diese Tatsache enthüllt, wie eng der Horizont der Bevölkerungsmehrheit in Deutschland zu dieser Zeit war. Trotz Büchern, Radios, Zeitungen gab es nur sehr wenige – die Aktivisten der »internationalistischen« Parteien eingeschlossen –, die wirklich wahrnahmen, was sich außerhalb ihres Landstrichs, ja sogar ihres Ortes abspielte. Außerdem ist die Furcht vor Entwurzelung, besonders einer erzwungenen, um so größer, wenn man weder Menschen noch Lebensbedingungen des Aufnahmelandes kennt. Deshalb sind wahrscheinlich auch weniger Frauen ins Exil gegangen.

Mit der Emigrationswelle verließen auch bekannte Persönlichkeiten Deutschland, z. B. die Schriftstellerinnen Annette Kolb und Else Lasker-Schüler. Letztere ist in Palästina elend gestorben. Anna Seghers wird nach zwölfjähriger Irrfahrt von Paris bis Mexiko Präsidentin des Schriftstellerverbandes der DDR. Nelly Sachs, die spätere Nobelpreisträgerin für Literatur, ist in Schweden, ihrer zweiten Heimat, gestorben. Die Philosophinnen Margarete Susman und Hannah Arendt, die Schauspielerinnen Therese Giehse, Inge Wangenheim und Helene Weigel verließen Deutschland ebenfalls. Die Regisseurin des Films »Mädchen in Uniform«, Leontine Sagan, scheint nach ihrer

Flucht nach Südafrika keinen Film mehr gedreht zu haben. Die bei Filmfreunden in der ganzen Welt bekannte Kunstkritikerin Lotte Eisner übte in Frankreich die verschiedensten Berufe aus, entkommt vor der Ankunft der Besatzer aus dem Lager Gurs[1], lebt im Untergrund, gründet später mit Henri Langlois die »Cinémathèque française« und wird eine der besten Kennerinnen des deutschen Films.[2] Andere, weniger bekannte Journalistinnen wie Gudrun Herzog und Rose Casper, finden keine Möglichkeit zum Überleben. Beide begehen im Juli 1933 in Paris im Abstand von drei Tagen Selbstmord. Ein ebenso tragisches Schicksal hat die ehemalige Leiterin des »Kommunistischen Jugendverbandes« und Pressephotographin Gerda Taro. Mit zweiundzwanzig Jahren wird sie inhaftiert, flieht nach ihrer Freilassung nach Paris, wo sie ihren Lebensunterhalt zuerst als Zeitungsverkäuferin und Mannequin verdient. Als die Zeitungen »Le Soir« und »Regard« ihr die Chance geben, ihren Beruf wiederaufzunehmen, fährt sie zur Berichterstattung zu den internationalen Brigaden an die spanische Front. Dort wird sie am 28. Juli 1937 von einer Kugel tödlich getroffen. Louis Aragon und der Dichter José Bergamin erwiesen ihr die letzte Ehre. Von den sechzehn weiblichen Reichstagsabgeordneten[3], denen ihr Mandat entzogen wird und die das Reich verlassen können, gehen zwei in die UdSSR: die Buchhalterin Martha Arendsee und Roberta Groppert, Arbeiterin in einer Tabakfabrik. Die Gewerkschafterin Anna Zammert findet nach ihrer Entlassung aus dem Gefängnis in Schweden Zuflucht. Die Schriftstellerin Mathilde Wurm, die Schleswig-Holstein während der ganzen Weimarer Republik vertreten hatte, begeht 1935, mit einundsechzig Jahren, in Großbritannien Selbstmord. Dort läßt sich auch die SPD-Expertin für den Schutz von Mutter und Kind Adele Schreiber nieder. Sie spielt bis zum Ende der Feindseligkeiten eine aktive Rolle in der Flüchtlingshilfe. Der »Internationale Frauenrat« (ICW) wählt sie zur Vize-Präsidentin. Ihre letzten Lebensjahre bis 1957 verbringt sie in Zürich. Vier sozialistische oder kommunistische Ex-Abgeordnete gehen in die Vereinigten Staaten, davon zwei, die Sekretärin Hanna Sandtner und die Schriftstellerin Tony Sender, direkt, die beiden andern, die

1 Siehe Hanna Schramm und Barbara Vormeier, Menschen in Gurs, Worms 1976
2 Lotte Eisner hat besonders den expressionistischen deutschen Film bekannt gemacht und unter anderm »Die dämonische Leinwand«, Frankfurt a.M. 1975, und »F. W. Murnau: Der Klassiker des deutschen Films«, Velbert/Hannover 1967, geschrieben.
3 Parlamentarierinnen im deutschen Parlament 1918–1976, Bonn, Bundestag, 1976

Schriftstellerin Ruth Fischer und die Sozialfürsorgerin Marie Juchacz, nachdem sie zuerst in Frankreich Zuflucht gesucht hatten. Unter den wenigen Opfern des Dritten Reiches, die das Schweizer Asylrecht erhielten, sind die Schriftstellerin Marie Kunert und die Wissenschaftlerin Anna Siemsen, die sogar die Erlaubnis erhält, die Redaktion der sozialistischen Zeitschrift »Die Frau in Leben und Arbeit« zu übernehmen. Wahrscheinlich verdankt sie ihrem Ansehen auch das – noch seltenere – Privileg, die einzige Frau unter zweiundsiebzig im Exil lebenden Unterzeichnern eines Aufrufes zu sein, in dem im Dezember 1936 in Paris die Bildung einer deutschen Volksfront gefordert wird.[1]

Die ehemalige schlesische Abgeordnete Marie Arning, Vorsitzende der Frauenvereinigung in der SPD, läßt sich bis zum deutschen Einmarsch in den Niederlanden nieder: Ihre Landsleute nehmen sie bei ihrer Flucht nach Frankreich fest. Sie hat aber mehr Glück als die Gewerkschaftlerin Johanna Kirchner, die an der französisch-saarländischen Grenze aktiv in der Flüchtlingshilfe mitarbeitet und die sich im Dezember 1935 in dieser Eigenschaft mit einer Denkschrift an den »Völkerbund« wendet. Von der Vichy-Regierung wird Johanna Kirchner an die Gestapo ausgeliefert und nach einem Todesurteil durch den berüchtigten Volksgerichtshof und nach einem Aufenthalt im nicht weniger berüchtigten Gefängnis in Berlin-Plötzensee hingerichtet. Dort erleiden viele Regimegegner, darunter 83 Frauen, das gleiche Schicksal wie sie. Dort wurden auch die ersten beiden wegen Hochverrats verurteilten deutschen Frauen getötet: Die neununddreißigjährige Saarländerin Katharina Kneup hatte die Unterwanderung der NSDAP-Parteizentrale durch die französische »Sûreté« gefördert. Die kommunistische Studentin Lilo Herrmann hatte mit drei ihrer Kollegen einer Stuttgarter Flugzeugfirma – nach ihrem Ausschluß aus der Berliner Universität war sie dorthin geschickt worden – Informationen über die Wiederbewaffnung des Reiches weitergegeben. Trotz einer internationalen Kampagne zugunsten dieser jungen Mutter eines dreijährigen Kindes wurde sie nicht begnadigt.

Das Leben der Ex-Abgeordneten von Hannover-Braunschweig und Journalistin Maria Reese[2] verlief weniger tragisch, aber ungewöhnlich wie ein Kriminalroman. Sie hatte schon vor 1933 Schwierigkeiten. Zuerst war sie Abgeordnete der SPD. Ihre Partei hatte ihr das

1 Siehe Ursula Langkau-Alex, Volksfront für Deutschland?, Frankfurt a. M. 1977
2 Maria Reese-Mayer, Tagebuch, Manuskript im BA Koblenz, Kleiner Erwerb Nr. 379

Wort entzogen, nachdem sie während einer Versammlung erklärt hatte, daß die Deutschen, auch die Linken, sobald sie eine Uniform sähen, die Hände an die Hosennaht legten. Danach hatte sie sich den Kommunisten angeschlossen, wahrscheinlich aus besonderer Sympathie für Clara Zetkin, die sie 1921 bei einem Interview während des Kongresses der französischen Sektion der Zweiten Internationale in Tours kennengelernt hatte. Deshalb war sie übrigens von der französischen »Sûreté« vorgeladen worden, die nach der »illegalen Gesandten Moskaus« fahndete. Während der Wirtschaftskrise und des Aufstiegs des Nationalsozialismus hatte Maria vor ihrer alten, schon sehr kranken und fast blinden Freundin, die sich zur Behandlung in Moskau aufhielt, die Furcht nicht verheimlicht, die die triumphierende Haltung der meisten ihrer Parlamentskollegen und der KPD-Führer – nach den Nazis kommen wir an die Macht! – bei ihr auslöste. In ihren Antworten vom 12. Mai und vom 14. Juni äußert sich auch Clara Zetkin besorgt über das »schrecklich schwache Klassenbewußtsein des Proletariats« bei Reichstagswahlen und über die Querelen innerhalb der deutschen Kommunistischen Partei.

Als Hitler an die Macht kommt, beklagt sich Maria Reese über das Verhalten – später wird sie es als »Verrat« bezeichnen – der KPD-Führer: Sie verlassen das Reich, ohne auch nur den Versuch unternommen zu haben, einen Generalstreik gegen die Einführung der Diktatur zu organisieren. Nach dem Reichstagsbrand droht Maria die Verhaftung. Auch sie muß ins Ausland fliehen, von wo aus sie bei der internationalen Kampagne zur Verteidigung der Angeklagten im Reichstagsbrand-Prozeß mitmachen will. Ihre Genossen werfen ihr mangelnde Disziplin vor. Auf Intervention Berlins hin wird sie erst aus Dänemark, dann aus Schweden ausgewiesen. Wo kann sie noch Unterstützung finden? Ein letztes Mal bei Clara Zetkin. Maria fährt nach Moskau, doch ihre deutschen Genossen aus der Komintern wollen sie daran hindern, diese zu besuchen. Fritz Heckert rät ihr, besser ihre Nerven behandeln zu lassen. Schließlich gelingt es ihr mit Hilfe eines Sohnes von Clara, diese Mauer zu durchbrechen. Am 21. Juni 1933, wenige Wochen vor deren Tod, sieht sie sie schließlich wieder. Sehr schwach, aber bei klarem Verstand, läßt sich die alte Kämpferin von ihr versprechen, die deutschen Arbeiter und ihre Unabhängigkeit immer zu verteidigen.

Danach fährt Maria wieder nach Westeuropa: zuerst nach Paris, dann nach London, wo der Gegenprozeß über den Reichstagsbrand vorbereitet wird. Sie fühlt, daß ihre Genossen von der KPD sie zu isolieren versuchen – darunter der Hauptorganisator Willi Münzenberg, der später das gleiche Schicksal wie sie erleiden wird. Die Mitglieder des britischen Verteidigungskomitees, die sie trifft, Lady Astor, Sir Stafford Cripps, den Rechtsberater der Königin N. D. Pritt, verbergen nicht, daß sie vor ihr gewarnt worden sind. Die Bestätigung ihrer Ahnungen läßt nicht lange auf sich warten: Am 11. September teilt die KPD ihr mit, daß ihre Anwesenheit beim Gegenprozeß nicht erwünscht sei. Zwei Wochen später wird sie von der Parteizentrale nach Moskau vorgeladen. Maria kommt dem vorhersehbaren Ausschluß zuvor, indem sie am 26. Oktober in der Amsterdamer Zeitung »Het Volk« und der Kopenhagener »Folkets Dagblat« ihre Austrittserklärung aus der Kommunistischen Partei Deutschlands veröffentlichen läßt. Doch in dieser Zeit kann man nicht ohne weiteres aus einer kommunistischen Partei austreten. Unter dem Titel »Maria Reese als Parteiverräterin aus der KPD ausgeschlossen« veröffentlicht das Parteiorgan der französischen Kommunisten »L'Humanité« am 9. November auf Seite drei die Gründe für den Ausschluß, dessen Begründung und Formulierung jeden Kommentar erübrigt.

»Durch ihre unverantwortlichen Schwätzereien, ihre Lügen und ihre Verbindungen mit den konterrevolutionären Elementen aus dem trotzkistischen Lager hat die ehemalige Reichstagsabgeordnete Maria Reese die Hitlerregierung unterstützt und ihr Mitglieder der Partei und Sympathisierende denunziert. Bereits seit Monaten war ihr jede Parteiarbeit untersagt, und die Frage ihres Ausschlusses wurde aufgrund des tiefen Mangels an Glauben in die Kraft der deutschen Arbeiterklasse ins Auge gefaßt, was sie zu unsinnigen Behauptungen veranlaßte und sie von einer ›unwürdigen‹ Niederlage der deutschen Arbeiter sprechen ließ.«

Am folgenden Tag widerlegt Trotzkij diese Behauptungen in einem Artikel in »Unser Wort«. Hatte sie ihn schon vorher getroffen oder erst danach: in ihrem Tagebuch präzisiert sie es nicht. Soviel ist sicher, sie sieht ihn mehrere Male, aus Sicherheitsgründen immer an anderen Orten, und tritt der Vierten Internationale bei. Ihre politischen Probleme sind vielleicht gelöst, ihre materiellen jedenfalls nicht. Die verschiedenen Hilfs- und Unterstützungskomitees in Frankreich, wo sie sich nun aufhält, weisen sie ab: die offiziellen wegen frankreichfeindlicher Haltung beim Separatistenputsch 1923 (!) in Trier, die politischen und religiösen, weil diese ihre geringen Mittel ihren Genossen oder Glaubensbrüdern vorbehalten. Ohne gültige Papiere wird sie festgenommen und verbringt vierundzwanzig Stunden in der

Zelle eines Kommissariats zwischen Landstreichern und Prostituierten. Sie wird freigelassen. Aber am 2. Februar 1934 erhält sie die Aufforderung, das französische Gebiet innerhalb von vierzehn Tagen zu verlassen. In einem Zimmer im Hotel »Vendôme«, in der Rue d'Arras, lebt sie von Brot, Eiern und Obst und verbringt ihre Zeit damit, ein anderes Land zu finden, das bereit ist sie aufzunehmen. Währenddessen versucht die Menschenrechtsliga zu erreichen, daß der Ausweisungsbefehl zurückgenommen wird. Der Abgeordnete Gaston Bergery interveniert umsonst bei Innenminister Camille Chautemps. Kurze Zeit hegt sie die Hoffnung, ein Visum für die Vereinigten Staaten zu erhalten – das unerläßliche »Affidavit« hatte sie schon –, doch auch die zerrinnt: Die amerikanischen Behörden weisen sie unter dem Vorwand zurück, daß sie ihren zehnjährigen Sohn, der bei ihren Eltern in Deutschland geblieben war, im Stich lasse.

Unter diesen Umständen entschließt sie sich zur Rückkehr ins Reich. Mit dem Geld aus dem Verkauf ihrer letzten Habseligkeiten bezahlt sie ihre Schulden und kauft eine Fahrkarte ins Saarland, das zu diesem Zeitpunkt noch nicht deutsch ist. Dort will sie ihren Vater treffen, der in die NSDAP eingetreten ist, damit er ihr die Erlaubnis zur Rückkehr ins Reich erwirkt: eine Erlaubnis, die die Aufhebung aller Verfolgungen gegen sie beinhaltet. Sechs Wochen später bringt ihr Vater sie in ihr Eifeldorf zurück. Diese Rückkehr wird sie teuer bezahlen: Dauerüberwachung durch die Gestapo, zweimal wird sie denunziert und festgenommen; befreit wird sie jedesmal dank ihres »Beschützers« Dr. Eberhard Taubert, der im Propagandaministerium Leiter des Anti-Komintern-Referates ist. Für ihn arbeitet sie schließlich. Ihr Sohn Harro wird einer Disziplinarkompanie zugeteilt und mit zwanzig Jahren wegen versuchter Desertion an der bessarabischen Front erschossen. Ihre Prüfungen sind nach dem Krieg noch nicht zu Ende. Wieder wird sie denunziert, diesmal bei den Alliierten – vielleicht von denselben, die jetzt ihre eigene Vergangenheit vergessen machen wollen? Von den Amerikanern wird sie eingesperrt, freigelassen, von den Engländern wieder festgenommen. Schließlich befindet sie sich in französischer Haft, zusammen mit Nationalsozialistinnen, deren Blindheit sie verzweifeln läßt. »Es waren menschlich wertvolle, angenehme und kluge Frauen dabei, aber das Zeitgeschehen war den meisten ein Buch mit sieben Siegeln.« André Malraux setzt sich für ihre Befreiung ein. Dazu kommt es aber erst nach dreiundzwanzig Monaten, weil sie sich weigert, ihre Richter um Barmherzigkeit anzuflehen.

Das Leben der meisten Emigrantinnen erforderte viel Mut und Phantasie, auch wenn es nicht so stürmisch verlief. Um einer drohenden Ausweisung zu entgehen, versuchen manche, pro forma mit einem Einheimischen eine Ehe einzugehen. Da sie keine Arbeitserlaubnis haben, müssen viele sich durchmogeln: die einen wie die andern werden als »Abenteurerinnen«, als »leichtfertige Frauen« behandelt, von der Polizei registriert.[1] Für die Verheirateten führen die Schwierigkeiten, Spannungen und Trennungen häufig zu Zerrüttungen, sogar zum Zerbrechen der Familie. Endgültig war dieser Bruch meist für die jüdischen Kinder, die von den Vereinigten Staaten, Großbritannien und die Schweiz nach der »Reichskristallnacht« aus humanitären Gründen aufgenommen wurden. Es waren etwa 3000 Kinder gegenüber 12000 im Reich verbliebenen. Einige, wie die damals etwas mehr als zehn Jahre alte Karola Siegel[2] aus Frankfurt am Main, haben dank ihrer Hartnäckigkeit später Karriere gemacht, wenn auch nicht ohne – häufig schmerzliche – Umwege. Für sie fängt alles am Morgen des 16. Novembers 1938 an: Sie schläft zwischen ihren Eltern, als sie hört, daß es an der Tür klingelt. Es ist sechs Uhr früh: Die Gestapo nimmt den jüdischen Friedhofsgärtner Julius Siegel fest. Er zieht sich rasch an, wird zu seinen schon in einem Lastwagen zusammengepferchten Glaubensgenossen gebracht. Karola weint. Ihr Vater werde wiederkommen, versichern ihre siebenunddreißigjährige Mutter Irma Hanauer und ihre Großmutter Selma, eine Landwirtswitwe aus der Umgebung. Karola hört den Lastwagen starten, dann abfahren. Sie weiß noch nicht, daß sie ihren Vater zum letztenmal gesehen hat. Ende November hört Irma, daß die Schweiz 300 jüdische Kinder für ein halbes Jahr aufnimmt, bis ihre Eltern emigrieren können. Ihr Mann ist im Lager Dachau; sie weiß nicht, was mit ihr und ihrer Mutter geschehen wird. Damit wenigstens Karolas Zukunft gesichert ist, schickt sie das Mädchen allein in die Schweiz. Anstatt der 300 werden nur etwa 100 Kinder aufgenommen, weil die

1 Siehe hierzu meine beiden Aufsätze über »L'Emigration allemande et l'opinion publique en France«, der erste in »L'Allemagne et la France 1932–1936.« C.N.R.S., 1980, der zweite in »Francia«, Sondernummer des Institut historique allemand à Paris, Zürich-München 1981. Über die allgemeinen Exilbedingungen der Flüchtlinge aus dem Reich in Frankreich siehe »Les Barbelés de l'exil«, Grenoble 1979

2 Alfred Häsler, Die Geschichte der Karola Siegel, Bern 1976. Der Schweizer Autor hat als einer der ersten in seinem inzwischen verfilmten Buch »Das Boot ist voll« – diesen Ausdruck gebrauchte Bundesrat Edouard von Steiger – die Haltung seines Landes zu den Rassenverfolgungen des Dritten Reiches offengelegt.

Schweizer Bundespolizei die Altersgrenze von sechzehn auf vierzehn Jahre gesenkt hat und viele Kantone sich weigern, Kinder aufzunehmen. Das Asyl, erklärt Nationalrat Heinrich Walter aus Luzern, sei eine Gunst, die die Schweiz gewähren oder verweigern könne.

Wie auch immer, Karola hat das Glück, zu den etwa hundert »Begünstigten« zu gehören, die die Pflegerinnen des »Schweizer Hilfswerks für Flüchtlingskinder« im Januar und Mai 1939 von Frankfurt nach Basel begleiten. Unter den Mädchen der ersten Gruppe, die von jetzt an allein dem Unbekannten entgegenfahren, waren:

– Hannelore Adler, 12 Jahre, Halbwaise. Ihre Mutter und ihre einundzwanzigjährige Schwester werden 1942 aus Bad Homburg deportiert.

– Alice Bacharach, 8 Jahre. Ihr Vater Ludwig, Kaufmann, stirbt 1940 in Frankreich, ihre Mutter Gerda und ihre kleine sechseinhalbjährige Schwester werden deportiert.

– Die Zwillinge Inge und Ruth Kapp, 10 Jahre. Der Vater, Landwirt, und ihre Mutter, Verkäuferin, warten in Mainz auf ihre Emigration in die USA: als fünfzigjährige werden sie deportiert.

– Mira Kahn, 10 Jahre. Ihr Vater, Landwirt, schifft sich 1939 nach Kuba ein. Über Belgien und Frankreich kehrt er nach Europa zurück, da ihm die Ausschiffung verweigert wird. In Frankreich wird er in das Internierungslager Saint-Cyprien gebracht und Ende August 1943 deportiert. Ihre Mutter Ruth, Krankenschwester, war ein Jahr vorher aus Frankfurt deportiert worden.

– Ruth Löwenberg, 10 Jahre, ist das jüngste von fünf Kindern. Als einzige jüdische Familie im Dorf mußten die Löwenbergs nach Frankfurt flüchten. Dort warten sie auf Visa für die Dominikanische Republik. Der Vater, Viehhändler, die Mutter und zwei Schwestern werden 1941 deportiert.

– Grete Süßbaum, 13 Jahre, fährt mit ihrem jüngeren Bruder Manfred. Der Vater, Lehrer in der Pfalz, und ihre Mutter werden im Juni 1942 deportiert; ihre ältere Schwester Else im März 1943 ebenfalls – aus Berlin.

– Marga Schwarz, 10 Jahre, Tochter eines Viehhändlers aus Villingen. Ihre Eltern versuchen nach Kanada zu emigrieren. Sie gehören zu den Juden, die zuerst in das Lager von Gurs gebracht und von dort deportiert werden.

– Ilse, 14 Jahre und Hannelore Weil, 9 Jahre, aus Breisach am Rhein. Der Vater, Eisenwarenhändler, wird wie der Karolas nach Dachau geschickt. Er wird mit ihrer Mutter und ihrem Bruder – der von der Schweiz zurückgewiesen wurde, weil er schon sechzehn war – nach Lublin deportiert. Ilse und Hannelore gehören zu den zehn von hundert »Ehemaligen«, die in der Schweiz bleiben: Die eine heiratet einen Juristen, die andere einen Landwirt. Es ist nicht sicher, daß sie einen anderen Beruf als den der Hausfrau gelernt haben.

Bei der Gelegenheit bleibt mir noch eine alte Rechnung zu begleichen mit dem Heimatland der Uhren und der Schokolade. Vor einigen Jahren hat mir das Fernsehen der französischen Schweiz die Gelegenheit gegeben – soviel zu seiner Ehre – unter anderem über das Schicksal eines Jugendfreundes zu berichten. Manny Herz war mit seinen Eltern und seinem Bruder nach Dijon emigriert. Zweimal wurde er aus der Schweiz in das besetzte Frankreich abgeschoben, aus dem er zu fliehen versuchte. Das erstemal öffnete er sich in der Nähe des Grenzpostens, der ihm die Einreise verweigerte, die Adern, weil er wußte, was ihn bei der Rückkehr erwartete: In einem Schweizer Krankenhaus wurde er gesund gepflegt und dann wieder abgeschoben. Er starb in der Deportation.

Sein Fall ist exemplarisch, kein Einzelfall. Diejenigen, die das Glück hatten, aufgenommen zu werden, weil sie begütert genug waren oder aber die Garantie erbringen konnten, daß sie von Verwandten bzw. einer Schweizer Organisation unterhalten wurden, haben nur selten eine gute Erinnerung an diesen Aufenthalt. »Eine Waise studiert nicht«, hatte meine Großmutter angeordnet, als ich nach dem Auftauchen aus dem Untergrund, nach einem Aufenthalt in einem Internierungslager zu meiner Basler Familie zurückkehren konnte. Dort erwartete mich die Nachricht vom Tod meiner Mutter, ihrer Tochter und Schwester. Mit neununddreißig Jahren war sie unter dramatischen Umständen gestorben. Man schickte mich in die »Frauenarbeitsschule«, und als praktische Ergänzung mußte ich das Zehn-Zimmer-Haus teilweise in Ordnung halten. Wenn ich, nach meiner Rückkehr nach Frankreich, als Vollwaise den Mut hatte, mein seit dem Zusammenbruch unterbrochenes Studium wiederaufzunehmen, und mir geschworen habe, gegen Wind und Wetter nach oben zu kommen, dann deshalb, um eine Meinung zu widerlegen, die nicht nur die meiner Großmutter war.

Denn zufälligerweise – Alfred Häsler berichtet in seiner Untersuchung darüber – beauftragte das »Schweizer Hilfswerk für Flüchtlingskinder« einen Sohn der genannten Großmutter – damals ein junger Lehrer – mit der pädagogischen Betreuung etwa der Hälfte der

»Frankfurter Kinder«. Sie wurden in einem ehemaligen Hotel in Langenbruck untergebracht. Zehn andere wurden dem jüdischen Waisenhaus in Basel anvertraut. Der Rest, hauptsächlich Mädchen, wurde in einem Kinderheim in Heiden untergebracht. Dort landete auch Karola Siegel. Ihr Abenteuer gleicht in vielen Punkten meinem eigenen; aber wie sie alle Hindernisse überwunden hat, bevor sie an der New Yorker Universität meine Kollegin wurde, ist eine Leistung, die ich hier würdigen möchte.

Während ihrer vierjährigen Schulzeit in der bekannten Samson-Raphael-Hirsch-Schule in Frankfurt hatte sich gezeigt, daß Karola eine begabte Schülerin war. Wie viele aufgeweckte Mädchen unserer Generation träumte sie davon, Ärztin zu werden. In der Schweiz konnte davon keine Rede mehr sein. Wenn ihre Retter auch nicht die Absicht hatten, sie zu taufen[1], wie das später mit jüdischen Kindern in Frankreich häufig geschah, hatten sie doch eine sehr genaue Vorstellung von ihrer Erziehung. Alle sollten auf eine erneute Emigration in andere Länder vorbereitet werden. Jungen konnten, sofern sie gute Noten hatten, wenigstens weiterführende Schulen besuchen oder eine Lehre in einem Fach ihrer Wahl beginnen. Mädchen hingegen wurden unterschiedslos auf Hauswirtschaftsschulen geschickt – natürlich gute; das war in der Schweiz, dem Reich der Sauberkeit, eine Selbstverständlichkeit.

Die kleine Karola ist häufig traurig; die Briefe ihrer Eltern trösten sie. Im Februar 1939 ist ihr Vater aus Dachau freigelassen worden, nachdem er sich verpflichtet hatte, mit seiner Familie binnen kürzester Zeit zu emigrieren. Monate später sind die Siegels immer noch in Frankfurt. Karola beschwört sie, die Auswanderung zu beschleunigen. Im Mai 1941 schickt ihre Mutter ihr aus Frankfurt noch Geburtstagsgrüße. Post wird selten. Ende September schreibt die Großmutter: »Mit dem Auswandern ist noch nichts Bestimmtes. Ich für meine Person gehe erst mit dem letzten allgemeinen Schub.« Am 22. Oktober 1941 teilen Freunde ihr mit, daß ihre Eltern und ihre Großmutter väterlicherseits emigriert seien. Sie wüßten nicht wohin, hofften aber, daß sie nicht deportiert worden seien – dieses Wort liest Karola zum erstenmal – und daß es ihnen gutgehe. Eine Karte der drei erreicht sie aus der Rembrandtstraße 10, Zm 4 in Litzmannstadt

1 Meine Arbeit für das »Œuvre de secours aux enfants« (O.S.E.) in den Heimen von La Mulatière und Haguenau von 1946 bis 1948, dann meine Beteiligung an der Affäre um die Kinder Finaly haben mir viele Beispiele dafür geliefert.

(Lodz); danach ist endgültig Schweigen. Nach dem Krieg verläßt die siebzehnjährige Waise Heiden, um ihre Auswanderung nach Palästina im Landwirtschaftszentrum (Harschara) von Bex vorzubereiten. Vor ihrer Einschiffung in Marseille schenken ihr ihre Retter zum Abschied ein einjähriges Stipendium. Dadurch kann sie eine Ausbildung als Kindergärtnerin machen – ihre erste Ausbildung. Ein langer Weg beginnt.

4. Juni 1948: zwanzigster Geburtstag. Bei einem Bombardement wird sie an beiden Beinen verletzt. Krankenhaus – Heilgymnastik.

1950: Heirat und Geburt der kleinen Miriam. Den neuen Staat Israel verläßt sie bald mit dem Ziel Paris. Dort arbeitet sie als Kindergärtnerin und hospitiert gleichzeitig in Neuropsychiatrie bei den Professoren Heuyer und Leibovici.

1954 läßt sie sich scheiden.

1956 wandert sie wieder aus, diesmal in die Vereinigten Staaten. Eine Stelle an der französischen Botschaft ermöglicht ihr, eine Magisterarbeit über »Die Sozialisation von Flüchtlingskindern in der Schweiz« und dann eine Dissertation an der Columbia-Universität über »Familienplanung bei Schwarzen und Puertorikanern in Harlem« zu schreiben.

1961: Wiederverheiratung mit dem Ingenieur Manfred Westheimer.

Miriam bekam nur einen kleinen Bruder: Joël. Ihre Mutter hatte sich ja mit Familienplanung beschäftigt.

Heute weiß man, wie sehr die verschiedenen Aufnahmeländer ihre Hilfe abgewogen haben; man weiß auch, wie sehr diese reserviert aufgenommenen Flüchtlinge zur Entwicklung ihrer neuen Heimatländer beigetragen haben[1]: Organisationen verschiedenster Art, die gegen den Nationalsozialismus waren, unterstützten die Opfer, zumindest bis Kriegsbeginn, durch öffentliche Versammlungen, Protestkampagnen, Wirtschaftsboykotte, Zeitungsartikel und Appelle, Gründung von Hilfs- und Unterstützungskomitees. Persönliche Kontakte und freundschaftliche Tröstung blieben eher die Ausnahme – in

1 Siehe den Demissionsbrief von James G. McDonald, Oberkommissar des Völkerbundes für Flüchtlinge aus Deutschland, wiedergegeben bei Maurice Rajfus, Sois Juif et tais-toi, Paris 1981. Die Konferenz von Evian im Juli 1938 und die Haltung der »Beobachterstaaten« sind schon in meinem Buch Nuit de Cristal beschrieben. Die Rolle der Emigranten des Reiches wird belegt durch den Dictionnaire des Emigrés du Reich, hg. von den International Biographical Archives of Central European Emigrees 1933–1945 in New York und dem Institut für Zeitgeschichte, München.

Frankreich wie anderswo. Selbst für bekannte Persönlichkeiten wie das Ehepaar Breitscheid: Rudolf Breitscheid, der in der Weimarer Republik einer der SPD-Führer war, die die deutsch-französische Annäherung am stärksten unterstützt hatten, fand nur einen einzigen echten Freund in der SFIO, der er sich angeschlossen hatte: den Unterstaatssekretär Pierre Viénot, der wie er durch die deutsche Besatzungsmacht getötet wurde. Der eine fiel für Frankreich, der andere kam durch eine französische Regierung um, die Regierung des Marschall Pétain, die ihn zusammen mit dem ehemaligen Finanzminister Rudolf Hilferding der Gestapo auslieferte. Toni Breitscheid, die sich noch in Freiheit befand, erhielt die erforderliche Hilfe der amerikanischen Botschaft nicht und bat, ihrem Mann nach Buchenwald folgen zu dürfen: sie überlebte.

Bei jüdischen Honoratioren findet man die gleiche Haltung: Es muß 1938 gewesen sein. Ich höre noch, wie Gemeindevorstände, die später selbst deportiert wurden, ihren deutschen, saarländischen und österreichischen Glaubensgenossen vorwarfen, daß sie sich in Cafés setzten, um sich in einer höchst unpopulären Sprache öffentlich zu unterhalten. In diesem Klima von Krise und Unsicherheit hatten sie Angst vor einem Antisemitismus, den die allgemeine Fremdenfeindlichkeit bisher noch verdeckt hatte. Sie hätten wenigstens den Vorschlag meiner Mutter aufgreifen können, die seit dem Spanienkrieg in einem Komitee gegen Krieg und Faschismus arbeitete, Französischstunden zu organisieren; diesen Exilierten, die ihren einsamen Ängsten vielleicht nur für einen kurzen Augenblick entrinnen wollten, einen Treffpunkt einzurichten, wo sie Neuigkeiten von »dort« und Erinnerungen hätten austauschen, Pläne machen, ein bißchen Wärme und Freundschaft spüren können. Diese Erfahrung, der während des Kriegs andere folgten, hat mich für alle Formen der Diskriminierung sensibilisiert. Deshalb fühle ich mich auch jenen humanitären Einrichtungen mit manchmal veraltetem Stil verbunden: der Menschenrechtsliga, der L.I.C.A., später L.I.C.R.A. (Internationale Liga gegen Antisemitismus, später gegen Antisemitismus und Rassismus); der Gesellschaft der Freunde (Quäker) und der C.I.M.A.D.E. (Internationales protestantisches – heute: ökumenisches – Hilfswerk). Trotz geringer Mittel unterstützten sie alle, deren Not ihnen bekannt war, mit einer Großzügigkeit des Herzens, die die Vertriebenen vergebens vom Völkerbund, vom Roten Kreuz und einigen Komitees erwarteten. Diese gewährten Unterstützung nur, wenn man ein Parteibuch, einen Taufschein oder ein Taufgelöbnis vorweisen konnte. In diesem Punkt stellte sich das Problem für jüdische Komitees in Anbetracht des Anteils ihrer Glaubensgenossen an den Flüchtlingen des Reichs komplizierter dar. Die finanziellen Anstrengungen der westeuropäischen, nord- und südamerikanischen Juden waren unleugbar höher als die der Restbevölkerung. Ihre menschliche Bereitschaft war es selten.

Nach den wenigen im Einleitungskapitel erwähnten Studien läßt sich die Arbeit der Frauenorganisationen nicht genau beurteilen. Die bekannten Fakten scheinen – von einigen Ausnahmen abgesehen – zu beweisen, daß sie den Ereignissen genausowenig gewachsen waren. Es wäre gewiß ungerecht, die Rolle einer Eleanor Roosevelt, der Journalistin Dorothy Thompson, Emily Green-Balchs in den Vereinigten Staaten, der Französinnen Camille Drevet und Gabrielle Duchêne, der Schweizerin Clara Ragaz, der außergewöhnlichen britischen Quäkerin Edith Pye zu ignorieren. Letztere fuhr sogar persönlich ins Reich, intervenierte bei Hitler, um ihn daran zu erinnern, welche Rolle Frauen bei der Unterstützung des besiegten Deutschland gespielt hatten. Aus den Gefängnissen des österreichischen Kanzlers Dollfuß ließ sie die mit ihren Genossen von der SPÖ eingesperrte sozialistische Abgeordnete Emmy Freundlich befreien, die später in den USA an der Ausarbeitung der Friedensziele mitwirkte. All diese Frauen gehörten entweder der »Internationalen Frauenliga für Frieden und Freiheit« (WILPF) oder dem »Internationalen Frauenrat« (ICW), manchmal auch beiden an. Erstere erlaubte den ihr nahestehenden Frauen Anita Augspurg und Lida Gustava Heymann[1], damals fünfundsechzig und fünfundsiebzig Jahre alt, von 1933 an unter Mitwirkung Gertrud Baers, die zur Mit-Präsidentin der WILPF gewählt worden war, die deutsche Sektion der Bewegung von Zürich aus zu leiten. Dort lebten sie auch, bis sie beide im Jahr 1943 im Abstand von fünf Monaten starben. Frida Perlen, die aktive Organisatorin deutsch-französischer Treffen in den zwanziger Jahren, blieb nur einige Wochen in Zürich. Trotz aller Warnungen wollte sie zu ihrer Familie nach Stuttgart zurückkehren, wo sie im Dezember 1933 unter ungeklärten Umständen starb. Helene Stöcker, der Wegbereiterin des »Mutterschutzes«, wird die deutsche Staatsangehörigkeit aberkannt. Sie zieht es vor, nicht in der Schweiz zu bleiben, die

1 Der Hamburger Senat hat in ihrer Geburtsstadt eine Straße nach ihr benannt. Keine andere deutsche Stadt scheint sich ihrer ins Exil gegangenen pazifistischen Freundinnen zu erinnern, während der nationalistische Kriegsheld Walter Flex im Bonner Regierungsviertel »seine« Straße hat.

sie einst als das rückständigste Land der Welt bezeichnet hatte – natürlich in bezug auf Frauenrechte. Mit siebzig Jahren, herzkrank, führte ihr Weg ins Exil sie über London, Stockholm, die UdSSR und Japan bis in die Vereinigten Staaten, die sie kurz vor Kriegsbeginn erreichte und wo sie 1943 starb. Der »Peace Collection« des Swarthmore College hinterließ sie ihre letzten Aufzeichnungen über ihr reiches und bewegtes Leben.

Es gab wahrscheinlich nur wenige – zumindest vorübergehend – so blinde Mitglieder wie die Schwedin Selma Lagerlöf, die Nobelpreisträgerin für Literatur. Sie schreibt am 9. März 1933 an die Reichskanzlei[1]: »Die schwere Zeit ruft die großen Geister hervor. Bei Euch ist es geschehen. Adolf Hitler ist gekommen wie vom Herrn Gott gesandt, um die edelsten Kräfte Ihrer Großen Nation zu sammeln für das gemeinsame Ziel: die Rettung des bedrückten Vaterlands.

Selten oder niemals in der Geschichte hat sich so eine gewaltige nationale Regenerierung sehen lassen. Mit welcher echt germanischen Kraft soll sie nicht alles Morsche niederschlagen und nur das Gute aufstehen lassen. Gott hüte Deutschland!«

Mit dem Postskriptum: »Die Veröffentlichung dieser spontanen Zeilen liegt mir am Herzen.«

Das Regime stand damals erst am Anfang seiner Verbrechen. Bevor sie diese »spontanen Zeilen« schrieb, hätte die schwedische Pazifistin darüber nachdenken können, was die Medien über den Terror berichteten, den der »von Gott Gesandte« und die »echt germanische Kraft« gegen ihre Gegner anwandten. Ihre Ahnungslosigkeit scheint nicht lange gedauert zu haben, denn sie half ihrer jüdisch-deutschen Kollegin Nelly Sachs, nach Schweden zu emigrieren.

Insgesamt kann man sagen, daß in der skandinavischen und der britischen Frauenbewegung über Pazifismus und Gewaltlosigkeit nur oberflächlich nachgedacht wurde. So wurde die traditionelle Ausrichtung in ICW und WILPF beibehalten – gegen die Meinung der französischen Sektion, die von der deutschen Exilsektion beeinflußt war. Aus diesem Grund sei die »Verantwortung der zivilisierten Welt am Rückfall Deutschlands in die Barbarei«, wie Emily Green-Balch auf dem jüdischen Weltkongreß 1942 sagte, auch ihre Verantwortung. In Anbetracht der Ausflüchte, Konzessionen und Gefälligkeiten verschiedener Staaten trug sie natürlich nur zu einem winzigen, aber trotzdem registrierbaren Teil bei, wie die Archive über die Außenpo-

1 BA Koblenz R 43 II/972, S. 21

litik des Dritten Reiches beweisen und wahrscheinlich auch andere, besonders die des Propagandaministeriums, deren Analyse aber den Rahmen meiner Forschungen sprengen würde.

Die Frauen, die noch heute jede Form der Macht ablehnen oder glauben, keine zu haben, sollten bedenken, welche Bedeutung die Machthaber des Dritten Reiches anfangs dem Einfluß des »Internationalen Frauenrates« beimaßen. Als sie allerdings feststellten, daß er nicht fähig war, sich gegen ihre Politik zu wenden, schenkten sie ihm keine Beachtung mehr. Am 9. Dezember 1933 macht Staatssekretär von Bülow die Reichskanzlei[1], Rudolf Heß und Goebbels auf die aktive Beteiligung des ICW an der Meinungsbildung besonders in Großbritannien und den Vereinigten Staaten, und zwar im Bereich von Sicherheit und Abrüstung aufmerksam. Die Lage erscheint ihm um so besorgniserregender, als die einzigen nach der »Selbstauflösung« des BDF in seiner Spitze verbliebenen deutschen Frauen als Privatpersonen gewählt wurden und nach ihrer Emigration gegen das neue Regime polemisierten und dessen Politik mit der Unterstützung der französischen Sektion anprangerten. Um dieser Strömung entgegenzuwirken, die die Reichsdiplomatie behindern könne, wünscht von Bülow, daß zu Lady Aberdeen vertraulich Kontakt aufgenommen werde, um die Aufnahme des »Deutschen Frauenwerks« – anstelle des ehemaligen BDF – in den »Internationalen Frauenrat« zu erreichen.

Der Vorschlag wird im Februar 1934 infolge eines Telegramms von Botschafter Köster in Paris wiederaufgenommen. Dieser fragt an, ob seine Frau zusagen könne, im Ehrenkomitee des internationalen Kongresses zu sitzen, der für Juli in der französischen Hauptstadt geplant ist. Die Zustimmung erfolgt, und die am 10. Februar im Auswärtigen Amt versammelten Experten beauftragen Martha Unger[2], Verhandlungen aufzunehmen: Die drei bisherigen deutschen Frauen sollen durch wirkliche Repräsentantinnen des neuen Deutschland ersetzt und die Aufnahme des »Deutschen Frauenwerks« durchgesetzt werden. Martha Unger, eine zweiunddreißigjäh-

1 AA Bonn, Akte VM 42/4

2 Die im Document Center in Berlin vorhandene »persönliche Akte« scheint von den Hauptdokumenten »gereinigt« worden zu sein: so fehlt die obligatorische Biographie. Aus den verbliebenen Stücken gehen ihre NSDAP-Mitgliedschaft seit 1933, ihre Aufgaben in der Reichsfrauenführung und in Himmlers Diensten hervor und seltsamerweise ihr von der NSDAP-Führung im Januar 1938 und am 14. April 1945 bestätigter Wohnsitz in der deutschen Botschaft in Paris.

rige Juristin – sie ist 1903 in Yokohama geboren –, ist seit kurzem Beauftragte für Grenzgebiete und Ausland und zählt auf ihre persönliche Bekanntschaft mit Lady Penton, der Tochter Lady Aberdeens, um in Großbritannien von der ICW-Vorsitzenden empfangen zu werden.

Wegen des Todes von Lord Aberdeen verspätet, schickt ihr die alte schottische Lady am 5. Mai 1934 eine Absage. Der Begründung fehlt es weder an Festigkeit noch an Humor. Sie würdigt den Wunsch der deutschen Regierung und ihrer Vertreterin, sie aufzusuchen; der Schritt erscheint ihr jedoch zwecklos. »Ich muß Ihnen offen sagen, daß es völlig nutzlos wäre, wenn Sie das Geld für eine solche Reise ausgäben: Die Bedingung Ihrer Organisation, Frau Dr. Alice Salomon, Frau Emmy Beckmann und Frau Blank aus unserem Pariser Rat auszuschließen, beweist, daß Sie dem ICW gar nicht beitreten könnten. Denn diese drei Frauen wurden gewählt, nicht weil sie Deutsche sind, sondern weil der ICW sie für die Aufgaben, für die sie ausgewählt wurden, am fähigsten hält. Besonders Alice Salomon[1], die seit 1909 zuerst als Schriftführerin, dann als Vize-Präsidentin mitarbeitet, wurde wegen ihrer Kompetenz und ihrer Erfahrung mit sozialer Arbeit immer wieder gewählt, nicht weil sie Deutsche ist. Nach unseren Statuten kennen wir weder Glaube, noch Rasse, noch Klasse. Insofern wäre Ihre Reise nach England nur Zeit- und Geldverschwendung. Ich kann nur definitiv wiederholen, daß alle Länder, Rassen, Glaubensrichtungen und Klassen im ICW gleichberechtigt nebeneinanderstehen.«

Nach dieser als »schroff« bezeichneten Antwort ist die erste Reaktion der Beamten im Auswärtigen Amt, es dabei bewenden zu lassen. Da sie jedoch befürchten, daß auf der Pariser Konferenz Resolutionen gegen das Reich angenommen werden, die jede spätere Mitgliedschaft des »Deutschen Frauenwerks« verhindern könnten, bitten sie Martha Unger, einen neuen Brief mit drei Punkten aufzusetzen. Sie soll erstens bedauern, daß keine Diskussion von »Frau zu Frau« (!) stattfinde, zweitens bestreiten, daß die drei gewählten deutschen Vertreterinnen repräsentativ seien und drittens die Hoffnung zum Ausdruck bringen, daß die Pariser Konferenz eine spätere Diskussion nicht ausschließe. Offenbar maß das Auswärtige Amt dem Internationalen Frauenkongreß gegen Krieg und Faschismus, der fast zum

1 Erinnern wir uns (Kapitel I), daß Alice Salomon zwischen 1919 und 1924 lieber aus dem BDF ausgetreten war als wie dieser den Bruch der Beziehungen zum ICW hinzunehmen.

gleichen Zeitpunkt in der französischen Hauptstadt stattfinden sollte, keine Bedeutung bei[1]: Man überließ es den Gestapoagenten, eine Bewegung auszuspionieren, die den kommunistischen Parteien zu nahestand, um die Meinung des Westens beeinflussen zu können. Hingegen verstärkt das Amt in der Wilhelmstraße seine Anstrengungen zur Annäherung an die ICW-Konferenz. Die Botschafter in London und Paris werden über die Sache informiert. Letzterer erhält außerdem genaue Instruktionen: In einem Schreiben vom 28. Mai wird ihm mitgeteilt, daß Frau Köster sich aus dem Ehrenkomitee keinesfalls zurückziehen dürfe, um die Verschlechterung der Beziehungen zu vermeiden; wahrscheinlich auch – ein vorhergehendes Schreiben legt es nahe – um diesen Kontakt zu benutzen, damit »ungünstige Reaktionen« in Grenzen gehalten werden. Das Auswärtige Amt befindet jedoch, daß unter den gegebenen Umständen die Teilnahme von Mitgliedern der deutschen Botschaft und deren Frauen an Konferenzsitzungen nicht möglich sei. Trotzdem soll der Botschafter einen detaillierten Bericht über ihren Ablauf verfassen.

Diese Vorsichtsmaßnahmen scheinen noch nicht auszureichen. Acht Tage vor Konferenzeröffnung hält es das Auswärtige Amt für nötig, Marie-Elisabeth Lüders vorzuladen. Gesprächsthemen sind das Verbot für sie, nach Paris zu fahren, und ihre Einschätzung der Lage. Die ehemalige BDF-Beauftragte für internationale Fragen weist darauf hin, daß sie nicht die Absicht hatte, an der Konferenz teilzunehmen, außer man hätte ihr den offiziellen Auftrag dazu erteilt. Das »Deutsche Frauenwerk« könne wegen der Rassenklausel in seinen Statuten nicht auf Aufnahme in den ICW rechnen. Daß Deutschland nicht vertreten sei, sei für die Reichsinteressen um so nachteiliger, als ein neuer ICW-Vorstand gewählt werde. Der Verfasser des Schreibens vom 25. Juni fügt hinzu, daß diese Bemerkung seiner Gesprächspartnerin in einem Augenblick besonders schwerwiegend sei, wo gewisse Kreise sich nicht mehr damit begnügten, einen Wirtschaftsboykott gegen Deutschland zu propagieren, sondern auch daran arbeiteten, es intellektuell und moralisch zu isolieren.

Als die deutschen Verantwortlichen die elf Ausschnitte aus dem »Journal des Débats« lesen, die der Botschafter ihnen übermittelt, begreifen sie, wie überflüssig ihre Sorgen waren. Es war eine glän-

1 In den Archiven des Auswärtigen Amtes habe ich dazu nur einen kurzen Informationsbrief des Grafen von Welczek vom 15. Mai 1934 gefunden, der damals in Madrid tätig war.

zende Konferenz: die 600 Delegierten aus 40 Ländern wurden von Frau Avril de Sainte-Croix und Frau Pichon-Landry vom »Conseil national des femmes françaises« (Nationalrat französischer Frauen) im Hotel Ritz empfangen. Gräfin »Jean« de Pange und Prinzessin Cantacuzène – dieselbe, die im Dezember 1938 die Reichsfrauenführerin nach Rumänien einladen wird[1] – halten Empfangsreden. In der Sorbonne wird in Gegenwart des französischen Erziehungsministers die am 5. Juli gestorbene Marie Curie, Mitglied des ICW und des polnischen Frauenrates, gewürdigt. Dann folgt ein Abend in der Oper, die Vernissage einer internationalen Ausstellung mit Werken weiblicher Künstler, weiter stehen Besuche in der Cité universitaire und bei der Pariser Anwaltskammer auf dem Programm. Eine fleißige Konferenz: Marguerite Thibert vom Internationalen Arbeitsamt, Marie Hoheisen und die Amerikanerin Madison Philipps sprechen über Probleme der Frauenarbeit. Die Anwältin Maria Vérone, Lady Simon und Marcel Griaule berichten über die Lebensbedingungen der Afrikanerinnen und ihrer Kinder – sogar über Klitorisbeschneidung und das Verschließen der Vagina wird schon gesprochen. Andere Themen sind Presse und Frieden. Die Politik des Dritten Reiches scheint weder in öffentlichen Veranstaltungen noch in Resolutionen oder beim Abschiedsbankett erörtert worden zu sein. Jane Addams wird für den Friedensnobelpreis vorgeschlagen. Mit dieser Konferenz hat der ICW bewiesen, daß er – obwohl er repräsentativ genug wäre – nicht gewillt ist, Hitlers Diplomatie in irgendeiner Weise zu beeinträchtigen. Als Agnes von Zahn-Harnack, die ehemalige BDF-Vorsitzende, dem Auswärtigen Amt im März 1935 mitteilt, daß das Abonnement des Internationalen Nachrichtenblattes des ICW ausläuft, wenn niemand es bezahle, wird ihr trocken geantwortet, daran bestehe kein Interesse.[2]

Dank der Arbeit von Gabrielle Duchêne und den Exildeutschen, die von Skandinavierinnen und Britinnen immer noch angefeindet werden, übernahm die WILPF in der folgenden Zeit das Prinzip der Zusammenarbeit mit anderen Organisationen bei Aktionen gegen Krieg und Faschismus. Im September 1935 erließ sie einen Aufruf an

1 AA Bonn, Dienststelle Ribbentrop 26/1, Deutsches Frauenwerk. Aus Martha Ungers Notiz über diesen Plan, der von Calliope Dimescu, »Führer« der rumänischen Frauen, vorbereitet worden war, geht nicht hervor, ob er auch durchgeführt worden ist. Die Reichsfrauenführerin – unterwegs im Sudetenland – hatte vorgeschlagen, sie an ihrer Stelle dorthin zu schicken. AA Bonn, VM 42/4, Briefe vom 5. und 31. März.

2 AA Bonn, VM 42/4, Briefe vom 5. und 31. März 1935

die Nicht-Juden Europas zugunsten der Opfer der Nürnberger Rassengesetzgebung, den besonders der »Manchester Guardian« veröffentlichte. 1936 unternahm die Bewegung Vorstöße beim Völkerbund: Eine Debatte über Abrüstung werde als dringlich angesehen. Die alte Zerrissenheit wird wieder sichtbar, als die Mit-Präsidentinnen Gertrud Baer und Clara Ragaz nicht nur den Rückzug der deutschen Truppen aus dem Rheinland fordern, sondern auch Wirtschaftssanktionen gegen das Reich.

Das allgemeine Erwachen erfolgt erst 1938 mit der Verurteilung des Anschlusses Österreichs, dann des »schändlichen Münchener Abkommens«. Britinnen organisieren nun die Aufnahme von Opfern der »Reichskristallnacht« und aus der Tschechoslowakei, zumindest derjenigen, die ihre Regierung einreisen läßt. Skandinavierinnen schicken materielle Hilfe. Amerikanerinnen drängen Präsident Roosevelt, die Einwanderungsquoten zugunsten der Flüchtlinge zu heben. All das sind Rückzugsgefechte. Die wirkliche Schlacht – dieser Ausdruck gilt hier auch für Pazifisten – wurde im Juli 1934 verloren.

Bei späteren Forschungen wird man wohl feststellen, ob nach der abschätzigen Erklärung des Auswärtigen Amtes vom März 1935 noch offizielle Kontakte zwischen ICW, WILPF und dem Reich bestanden. Dokumente aus den Archiven des Außenministeriums zu internationalen Frauenbeziehungen setzen erst in der Ära Ribbentrop, also 1938, wieder ein. Alle spiegeln die neue Ausrichtung der deutschen Diplomatie im Bereich kulturellen Austauschs wider: die verschiedensten Aktivitäten sollen die wirklichen Ziele Hitlerscher Politik kaschieren. Allein ein Brief Martha Ungers an die Deutsche Kongreßzentrale des Ministeriums Goebbels im Januar 1939 erwähnt den Abbruch der Beziehungen mit den großen internationalen Frauenvereinigungen von seiten der Reichsfrauenführung wegen ihrer »politisch untragbaren« Ausrichtung.[1]

Die Beauftragte für Grenzgebiete und Ausland hat seit 1938 eine Gruppe von zwölf Assistentinnen zur Verfügung, die jede für ein geographisch genau begrenztes Gebiet – inklusive der Kolonien – verantwortlich sind. Sie arbeitet mit den jeweiligen Ministerien bei der Organisation internationaler Treffen, beim Austausch von Delegationen und Besuchen hoher Persönlichkeiten zusammen. Im Aus-

1 AA Bonn, Dienststelle Ribbentrop, 26/1, Brief an die Deutsche Kongreßzentrale Berlin vom 24. 1. 1939

land lenkt diese Aktivität die Aufmerksamkeit der internationalen öffentlichen Meinung ab. Zwar läßt man – um konservative Kreise zu beruhigen – eine Gertrud Bäumer weiterhin »Die Frau« herausgeben, die immer noch als letztes Überbleibsel des BDF angesehen wird (obwohl sie wie alle andern Publikationen auch vom Propagandaministerium kontrolliert wird), doch werden Informationen auch über verschiedene offizielle Kanäle und ausländische Organisationen verbreitet, die das neue Deutschland bejahen. Wenn es notwendig erscheint, wie zum Beispiel bei den Kongressen des »Weltlandfrauenbundes« in Washington 1936 und in London 1939, werden einige Konservative wie die Gräfin Margarete von Keyserling oder Frau Dr. von Roemer Mitglieder der deutschen Delegation. Über die während der Kongresse hergestellten Kontakte können, wie aus Berichten hervorgeht, zustimmende und ablehnende Reaktionen der verschiedenen Länder und ihrer Delegationsmitglieder festgestellt und Sympathisantinnen später eingeladen werden. Zu diesem Zweck hat Martha Unger eine Liste von Errungenschaften des Reiches aufstellen lassen, die ausländischen Besuchern gezeigt werden sollen: das Haus der Reichsfrauenführung, Reichsmütterschulen, Führerinnenschulen, Frauenarbeitsdienstlager, Schulen sowie soziale Institutionen, Musterunternehmen und sogar das Frauengefängnis in der Barnimstraße. Ein Beispiel (wovon es viele gibt): Martha Unger vermerkt die reservierte Haltung der französischen Unterstaatssekretärin Eliane Brault bei ihrem Besuch in Berlin im März 1938, während die Berichte von ihrem ersten Aufenthalt 1935 im »Petit Journal« »durchaus einwandfrei« waren. Ob diese Treffen sportlicher Art waren wie die Olympischen Spiele von 1936, sozialer wie die Einladungen amerikanischer Expertinnen aus Wisconsin (die von Ms. Madison Philipps aus dem ICW geschickt worden waren), ob es Informationsbesuche waren wie die von Journalisten, Vereinen, höheren weiblichen Persönlichkeiten, über die die deutschen Medien ausführlich berichteten, sie alle gaben der Mehrheit der Reichsbevölkerung das Gefühl, daß das Regime die Autorität und das Ansehen Deutschlands im Ausland wiederhergestellt habe, die durch die Niederlage im Ersten Weltkrieg und das Weimarer »System« zerstört worden waren. Ein Gefühl, das selbst die Opfer wie die Familie Klepper dazu bringt, den »nationalen Eifer« bis zu ihrem Selbstmord im Dezember 1942 zu teilen, und das die Toten auf Abruf dazu bringt, ihr eigenes Grab zu schaufeln. Über die zehn Jahre dauernden Illusionen von Hanni Gerstel-Klepper, ihrer jüngeren Tochter Reni Stein und ihres Mannes, des lutherischen Schriftstellers Jochen Klepper, habe ich an anderen Orten berichtet.[1] Sein teilweise veröffentlichtes Tagebuch, sein Briefwechsel und das Kriegstagebuch enthüllen die tagtäglichen Auswirkungen einer Verblendung, die es dem Regime ermöglichte, seine politischen und wirtschaftlichen Grundlagen ohne nennenswerten Widerstand auszubauen – bevor es die letzten Schranken des Anstandes niederriß und die Hilferufe seiner Opfer und aller von seiner Armee eroberten Länder im Kriegslärm erstickte.

Das perfekte Räderwerk

Über den Streit um die Verantwortung für den »aufhaltsamen Aufstieg« des Nationalsozialismus bis zum Krieg und die darauffolgenden Verbrechen hinaus müßte sich jeder Mensch fragen, welche Auswirkungen eine Kultur hat, deren Vernichtungslager kein bloßer Auswuchs sind. Diese Frage betrifft in erster Linie existentielle Minderheiten, zu denen auch die Frauen gehören, die in Wirklichkeit die Mehrheit der Erdbevölkerung ausmachen. Obwohl diese Minderheiten an den Rand gedrängt werden, tragen sie meistens durch ihre Passivität und Gefügigkeit zum Fortbestand einer Gesellschaftsordnung bei, die sich nur auf Machtstrukturen gründet. Selbst innerhalb dieser Minderheiten bleiben Frauen im allgemeinen abhängig von den männlichen Prioritäten. Die fehlende Selbständigkeit erklärt ihre mangelnde Erfahrung mit Wirtschaftsstrukturen, die ihnen fremd sind, mit einer Welt, die sie meistens nur indirekt, über einen Vater, Ehemann oder Vorgesetzten wahrnehmen.

Diese Abhängigkeit hat sich in einer so rigoros »maskulinen« Welt wie dem Dritten Reich – die, wie wir wissen, aber nicht mit ihm verschwunden ist – als um so folgenschwerer erwiesen. Ohne die Opfer und ihre Henker irgendwie vermengen zu wollen, muß doch festgestellt werden, daß innerhalb dieser Welt die meisten Frauen – von einigen bemerkenswerten Ausnahmen abgesehen – ihre traditionelle Rolle als Helferin und Dienerin mit unterschiedlichem Eifer weitergespielt haben.

Mir ist bewußt, daß ich, indem ich diesen besonders schmerzlichen

1 Siehe Jochen Klepper, Unter dem Schatten deiner Flügel, Stuttgart 1956; Überwindung, Stuttgart 1958; sowie Rita Thalmann, Jochen Klepper. Ein Leben zwischen Idyllen und Katastrophen, München 1977

Punkt der jüngsten Geschichte berühre, gegen aufrichtige Überzeugungen verstoße und die mit der Erinnerung an nationalsozialistische Verfolgung und Völkermord verbundenen Tabus verletze. Zu viele meiner Verwandten (darunter meine Mutter, die im besetzten Frankreich umkam und mein Vater, der von Franzosen an diejenigen ausgeliefert wurde, die ihn in die Gaskammer schickten) waren unter den Betroffenen, als daß ich die Notwendigkeit eines aktiven Widerstandes gegen jede – gleich welche – Verharmlosung von Faschismus unterschätzen könnte. Um wirksam zu sein, kann sich dieser Widerstand nicht darauf beschränken, auf Mißstände hinzuweisen, ihre Urheber und deren Komplizen zu bekämpfen. Er muß auch Ursachen und Wurzeln aufdecken. Meine Verantwortung als Überlebende, meine Erlebnisse haben mich dazu gebracht, mich seit mehr als dreißig Jahren mit der deutschen Kultur zu beschäftigen, die (wie alle anderen) positive und negative Seiten hat. Von den negativen Seiten, die lange, bevor Hitler an die Macht kam, vorherrschend waren, ist mir schon sehr früh – wahrscheinlich, weil ich Schülerin Edmond Vermeils und besonders Robert Minders war – die Rolle einer aus dem preußischen Protestantismus erwachsenen patriarchalischen Ordnung aufgefallen. Diese hat die Mehrheit der deutschen Bevölkerung seit über drei Jahrhunderten geprägt und prägt sie zum Teil heute noch. In früheren Arbeiten habe ich versucht[1], den gesellschaftlichen Konformismus, die psychische und intellektuelle Rigidität, den Mangel an Kritikfähigkeit zu analysieren, die daraus erwachsen sind. Diese Züge – es scheint mir wichtig, darauf einen besonderen Akzent zu legen – sind nicht Erbe eines einzigen Volkes: der preußische Protestantismus hat ihnen nur zu einer besonderen Blüte verholfen.

Noch überraschender ist, wie stark sich Minderheiten mit einer sie ausschließenden Tradition identifizieren. Dafür hat mir die Arbeit an diesem Buch viele zusätzliche Beweise geliefert. Heute weiß man, daß viele deutsche Juden sich weigerten oder zögerten, ein Vaterland, eine Kultur zu verlassen, die sie selbst – nicht jedoch die anderen – als ihre eigene ansahen. Der Fall von Hanni Klepper zeigt auf tragische, aber keineswegs ungewöhnliche Weise die Konsequenzen einer solchen Identifikation. Ihr zweiter Mann begleitete sie und ihre Tochter

1 Besonders in meiner Habilitation über »Protestantisme et nationalisme en Allemagne de 1900 à 1945«, Paris 1976, in der schon erwähnten Klepper-Biographie und in einem Aufsatz über das deutsche Judentum im Liberalismus in: Veröffentlichungen aus dem Institut für Kirche und Judentum, Berlin 1980, S. 191–200

lieber in den Tod, als sie in der Deportation ihrem Schicksal zu überlassen. Ein im wahrsten Sinne des Wortes solidarisches Handeln, das noch an Gewicht gewinnt, wenn man weiß, daß der Schriftsteller ohne diese – wie sie damals genannt wurde – »belastende Bindung« einer der angesehensten Autoren der Zeit gewesen wäre. »Jochen hätte der Goethe des Dritten Reiches werden können«, erklärte mir sein Bruder Erhard mit dem ihm eigenen Humor – während eines meiner Arbeitsaufenthalte für die geplante Biographie – in der kurz vor dem Krieg gebauten Villa Kleppers.

Eine scherzhafte, aber nicht ganz unrichtige Bemerkung: Jochen Kleppers historischer Roman »Der Vater« – ein vielsagender Titel für ein Werk über den Soldatenkönig Friedrich Wilhelm I. von Preußen – hatte ihm seit Erscheinen 1937 höchstes Lob von Kirche, Staat und Wehrmacht eingetragen. Hitler verschenkte das Buch an Besucher; Innenminister Wilhelm Frick bezeugte dem Autor seine Sympathie. Deswegen zu meinen (wie seine Schwester es immer noch tut), daß er sich geopfert habe, ist zumindest zweifelhaft. Der achtundzwanzigjährige ehemalige Theologiestudent hatte im März 1931 trotz der Anfeindungen fast seiner ganzen Familie die dreizehn Jahre ältere jüdische Witwe Hanni Stein, Mutter von zwei Kindern, geheiratet. Er hatte diese Bindung als »psychische Rettung« empfunden. Acht Jahre später bestätigt er dies am Ende eines Gesprächs mit seiner Kommilitonin Käthe Staritz: »Wäre Hanni nicht gekommen, wäre ich verrückt geworden.« Schon 1930 hatten Hanni und Jochen die Auswirkungen der politischen und wirtschaftlichen Krise zu spüren bekommen: Als christlicher Sozialist war er wegen seiner Artikel und Vorträge am Breslauer Radio Zielscheibe für Angriffe rechtsextremer Zeitungen. Hanni notiert die Auswirkungen der Krise auf ihre jüdische Umgebung in ihrem Tagebuch. In ihren Unterlagen habe ich einen Zeitungsausschnitt gefunden, in dem Wilhelm Frick, damals Minister in Thüringen, erklärt, warum er die expressionistische Abteilung des Museums geschlossen hat: »Sie [die Künstler] haben sich darauf beschränkt, das ostische und sonstrassige Untermenschentum darzustellen.« Während einer Studienreise zu den Modeateliers von Patou und Lanvin hatten sie die »lähmende Angst« der Franzosen bemerkt, als bekannt wurde, daß die Nazis 107 Reichstagssitze errungen hatten. Sie wohnen in Berlin, als diese die Macht übernehmen. Jochen schreibt am 19. Februar 1933 in sein Tagebuch: »Aber wir wissen, daß wir unter sehr gewissen Umständen wieder einmal vor dem Zusammenbruch unserer Existenzmöglichkeiten stehen.« Doch als ihnen eine Freundin Hannis vorschlägt, sich in ihrer Villa in der Nähe von Toulon einzurichten, sträubt sich der Schriftsteller gegen diese Emigrationspsychose. Nachdem er sich zur Loyalität gegenüber dem neuen Staat verpflichtet hat, um in die Reichsschrifttumskammer aufgenommen zu werden, notiert er: »Das Volk, dessen Sprache ich schreibe, gehört auf Gedeih und Verderb, wie man immer sagt, in mein Leben und in mein Wesen. Auch wenn es in großer Geschlossenheit Wege geht, die für einen selbst nicht beschreitbar sind.« Diese Empfindung wird er mit Hanni in einem freiwilligen Rückzug auf das – wie er sagt – »tragische Idyll« teilen, das Robert Minder so beschreibt: »provozierende Verwechslung der festen Burg der Seele mit dem bürgerlich geschmückten Heim, in dem man sich in bleibendem Vertrauen auf das ›Gute‹ im eignen Volk mit seiner Sulamith einschließt und über deren einzigem Ausgang das Wort ›Tod‹ steht.«[1]

1938 entschließt sich die ältere Tochter Brigitte, allein nach Großbritannien auszuwandern, wo sie heute noch lebt. Durch den Krieg werden Kleppers getrennt. Im November 1939 erfahren sie vom Syndikus der jüdischen Gemeinde und ihrem Freund Harald Poelchau, dem Gefängnisgeistlichen von Plötzensee, daß Judentransporte nach Lublin vorbereitet werden. Im Februar 1940 hören sie Genaueres über die »Deportationen« – ihre Briefpartner gebrauchen diesen Ausdruck schon, die Behörden sprechen von »Evakuierung« ostpreußischer Juden. Reni, die jüngere Tochter, soll nun emigrieren. Aber ihre Bemühungen bleiben erfolglos, obwohl sie zum Protestantismus konvertiert.[2] Einige Monate später wird sie bei Siemens zu Zwangsarbeit verpflichtet. Aber die Frau des Besitzers trifft sie bei einem Empfang, zu dem ihr Stiefvater sie mitgenommen hat, damit sie wenigstens einmal die »große Welt« sieht. Trotz allem will der Schriftsteller dem Heimatland Friedrich Wilhelms I. dienen. Eintrag vom 16. Oktober 1940: »Hanni fällt es doch schwerer, als ich dachte, daß ich Soldat werde. Aber sie versteht es vollkommen, daß ich trotz meiner mangelhaften Eignung und trotz alles Negativen, das wir wissen, Soldat sein will... Dies bedeutet nun etwas für das ganze Leben. Dies muß der Mann erfahren haben.« Während er in der

1 Robert Minder, Kultur und Literatur in Deutschland, Frankfurt a. M. 1962

2 Pastor Grüber, der Gründer des protestantischen Hilfsbüros für Christen jüdischen Ursprungs – diese Tätigkeit brachte ihm wie seiner Mitarbeiterin Käthe Staritz Konzentrationslager ein (er überlebte in Dachau), hat mir nach dem Krieg erklärt, daß seine Kontaktleute im Ausland nur konvertierte Juden aufnahmen.

Uniform der »herrlichen Wehrmacht« Polen, Österreich, Bulgarien durcheilt, an der Invasion der UdSSR teilnimmt, lebt Hanni allein mit ihrer Tochter in ständiger Angst, die in ihren Briefen voll zärtlicher Aufmerksamkeit an ihren Mann durchklingt. Wo sind die glänzenden Freunde, die netten Nachbarn, die zahlreichen Bewunderer, die noch vor kurzem ihre Villa in Nikolassee belagerten?

Im Herbst 1942 wird Jochen Klepper aus der Armee entlassen: wehrunwürdig wegen einer Frau jüdischen Ursprungs. Das »tragische Idyll« des Schriftstellers wird jetzt zum »Ring des Schreckens«, der sich langsam um sie zusammenzieht. Der schon 1933 erörterte Gedanke an Selbstmord taucht wieder auf, nachdem das Ende des Schauspielers Joachim Gottschalk mit seiner Frau und dem zehnjährigen Sohn bekannt wird: sie waren in der gleichen Lage. Eine alte Freundin, Trude Weill, Köchin in einem jüdischen Altersheim, kommt regelmäßig, um ihrem letzten Vergnügen zu frönen: dem Klavierspiel. Eines Tages kommt sie nicht mehr wieder. Sie war an der Reihe, deportiert zu werden. Von jüdischen Kollegen bei Siemens hört Reni vom Selbstmord ganzer Familien wegen ihrer drohenden Deportation. Trotz ihrer eigenen Not wollen Kleppers noch der berühmten Bildhauerin Käthe Kollwitz helfen, die mit fünfundsiebzig kein Geld mehr hat und fast gelähmt ist. Der Schriftsteller erhält einen »Schutzbrief« für seine Frau und Reni vom Innenminister, der ihn zwar empfängt, ihm die Grenzen seiner Macht aber nicht verhehlt: »Hinter den Maßnahmen steht der entschiedene Wunsch des Führers.« Dank seiner Beziehungen trifft er zweimal den Schweizer Historiker Carl J. Burckhardt, den späteren Präsidenten des Roten Kreuzes, der Verhandlungen über die Lage der Kriegsgefangenen im Reich führt: höfliche Unterredungen ohne das geringste Ergebnis im berühmten »Adlon«-Hotel in Berlin. Seine Unterredung mit dem Botschafter von Uruguay ist genauso vergeblich. Als Schweden am 5. Dezember 1942 schließlich ein Visum gewährt, ist es zu spät. Jede Ausreise »Verdächtiger« hängt inzwischen allein von Adolf Eichmann ab. Im Tagebuch berichtet Klepper über die letzten Unterredungen mit ihm am 9. und 10. Dezember 1942. Dieser Bericht gehört zu den Beweisstücken im Eichmannprozeß in Jerusalem.

Die letzte Notiz vom 10. Dezember 1942: »Nachmittags die Verhandlungen auf dem Sicherheitsdienst. Wir sterben nun, ach, auch das steht bei Gott – Wir gehen heute nacht gemeinsam in den Tod. Über uns steht in den letzten Stunden das Bild des segnenden Christus, der um uns ringt. In dessen Anblick endet unser Leben.«

Hanni hatte ihr Schicksal Jochen anvertraut. Reni hatte sich auf ihre »natürlichen Beschützer« verlassen. Ihre Eltern wollten der Obrigkeit vertrauen. In letzter Verzweiflung vertrauten sie ihr Schicksal Gott an.

Diese Abhängigkeiten hatten nichts Schicksalhaftes. Mangelnde Unabhängigkeit war schon in einem Einzelfall wie dem der Kleppers tragisch, in der Abgeschlossenheit der Ghettos und der Lager jedoch noch mehr. Anhand von Zeugenaussagen Überlebender kann man Mutmaßungen über die komplexen Beziehungen zwischen der Hierarchie der Henker und der ihrer Opfer anstellen. Wir kommen hierbei auf Aspekte, die lange Zeit tabu waren, wie die interne Verwaltung[1] der Ghettos (Judenrat) mit ihrer Polizei, ihren Vertretern der verschiedenen ethnischen, politischen und kulturellen Gruppen. Auch die Lager»gemeinschaft« war hierarchisch aufgebaut und kannte Randgruppen: Zeugen Jehovas, Zigeuner, Künstler, Homosexuelle[2], deren Lage eine ebenso ernsthafte Untersuchung verdient wie die der »Versuchskaninchen«.[3] Die Lage der Frauen möchte ich im wesentlichen anhand des als typisch geltenden Lagers Ravensbrück darstellen. Warum?

Bevor ich meine Wahl traf, habe ich Studien, Berichte, Aussagen über die verschiedenen Orte der Gefangenschaft gelesen oder wiedergelesen. Von vornherein habe ich die in den Ostgebieten gelegenen Vernichtungslager ausgeschlossen, obwohl rassisch verfolgte Deutsche und Österreicherinnen dort in großer Zahl umkamen. Über die schon erwähnten Gründe hinaus schien mir, daß ihr Schicksal, obwohl es mit dem der anderen Opfer vieles gemeinsam hat, in seiner Tragweite nicht mit dem der im Reich umgekommenen Frauen vermengt werden darf. Um so bedauerlicher ist es, daß in den Werken über die »Endlösung« ihr Schicksal nur ganz knapp beschrieben wird; und man kann nur hoffen, daß es neuen Generationen am Herzen liegen wird, diesen am schwersten geprüften aller Opfer wenigstens ein Gesicht zu geben.

1 Frauen arbeiteten dort – wie in einer »normalen« Verwaltung – als Sekretärinnen und Bibliothekarinnen.

2 Zu diesem Thema gibt es einige Werke, besonders Hans Joachim Döhring, Die Zigeuner im N.S.-Staat, Hamburg 1965; Heinz Heger, Die Männer mit dem rosa Winkel, Hamburg 1972; Fania Fénélon, Das Mädchenorchester Auschwitz, Frankfurt a. M. 1980 – die von einem Mitglied geschriebene Geschichte des Frauenorchesters in Auschwitz, das die Geigerin Alma Rose, eine Nichte Gustav Mahlers, dirigierte.

3 Yves Ternon/Socrate Helman, Les Médecins allemands et le national-socialisme, Paris 1973

Bleiben also die »harten« Gefängnisse und Lager im Reich. Mit Ausnahme desjenigen in der Barnimstraße in Berlin und der Anstalt in Cottbus[1] (die einzige, die von einer Regierungsrätin geleitet wurde), wo während der letzten Kriegsjahre vor allem einige sogenannte »NN«(Nacht-und-Nebel)-Häftlinge hingerichtet wurden, waren die meisten gemischte Gefängnisse, in denen zwischen 20 und 40 Prozent weibliche Häftlinge einsaßen. So hatte etwa das Gefangenenlager der Gestapo in Hamburg-Fuhlsbüttel[2] eine Frauenabteilung mit vielen »Politischen«. Käthe Leipelt, die Mutter eines der hingerichteten Studenten der »Weißen Rose«, war als Geisel dort und nahm sich das Leben. Dort war auch die Endstation für französische Widerstandskämpferinnen[3]: Susanne Masson, Berthie Albrecht, die Freundin der englischen Suffragette Sylvia Pankhurst, mit Madeleine Braun Gründerin des »Comité des femmes contre la guerre et le fascisme«. France Bloch-Sérazin – dieser äußerst seltene Fall soll erwähnt werden – wurde bei ihren letzten Prüfungen getröstet von der Leiterin der Frauenabteilung, die schon in der Weimarer Republik in der Gefängnisverwaltung gearbeitet hatte. Als France am 10. Februar 1943 ankam, bemerkte Frau Sommer, daß ihre Akte nicht die übliche Begleitkarte enthielt: Sie gehörte also zu den »Nacht-und-Nebel«-Häftlingen, deren Identität über ihren Tod hinaus verwischt werden sollte. Das Schicksal dieser zweiunddreißigjährigen Intellektuellen, die Assistentin Marie Curies gewesen war und die fern von zu Hause sterben sollte, erschütterte sie sehr. Frances Mann, ein Gewerkschaftler, der seit 1939 inhaftiert war, wurde 1944 – von seinen Kerkermeistern ermordet – in der Nähe von Saint-Etienne aufgefunden. Am letzten Tag, dem 12. Februar wurde France in die Todeszelle verlegt mit zwei Aufseherinnen innerhalb der Zelle und einem Posten vor der Tür. France war zunächst zurückhaltend, stimmte dann aber zu, als Frau Sommer bei ihr bleiben wollte, ihr den gewünschten Kaffee brachte, ihr etwas zum Schreiben und Bildbände über Frankreich mit Ansichten von Poitiers, der Stadt ihrer Kindheit, bringen ließ, und auf ihren Wunsch hin Goethe-Gedichte aufsagte, da der Weimarer neben Stendhal ihr Lieblingsdichter war. Abends um neun Uhr, schon mit hochgebundenen Haaren und einer Pelerine um den entblößten Oberkörper, mit auf dem Rücken zusammengebundenen Händen, zwischen Staatsanwalt und Gefängnisdirektor gab

1 Erich Klausener, Frauen in Fesseln, Berlin 1962
2 Gertrud Meyer, Nacht über Hamburg, Frankfurt a. M. 1971
3 Les femmes dans la Résistance, Paris 1977, S. 78f.

France dieser Deutschen, die mit menschlicher Wärme Kerkerordnung, Rassen- und Klassenhaß durchbrochen hatte und nur die Gemeinschaft zweier Frauen in einem letzten Freiraum weiterbestehen ließ, einen Abschiedskuß auf die Stirn.

In diesem Gefängnis und dem ganz in der Nähe liegenden Lager Neuengamme[1], durch das mehr als 100000 Menschen gingen, davon 13500 Frauen, nämlich 12500 Deportierte aus den besetzten Ostgebieten, 600 Belgierinnen und Holländerinnen, 500 Französinnen, 400 Deutsche, wurden noch am 21. und 22. April 1945 58 Männer, 13 Frauen, 20 Jungen und Mädchen zwischen fünf und zwölf Jahren hingerichtet; letztere aus Auschwitz hergebrachte »Versuchskaninchen«, deren Spur man verwischen wollte. Unter den dreizehn Frauen waren zwei der Sabotage angeklagte Sowjetbürgerinnen, Sinaida Strelzowa und Anna Jakuditsch, das Mitglied der »Weißen Rose« Margarete Mrosek, eine »rote Krankenschwester« vom Arbeiteraufstand 1923, Erna Behling, aber auch Marie Fiering und Margit Zink, die, obwohl sie sich an der politischen Arbeit ihrer kommunistischen Ehemänner nicht beteiligt hatten, wie diese festgenommen und hingerichtet wurden. Die Aufseher hatten es besonders auf die Jüngste abgesehen: Erika Etter, deren ganze Familie – außer ihrer Mutter – ermordet wurde, sowie auf Senta Dohme, die Frau eines Kaffeeimporteurs, und auf die Schauspielerin Hanna Maertens – beide wegen defätistischer Reden eingesperrt –, deren Ausstrahlung und unabhängigen Geist die SS-Schergen als eine Herausforderung empfanden. »Die Frauen ahnten nicht«, berichtet die Überlebende, Ellen Katzenstein, »was ihnen bevorstand. Da kein Gerichtsverfahren gegen sie lief, nahmen sie an, sie würden vielleicht mit einem kurzen Übergang im ›Hüttengefängnis‹ entlassen werden. Alle befanden sich in freudiger Erregung. Sie zeigten sich gegenseitig die Bilder ihrer Männer und Kinder (Erika Etter wußte nicht, daß ihr Mann bereits hingerichtet war), richteten ihre Kleidung so nett wie möglich her. Erika, die jüngste, trug weiße Kniestrümpfe. Die Haare wurden hübsch gelegt und Lippenstifte ausgeliehen.«[2]

Sie wurden gezwungen, sich vollständig zu entkleiden, und dann in zwei Gruppen zu je sechs Personen aufgehängt. Die Jüngste, Erika, mußte warten, bis ein Haken frei wurde. Nach einem Aufstand

1 Gertrud Meyer, a.a.O., S. 106

2 Zitiert nach Gertrud Meyer, a.a.O., S. 106. Das Lager Neuengamme wurde »Barackengefängnis« genannt im Vergleich zu der Haftanstalt von Hamburg-Fuhlsbüttel, die aus Stein gebaut war.

männlicher Gefängnisinsassen, den SS-Leute mit Granaten niederschlugen, fanden sie die junge Frau noch atmend unter den Trümmern und erschlugen sie mit einem Stein. Wenn ich hier auf diese extreme Gewalt hinweise, während ich mich sonst bemüht habe, dies zu vermeiden, dann, weil ich zu einem weniger schematischen Urteil anregen möchte, nicht über die Gewalttaten, sondern über deren Wurzeln.

Im Vergleich zu diesen Orten schlimmster Unterdrückung und anderen, wie den Lagern Mauthausen und Bergen-Belsen, hat Ravensbrück drei Besonderheiten:

– Wie Buchenwald und Sachsenhausen lag es schon vor dem Krieg mitten in Deutschland.

– Es ist ein reines Frauenlager, selbst wenn es später eine kleine Männerabteilung gab. Die Häftlinge entsprechen im ganzen gesehen den in der Nazinomenklatur vorgesehenen Kategorien (Ausnahme: die »Rosa-Winkel«-Häftlinge, denn weibliche Homosexualität war kein Verbrechen).

– Das Unterdrückungssystem entspricht in Vielfalt, Ausmaß und Entwicklung während der sechs Jahre, die es in Betrieb war, der ganzen Skala der gegen Regimegegner und -verfolgte eingesetzten Maßnahmen.

Das Lager wurde von Dezember 1938 an von 500 aus Sachsenhausen antransportierten Lagerinsassen in fünf Monaten errichtet. Einige blieben zur Wartung der Anlage in einem eigenen Block. Wie bei den meisten Lagern hatten drei Faktoren die Ortswahl bestimmt: Das Gelände mußte weitläufig genug, in der Nähe einer Ortschaft, aber natürlich abgelegen sein und für die Transporte gute Eisenbahnverbindungen haben. Mit seinen 800 Einwohnern lag das Dorf Ravensbrück nur einen Kilometer vom Bahnhof Fürstenberg an der Strecke Berlin–Neustrelitz entfernt. Das Lagergelände war durch den Schwedtsee im Osten, einen Wald im Norden und die Havel im Süden abgetrennt. Eine steinerne Mauer mit Elektrostacheldraht umgab das Lager. Dorthin wurden am 18. Mai 1939 860 Deutsche und 7 Österreicherinnen zusammen mit Leitung und Personal aus dem Festungslager Lichtenburg überführt. Bis SS-Hauptsturmführer Max Koegel, der seine »Lehre« als Stellvertreter des Kommandanten von Dachau gemacht hatte, im August 1942 dem Lager Lublin zugewiesen wurde, baute er eine Organisation auf, die genau der der Männerlager entsprach. Die fünf Führungsbereiche (Lagerkommandantur, Schutzhaftlager, politische Abteilung, Verwaltung, Krankenrevier) unterstanden gemäß den Richtlinien des »Männerbundes« SS-Offizieren. In der Ära Koegel standen ihnen zwischen 250 und 500 Unterführer, Techniker und SS-Wächter zur Seite.

Im Herbst 1942 übernimmt Hauptsturmführer Fritz Suhren, der frühere stellvertretende Kommandant des Lagers Sachsenhausen, das Lager. Die nun vorgenommene zahlenmäßige und räumliche Erweiterung des Lagers, die dem neuen Ziel der intensiven Produktion von Kriegsmaterial entspricht, führt zu einer Verdopplung des SS-Personals. Diese Veränderung hat auch Rückwirkungen auf die Anwerbung des weiblichen Aufsichtspersonals. Die Stammbelegschaft war durch Anzeigen angeworben worden (»Arierinnen zwischen einundzwanzig und fünfundvierzig Jahren von guter Gesundheit, ohne Vorstrafen, ohne besondere Ausbildung für ein Lager ›verwahrloster Frauen‹ gesucht«). Nun kommen zwangsverpflichtete deutsche Frauen hinzu: solche, die sich dem »Kriegsdienst« mehrfach entzogen hatten; außerdem direkt von der SS angeworbene Arbeiterinnen aus Rüstungsfabriken, denen vorgespiegelt worden war, die Arbeitsbedingungen in den »Umerziehungslagern« seien weniger hart. Diese drei verschiedenen Anwerbungsarten erklären die unterschiedliche soziale Herkunft und die Verschiedenheit der vorher ausgeübten Berufe. Da standen Arbeiterinnen neben Gefängniswärterinnen, Bäuerinnen neben Lehrerinnen und Offizierswitwen, Friseusen neben Zirkusreiterinnen und Opernsängerinnen. Die sozialen Unterschiede scheinen anfangs zu einem gewissen Durcheinander geführt zu haben, das sich an den Lagervorschriften ablesen läßt.[1] Die Dienstkleidung (graue Uniformen aus Tuch im Winter, aus Leinen im Sommer, Stiefel aus schwarzem Schafsfell oder Halbschuhe, weiße Hemdbluse, Dienstmütze oder Ausgehhut) durfte nicht mit Zivilkleidung vermischt werden. »Anzüge, wie Seidenkleid mit Dienststiefel, Halbzivil oder Zivil mit Brotbeutel u.s.w. sind keine Seltenheiten. In Zukunft darf Dienstbekleidung nicht mehr zum Ausgang getragen werden. Entweder geht die Aufseherin in Zivil oder im Ausgehanzug wie vorgeschrieben: Rock, Halbschuhe, weiße Bluse und Hut, niemals mit Mütze. Diesbezügliche Verfehlungen sind von der Oberaufseherin zu melden.«

Das Betreten des Industrie- und des technischen Geländes ist ihnen nur mit ausdrücklicher Erlaubnis gestattet. Es ist grundsätzlich ver-

1 BA Koblenz, NS 4 RA/Vorl. 1 fol 1–25-Kommandanturbefehl Nr. 3 vom 24. 7. 1942

boten, Geschenke Gefangener anzunehmen, für sie Post zu befördern, sich mit ihnen oder anderen Personen während des Dienstes zu unterhalten. Verboten ist auch, zu singen, zu pfeifen, sich vom Kommando zu entfernen, auch nicht, um »Blumen oder Beeren zu pflücken«, Privathandtaschen zu tragen oder während des Dienstes Dienstmütze oder Pistole abzulegen. Ein- und Ausrücken der Kommandos hat nach der Lagerordnung zu erfolgen, nach der auch Toilettenbesuche geregelt sind. Zur Verfügung gestellte Hunde sollen streng gehalten, aber nicht mißhandelt werden, genau wie die Häftlinge. In ihrem Vertrag verpflichtet sich jede Bewerberin, Häftlinge nicht eigenmächtig physisch zu bestrafen.

Parallel zur Neuordnung wurden wöchentlich ideologische Schulungen abgehalten. Ravensbrück wurde nun das obligatorische Schulungszentrum für weibliche SS-Lagerhilfskräfte. Die anfangs heterogene Gruppe wurde so ein Korps aus ungefähr 3500 Mitgliedern, geformt im Geist und der Disziplin ihrer Lehrherren. Meldung wurde gemacht, wenn – was häufig vorkam – die Ausgehfrist (in der Woche bis Mitternacht, sonntags oder nach Sonderurlaub) überschritten worden war. Daneben gab es Berichte über Liebesbeziehungen mit SS-Leuten oder deutschen Arbeitern, die Strafen bis hin zur Versetzung nach sich ziehen konnten. Selbst eine Oberaufseherin wird versetzt, nachdem ihre Liaison mit einem Vorarbeiter der Werkstatt, die sie beaufsichtigt, bekannt wird. Sechs Aufseherinnen in den Fabriken von Chemnitz beklagen sich beim Kommando, nicht einmal genug Zeit zum Baden oder Wäschewaschen zu haben. »Zweitens kann man von uns Frauen nicht verlangen, während unserer Freizeit sich hier in Chemnitz aufzuhalten, wo man sich selbst vorkommt wie ein Häftling, unter diesen Umständen, wie wir untergebracht sind!«[1]

Alle Strafen wurden vom Kommando- oder Lagerführer verhängt. Ich habe nur zwei Fälle gefunden, in denen ein höheres SS-Gericht angerufen wurde: Sechs Aufseherinnen, ehemalige »normale« Straftäterinnen und deutsche Prostituierte wurden im Herbst 1942 nach einem Massaker unter ungeklärten Umständen an neunzig Häftlingen eines Kommandos in Birkenau hingerichtet. Man gab ihnen tödliche Injektionen. Im August 1943 erfolgen Anklage und Inhaftierung der Frau des Kommandanten von Buchenwald, Ilse Koch, wegen Unterschlagung von Waren im Wert von 70000 Mark. Durch diese

1 BA Koblenz, NS 4 Fl/Gesuch vom 12. 11. 1944

»exemplarischen Strafen« konnten Vergehen und Verbrechen von SS-Drahtziehern de facto verschleiert werden.

Die Aufseherinnen kompensierten – von Ausnahmen abgesehen – ihre eigene Versklavung, indem sie sich auf diejenigen stürzten, die stärker unterdrückt wurden als sie selbst. Führende Stellen bekleideten die Oberaufseherin Maria Mandel, die im Oktober 1942, nachdem sie diesen Posten ein halbes Jahr in Ravensbrück hatte, dem Frauenlager Birkenau als Lagerführerin zugewiesen wurde. Am 22. Dezember 1947 wurde sie in Krakau verurteilt und hingerichtet. Ferner die stellvertretende Lagerführerin Irma Grese[1], die im Bergen-Belsen-Prozeß zum Tode verurteilt wurde, oder die sadistische Dorothea Binz, Oberaufseherin in Ravensbrück von August 1943 bis zur Befreiung des Lagers durch sowjetische Truppen. Die Ethnologin und Widerständlerin Germaine Tillion beobachtet[2], daß manche bei ihrer Ankunft im Lager noch die allgemein üblichen Höflichkeitsfloskeln gegenüber Häftlingen gebrauchen. Die Häftlinge setzten die Eingewöhnungszeit für Brutalität zwischen einer Woche bis zu einem Monat an. Anscheinend ging die Gewöhnung schnell und problemlos vor sich, denn ich habe nur zwei Fälle gefunden, in denen Aufseherinnen dazu offenbar nicht fähig waren: Eine wurde wegen Unfähigkeit im Umgang mit Häftlingen versetzt, eine andere schied auf eigenen Wunsch aus.

Die Journalistin und Widerstandskämpferin Brigitte Friang, die im Mai 1944 mit dem dritten Transport von Französinnen aus der Festung Romainville ankam, erzählt[3], daß eine Aufseherin ihren Schäferhund auf sie hetzte, weil sie unerlaubt zur Toilette gegangen war: schon für ein Minimum an Hygiene zu sorgen, erforderte große Standhaftigkeit. Aber aus einem Verteidigungsreflex heraus bleibt sie stehen, schützt ihre Kehle mit den Händen, richtet ihren Blick fest auf das zum Sprung ansetzende Tier. Dies bleibt fünf Schritte vor ihr stehen und legt sich langsam hin. Tobend nähert sich seine Herrin, schwingt eine Koppel, um das Tier damit zu peitschen und es dazu zu bringen, sich auf die Gegnerin zu stürzen. Der Hund weigert sich, was der Lagerinsassin Zeit zum Verschwinden läßt. Eine weniger umsichtige Polin verliert in einer ähnlichen Situation das Leben.

Erika Bergmann hatte sich auf ein solches Vorgehen spezialisiert.

1 Roger Manwell und Heinrich Fraenkel haben in »Le Crime absolu«, Paris 1967, S. 98 bis 102, dieses merkwürdige Mädchen von einundzwanzig Jahren beschrieben.

2 Germaine Tillion, Ravensbrück, Paris 1973

3 Brigitte Friang, Regarde-toi qui meurs, Paris 1970, S. 170

Sie gestand in ihrem Prozeß – sie wurde zu lebenslänglicher Haft verurteilt –, daß sie eigenhändig 70 Häftlinge mißhandelt habe, die ihrer Meinung nach zu langsam arbeiteten. Zehn davon verbluteten oder kamen durch einen Wasserstrahl um, mit dem sie »wiederbelebt« werden sollten. Eine von ihnen war einundsechzig Jahre alt, eine andere eine zwanzigjährige Zigeunerin.[1]

Dieser hierarchischen Welt der Henker, die sich in der Ausübung von Repressionen einig waren, steht keine Gegenwelt der Opfer gegenüber – wie es eine Geschichtsschreibung vorgibt, die mehr Sorge darauf verwendet, ihre Überzeugungen zu stützen als die Wirklichkeit verständlich zu machen. Zwar gab es – und ich werde Beispiele dafür geben – vielfältige und häufig bewundernswerte Zeichen der Solidarität. Doch die verständlichen Versuche, sich selbst zu retten, verschlimmerten ideologische und nationale Vorurteile, die noch verstärkt wurden durch die gesellschaftliche Unerfahrenheit der Frauen (wie viele kannten überhaupt anderes als ihren Haushalt oder ihren Heimatort?), sowie durch das soziale Gefälle, das ihnen die Machthaber und deren Dienerinnen aufgezwungen hatten.

Nationale Unterschiede, die schon durch die Ankunft nach Nationalitätengruppen hervorgehoben wurden, wurden im allgemeinen durch historische und persönliche Vorurteile vertieft. Die Hierarchie der Gruppen, der Tätigkeiten und in der Behandlung, wurde nach dem Prinzip »Teile und herrsche« von der Lagerführung bewußt aufrechterhalten. Verstärkt wurde sie infolge der elementarsten Bedürfnisse, aber auch der Kämpfe um Einfluß und Vorrechte zwischen »Kriminellen« und »Politischen«, Parteigenossinnen verschiedener Nationalitäten und ethnischer oder kultureller Minderheiten. Diese Feststellung ist nicht ein Urteil a posteriori: Sie soll nur auf das Übel kultureller Voreingenommenheit hinweisen, die auf Machtverhältnissen und Vorurteilen beruht – ein besonders schmerzliches Übel, wie auch die Schriftstellerin Luise Rinser in ihrem »Gefängnistagebuch« notiert.[2] Ihre französischen und belgischen Mitgefangenen versteckten – trotz relativer Höflichkeit – ihren Haß und ihre Verachtung gegenüber allen Deutschen nicht.

1 Autorenkollektiv, Frauenkonzentrationslager Ravensbrück, Berlin/DDR 1973

2 Luise Rinser, Gefängnistagebuch, München 1946. Die Schriftstellerin wurde im November 1944 verhaftet. Sie gehört zu den 75 vom »Volksgerichtshof« wegen defätistischer Reden zum Tode Verurteilten. Von einer Zuhörerin, die sie für eine Freundin hielt, war sie denunziert worden. Durch die Befreiung der Alliierten wurde sie gerettet.

»Ihr seid alle ›boches‹.

Warum?

Ihr habt keine Manieren, ihr seid grob und häßlich und ihr seid alle Nazis.«

Die junge Belgierin, die diese Vorwürfe vorbringt, wendet sich verdrossen ab, als Luise ihr antwortet, daß sie da sei, weil sie etwas gegen die Nazis gesagt habe. Ein paar Wochen später befindet sich die Schriftstellerin während eines Bombenangriffs mit deutschen Mithäftlingen in einer andern Zelle: zwei Rote-Kreuz-Helferinnen, die wegen Diebstahl und »verbotener Beziehungen« festgenommen waren, zwei Entflohene aus einer Munitionsfabrik; Frau R., die Freundin eines SS-Majors, sitzt wegen Schwarzhandels mit Lebensmitteln; Betty ist eine junge, kommunistische Jüdin. Als Betty Frau R. nach dem Grund ihrer Haft fragt und sie dabei duzt, ist diese außer sich.

»Reg dich ab, du bist bloß eine Gefangene, sonst nichts«, stellt eine der jungen Arbeiterinnen fest.

»Ich muß schon sagen«, schreit eine ältere Frau und akzentuiert jedes Wort dabei, »dieser Ton ist unerhört. Was erlauben sich diese jungen Leute? Wir sind Gefangene, gewiß. Aber es ist ein Unterschied zwischen einer Dame und einem Dienstmädel.«

»Leute mit solcher Gesinnung sind genauso schuld an dem Dreck, in dem wir sitzen, wie die andern«, bemerkt Luise.

»Bravo«, schreit Betty, gibt der Schriftstellerin einen lauten Kuß und pfeift die »Internationale«: »Liebling, du hast einen Zigarettenstummel verdient. Du mußt in die KPD.« Und zu den andern: »Habt ihr'n nicht haben wollen? Habt ihr'n nicht gewählt, den Kerl, den Verrückten?«

Eine Bombe geht nicht weit vom Gefängnis hoch; die Nervosität steigt; eine Gefangene explodiert:

»Mensch, wenn du jetzt nicht das Maul hältst, hau ich dir eine runter.«

»Rat ich dir ab. Geh du erst mal fünf Jahre nach Auschwitz.«

Damit bricht der Streit schroff ab.

Nach nationalsozialistischer Logik waren die ausersehenen Opfer vor allem Schwache – Kinder, Alte, Gebrechliche, Kranke – und sogenannte »Minderwertige«: Juden, Zigeuner, Zeugen Jehovas, Slawen. Selbst innerhalb dieser Gesamtgruppe wurden Unterschiede in der Behandlung spürbar, je nachdem, wie sie sich selbst verteidigen konnten, und wie stark sie von weniger bedrohten Gruppen unterstützt wurden. So erhalten die nichtdeutschen Jüdinnen Hilfe von ihren jeweiligen Volksgruppen – mit Ausnahme der Ungarinnen, die in einem Zustand völliger Erschöpfung und Apathie erst in der letzten Periode ankamen. Polinnen und Tschechinnen, die seit 1940 im Lager waren, wußten die »Minderwertigkeit« durch eine wirksame Organisation auszugleichen: sie hatten bald die »guten Plätze« in den Küchen, im Revier, als »Blockowas« oder »Stubowas«. Nicht in Volksgruppen integrierte Jüdinnen, die schon mit dem ersten Transport 1939 ankamen, und Zigeunerinnen, von denen 404 Frauen und Kinder einen Monat später aus dem annektierten Österreich antransportiert wurden, waren in besonderen Blocks untergebracht. Sie erhielten minderwertige Lebensmittelrationen und wurden zusätzlich körperlich schikaniert. Von Herbst 1942 an fanden im Rahmen der Operation 14f13 (Ausrottung Unerwünschter) die ersten Selektionen statt: 808 jüdische Gefangene wurden nach Auschwitz geschickt; Zigeunerinnen, Gebrechliche und Kranke wurden in die Euthanasiezentren von Buch und Bernsburg gebracht. Ziel war, Platz zu schaffen für große Transporte von zur Arbeit bestimmtem »Menschenmaterial«: elf Stunden täglich wurde in den 61 Vertragsfirmen der SS gearbeitet. Nach Statistiken wurden etwa 70000 im Lager oder in einem der 43 über weite Teile des Reichs bis hin zur Tschechoslowakei verstreuten Kommandos beschäftigt.

Fast 10000 Sowjetbürgerinnen kamen ab 1942 in großen Transporten an, dann 1943 ungefähr 8000 Französinnen: Sie hatten die höchsten Sterblichkeitsraten unter den »Volksgruppen«. Wie läßt sich dieses Phänomen erklären? Wegen ihrer späten Ankunft blieben für sie fast keine »Überlebensposten« mehr. Die SS verfolgte sie mit besonderem Haß (eine gängige Beleidigung war zum Beispiel »verjudete Franzosenhure«.) Außerdem bekamen sie keine Rote-Kreuz-Päckchen wie Häftlinge anderer Nationalitäten – besonders die wenigen Norwegerinnen und Holländerinnen, die anscheinend nur selten ans Teilen dachten. Dazu kam bei den Französinnen, daß ihr starker Individualismus besonders verletzlich war. Eine der Mithäftlinge von Marcelle Pardey[1], die Résistanceoffizier war und der ich großenteils

1 Sie hielt Verbindung zu Amerikanern, die sie 1917 als junge Sanitäterin und später als Assistentin am Brynn Mawr College in der Nähe Philadelphias (eine Abteilung des dortigen Museums wurde nach ihr benannt) kennengelernt hatte. Auf dem Rückweg von einer Mission in die Türkei wurde sie gefaßt. Das Gymnasium, das sie in Dijon leitete, trägt heute ihren Namen.

mein Leben verdanke, hat es mir erzählt, daß diese es vorzog, langsam umzukommen, statt bei dem – was immer das sein mag – »Lagersystem« mitzumachen.

Zusätzlich zu der schon erwähnten gesellschaftlichen Unerfahrenheit scheinen zwei andere Aspekte die Bildung einer Gegengesellschaft der Opfer besonders behindert zu haben: der starke Anteil (fast 25 Prozent) »Asozialer«, die von der Verwaltung häufig als »Politische« klassifiziert wurden, und das »Deutschenproblem«.

Zwar waren die Prostituierten meistens zum Zweck ihrer »Umerziehung durch Arbeit« oder zur Versendung in die Lagerbordelle in Block 2 zusammengefaßt, doch lebten deutsche oder ausländische »Kriminelle« mit den anderen Volksgruppen durcheinander, ohne sich wirklich einzufügen. Diese Situation war doppelt heikel, wenn es Deutsche waren, wie sich Germaine Tillion erinnert: »Abgesehen von einigen deutschen Kommunistinnen und einigen isolierten Persönlichkeiten mit internationaler Bildung waren die ›politischen‹ Deutschen von entmutigendem moralischem und geistigem Niveau: zänkisch, gewöhnlich, verlottert, diebisch und Spitzel. Aber es wäre ungerecht zu verschweigen, wie wenig Bedeutung das Etikett ›politisch‹ in den Lagern hatte. Alle Französinnen trugen den roten Winkel, was für uns wirklich Politische ein erheblicher Schaden war.«[1]

»Politische« oder nicht, die Deutschen, die fast 20 Prozent der Häftlinge ausmachten[2], wurden im ganzen gesehen schlecht aufgenommen: sie wurden im allgemeinen von der Mehrheit gemieden und sogar Engagierte und Intellektuelle anderer Nationalitäten zeigten Vorbehalte. Margarete Buber-Neumann, die Blockälteste in der Abteilung der fast 600 Zeugen Jehovas – mit Ausnahme einiger Holländerinnen fast alles Deutsche –, stellt dazu fest:

»Die große Menge der unpolitischen Häftlinge aller Nationen setzten alles Deutsche im Lager gleich mit SS. Man haßte die SS und ebenso den deutschen Häftling. Das Gros der Kommunistinnen der

1 Germaine Tillion, a.a.O., S. 59

2 Nach Wanda Kiendrzynska, Das Frauenkonzentrationslager Ravensbrück, in: Internationale Hefte der Widerstandsbewegung, Wien 1960, Nr. 3, S. 82, betrug der prozentuale Anteil der verschiedenen nationalen oder ethnischen Gruppen von 25000 Lagerinsassen: 24,9% Polinnen, 19,1% Russinnen und Ukrainerinnen, 15,1% Jüdinnen verschiedener Nationalität, 7,3% Französinnen, 5,4% Zigeunerinnen, 2,9% Belgierinnen, 8,3% andere. In diesen polnischen Statistiken werden wahrscheinlich die Österreicherinnen zu den Deutschen gezählt, die Jüdinnen beider Gruppen sind jedoch ausgeschlossen.

verschiedenen Nationen aber lehnte ihre deutschen ›Genossinnen‹ ebenfalls ab.«[1]

Die Meinung dieser kommunistischen Dissidentin jüdischer Abstammung, die von Stalin an Hitler ausgeliefert wurde, die von ihren deutschen Ex-Genossinnen gemieden wurde, weil sie Trotzkistin war, mag allerdings übertrieben erscheinen.

Unleugbar haben deutsche Kommunistinnen wie Erika Buchmann, Änne Kassing – die durch Bombenangriffe der Alliierten umkam –, Olga Körner und Margarete Jung mit den Sowjetbürgerinnen Evgenia Klemme, Lolja Boika, der Norwegerin Anna Lisa Rakel, der Tschechin »Mama Zapotocka«, der Österreicherin Mela Ernst, der Polin Wanda Kiendrzynska, den Französinnen Marie-Claude Vaillant-Couturier, Martha Desrumeaux und Simone Marti bei der Organisation des Lagerwiderstandes zusammengearbeitet. Aber wie viele Aussagen belegen, war internationalistisches Verhalten nicht so eindeutig feststellbar, wie in der kommunistischen Geschichtsschreibung behauptet wird. »Die Kommunisten idealisieren die Situation nachträglich«, erklärt Charlotte Delbo[2], eine aus Birkenau Gerettete. »Zwischen deutschen und österreichischen Kommunistinnen gab es keine herzlichen Kontakte«, bemerkt die österreichische Aktivistin Toni Lehr. Sie betont ferner, daß die Rolle der deutschen Genossinnen in Ravensbrück auf Kosten der anderer Länder von der Deutschen Demokratischen Republik – auf deren Gebiet sich die Gedenkstätte befindet – überbewertet wird. Das gelte auch für ihre Landsmännin Mela Ernst, die sich freiwillig den internationalen Brigaden angeschlossen hatte und eine der Mitbegründerinnen des Lagerwiderstandskomitees war.

Tatsächlich sind sich viele Gerettete, darunter die Polin Wanda Kiendrzynska, die deutsche Intellektuelle Isa Vermehren[3], die Französinnen Brigitte Friang und Germaine Tillion, darin einig, daß die von nationalen Vorurteilen freiesten Beziehungen zwischen Häftlingen mit hohem Bildungsniveau bestanden, was bei deutschen Lagerinsassinnen nicht häufig vorgekommen zu sein scheint. Isa Vermehren behauptet ohne viele Umschweife: »Einer politischen deutschen

1 Margarete Buber-Neumann, Als Gefangene bei Stalin und Hitler, München 1949, S. 273

2 Aussagen gesammelt bei Hermann Langbein, ... nicht wie die Schafe zur Schlachtbank, Frankfurt a. M. 1980, S. 137 und 177

3 Isa Vermehren, Reise durch den letzten Akt, Hamburg 1947

Intelligenz bin ich nie begegnet«; ihrer Meinung nach waren die intelligentesten ihrer Landsleute wegen »Rassenschande« eingeliefert. Wanda Kiendrzynska erinnert sich an lebhafte, aber freundschaftliche Diskussionen mit der deutschen Sozialistin Maria Grollmuß. Brigitte Friang empfindet Sympathie für eine junge deutsche Jüdin, die nach Ravensbrück zum Kommando geschickt worden war, nachdem sie vorher in Birkenau die Hinterlassenschaften von Vergasten hatte einsammeln müssen. Germaine Tillion spricht von Sympathien zwischen Französinnen und Österreicherinnen, Jugoslawinnen, jüdischen Türkinnen, Tschechinnen – letztere trotz der noch immer lebendigen Verbitterung über den Verrat der Regierung Daladier während des Münchener Abkommens.

Trotz der Barrieren zeigte sich die Solidarität auf verschiedene Arten. Unter Lebensgefahr gaben in Garderoben arbeitende Kommunistinnen die Rosenkränze und Gebetbücher, die den Christinnen bei ihrer Ankunft im Lager weggenommen worden waren, wieder zurück. Polinnen ließen von ihren mageren Rationen das zum Überleben Notwendige Jüdinnen zukommen, denen für drei Tage die Nahrung entzogen worden war. »NN«(Nacht-und-Nebel)-Häftlinge wie Rosa Thälmann und ihre Tochter Irma wurden gerettet, indem sie die Plätze von in anderen Blocks bereits gestorbenen Häftlingen einnahmen. Die bei den Gestapoverhören schwerverletzte österreichische Widerstandskämpferin Mathilde Auferbauer wurde in einen Transport mit Französinnen hineingeschmuggelt, die im April 1945 vom Roten Kreuz evakuiert wurden. Ihre Genossin Irma Trksak antwortete, hinter einer Abtrennung versteckt, beim Appell an ihrer Stelle, weil Mathilde in der Aufregung ihren Decknamen vergessen hatte. Die elfjährige Lena Salomon entging einem Vergasungstransport, indem die Schreibstubenhäftlinge sie mit dem Mindestalter von vierzehn in eine Arbeitsgruppe der Firma Siemens eintrugen. Die anderen aus der Gruppe halfen ihr dann, eine Arbeit zu bewältigen, die über ihre Kräfte ging. Kindern, wenigstens denen, die die systematische Vernichtung überlebten, wurde besonders geholfen. Weihnachten 1944 konnte das geheime Lagerkomitee zugunsten der 400 kleinen Überlebenden ein Fest organisieren: Geschenke lagen bereit, die dem Einfallsreichtum eines wahren Netzes von Zärtlichkeit zu verdanken waren, und – wie symbolisch in diesem Rahmen – La Fontaines Fabel »Der Wolf und das Lamm« wurde aufgeführt.

Es ist unmöglich, hier alle Gesten täglicher Selbstlosigkeit aufzuzählen, die in dieser Hölle auf engstem Raum, wo selbst die elementarsten Vorkehrungen zur Hygiene fehlten, das Überleben ermöglichten. Doch scheint es nötig, die Bedeutung des kulturellen Widerstandes hervorzuheben. Von Anhängern spektakulärer Heldentaten wird diese Form des Widerstandes gegen ein jede Kultur zerstörendes Regime häufig nicht erkannt oder mit Herablassung betrachtet. Dabei erfordert der kulturelle Widerstand oft ebenso viel Kraft wie der bewaffnete Widerstand. In Anbetracht des physischen, psychischen und materiellen Mangels war der Kampf gegen Resignation, Apathie und Verfall, die von den Henkern gewollt waren und organisiert wurden, ein vorrangiges Mittel beim Erhalt von Leben und Würde. Selbst die geringsten Zeichen eines solchen Widerstandes wiesen noch auf eine Gegenkultur hin, geradezu eine Umwandlung der aggressiven Werte unserer heutigen Gesellschaften. Die Ungarin Irene, die auch im Arbeiter-und-Bauern-Rat 1918 gesessen hatte, machte mit anderen Gymnastik. Lieder, Scherze, heimlich gefeierte Geburtstage – ein Stück Brot ersetzte den Geburtstagskuchen –, die mit den wenigen vorhandenen Mitteln hergestellten Kunstgegenstände[1], Diskussionen und heimliche Plaudereien nährten die flakkernde Flamme der Lebenskraft. Evgenia Klemme und Lolja Boika lehrten ihre französischen und polnischen Freundinnen Russisch. Jozefa Kontor, die ehemalige Führerin der polnischen Pfadfinderinnen, bildete Lehrerinnen für die aus ihrem Land kommenden Kinder aus. Die gemeinsame Liebe zur Dichtung vereint noch in der Vergasungsanstalt Bernburg 1942 Olga Benario-Prestes (eine Kommunistin deutschen Ursprungs, die 1936 von Brasilien an die Gestapo ausgeliefert worden war, und die unermüdlich die Leiden der Jüdinnen ihres Blockes zu lindern suchte) und die österreichische Sozialistin Käte Leichter.[2] Wie eine echte Penelope der Moderne versuchte eine Frau der physischen Vernichtung zu entgehen, mit der im Herbst 1944 auch im ehemaligen Jugendblock von Mittwerda begonnen worden war: Sie versuchte, Lebensmittelrationen zu erhalten und ihr Leben zu verlängern, indem sie ununterbrochen neue Strickmuster für die Aufseherin Vera Salveguart erfand. Diese wurde »die Giftmischerin« genannt, weil sie ein Schlafmittel verordnete, von dem man nicht

1 Ursula Winska, Kulturelle Bildungsarbeit als eigentümliche Form der Widerstandsbewegung im Konzentrationslager Ravensbrück, Manuskript in deutscher Übersetzung im Besitz von H. Langbein, Wien

2 Die Biographie Käte Leichters ist von Herbert Steiner, Wien 1973, herausgegeben worden. Die österreichische Forschungs- und Hochschulministerin Hertha Firnberg hat das Vorwort geschrieben.

mehr aufwachte. Die Französin Irène Ottelard sparte sie aus, weil sie gut sang.

Zweifellos erwies sich im Bereich medizinischer Verbrechen die Macht des Wissens als am wirksamsten. Ärztinnen und Medizinstudentinnen (in einem einzigen Transport 1943 befanden sich allein 63 sowjetische Ärztinnen), Berufs- und Hilfskrankenschwestern, die alle selbst Häftlinge waren, wurden konfrontiert mit verweigerter Pflege, unterlassener Hilfeleistung gegenüber Menschen in Gefahr, mit Vergiftungen durch Strychnin und Phenol – dieser Vorgang wurde einfach mit der Formel »abspritzen« bezeichnet. Sie alle versuchten den Schaden in Grenzen zu halten. Violette Le Coq, eine Hilfskraft im Block der Tuberkulosekranken, hatte die Auswahlkriterien des führenden SS-Arztes durchschaut und »berichtigte« verhängnisvolle Fieberkurven, bevor dieser kam. Eine Assistentin von Dr. Percy Treite imitierte seine Unterschrift auf Arbeitsdispensen, wodurch sich wenigstens die Erschöpftesten ein wenig erholen konnten. Dem »Revier« zugewiesene Ärzte, darunter die Ärztin Dr. Morhange, behielten heimlich Kranke zurück, um sie wieder auf die Beine zu bringen. Die Jugoslawin Maja Maskovac griff bei Nummerntätowierungen lenkend ein, wenn diese in die Vernichtungsserien gehörten. Mit Hilfe von Gefangenen aus dem angeschlossenen Männerlager wurden nachts Medikamente »organisiert«, die man tagsüber nicht verschwinden lassen konnte. Dadurch konnten gängige Leiden und bei der Arbeit oder den Gestapoverhören infizierte Wunden versorgt werden, auch die von den auf dienstags und freitags angesetzten Auspeitschungen (fünfundzwanzig Schläge) auf einem Hinrichtungsbock. Anfangs verrichteten diese »Arbeit« Oberaufseherinnen, dann Häftlinge – im allgemeinen »Kriminelle« (Ausländerinnen hatten kein Recht, Deutsche zu züchtigen) – in Gegenwart des Lagerkommandanten, seines Stellvertreters und eines SS-Arztes. Vier Polinnen mußten nach ihrer Züchtigung ein halbes Jahr lang behandelt werden.

Von den acht zum Lager gehörenden Ärzten waren zwei Frauen: Erika Jantzen in der »milden« Periode, also den ersten beiden Jahren; Herta Oberheuser war von 1943 bis zur Auflösung des Lagers ihre Nachfolgerin. Diese 1911 in Köln geborene Dermatologin aus dem katholischen Bürgertum kam nach Aussage der einen aufgrund einer Zeitungsannonce, nach Meinung anderer nach einem Besuch in Ravensbrück dorthin: sie hätte die großen Möglichkeiten zu »medizinischer Forschung« dort erkannt. Nach Kriegsende wurde sie zu zwanzig Jahren Haft verurteilt, bekam einen Teil ihrer Strafe erlassen und konnte ihren Beruf wieder ausüben, bis sie 1956 aufgrund britischen Protestes aus dem Ärztestand ausgeschlossen wurde. Mit Hilfe Gerda Quernheims, einer wegen Rauschgifthandels einsitzenden Krankenschwester, führte sie unter schrecklichsten Umständen erzwungene Abtreibungen durch und beteiligte sich an Menschen-»Versuchen«. An allen bei der Ankunft schwangeren Häftlingen wurden systematisch Abtreibungen durchgeführt – jede spätere Fortpflanzung war untersagt. Dadurch sollten »rassisch unreine« Kinder ausgelöscht und die Frauen schneller in die Produktion eingegliedert werden. Ich will bei diesem Punkt nicht zu lange verweilen, ebensowenig bei den »Versuchen« von Professor Karl Gebhardt, dem Präsidenten des Deutschen Roten Kreuzes, bei denen des Arztes Horst Schumann, der junge Opfer bevorzugte, und denen des Gynäkologen Carl Clauberg, eines »Spezialisten« für die Fruchtbarmachung von Arierinnen und die Sterilisation »minderwertiger Rassen«, die Gegenstand gesonderter Forschungsarbeiten sind. Ihre Tätigkeit und die des SS-Personals im medizinischen Bereich enthüllen, wie weit »ärztliche Willkür« gehen kann. Gleichzeitig wird ein doppeltes Problem sichtbar: Wo liegen die Grenzen wissenschaftlicher Forschung und derjenigen, die sie finanzieren. Bemerkenswerter für die Lage der Frauen scheint mir die Komplizenschaft der SS-Krankenschwestern zu sein. In ihren tadellosen blauen Kleidern, ihren makellos weißen Schürzen und Hauben verkörpern sie die pervertierte Form des Mythos vom »weißen Engel«, ein notwendiges Ventil für eine Gesellschaft der Gewalt. An ihrer Spitze stand Oberschwester Elizabeth Marschall mit dem freundlichen Aussehen einer alten Klosteroberin. Sie war sechzig Jahre alt. Ihre Autorität und ihre Kompetenz verhüllten außergewöhnliche Kaltblütigkeit und Sadismus.

Opfer aller Nationalitäten wurden zur Abtreibung gezwungen. Jüdinnen, Zigeunerinnen ab acht Jahren und Polinnen dienten als »Versuchskaninchen«. Der Aufstand mancher, eine Petition der Polinnen an Kommandant Suhren im März 1943, verlangsamten das Tempo der in der Isolierung des »Bunkers« von Ravensbrück oder nach Transporten nach Auschwitz fortgesetzten Versuche. Es fragt sich, wo damals die bedingungslosen Verteidiger des »Rechtes auf Leben« waren, von denen zumindest die Bekanntesten dank der Informationen, die Lagerinsassen unter Lebensgefahr nach außen schmuggelten, Bescheid wußten. Häftlinge wie die französische Ärztin La Rochefoucauld riskierten schwerste Bestrafungen, indem sie jede Zusammenarbeit verweigerten. Sie wurde in den Disziplinarblock geschickt, weil sie sich weigerte, gynäkologische Untersuchungen vorzunehmen[1] – mit einem Handschuh für dreihundert Frauen. Die meisten Ärzte, Schwestern, teilweise unausgebildeten Pflegehelferinnen ließen sich anstellen, um die Möglichkeit zu gegenseitiger Hilfe, Beobachtung und Information zu nutzen. Kann man in diesem Bereich wie in andern über das ungeschriebene Gesetz vom »Überleben des Stärkeren« diskutieren, das sich in allen Konzentrationslagern durchsetzte und nach dem Vorrechte gewährt wurden? Die Überlebenden erkennen dies voll Schmerz an; die andern, durch ihre Aussagen unterrichtet, sollten dazu beitragen, eine Welt zu errichten, in der ein solches Dilemma nicht mehr auftaucht. Die Haltung der damals taub und stumm gebliebenen Außenwelt kann man jedoch durchaus in Frage stellen.

Als die Lager eingerichtet wurden, befand sich die Welt anfangs in der Wirtschaftskrise, dann im Krieg. Die meisten Menschen wußten sehr wohl von den seit sechs Jahren durchgeführten Rassenverfolgungen, von der Existenz der Lager (die ersten wurden 1933 eingerichtet) und auch, wie Gegner des Dritten Reiches aus dem In- und Ausland behandelt wurden. Die Mehrheit wußte zwar meistens nichts von den in den Lagern begangenen Grausamkeiten, wohl aber von denen in den besetzten Gebieten. Die Bemerkung gilt besonders für die »Zuschauerstaaten«, die zusahen und von denen die mächtigsten dieses kriminelle Regime schließlich bekämpften, ohne aber die Leiden der am stärksten bedrohten Opfer zu lindern. Sie gilt auch für die meisten Deutschen der damaligen Zeit, die Zeugen einer Willkür wurden, die von Vertreibungen, Plündereien, Boykotten, den Festnahmen von 1933, über das Pogrom der »Reichskristallnacht« bis zu Kriegsverbrechen, »Euthanasie« und Deportationen eskalierte. Je stärker die Diktatur wurde, desto schwieriger wurde der Widerstand. Die Parteien und ihre Unterorganisationen waren aufgelöst, ihre Führer und aktiven Mitglieder ins Exil gegangen, oder wurden verfolgt und zum Schweigen verurteilt. In diesem Umfeld hätten nur die traditionellen Stützen des Reichs, die Kirchen und die Wehrmacht – wie der Theologe Dietrich Bonhoeffer vergeblich forderte – »das Rad anhalten können«. Um so mehr als die Mehrheit der erwachsenen

1 Anfangs waren gynäkologische Untersuchungen auf »Asoziale« beschränkt, von 1943 an wurden sie auf alle Ankömmlinge ausgedehnt.

Bevölkerung von christlichen und konservativen Werten geprägt blieb. Beispiele wie die Freilassung von Kardinal Faulhaber, des lutherischen Bischofs Wurm, die Einstellung der sogenannten Euthanasie, zumindest für Arier, zeigen, daß dieses Vorgehen keineswegs wirklichkeitsfremd gewesen wäre. Der Widerstand dieser Organisationen, der in seiner Bedeutung von der Nachkriegsgeschichtsschreibung häufig überbewertet wurde, schwankte – von Ausnahmen abgesehen – zwischen Cliquen- und Kastenkämpfen hin und her, ohne die breite Masse zu erreichen.

Was hätte der einzelne also tun können? Ohne zwangsläufig sein Leben zu opfern, wie Bernhard Lichtenberg oder Elisabeth von Thadden, hätte man sich doch manchen Befehlen entziehen können, und je nach der Situation und dem persönlichen Mut aktive Solidarität zeigen können. Gesten in diesem Sinne gab es. Aber wie viele?

Anstelle eines Schlußwortes

> »Sie lebte. Das war sicherlich unwürdig, doch auch interessant. Entschieden aber war noch lange nicht, ob sie durch Melancholie – die Trauer um ihren schlimmsten Feind – sich selbst zerstören oder ob es ihr gelingen würde, die verkümmerte Fähigkeit, Erfahrungen zutreffend zu deuten, zu entwickeln und zu überleben. Lange Zeit, jahrelang, sollte der Kampf unentschieden hin und her gehen – auch dann noch, als sie selbst ihn längst und eindeutig zu ihren Gunsten für entschieden hielt.« *
>
> Christa Wolf, Kindheitsmuster, Darmstadt 1977

Elsbeth, Nelly, Hilde und die andern ...

Die Geschichte ist im Mai 1945 nicht stehengeblieben. Viele von denen, die ich der Vergessenheit zu entreißen versucht habe, sind in ihren Ländern oder im Exil gestorben, haben freiwillig eine Welt verlassen, die sie abschreckte, oder wurden gezwungen, sie zu verlassen. Von den Überlebenden haben die im Dritten Reich engagiertesten unterschiedliche Wege eingeschlagen. Die Ex-Reichsfrauenführerin Scholtz-Klink lebt seit ihrer Befreiung zurückgezogen in ihrem Haus in Württemberg. Sie beharrt darauf, ihre Vergangenheit zu rechtfertigen.[1] Melita Maschmann ist einen langen Weg gegangen, um zu begreifen, was mit ihrer Generation geschehen ist. Andere, Ehemalige aus Jugendlagern, treffen sich in der Erinnerung an »positive Erlebnisse«. Wieder andere, die Mehrheit, schweigen – selbst vor ihren Kindern. Sind sie unbelehrbar? Die Opfer oder diejenigen, die sich damit abgefunden hatten, das Regime zu ertragen, haben nicht alle – das wäre weit gefehlt – aus ihren Erfahrungen gelernt. Die Last der Vergangenheit ist nicht leicht zu tragen, sie blockiert häufig die Fähigkeit, die Gründe zu analysieren und eine Wiederholung unter anderen Vorzeichen zu bekämpfen.

Diejenigen, die oft nach jahrelangem Schweigen darüber sprechen, tragen zur gegenwärtigen wie zur zukünftigen Forschung bei. Dieser Beitrag geht weit über die Geschichte der Frauen im Dritten Reich

1 Gertrud Scholtz-Klink, Die Frau im Dritten Reich, Tübingen 1978. »Positive« Bilanz ihrer Tätigkeit; den in Nürnberg Verurteilten und ihren Frauen gewidmet.

hinaus, weil er Gründe und Mechanismen einer jahrhundertealten Unterdrückung offenlegt. Als Jochen Köhler, ein junger vierunddreißigjähriger Berliner, 1978 plante, ein Jahr lang etwa zwanzig ältere Zeitgenossen aus allen Gesellschaftsschichten über ihr Leben im Nationalsozialismus zu befragen, wurde das Schema seiner sorgfältig vorbereiteten Interviews von einer ungeahnten Wirklichkeit aufgebrochen. Er wollte zum Beispiel den pensionierten Arbeiter Paul Tietz befragen, dessen Sohn er kennt. Elisabeth Graßmann, seine Lebensgefährtin, war bei den Gesprächen anwesend als Statistin, um Kaffee und Kuchen zu servieren. Eines Tages, als Paul eingesteht, daß auch er feige war, wandte sich Elisabeth plötzlich an den jungen Soziologen: »Sie können sich das ja gar nicht vorstellen! Mein damaliger Mann und ich haben einen Freund, der aus dem Zuchthaus ausgebrochen war, monatelang heimlich geholfen und dabei das Leben riskiert. Das Leben der ganzen Familie. Und wir haben unvorstellbare Angst dabei gehabt.«[1]

Jochen verabschiedete sich zufrieden mit den beiden Tonbandaufnahmen über Feigheit und Mut. Monate später kam er wieder. Im Laufe der Zeit war ihm bewußt geworden, daß seine vorgefaßten Meinungen die Übergänge zwischen Angst und Mut, Anpassung und Widerstand außer acht ließen. Er hörte Elisabeth Graßmann, die er nicht vorgesehen hatte, zu und stellte fest – wie auch ich es getan habe, als ich einen Teil ihres Berichtes in den Hauptteil des Buches eingefügt habe –, daß die Zerstörung dieser Frau lange vor dem Nationalsozialismus eingesetzt hat und danach noch nicht zu Ende war. Sie mußte nach dem Krieg noch dreißig Jahre unter schlimmsten Bedingungen arbeiten. Als sie keine feste Stelle fand, hatte sie 1953 eine Arbeit angenommen, die Männer nicht wollten: Sechs Jahre arbeitete sie als Nitrospritzerin, bis ein plötzlicher Gasschwall zu einem Unfall führte: Verätzungen im Gesicht und am Körper. Nach ihrer Entlassung aus dem Krankenhaus – der Unfall war nicht ordnungsgemäß gemeldet worden – erhält sie weder Schmerzensgeld noch eine vorgezogene Rente – Frau Göring hat sicher eine bekommen. Danach war Elisabeth Graßmann Monteurin in einem Radiobetrieb, in einer Wasserzählerfabrik, Angestellte in einer Reinigung, Putzfrau am Flughafen, dann am Konservatorium. 1960 stirbt ihr Sohn. Dann muß sie sich um ihren krebskranken Mann kümmern, der drei Jahre später ebenfalls stirbt. Erst 1975/76 gewährt ihr der

1 Jochen Köhler, a.a.O., S. 28 und 249f.

»Wirtschaftswunder«-Staat nach jahrelangem Hin und Her ihre Rente. Nach all diesen Heimsuchungen ist sie »erst« vierundsechzig Jahre alt. Fängt man in dem Alter an zu leben?

Elsbeth Kötting muß heute neunundsechzig sein.[1] 1981 war sie in Berlin-Neukölln Kandidatin der »Alternativen Liste für Demokratie und Umweltschutz«. Sie hat nichts vergessen, hatte aber erst Gelegenheit, darüber zu sprechen, als Jochen Köhler sie befragte, wie Martha L. in der DDR, die lieber anonym bleibt, wie die 1923 geborene Vera Z., früher Mitglied der Hitlerjugend, die Angst hat, »das könnte sich wiederholen«. Elsbeth erinnert sich heute an die Gleichgültigkeit ihrer Schulklasse, als 1933 – sie waren siebzehn oder achtzehn Jahre alt – zwei jüdische Mitschülerinnen dagegen protestiert hatten, als Schauobjekte im Rassenkundeunterricht benutzt zu werden. Rückblickend schreibt sie ihr Verhalten ihrer Unreife und dem bereits vorher – in der Weimarer Republik – erteilten Unterricht zu: Namen, Daten behalten, Texte auswendiglernen, genügt das, um kritisches Denken auszubilden? Ihr Lehrer, ein alter Demokrat, wandte die Lehrpläne aus Angst an, seine Stelle zu verlieren. Wenn ihr Mann während des Krieges aus dem Osten auf Urlaub kam, erzählte er von der Behandlung der dortigen Bevölkerung, der der Gefangenen, von den vor den Hinrichtungen ausgeschachteten Gräben, von der Erde, die sich noch Stunden später bewegte, von Vergasungen in geschlossenen Lastwagen »Aber man hatte nicht viel Zeit zu diskutieren. Wenn man im Bett lag, mal gerade kein Luftalarm war ... man hatte andere Sorgen ... Ich habe nicht weiter darüber nachgedacht. Nicht nachdenken wollen. Aber auch nicht richtig vergessen.«

Als Jochen Köhler sie fragt, warum sie, die nicht Nationalsozialistin war, einen Mann nicht aus dem Bett geworfen habe, der es – ohne mitzumachen – logisch fand, Juden von der Wiege an umzubringen, hält Elsbeth ihn für wirklichkeitsfremd: »Das kannst du doch nicht trennen aus dem *ganzen* Geschehen in diesen Jahren. Da greift doch eins ins andere. (...) Später habe ich mich scheiden lassen. Aber ich habe damals, was er erzählte, vielleicht gar nicht für bare Münze genommen. Und die andern Ereignisse kamen dazu, haben einen auf Trab gehalten: Luftalarm, Kinder, sein Urlaub nur sehr kurz, Sorge um die Eltern ... Wenn ich mir überlege, wenn man mit einem Mann verheiratet ist, der dafür ist, alle jüdischen Kinder umzubringen, das ist eigentlich ein Zusammenbruch aller kulturellen Werte.«

1 Jochen Köhler, a.a.O., S. 134ff.

Warum Elsbeth nicht über die Enthüllungen ihres Mannes gesprochen habe? »Wenn man allein stand ... was sollte man mit so einer Information denn nun anfangen?«

Fremden davon zu erzählen wäre unmöglich gewesen. Und die Familie war gespalten: Seit dem Eintritt ihres Bruders in die SA wagte sie nicht mehr, offen mit ihm zu reden. Ihr Vater, sozialdemokratischer Lehrer, war wieder eingestellt worden, wurde aber von seinen Vorgesetzten genau überwacht. Außerdem hatte er zu nichts mehr Lust. Ihre Mutter mußte sich um ihn kümmern. Elsbeth verteidigt sich: »Es haben ja Leute solche Sachen auch direkt gesehen, waren direkt beteiligt. Aber die haben ja auch nichts gemacht!« Auf die Frage, ob es nicht wichtig sei, für sich selbst den Grund für ein solches Schweigen zu kennen, stimmt sie zu: »Es ist, glaube ich, eine Mischung aus Ohnmacht und Schuldgefühl (...) Das verschließt einem den Mund.«

Hilde Hertow hat Land, Milieu und Nationalität lieber gewechselt. Sie ist durch die romanischen Länder gezogen, die sie seit ihrer Kindheit in Schlesien interessierten. Ihre Wahl fiel auf das Land von Molière und Anatole France, deren Bücher sie auch im Nationalsozialismus weiterhin gelesen hatte. Ich kenne sie seit fünfzehn Jahren: Zum erstenmal sprachen wir vor dreieinhalb Jahren über ihre Vergangenheit in der Uniform der Hitlerjugend, von Landjahr und Kriegsdienst, als ich ihr von meinen Forschungsarbeiten zu diesem Buch erzählte. Sie hat mir spontan angeboten, mit ehemaligen Kameradinnen Kontakt aufzunehmen, die berichten könnten – keine einzige war bereit dazu. Ihre Enttäuschung war aufrichtig. Mit einundsechzig Jahren, herzkrank, ist Hilde als Lehrerin pensioniert, liest viel, folgt dem Weltgeschehen, spürt ihm nach, denkt nach, handelt – wenn sie es kann – im Rahmen ihrer Möglichkeiten.

Der Weg Christa Wolfs führte über einen Umweg – die Literatur. Ihr erster Roman »Der geteilte Himmel«, genauso geteilt wie ihr Geburtsland und ihr Wesen, machte sie berühmt. »Nachdenken über Christa T.«, ein einsames Nachdenken über den Tod einer einsamen jungen Frau, wird von den Behörden als pessimistisches Werk angesehen, bringt ihr politische Schwierigkeiten ein. Ihre Berufung ins Zentralkomitee ist in Frage gestellt. In der DDR wird sie toleriert, in der Bundesrepublik geehrt. Erst 1971 hat sie den Weg ihrer Jugend noch einmal gemacht, auf der Suche nach der kleinen Nelly Jordan, von der sie in der dritten Person spricht. Ihr Gewissen war verschüttet unter Befehlen, Aufmärschen, Führer- und Parteireden, unter Schule,

Medien, der Jugendorganisation, die Erneuerung, Glück, Frieden priesen. Geweckt wurde es wahrscheinlich auf ihrem Fluchtweg auf jener Mecklenburger Landstraße, die, wie sie selbst sagt, ihre erste Erzieherin war. Dort trafen sie die ausgezehrten Gespenster, die sie später häufig in ihren Träumen wiedersah – während sie sich noch schwor, demjenigen die Treue zu halten, der Autorität und Hoffnung verkörperte, während sie die Erwachsenen verachtete, die ihn im Unglück im Stich gelassen hatten. Sie ist wohl durch eine plötzliche Solidarität mit den erniedrigten Frauen aufgewacht. Sie hatte gehört, wie der KZler sie gefragt hatte, wo sie alle gelebt hätten – viel später erst erinnert sie sich an diesen Satz. Aber sie reagiert sofort, als ihre Großmutter ihr auf der Landstraße weibliche Häftlinge zeigte, die öffentlich vor ihren Bewachern ihre Notdurft verrichteten, und dabei sagte: »Sie haben keine Scham mehr.«

Warum hatten sie ihre Scham verloren? Warum hatten sich ihre Bewacher, diese Männer, nicht wenigstens abgewendet? Das hatte sie bemerkt. Einige Monate später lehnt sie sich zum erstenmal offen gegen die »Obrigkeit« auf. In den Nachkriegswirren war sie zur Gemeindesekretärin eines Dorfes ernannt worden. In dieser Eigenschaft mußte sie die in eine alte Häuslerstube bestellten Frauen aufrufen, die nach Geschlechtskrankheiten untersucht werden sollten. Mit einer Liste in der Hand ließ sie die Frauen eine nach der andern vor. Auf der Straße standen sie Schlange, während die im Dorf anwesenden Männer, von dem Spektakel angezogen, grinsend und feixend auf der Straße auf und ab spazierten. Einige Frauen weinten. Nelly hatte vergeblich versucht, die sowjetische Militärärztin zu überreden, wenigstens einige Ausnahmen zu machen. Unbeeindruckt setzte diese ihre Untersuchungen fort, fragte die Frauen vorher nach ihrem Familienstand. Die Aushilfe fragt sich nach dem Grund. Die Antwort erhält sie abends, als die Ärztin ihr beim gemeinsamen Tee plötzlich erklärt: »Deutsche Frauen Schweine.« Sie hatte erwartet, daß alle unverheirateten Frauen Jungfrauen wären. War es der Zorn über diesen Tag voller Erniedrigungen oder die Abscheu vor diesen Reihenuntersuchungen auf dem mit Wachstuch bedeckten alten Sofa? Jedenfalls hört sich Nelly – selbst überrascht – das Dogma der vorehelichen Jungfräulichkeit lebhaft bestreiten. Ihre zweite offene Auflehnung findet ein Jahr später im Gymnasium des Nachbarortes statt, wo Charlotte – die alle Zeugnisse ihrer Kinder gerettet hatte – ihre Tochter angemeldet hatte: Sie soll ihre Ausbildung fortsetzen, selbst wenn man sehen muß, wie man sich »durchschlägt«, um ihr Verpflegung und Unterkunft zu sichern. Bewundernswerte Charlotte – diese Frau hat mich von dem Augenblick an, als ich sie hinter ihrer Tochter entdeckte, durch ihren gesunden Menschenverstand beeindruckt, mit dem sie Nelly helfen wollte, »etwas« zu werden. Sie selbst war »etwas«, ohne es zu wissen: diese Buchhalterin und Kaufmannsfrau mit ihrem gesunden Menschenverstand, die auf Reden und offizielle Zeremonien allergisch reagierte, mit ihrem Mißtrauen gegen das Militär und diejenigen, die andere einen Krieg ertragen lassen. Sicher, aber vorsichtig in ihrem Urteil gegenüber anderen. Sie hatte dem wegen »rassischer Unzuverlässigkeit« entlassenen Englischlehrer geholfen, weil sie diese Entlassung ungerecht fand. 1944 hatte sie einer Ukrainerin aus dem »Ostarbeiterlager« im städtischen Stadion für ihr Neugeborenes Windeln zukommen lassen, aus denen sie vorher sorgfältig jedes Identifikationszeichen herausgetrennt hatte: ein paar Tage später fand sie, als sie den Laden öffnete, einen Feldblumenstrauß. Erinnern wir uns an ihre Weigerung, mit ihren Angehörigen zu fliehen, als sie dachte, daß ihre Rolle als Hüterin der Familie sinnlos geworden wäre, an die hartnäckige Suche nach ihren Kindern, als ihr klar wurde, daß sie diese doch retten müßte. Ihr Mann hatte sie häufig genug allein gelassen, auch als sie nach einer Fehlgeburt fast gestorben wäre. Trotzdem hielt sie so fest zu ihm, daß sie – sogar in Gegenwart Dritter – den Führer, der ihn in den Krieg schickte, beschimpfte, eine Haltung, die ihr Gefängnis, später den Tod hätte einbringen können, daß sie ihn überall suchte, als alle ihn für tot erklärten, und daß sie ihn wieder auf die Beine brachte, als er von der Gefangenschaft entstellt zurückkam. Als ich las, wie sie sich abarbeitete, habe ich häufig gedacht: Welche Verschwendung, was hätte sie mit ihrer Energie und ihrer Intelligenz nicht alles erreichen können.

Wahrscheinlich verdankt ihre Tochter ihr die Hartnäckigkeit, sich nichts vormachen zu lassen, sich nicht täuschen zu lassen von einer Welt, in der Reden von Erneuerung, Gerechtigkeit und Frieden immer noch alte Vorurteile, Ungerechtigkeit und kriegerische Zusammenstöße kaschieren. Dank einer Bildung, die ihre Mutter nicht erwerben konnte, sucht sie heute im Leben der Frauen ihrer Zeit wie in dem der großen Einsamen der Antike und der Romantik nach den Auswirkungen der Doppelmoral, die schon ihre Vorfahren vom »Frauenwohl«, deren Freundinnen, die englischen und amerikanischen Suffragetten, eine Flora Tristan wie eine Alexandra Kollontai, offengelegt hatten. Von dieser Doppelmoral war sie noch geprägt, als sie im Oktober 1946 mit Maria Kranhold, ihrer Mathematik- und Deutschlehrerin, aneinandergeriet. Mit ihren dunklen, zum Knoten zusammengefaßten Haaren, ihrem entschlossenen Aussehen, ihrer Verachtung der Eleganz erinnerte Maria sie an ihre geliebte Julia, nur daß Julia älter gewesen war. Aber alles, was sie sagte, ärgerte sie, weil sie Denken und Handeln ihres Idols radikal in Frage stellte. Die stumme Feindschaft verwandelt sich in einen offenen Zusammenstoß, als Maria im Unterricht behauptet, daß das Dritte Reich Schillers »Don Carlos« aus dem Lehrplan gestrichen hätte wegen der Deklamation des Marquis von Posa über die Tyrannei Philipps II. Nelly ist über diese »Verleumdung« empört. In ihrem Aufsatz erklärt sie, daß die Vorstellung eines Volkes von Freiheit niemals von anderen verstanden werden könne, weder früher noch heute. Ergebnis: eine schlechte Note wegen »geschraubten Stils« und eine Bemerkung Marias am Ende der Stunde. Wenn man »Freiheit« sage, müsse man wenigstens wissen, daß die Freiheit der einen die Unfreiheit der anderen bedeuten könne. Für sie hätte der Gipfel der Freiheit darin bestanden, die »Fahne mit der Spinne« nicht grüßen zu müssen, eine natürlich winzige Freiheit, die sie trotzdem durch Erfindungsgeist und List jedesmal neu hatte erkämpfen müssen.

Durch diese Sätze neugierig geworden, die sie zum erstenmal aus dem Mund einer Deutschen hört, die weder im Gefängnis noch im Lager war, entschließt sich die widerspenstige Schülerin nach langem Zögern, die Einladung anzunehmen, sie bei Gelegenheit zu besuchen. Die Ähnlichkeit des mit Büchern tapezierten Zimmers – wahrscheinlich bis auf einige Ausnahmen die gleichen –, die gleiche Art Kräutertee und Haferflockenplätzchen, die sie eineinviertel Jahre vorher bei einem Besuch bei ihrer geliebten Julia bekommen hatte, lassen sie den Vorwand ihres Besuches vergessen. Sie kommt gleich aufs Thema: Haben Lehrerinnen wie Julia die ganzen Jahre hindurch gelogen? Gelogen? fragt Maria zurück, die spürt, wie schwierig eine Antwort ist. Wenn sie ihre Schülerin zu sehr verletzt, läuft sie Gefahr, daß diese sich eher in unfruchtbare Auflehnung zurückzieht als daß sie sie zum Nachdenken bringt. Das wäre zu einfach, setzt sie im gleichen argumentierenden Ton hinzu, für den ihre Zuhörerin empfänglich scheint. Ob man andere belüge, wenn man – wahrscheinlich zumindest teilweise – selbst glaube? Glauben sei trotzdem keine Entschuldigung: man müsse wenigstens überprüfen, was man glaube. Hitler habe seine Hauptziele niemals versteckt: Lebensraum für das deutsche Volk könne für jeden denkenden Menschen nur Krieg bedeuten. Er habe immer wieder gesagt, daß er die Juden ausrotten wolle – selbst wenn er nicht genau gesagt habe, wie er es machen wolle. Er habe frühere Theorien von der Minderwertigkeit der Slawen, Neger und Romanen wiederaufgenommen. Wer könne Leute wie Julia davon freisprechen, ihr Denken abgeschaltet zu haben?

»Julia, sagte Nelly, hätte keinen Menschen umbringen können, da sei sie sicher.

Möglich, sagte die Kranhold. Aber sie hat Ihnen ein schlechtes Gewissen gemacht, wenn Sie sich sagen mußten, daß Sie keinen umbringen könnten. (...) Sie hat gemacht, (...) daß Ihr Gewissen sich umgekehrt hat, gegen Sie selbst. Daß Sie nicht gut sein können, nicht einmal gut denken können ohne ein Gefühl der Schuld. Denn wie sollten Sie das Gebot: Du sollst nicht töten oder die Forderung: Liebe deinen Nächsten wie dich selbst! vereinbaren mit der Lehre von Minderwertigkeit der anderen?

Und Sie? fragte Nelly. Wie haben Sie das denn vereinbart?

Schlecht, sehr schlecht«, antwortet die Pastorentochter. »Immer am Rande des Zuchthauses, immer am Rande des Verrates an Gott und den Menschen, die mir anvertraut waren. Aber angebetet habe ich die fremden Götter nicht: So habe ich allerdings auch nicht die Entschuldigung, daß ich an sie geglaubt habe.«

Warum träumt die Erzählerin nach der Erinnerung an diese Begebenheit, daß sie Handschuhe aus einem Schaufenster stiehlt, sich als Agentin in ihrer Heimatstadt befindet und zwei Bösewichter der schlimmsten Sorte, einer davon als Arzt getarnt, erschießt. Und der Traum ihrer Tochter Lenka 1971: In verwaschenen Jeans schmuggelt sie sich in eine vornehme Hofgesellschaft, ißt unbekümmert als erste von dem kalten Buffet, gelangt durch diese Tabuverletzung zu Macht und Ansehen, flüchtet aber, als sie Teile eines Rokokokostüms an sich bemerkt und sich dabei ertappt, daß sie sich nach der Etikette zu benehmen beginnt.[1]

Das Gefühl der Einsamkeit, Machtlosigkeit und Schuld ist nicht eines schönen Tages für immer aus dem Leben der Christa Wolf verschwunden. Die gleichen Gefühle einer Elisabeth Graßmann, Elsbeth Kötting und Hilde Hertow auch nicht. Sie haben gelernt zu sprechen, Denken und Handeln nicht mehr andern zu überlassen. Elisabeth war zu lange in ihren Lebensumständen gefangen, um etwas anderes als ein wenig Luft und Licht zu wollen. Elsbeth, Hilde

1 Siehe Christa Wolf, a.a.O., S. 457 und S. 367

und Christa haben Kenntnisse erworben, durch die sie ihre Erfahrung verstehen und mit andern darüber reden können. Ihre Sichtweise geht heute über das kleinbürgerliche Heim ihrer Kindheit hinaus. Eine trifft Junge, weniger Junge, Eingewanderte auf der Suche nach einer andern Gesellschaft, an diesem Knotenpunkt, der die ehemalige Reichshauptstadt geworden ist. Die andere beschäftigt sich mit fremden (nahen und fernen) Kulturen; die dritte beobachtet die Kämpfe und Widersprüche der modernen Welt, unterstützt Exil-Chilenen, die argentinischen Mütter, aber auch Frauen aus ihrem Land, die sich nicht mehr mit einer relativen ökonomischen Gleichberechtigung begnügen, die ihnen noch immer von einer »Männerordnung« aufoktroyiert wird. Als ich dieses Buch beendete, kam mir der Text einer Studentin der Universität Peking unter die Augen, mit dem Titel »Auch die Frau ist ein Mensch«. In einer Sprache, einem Stil, der weder der von Christa Wolf noch der von Tatiana Mamonova, noch der Afrikanerinnen oder aller Frauen der Dritten Welt ist, die sich gegen die Verstümmelung ihres Körpers und ihres Geistes unter dem Vorwand der »Tradition« wehren, auch nicht der der Amerikanerinnen von »Now« oder der einer Simone de Beauvoir, äußert diese junge Chinesin doch den gleichen Wunsch: endlich sie selbst zu sein, endlich ganz zu leben.

»Meine Gedanken gleichen einer Schlange, deren Stücke man wieder zusammenzukleben versuchen würde. Ich kann sie nicht gliedern. Heiterkeit und Schwung haben mich verlassen. Meine Tränen fließen endlos. Ich will ganz laut schreien: Auch die Frau ist ein Mensch... Diese Schwierigkeiten und diese Gewalttätigkeit, vielleicht verstehe ich – zumindest teilweise – erst heute die objektiven Gründe dafür: ich bin eine Frau. Volk, nicht weil ich eine Frau bin, müssen meine Kräfte und mein Kampf zurückgestoßen werden.

Ich bin eine Frau. Auch die Frau ist ein Mensch. Warum sollte sie nicht – wie andere Menschen auch – Nachdenklichkeit und Leidenschaften in sich tragen?

Mut und Opfergeist sollten zufällig Erbe des männlichen Geschlechtes sein? ... Auch die Frau ist ein Mensch. Warum sollten ihre besonderen Eigenschaften, ihre Interessen, aber auch die Entwicklung des weiblichen Geschlechtes und viele andere Aspekte keine wichtige Frage sein? Weibliche Interessen sollten nicht in das Meer der Interessen des Volkes hineinfließen? Frauenrechte wären nicht Teil der demokratischen Rechte? Warum rügt man mich nur dann, wenn's um die Frauenfrage geht? Manche finden, daß meine

Wandzeitungen unerträglich zu lesen sind. Dann hätte ich im Namen der Ehre der Universität Peking, der der Demokratie, kein Recht, mich zu äußern? ... Dann sollte man in völliger Gleichberechtigung über die großen Staatsangelegenheiten sprechen, die Frauenfrage aber nicht auf wissenschaftliche Art behandeln können? ...

Auch die Frau ist ein Mensch und muß als solcher um ihre Rechte, Interessen und ihre Entfaltung kämpfen. Warum sollte man sich daran nicht gewöhnen müssen? Könnte die weibliche Sichtweise das Gesamtverständnis der Dinge nicht sogar ausweiten und verstärken?

Auch die Frau ist ein Mensch. Warum sollte ich schwächer als der Mann sein? Und selbst wenn ich es bin, will ich dafür verantwortlich sein, für mich selbst verantwortlich sein.

Ich wünsche mir, daß zukünftige Bürgerinnen, zukünftige Kandidatinnen glücklicher, stärker, perfekter als ich sind. Ich hoffe, daß wir Frauen durch den Kampf das Recht erwerben, Menschen zu werden, sowie das Recht, Verantwortungen und Ehren zu erlangen, die sich daraus herleiten.«[1]

Werden sich die Frauen in diesem Jahrhundert, das mit einem Krieg begonnen hat, das mit Auschwitz und Hiroshima weitergegangen ist und das mit der Entkolonisierung der Völker zu Ende geht, über die Grenzen hinaus zu vereinigen wissen, um sich ihrerseits zu dekolonisieren?

1 Zitiert nach Anita Rind, »Être féministe à Pékin«, in: Le Monde, Paris 26. 7. 1981

Benutzte Abkürzungen und Siglen

AA	Archiv Auswärtiges Amt, Bonn
ADF	Allgemeiner Deutscher Frauenverein
AEG	Allgemeine Elektrizitätsgesellschaft
AStA	Allgemeiner Studentenausschuß
BA	Bundesarchiv Koblenz
BDC	Berlin Document Center
BDF	Bund Deutscher Frauenvereine
BDM	Bund Deutscher Mädel
CIMADE	Conseil international du mouvement d'aide à toute détresse (ökumenischer Hilfsdienst)
DFAD	Deutscher Frauenarbeitsdienst
DDP	Deutsche Demokratische Partei
DNVP	Deutschnationale Volkspartei
Gestapo	Geheime Staatspolizei
ICW	International Council of Women
IfZ	Institut für Zeitgeschichte, München
IG Farben	Interessengemeinschaft der Farbenindustrie
KPD	Kommunistische Partei Deutschlands
LICA	Internationale Liga gegen den Antisemitismus – heute: LICRA, Internationale Liga gegen Rassismus und Antisemitismus
MA	Mikrofilme Alexandria/Virginia, USA
NAPOLA	Nationalpolitische Erziehungsanstalten
NSDAP	Nationalsozialistische Deutsche Arbeiterpartei
NSV	Nationalsozialistische Volkshilfe
Ogruf	Obergruppenführer
SA	Sturmabteilung
SD	Sicherheitsdienst
Sipo	Sicherheitspolizei
SPD	Sozialdemokratische Partei Deutschlands
SS	Schutzstaffel
TMI	Internationales Militärtribunal (Nürnberger Prozesse)
USPD	Unabhängige Sozialdemokratische Partei Deutschlands
WIF	Wissenschaftliche Internationale Frauenstiftung
WILPF	Women's International League for Peace and Freedom (Internationale Frauenliga für Frieden und Freiheit)

Bibliographischer Anhang

Eine vollständige und ausführliche Geschichte der Frauen in den deutschsprachigen Ländern bleibt noch zu schreiben. Die vielfältigen Quellen sind weit verstreut, daher muß die folgende Bibliographie unvollständig bleiben. Sie berücksichtigt nur die wichtigsten Archive und für das Thema im engeren Sinn wichtige Titel. Spezialstudien und Quellen sind jeweils in den Anmerkungen nachgewiesen.

I. Archive

Auswärtiges Amt, Bonn:
Dossiers: – VM 42/4
– AA Dienststelle Ribbentrop 26/1
– NSDAP Reichsfrauenführung

Bundesarchiv, Koblenz:
Sammlung Schumacher
Dossiers: – N.S. 2–10–18–26–44
– N.S.D. 43–47–61
– Reichskanzlei, Serien R 43 – R 55
– Kleine Erwerbe: Gertrud Bäumer, Emmy Beckmann, Camilla Jellinek, Lang-Brumann, Maria Reese, Adele Schreiber, Dorothee von Velsen
Sammlung Griesel (Landjahr) und Filmarchive

Document Center, Berlin:
Personalakten NSDAP

Institut für Zeitgeschichte, München:
Dossiers: – FA 19 (Deutsches Frauenwerk)
– Db 40.09 (Plichtjahr)
– DA 52–14
Mikrofilme (Alexandria/Virginia): MA 47–130–135–205–253–306–341–387–422–441–468–609–739–1159–1163

II. Statistiken

Beyer, Hans: *Die Frau in der politischen Entscheidung,* Stuttgart 1933
Bolte, K. M. und Kappe, Dieter: *Struktur und Entwicklung der Bevölkerung,* Opladen, 1964
Deutsche Hochschulstatistik 1933/34, Berlin
Falter, Jürgen: »Wer verhalf der NSDAP zum Sieg?«, in: Beilage zu *Das Parlament,* Bonn 14. 7. 1979

Fuchs, Dietrich und Neidhart: *Wahlstatistik in Deutschland 1848–1975,* München 1976

Schumacher, Martin: *Wahlen und Abstimmungen 1918–1933,* Düsseldorf 1976

Statistik des Deutschen Reichs

Tingsten, Herbert: *Political Behaviour,* New York 1975

Weber, Martin: *Soziale Merkmale der NSDAP-Wähler,* Dissertation, Freiburg i. Br. 1969

III. Sammlungen und Periodika

Archiv für Bevölkerungspolitik, Sexualethik und Familienkunde (1930–32)
Archiv für Frauenkunde und Eugenik
Die Frau (Zeitschrift des BDF, 1893–1944)
Frauenkultur im Deutschen Frauenwerk (nationalsozialistisch)
Die Frau im Staat (feministisch, Weimarer Republik)
Die Frau am Werk (Arbeitsdienst)
Hauswirtschaftliche Jahrbücher (Reichsfrauenführung ns)
Jahrbuch der Reichsfrauenführung
Der Schwarze Korps (SS)
Das Landjahr
Das deutsche Mädel (BDM)
Mutter und Volk (Frauenwerk, nationalsozialistisch)
Nachrichtendienst der Reichsfrauenführung
NS-Frauenwarte
NS-Korrespondenz
NS-Monatshefte
Rassenpolitische Auslandskorrespondenz
Internationales Militärgericht (Nürnberger Prozesse)
Völkischer Beobachter

IV. Auswahlbibliographie

I. Kapitel
Die Emanzipation der Frauen in Deutschland vor 1933

Arendt, Hans Jürgen und Ingrid: *Bibliographie zur Geschichte des Kampfes der deutschen Arbeiterklasse für die Befreiung der Frau und zur Rolle der Frau in der deutschen Arbeiterbewegung,* Leipzig 1974 (über die Zeit von 1845–1970)

Bebel, August: *Die Frau und der Sozialismus,* Berlin 1923, Nachdruck Hannover 1974

Bussey, Gertrud und Tims, Margaret: *Womens International League for Peace and Freedom,* London 1965

Evans, Richard: *The Feminist Movement in Germany 1894–1933,* London,

Beverly Hills 1976 (mit vielen Dokumenten und einer ausführlichen Bibliographie)
Heymann, Lida Gustava und Augspurg, Anita: *Erlebtes, Erschautes*, hg. von Twellmann, Margit, Meisenheim 1972 (Erinnerungen der beiden pazifistischen Feministinnen)
Lion, Hilde: *Soziologie der Frauenbewegung*, Berlin 1926
Remme, Irmgard: *Die internationalen Beziehungen der deutschen Frauenbewegung vom 19. Jahrhundert bis 1933*, Dissertation, Berlin 1955
Strecker, Gabriele: *100 Jahre Frauenbewegung in Deutschland*, Wiesbaden 1951
Thönessen, Werner: *Die Frauenemanzipation 1863–1933*, Frankfurt a. M. 1969
Twellmann, Margit: *Die Deutsche Frauenbewegung*, Meisenheim 1972
Weiterer, Maria: *Die bürgerliche und sozialistische Frauenbewegung in Deutschland 1848–1933*, Berlin 1947
Zahn-Harnack, Agnes v. und Sveistrup, Hans: *Die Frauenfrage in Deutschland 1790–1930*, 1. Aufl. 1934, Nachdruck Tübingen 1960

II. Kapitel: Der Männerbund

Bracher, Karl Dietrich: *Die deutsche Diktatur*, Köln 1969 (besonders hilfreich ist die thematische Bibliographie)
Diehl, Guida: *Die deutsche Frau und der Nationalsozialismus*, Eisenach 1932/33
– *Christ sein, heißt immer Kämpfer sein*, Gießen 1958 (Autobiographie)
Domarus, Max: *Hitler, Reden und Proklamationen 1932–1945*, 4 Bde., Würzburg 1964
Eggener, Elfriede: *Die organische Eingliederung der Frau in den nationalsozialistischen Staat*, Dissertation, Leipzig 1938
Heiber, Helmut (Hg.): *Reichsführer! – Briefe an und von Himmler*, Stuttgart 1968
Heinemann, Manfred (Hg.): *Erziehung und Schulung im Dritten Reich*, Stuttgart 1980
Hitler, Adolf: *Mein Kampf*, Bd. 1 München 1925, Bd. 2 München 1927
Jacobsen, H. A. und Jochmann, Werner: *Ausgewählte Dokumente zur Geschichte des Nationalsozialismus*, Bielefeld 1961
Lerner, Daniel: *The Nazi Elite*, Stanford 1951
Rauschning, Hermann: *Gespräche mit Hitler*, Zürich 1940
Rosenberg, Alfred: *Der Mythus des 20. Jahrhunderts*, München 1930
Stephenson, Jill: *Women in German Society 1930–1940*, London 1975
– *The Nazi Organization of Women*, New York/London 1981 (die ausführlichsten Studien zu diesem Thema)
Scholtz-Klinik, Gertrud: Rede der Führerin der deutschen Frauen 1934, in: *Reden an die deutsche Frau*. Reichsparteitag, Nürnberg, 8. Sept. 1934, oder

in: dies., *Die Frau im Dritten Reich.* Eine Dokumentation, Tübingen 1978 (»positive Bilanz«, den »Opfern« der Nürnberger Prozesse gewidmet)
Willing, Georg Franz: *Die Hitlerbewegung,* München/Hamburg/Berlin 1962

III. Kapitel: Der Mutterdienst

Ackermann, Joseph: *Himmler als Ideologe,* Göttingen 1970
Darré, Walther Richard: *Neuadel aus Blut und Boden,* München 1930
Conrad-Martius, Hedwig: *Utopien der Menschenzüchtung,* München 1955
Goebbels, Joseph: *Michael, ein deutsches Schicksal in Tagebuchblättern,* München 1929
Dr. Grosz: *Weltanschauung und Rassenhygiene,* München 1934
Günther, Hans F. K.: *Rassenkunde des deutschen Volks,* München 1922
Grunberger, Richard: *Das zwölfjährige Reich,* Wien 1971
Hillel, Marc und Henry, Clarissa: *Lebensborn e. V. Im Namen der Rasse,* Wien/Hamburg 1975
Jung, Edgar: *Die Herrschaft der Minderwertigen und ihre Ablösung durch ein neues Reich,* Berlin 1930
Kogon, Eugen: *Der SS-Staat,* Frankfurt a. M. 1946
Mosse, George L.: *The Crisis of German Ideology,* London 1966
Picker, Henry: *Hitlers Tischgespräche im Führerhauptquartier 1941/42,* Bonn 1951
Poliakov, Léon: *Le Mythe aryen,* Paris 1971
Pommerin, Reiner: *Sterilisierung der Rheinlandbastarde,* Düsseldorf 1979
Verschuer, Otmar v.: *Rassenhygiene als Wissenschaft und Staatsaufgabe,* Frankfurt a. M. 1936

IV. Kapitel: Zuchtstute oder Arbeitspferd?

Bajohr, Stefan: »Weiblicher Arbeitsdienst im ›Dritten Reich‹. Ein Konflikt zwischen Ideologie und Ökonomie«, in: *Vierteljahrshefte für Zeitgeschichte,* Heft 3, Stuttgart, Juli 1980
Boberach, Heinz: *Meldungen aus dem Reich,* Neuwied 1965
Buresch-Riebe, Ilse: *Frauenleistung im Krieg,* Berlin 1942
Eiber, Ludwig: »Frauen in der Kriegsindustrie«, in: *Bayern in der NS-Zeit,* Bd. III, München 1981
Eichholtz, Dietrich: *Geschichte der deutschen Kriegswirtschaft 1939–45,* Berlin 1969
Gersdorff, Ursula v.: *Frauen im Kriegsdienst,* Stuttgart 1969
Kuczynski, Jürgen: *Geschichte der Lage der Arbeiter,* Bd. XVIII Frauenarbeit, Berlin/DDR
Marawske-Birkner, Lili: *Der weibliche Arbeitsdienst,* Leipzig 1942
Mason, Timothy: *Arbeiterklasse und Volksgemeinschaft,* Opladen 1975
– »Zur Lage der Frauen in Deutschland 1930–1940«, in: *Gesellschaft. Beiträge zur Marxschen Theorie,* Jg. 6, 1976, S. 118–193

Morton, Gertrud B.: *Les Problèmes sociaux du travail féminin dans l'industrie allemande*, Genf 1936
Petzina, Dietmar: »Die Mobilisierung deutscher Arbeitskräfte vor und während des 2. Weltkriegs«, in: *Vierteljahrshefte für Zeitgeschichte*, Heft 4, Stuttgart, Oktober 1970
Schoenbaum, David: *Hitler's Social Revolution*, New York 1966 (Kapitel 6)
Winkler, Dörte: *Frauenarbeit im Dritten Reich*, Hamburg 1977 (die ausführlichste Studie zu diesem Thema)

V. Kapitel: Das Frauenideal

Aicher-Scholl, Inge: *Die weiße Rose*, Frankfurt a. M. 1953
Der alltägliche Faschismus – Frauen im Dritten Reich, Berlin–Bonn 1981 (Zeugenaussagen)
Courtade, Pierre und Cadars, Francis: *Geschichte des Films im Dritten Reich*, München 1975
Hinz, Berthold: *Die Malerei im deutschen Faschismus*, München 1974
Köhler, Jochen: *Klettern in der Großstadt*, Berlin 1979 (Zeugenaussagen)
Loewy, Ernst: *Literatur unter dem Hakenkreuz*, Frankfurt a. M. 1966
Klaus, Martin: *Mädchen in der Hitlerjugend*, Köln 1980
Maschmann, Melita: *Fazit*, Stuttgart 1963 (Autobiographie einer nationalsozialistischen Jugendführerin im Dritten Reich)
Reuter, Angelika und Poneleit, Barbara: *Frauen im Widerstand, Frauen im Faschismus 1933–45*, München 1977
Seidel, Ina: *Dienende Herzen. Kriegsbriefe von Nachrichtenhelferinnen*, Berlin 1942
Theweleit, Klaus: *Männerphantasien*, 2 Bde., Frankfurt a. M. 1977
Wolf, Christa: *Kindheitsmuster*, Darmstadt/Neuwied 1977
Wulf, Joseph: *Theater und Film im Dritten Reich*, Gütersloh 1964

VI. Kapitel: Die Verfemten

Arndt, Ino: »Das Frauen KZ Ravensbrück«, in: *Schriftenreihe der Vierteljahrshefte für Zeitgeschichte*, Stuttgart 1970 (von einer Mitarbeiterin des Instituts für Zeitgeschichte in München)
Autriche – Les Années de ténèbres, Wien 1975
Badia, Gilbert u. a.: *Les Barbelés de l'Exil. Etudes sur l'émigration allemande et autrichienne*, Grenoble 1979
Döhring, Hans Joachim: *Die Zigeuner im NS-Staat*, Hamburg 1965
Elling, Hanna: *Frauen im deutschen Widerstand*, Frankfurt a. M. 1978 (die ausführlichste Studie über deutsche Widerstandskämpferinnen)
Heger, Heinz: *Die Männer mit dem rosa Winkel*, Hamburg 1972
Kaplan, Marion: *The Jewish Feminist Movement in Germany 1904–1938*, Westport/Connecticut 1979 (die Geschichte des Jüdischen Frauenbundes bis zu seiner Auflösung)

Langbein, Hermann: ... *nicht wie die Schafe zur Schlachtbank. Widerstand in den nationalsozialistischen Konzentrationslagern 1938–45*, Frankfurt a. M. 1980 (wichtige Bibliographie über die Deportation vom Sekretär des Internationalen Lager-Komitees Wien)

Manwell, Roger und Fraenkel, Heinrich: *The incomparable crime*, London 1967

Meyer, Gertrud: *Nacht über Hamburg*, Frankfurt a. M. 1971 (über das Hamburger Gefängnis und das Lager Neuengamme)

Rinser, Luise: *Gefängnistagebuch*, München 1946

Schramm, Hanna und Vormeier Barbara: *Menschen in Gurs*, Worms 1976

Ternon, Yves und Helman, Socrate: *Les Médecins allemands et le nationalsocialisme*, Paris 1973

Thalmann, Rita: *L'émigration et l'opinion publique en France de 1933 à 1936*, CNRS, Paris 1980; zum gleichen Thema über die Zeit von 1936–39, in: *Francia*, Sonderheft, Zürich/München 1981

Tillion, Germaine: *Ravensbrück*, Paris 1973 (Gesamtanalyse anhand von Aufzeichnungen und Dokumenten)

Wagner, Walter: *Der Volksgerichtshof im NS-Staat*, Bd. III, Stuttgart 1974 (Die Hochverratsprozesse)

Weisenborn, Günther: *Der lautlose Aufstand*, Hamburg 1953, 2., erw. Aufl. 1954

Wormser-Migot, Olga: *Le Système concentrationnaire*, Paris 1968

Zörner, Guste u. a.: *Frauenkonzentrationslager Ravensbrück*, Berlin/DDR 1971

Fotonachweis

Bildarchiv Preußischer Kulturbesitz: Luise Otto-Peters; Auguste Schmidt; Marie Stritt; Helene Stöcker; Gertrud Bäumer; Agnes von Zahn-Harnack; Heeres-Munitionsanstalt Berlin; Flaggenparade des BDM; Fahnenträgerinnen der Jungmädel; Singstunde im Zeltlager. *Ullstein Bilderdienst:* Versammlung 1900; Kongreß des »Verbandes fortschrittlicher Frauen« 1901; Camilla Jellinek; Guida Diehl; Gertrud Scholtz-Klink; Werbeplakat Jungmädelschaft; Sportfest des Berliner BDM 1937; Hanna Reitsch; Sophie Scholl. *Bundesarchiv Koblenz:* Clara Zetkin; Jagd auf Ungeziefer (Gaubild Worms 274); BDM-Besichtigung Dachau (152/11/30); Landjahr für Mädchen (Kl. Erw. 675/7/93); Zarah Leander; Heim für Französinnen. *Collection Mollo:* G. Scholtz-Klink und K. Wolff bei einem NSDAP-Kongreß; Führerinnen des »Deutschen Frauenarbeitsdienstes«; Frauen für die Hilfsdienste der SS. *Eupra Press:* Begegnung SS und BDM; Nachrichtenhelferinnen in Paris; Trauung Emmy Sonnemann und Marschall Göring. *Keystone:* Leni Riefenstahl.

Register

Die kursiv gesetzten Seitenzahlen verweisen auf die Fußnoten.

Abel, Theodor 88
Aberdeen, Lady Ishbel Maria 37, 253, 254
Aberdeen, Lord John Campbell 254
Abetz, Otto 184
Addams, Jane 52, 256
Adenauer, Konrad *120*
Adler, Hannelore 246
Aicher-Scholl, Inge 193, *208*
Albrecht, Berthie 265
Amann, Max 146
Ammann, Ellen 54
Anthony, Susan B. 37
Aragon, Louis 240
Arendsee, Martha 240
Arendt, Hannah 227, 239
Arendt, Hans Jürgen *90*
Aristoteles 77
Arndt, Ino *237*
Arning, Marie 241
Astor, Lady 243
Auerbach, Hellmuth 15
Auerhahn, Käthe 92
Auferbauer, Mathilde 276
Augspurg, Anita 24, 25, 26, 27, 28, 29, 31, 33, 36, 37, 47, 48, 49, 51, 52, 53, 54, 78, 90, 251
Avril de Sainte-Croix, Frau 256

Bacharach, Alice 246
Backe, Herbert *148*
Baer, Gertrud 55, 59, 90,. 251, 257
Bäumer, Gertrud 37, 47, 48, 50, 51, 52, 56, 59, 60, 61, 64, 67, 89, 90, 91, 95, 96, 143, 160, 162, 258
Bäumler, Alfred 105
Bajohr, Stefan *160, 162, 187*
Baltzer, Marie 118
Bastineller, Henny von 119, 120, 121, 122, 232
Bauer, Gerhard 15
Beauvoir, Simone de 14, 291
Bebel, August 18, 20, 45
Beckmann, Emmy 96, 254
Behling, Erna 266
Benario-Prestes, Olga 277
Bergamin, José 240
Berger, Gottlob 145, 156, 176
Bergery, Gaston 244
Bergmann, Erika 270
Bergmann, Ernst 134, 155
Bethmann Hollweg, Theobald von 52
Beyer, Hans *65, 66*
Bieber-Böhm, Hanna 29, 30, 31, 36
Binz, Dorothea 270
Bismarck, Otto von 24
Blank, Frau 254
Bloch, Ernst 12, 69
Bloch-Sérazin, France 265, 266
Boberach, Heinz *179, 189*
Bodenschatz, (General) 182
Boika, Lolja 275, 277
Bollmann, Minna 236
Bonhoeffer, Dietrich 228, 280
Borgius, Walter 38, 41
Bormann, Martin 94, 95, 103, 110, 138, 144, 155, 182, 184, 185
Borsig (Firma) 165, 223
Brandt (Obersturmführer) 154
Braubach, Helene 235
Brault, Eliane 258
Braun, Lily 26, 27, 37, 41

Braun, Madeleine 265
Bré, Ruth 38
Breitscheid, Rudolf 250
Breitscheid, Toni 250
Brenner, Hildegard *105*
Brockdorff, Erika von 229
Broszat, Martin *129*
Brüning, Heinrich 66, 98, 160
Buber-Neumann, Margarete 274, *275*
Buchmann, Erika 275
Bülow, Bernhard von 37, 48, 253
Burckhardt, Carl Jakob 263
Bussey, Gertrude *52*
Butler, Josephine 29, 37

Cabarrus-Fontenay, Thérèse 160
Cadars, Pierre *204, 212*
Cantacuzène, Prinzessin 256
Capy, Marcelle 59
Carré, Alphonse 128
Casper, Rose 240
Cauer, Minna 17, 24, 26, 29, 31, 32, 34, 49, 49, 51, 52
Chamberlain, Houston Stewart 41, 75
Chautemps, Camille 244
Clauberg, Carl 148, 279
Clauss, Ludwig Ferdinand 143
Cohnstädt, Ruth 235
Conrad, Joseph 204
Conrad-Martius, Hedwig *132*
Conti (Dr.) 142, 152
Conti, Nana 142
Coppi, Hans 229
Coppi, Hilde 229
Corleis, Katharina 235
Courtade, Francis *204, 212*
Cripps, Sir Stafford 243
Curie, Marie 79, 256, 265
Cziffra, Geza von 205

Daladier, Edouard 276
Daluege, Kurt 99, 164
Darré, Richard Walther 115, 116, 117, 132, 154, 161
Daudet, Alphonse 204
Daudet, Léon 128
David, Edward 46
David, Gertrud 46
Delbo, Charlotte 275
Desrumeaux, Martha 275
Diehl, Guida *9*, 43, 44, 45, 46, 63, 64, 76, 82, 83, 143, *144*, 156
Dietrich, Amalie 101
Dietrich, Marlene 205
Dilthey, Wilhelm 38
Dimescu, Calliope *256*
Dirlewanger, Oskar 145
Dohme, Senta 266
Döhring, Hans Joachim *264*
Dollfuß, Engelbert 251
Domarus, Max *118*
Dornemann, Luise *20, 53*
Drevet, Camille 251
Drobisch, K. *175*
Duc, Renée 135
Duchêne, Gabrielle 58, 251, 256

Eben-Servaes, Ilse 102
Ebert, Friedrich 135
Eberz, Ottfried *86*
Ebner, Gregor 141
Eggener, Elfriede *83*
Egidy, Moritz von 51
Eiber, Ludwig *159, 165, 174, 179, 183, 186*
Eichholtz, Dietrich *175, 187*
Eichmann, Adolf 263
Eisner, Kurt 53, 54
Eisner, Lotte 240
Elling, Hanna *233, 235, 237*
Ellis, Havelock 133
Enders, Emma 68
Engels, Friedrich 20, 38, 41
Erdmann, Rhoda 101
Ernst, Mela 275
Esdorn, Ilse 104

Etter, Erika 266
Euripides 77
Evans, Richard, J. *18, 42, 48*

Fabarius, E. A. 160
Falter, Jürgen W. *69*
Faulhaber, Michael von 281
Feder, Gottfried 77
Fénélon, Fania *264*
Féron, S. *128*
Fest, Joachim C. *107*
Fiering, Marie 266
Finaly (Kinder) *248*
Firnberg, Hertha *277*
Fischböck (Dr.) 184
Fischer, Ruth 241
Flex, Walter *251*
Forel, Auguste 38
Foucault, Michel 14, *189*
Fraenkel, Heinrich *270*
France, Anatole 286
Frenssen, Gustav 133, 134, 136, 155, 156
Freud, Sigmund 38
Freundlich, Emmy 251
Friang, Brigitte 270, 275, 276
Frick, Wilhelm 64, 92, 93, 97, 102, 142, 261
Fricke, Dieter *53*
Friedrich, Wilhelm I. 261, 262
Fritzsche, Hans 144
Funcke, von (Ministerialrat) 161

Galton, Sir Francis *117*
Gebhardt, Karl 279
Gehl, Walther *81*
Gerlach, Hellmuth von 34, 49
Germanicus, Michael 130
Gersdorff, Ursula von *172, 180*
Gerstel-Klepper, Hanni 258, 260, 261, 262, 263, 264
Giehse, Therese 239
Gierke, Anna von 67
Giraud, Marie-Louise *153*
Glatzer, Helene 235
Globke, Hans 120
Gobineau, Arthur de 41
Goebbels, Joseph 81, 82, 84, 88, 97, 102, 115, 130, 144, 163, 169, 172, 179, 190, 212, 214, *223*, 232, 253, 257
Göbel, Käte 67
Göring, Hermann 102, 109, 157, 163, 164, 169, 175, 177, 180, 182, 188
Goethe, Johann Wolfgang von 212, 265
Goldberg, Frau 228
Goldschmidt, Kurt 120, 232
Gottschalk, Joachim 263
Gottschewski, Lydia 84, 90, 107
Goudsticker, Sophie 25
Gouges, Olympe de 12, 80
Granget, Emma 232
Graßmann, Elisabeth 167, 168, 169, 170, 175, 284, 290
Grawitz (Professor) 148
Green-Balch, Emily 251, 252
Grese, Irma 270
Griaule, Marcel 256
Gries, Anna 126, 127, *137*
Gröffy (General) 214
Gröhe, Agnes 126
Grollmuß, Maria 276
Groppert, Roberta 240
Groß, Walter 122, *123*
Grosser, Alfred *120*
Gruber, Max von 76, 77
Grüber, Heinrich 262
Grunberger, Richard *106*
Günther, Hans F. K. 84, 116, 143
Gussow, Margarete 103, 104

Haeckel, Ernst 132
Häsler, Alfred *245*, 247
Hamm, Florentine 118
Hanauer, Irma 245
Hanauer, Selma 245

Hannen-Cammens, Minna 233, 235
Harbou, Thea von 232
Harlan, Veit 212
Heckert, Fritz 242
Heger, Heinz *264*
Heiber, Helmut *145, 146, 147, 148, 149, 152, 154, 176*
Heidegger, Martin 105
Heiden, Konrad *80*
Heinze (Reichstagsabgeordneter) 29
Heißmeyer, August 107, 108, 109, 110
Helman, Socrate 264
Henseler, Heinz *143*
Hentschel, Willibald 132
Hermann, Lilo 241
Hernersdorf, Anna 84
Herschel, Caroline 101
Hertow, Hilde *202*, 204, 206, 223, 224, 286, 290
Hertwig, Paula 101
Herz, Manny 247
Herzog, Gudrun 240
Heß, Rudolf 93, 131, 136, 142, 143, 172, 253
Heuss, Theodor 96
Heuss-Knapp, Elly 96
Heuyer (Professor) 249
Heymann, Lida Gustava *24*, 27, 28, 33, 34, 35, 36, 43, 47, 48, 49, 52, 53, 54, *55*, 58, 68, 90, 251
Heymann, Richard 214
Hierl, Konstantin 159, 161, 181
Hilferding, Rudolf 250
Hilgenfeldt, Erich 144
Hillel, Marc *114, 140, 153, 154, 214*
Hiller, Friedrich 161
Himmler, Heinrich 108, 115, 116, 117, 129, 130, 132, 136, 138, 140, 141, 142, 143, 144, 145, 146, 147, 148, *149*, 150, 151, 152, 153, 154, 155, 156, 164, 176, 177, 228, 254
Hindenburg, Paul von *69*
Hinz, Berthold *193*
Hirzel, Suse 208
Hitler, Adolf 63, 68, 72, 74, 75, 76, 77, *80*, 82, 83, 84, 85 87, 91, 92, 93, 95, *96*, 97, 98, 102, 113, 115, 116, 117, 118, 119, 126, 142, 144, 145, 146, 151, 153, 155, 157, 158, 159, 162, 165, 168, 172, 173, 175, 178, 180, 181, 182, 183, 184, 185, 188, 194, 196, 220, 224, 225, 226, 228, 251, 252, 256, 260, 261, 275, 289
Hochhuth, Rolf *150, 151*
Hochmuth, Ursel *100*
Hoegner, Wilhelm *69*
Hoheisen, Marie 256
Huch, Ricarda 105
Hugenberg, Alfred *96*

Jacobsen, Hans A. *155*
Jakobs, Aletta 51
Jakuditsch, Anna 266
Jannasch, Lilli 51
Janssen-Jurreit, Marielouise *22*
Jantzen, Erika 278
Jarvis, Anna 127
Jeanne d'Arc 205
Jellinek, Camilla 26, 27, 40, 63, 99
Jochmann, Werner *155*
Jolas (Reichskommissar) 135
Juchacz, Marie 61, 71, 241
Jung, Edgar *119*
Jung, Margarete 275
Jünger, Ernst 105, *232*
Jursch, Hanna 101

Kahn, Mira 246
Kahr, Gustav von 135
Kaplan, Marion A. *67*
Kapp, Inge 246
Kapp, Ruth 246
Kardorff, Katharina von 71
Kassing, Änne 275
Katzenstein, Ellen 266

Kautsky, Luise 21
Keitel, Wilhelm *142*, 182
Kersten, Felix *129*, *155*
Kessel, Franziska 230, 235
Kettler, Hedwig 24, 25
Key, Ellen 38, 52
Keyserling, Margarete von 258
Kiendrzynska, Wanda *274*, 275, 276
Killy (Reichskabinettsrat) 183
Kirchner, Johanna 241
Klaus, Martin *191*
Klausener, Erich *265*
Klemme, Evgenia 275, 277
Klepper, Brigitte 262
Klepper, Jochen 259, 261, 263, 264
Kneup, Katharina 241
Koch, Ilse 228, 269
Koegel, Max 267, 268
Köhler, Jochen 15, *88*, *166*, *233*, 284, 285
Köpke, Margarete 236
Körner, Olga 275
Köster (Botschafter) 253
Köster, Frau 253, 255
Kösters, Maria 104
Kötting, Elsbeth 88, 89, 166, 167, 285, 286, 290
Kogon, Eugen *145*
Kolb, Annette 239
Kollontai, Alexandra 58, 65, 288
Kollwitz, Käthe 263
Konopath (Ministerialrat) 84
Kontor, Jozefa 277
Kortzfleisch, Ida von 160
Krausnick, Helmut *129*
Krieck, Ernst 105
Kropp, Maria 235
Krummacher, (Dr.) 92, 93, 94
Krupp (Firma) 165
Krupp-Stiftung 41, 114, 115, 134
Kube, Wilhelm 98, 99
Kuhn, Leonore 67, 84, 97, 107
Kunert, Marie 241
Labbé, Edmond 128
Lafargue, Laura 21
Lafargue, Paul 21
La Fontaine, Jean de 276
Lagerlöf, Selma 52, 252
Lammers, Hans Heinrich 102, 182, 184
Landauer, Gustav 54
Lang, Fritz 232
Lang-Brumann, Thusnelda 83
Langbein, Hermann *275*, *277*
Lange, Helene 23, 26, 36, 37, 45, 46, 47, 48, 57, 97
Langkau-Alex, Ursula *241*
Langlois, Henri 240
Lanvin (Modeschöpfer) 261
La Rochefoucauld (Ärztin) 280
Larsch, Käthe 235
Lasker-Schüler, Else 239
Leander, Zarah 193, 205, 223
Lebrun, Albert 128
Le Coq, Violette 278
Le Fort, Gertrud von 82, 83
Lehr, Toni 275
Leibovici (Professor) 249
Leichter, Käte 277
Leipelt, Käthe 265
Lenin, Wladimir Iljitsch 65, *69*
Lenz, Fritz 143
Lerner, Daniel *94*
Levi, Paul 57
Ley, Robert 80, 142, 183, 184, 185
Lichtenberg, Bernhard 228, 281
Liebeneiner, Wolfgang 209, 236
Liebknecht, Karl 233, 237
Lindsay, Benjamin B. 133
Lipp, Maria 104
Lischnewska, Maria 41, 49
Löcken, Hermann 129, 130
Löwenberg, Ruth 246
Lorenz, Charlotte 104
Lorösch, Luise 86
Louis, Joe 202
Lüders, Marie-Elisabeth 48, 55, 56, 59, 60, 61, 89, 96, 101, 160, 255

Luxemburg, Großherzogin von 108
Luxemburg, Rosa 27, 51, 52, 53, 54, 233, 237

Macciocchi, Maria Antonietta 13
Maertens, Hanna 266
McDonald, James G. *249*
Mahler, Gustav *264*
Malraux, André 244
Malthus, Robert 38
Mamonova, Tatiana 291
Mandel, Maria 270
Mann, Erika 236
Mann, Heinrich 119
Mann, Klaus 236
Mann, Thomas 105, 141
Manwell, Roger *270*
Marawske-Birkner, Lilly *160*
Marschall, Elizabeth 279
Marti, Simone 275
Martin, Benno 154
Marx, Karl 20, 21
Maschmann, Melita 207, 210, 211, , 232, 283
Maskovac, Maja 278
Mason, Timothy *171*
Masson, Susanne 265
Maupassant, Guy de 204
Mayer, August 76
Meiningen, Herzogin von 25
Mélin, Jeanne 58
Mende, Klara 67
Menzel, Gerhard 212
Méricourt, Théroigne de 80
Meyer, Gertrud *100, 265*, 266
Meyer, Hella 194, *195*
Michel, Louise 21
Miegel, Agnes 111
Minder, Robert 260, 262
Mölders, Werner 215
Molière 204, 286
Morell (Dr.) 181
Morhange (Ärztin) 278
Mosse, George L. *41, 132*
Mrosek, Margarete 266
Müller-Meiningen, Ernst 34, 35
Müller-Otfried, Paula 43, 57
Münzenberg, Willi 243
Mumm, Michael 129
Munthe, Axel 204

Napoleon 80
Naumann, Friedrich 38, 44, 45, 50, 52, 56
Neumann, Frau 235
Nietzsche, Friedrich 38, 73, 75, 80, 151
Noske, Gustav 135

Oberg (SS-Generalmajor) 151, 152
Oberheuser, Herta 278
Oberkirch (Staatssekretär) 128
Oldenhage, Klaus 15
Ottelard, Irène 278
Otto-Peters, Luise 17, 18, 20, 24

Pange, Gräfin Jean de 256
Pankhurst, Sylvia 58, 77, 265
Pardey, Marcelle 273
Patou (Modeschöpfer) 261
Paulus (Apostel) 73, 86
Penton, Lady 253
Perlen, Frida 59, 251
Pershing, John Joseph 127
Pétain, Philippe *153*, 250
Petzina, Dieter *171, 175, 180*
Peuschel, Christiane 19
Pfulf, Toni 236
Pfundtner *131, 136*
Philipp II, König von Spanien 289
Philipps, Madison 256, 258
Philipps, Sophie 84
Pichon-Landry, Frau 256
Picker, Henry *151, 153*
Pieper-Dankwart, Grete 237
Pitte, Elsa 213
Poelchau, Harald 262
Pohl (SS-Obergruppenführer) 147, 148, 149

Poliakov, Leon *41*
Pommerin, Reiner *134*
Poneleit, Barbara *193, 230*
Pouleau-Legrand, Sylvie *214*
Pritt, N. D. 243
Pye, Edith 251

Quernheim, Gerda 279

Raff, Gitta 235
Ragaz, Clara 251, 257
Rajfus, Maurice *249*
Rakel, Anna Lisa 275
Rathenau, Walter 88
Rauschning, Hermann 68, *69, 117*
Reber-Gruber, Auguste 100
Reese, Harro 244
Reese, Maria 241, 242, 243
Reich, Wilhelm 65, 227
Reichenau, Irmgard 85
Reinhardt (Staatssekretär) 110
Reitsch, Hanna 102
Remarque, Erich Maria 232
Remme, Irmgard *23*
Reuter, Angelika *193, 230*
Reventlow, Ernst zu 64, 76
Ribbentrop, Joachim von 257
Riefenstahl, Leni 101, 193
Rieml, Toni 146
Rind, Anita *292*
Rinser, Luise 271, 272
Ritter, Karl 212
Röchling (Industrieller) 185
Röhm, Ernst 145
Rökk, Marika 193, 205
Roemer, Frau von 258
Rogge-Börner, Sophie 84, 85, 98, 107
Rohland (Industrieller) 185
Roosevelt, Eleanor 251
Roosevelt, Franklin D. 257
Rose, Alma *264*
Rosenberg, Alfred 73, 75, 77, 78, 79, 80, *81*, 82, 84, 117, 142
Rosenthal, Leni 235
Rotten, Elisabeth 51
Roustan, Mario 128
Rühle-Gerstel, Alice 71
Rühmann, Heinz 205, 213
Ruppin, Käthe 98
Rust, Bernhard 100

Sachs, Nelly 239, 252
Sagan, Leontine 239
Salomon, Alice 37, 59, 63, 254
Salomon, Lena 276
Salveguart, Vera 277
Sandtner, Hanna 240
Saring, Toni *160*
Sauckel, Fritz 157, 177, 180, 184, 185
Schäfer (Abgeordneter) 34, 35
Schallmeyer, Wilhelm 114, 115, 116, 155
Schanbacher, Eberhard *72*
Schemann, Ludwig 41
Schemm, Hans 64, 100
Schiller, Friedrich 212, 289
Schirach, Baldur von 92, 104
Schirmacher, Käthe 26, 29, 49
Schlesinger, Rosel 229
Schmalfuß, Hannes 124
Schmeling, Max 202
Schmidt, Auguste 20, 23, 36
Schneider (Versicherungsangestellter) 121
Schoenbaum, David 11, *188*
Scholl, Hans *193*
Scholl, Sophie *193*, 208
Scholtz-Klink, Gertrud 90, 94, 99, 103, 111, 130, 131, 138, 142, 161, 174, 191, 214, 228, 283
Scholz, Elfriede 232
Schopenhauer, Arthur 75
Schottmüller, Ida 228
Schramm, Hanna *240*
Schreiber, Adele 36, 40, 46, 52, 240
Schumann, Anna 235

Schumann, Horst 279
Schwabach *119*
Schwarz, Marga 246
Schwerin von Krosigk, Johann Ludwig 107, 108, 110
Seghers, Anna 239
Seidel, Ina 216
Seidlitz, Frieda 235
Seldte, Franz 161, 183
Selenka, Margarete Leonore 51
Sender, Toni 240
Sewall, May W. 37
Shakespeare, William 204
Siber, Paula 92, 93
Sieckmeyer (Gauleiter) 108
Siegel, Julius 245
Siegel, Karola 245, 246, 248
Siegel, Miriam 249
Siemens (Firma) 165, 262, 263, 276
Siemsen, Anna 105, 241
Sievers, Hans 154
Simon, Lady 256
Söderbaum, Kristina 212
Sollmann, Max 141
Sombart, Werner 38
Sommer, Frau 265
Stalin, Joseph 275
Staritz, Käthe 228, 261, 262, 281
Starke, Käthe 236, 237
Stegerwald, Adam 66
Steiger, Edouard von *245*
Stein, Hanni 261
Stein, Reni 258, 262, 263, 264
Steinbach, Helma 34
Steiner, Felix 155
Steiner, Herbert *277*
Stendhal 265
Stephenson, Jill *92*, 106, *191*
Stoecker, Adolf 43, 44, 45
Stöcker, Helene 38, 39, 40, 41, 46, 59, 64, 77, 78, 90, 132, 251
Strasser, Gregor *66*, 83
Streicher, Julius 121
Strelzowa, Sinaida 266
Stresemann, Gustav 60, 61, 62
Stritt, Marie 25, 26, 36, 37, 39, 40, 42, 46, 49
Struth, Wilhelmine 235
Stuckart (Staatssekretär) 172
Stüwe, Wilhelm 137, 138
Süßbaum, Grete 246
Suhren, Fritz 268, 279
Susman, Margarete 239
Suttner, Bertha von 59
Syrup (Staatssekretär) 164, 175

Taro, Gerda 240
Taubert, Eberhard 244
Ternon, Yves *264*
Thälmann, Ernst 229, 234
Thälmann, Irma 276
Thälmann, Rosa 276
Thalmann, Rita *236*, *259*
Theweleit, Klaus *232*
Thibert, Marguerite 256
Thönessen, Werner *22*
Thompson, Dorothy 251
Thyssen (Firma) 165
Tietz, Paul 284
Tillion, Germaine 270, 274, 275, 276
Tims, Margaret *52*
Tingsten, Herbert 69
Titayna, Madame *159*
Treite, Percy 278
Tristan, Flora 288
Trksak, Irma 276
Trotzkij, Leo 243
Truchseß (Baronin) 94
Tschaikowskij, Peter 205
Tschmarke, Gerhard 146
Twellmann, Margit *18*, *24*

Ucicky, Gustav 212
Udet, Ernst 215
Unger, Martha 253, 254, *256*, 257, 258

Vaillant-Couturier, Marie-Claude 275

Velsen, Dorothee von 56, 143
Vermehren, Isa 275
Vermeil, Edmond 260
Vérone, Maria 256
Victoria, Königin von England 205
Viénot, Pierre 250
Viermetz, Inge 141
Vormeier, Barbara *240*

Wagner, Klara 235
Wagner, Joseph 145
Wagner, Richard 75
Wagner, Walter *232*
Wagner, Winifred 186, 187
Walter, Heinrich 246
Walter, Margarete 235
Walter, Paula 154
Wangenheim, Inge 239
Weber, Ludwig 43
Weber, Marianne 39, 56, 96
Weber, Max 38, 44
Wedekind, Frank 236
Wegener, Jürgen 214
Wegner, Marie 37
Weigel, Helene 239
Weil, Hannelore 246, 247
Weil, Ilse 246, 247
Weill, Trude 263
Weininger, Otto 75, 84, 85
Weisenborn Günther *229*, *231*
Welczek, Graf von *255*
Wengemann (SS-Inspektor) 136, 137, 138
Westheimer, Manfred 249
Wichern, Heinrich 45
Wilhelm II. 24, 36, 43, 53
Willing, Georg Franz *74*
Wilson, Woodrow 52
Winkler, Dörte 187
Winska, Ursula *277*
Witte, Emma 118
Wolf, Christa 15, 193, *196*, *207*, *219*, *223*, 283, 286, 290, 291
Wolf, Gertraud 60
Wollestonecraft, Mary 12
Wrangell, Martha von 101
Wulf, Joseph *204*
Wurm, Mathilde 240
Wurm, Theophil 281
Wüst, Walther 156

Zahn-Harnack, Agnes von 56, 64, 67, 256
Zammert, Anna 240
Zander, Elsbeth 64, 83, 89, 92
Zapotocka, »Mamma« 275
Zetkin, Clara 20, 21, 22, 27, 45, 47, 52, 53, 54, 57, 58, 64, 65, 242
Zetkin, Ossip 20, 21
Ziegler, Adolf 214
Zietz, Martha 47
Zink, Margit 266
Zola, Émile 44, 45, 170
Zoller, Albert *68*
Zorn *231*
Zurkuhlen, Heinrich *66*